U0451515

人类学
视野译丛

法律人类学

〔法〕诺伯特·罗兰 著
刘云飞 译

Norbert Rouland
L'ANTHROPOLOGIE JURIDIQUE
© Presse universitaires de France/Humensis, 1995

经由诺伯特·罗兰先生及法国大学出版社授权，
参照普兰奈尔（Philippe G. Planel）的英文版（Legal Anthropology）译出

《人类学视野译丛》工作组名单

主编：
高丙中　周大鸣　赵旭东

支持单位（按音序排列）：
北京大学社会学与人类学研究所
北京师范大学民俗学与社会发展研究所
北京师范大学民俗学与文化人类学研究所
北京师范大学社会学学院人类学与民俗学系
南京大学社会学院社会人类学研究所
内蒙古师范大学民族学与人类学学院
清华大学社会科学学院社会学系人类学专业
上海大学社会学院社会学系人类学专业
武汉大学社会学系人类学专业
西北民族大学民族学与社会学学院
厦门大学社会与人类学院
新疆师范大学社会文化人类学研究所
云南大学民族学与社会学学院
浙江大学非物质文化遗产研究中心
中国农业大学人文与发展学院社会学与人类学系
中国人民大学社会与人口学院人类学所
中山大学社会学与人类学学院
中央民族大学民族学与社会学学院

人类学视野译丛

总　　序

越来越多地走出国门的中国人需要人类学视野，越来越急迫地关怀世界议题的中国社会科学需要人类学视野。有鉴于此，我们把编译这套丛书既作为一项专业工作，也作为一项社会使命来操持。

这套丛书与商务印书馆的"汉译人类学名著丛书"是姊妹关系，都是想做基础性的学术工作。那套书主要翻译人类学大家的原创性代表作，尤其是经典的民族志；这套书定位于介绍社会文化人类学的基本知识，例如人类学的概论、多国的学术发展史、名家生平与学术的评介、人类学的分支学科或交叉学科。我们相信人类学是人文社会科学的一门基础性学科，我们这个译丛要做的是着眼于中国社会科学的发展来介绍人类学的基础性知识。若希望人类学在中国发挥基础性学科的作用，目前中国的人类学同人还要坚持从基本工作着手。

人类学是现代人文社会科学的基础学科。这虽然在学术比较发达的国家是一个常识并已经落实在教育与科研的体制上，但是在发展中国家还是一个需要证明的观念，更不要说相应的制度设计还只是停留在少数学者的呼吁中。指出发达国家的学科设置事实也许是不够的，我们还可能需要很专业的证明。不过，我们在此只能略做申论。

因为人类学，人类才在成为一个被思考的整体的同时成为个案调查研究的总体。从来的学术都不乏对天地、天下、普遍人性的思考，但是现代学术在以世界、全人类为论域、为诉求的时候，是以国际社会为调查对象的。现代人文社会科学的世界性是由人类学从经验研究和理论思考的两个面向的世界性所支撑的。通过一百多年的经验研究，人类学把不同种族、不同社会形态、不同文化的人群在认知上联结起来，构成一个具体多样的人文世界。人类学的整体观既指导了社区个案研究，也培育了把各种各样的小社区、大社会作为一个整体来看待的思想方法。人类学曾经借助进化论把社会发展水平差异巨大的人群表述为一个分布在一个时间序列的不同点上的整体，也借助传播论把具有相同文化要素的异地人群联结起来，后来又借助功能论、结构主义支持不同人群的普遍人性——这些特定时代的学术都是在经验上证明并在认知上型塑"人类的一体性"。在经验研究和思想方法上，"世界的世界性""人类的整体性"这些对于我们所处的全球化时代、我们纠结其中的地球村社会至关重要的观念，可以说是人类学的知识生产的主要贡献。正是人类学的观念和方法奠定了现当代主流社会科学的学术基础。

　　人类学是扎进具体的社会人群研究人类议题的学科，或者说，人类学是以具体社会作为调查对象而以抽象的人作为关怀对象的"社会"科学。这样的特点使人类学常常是关于文化的学术，这种学术在不同的情况下被称为"社会人类学""文化人类学"或者"社会文化人类学"。在一个社区里，政治、经济、法律、教育等是总体事实的方方面面，当一般人类学发展到相当水平的时候，它对于专门领域的研究也相应地发达起来，人类学的分支学科如政治人类学、经济人类学、法律人类学、教育人类学、语言人类学、心理人类学、历史人类学就水到渠成。以此观之，人类学已经是浓缩在具体社区经验观察中的社会科学。相对而言，社会科学诸学科就仿佛是放大了观察范围的人类学。社会科学诸学科与人类学的知识传统相结合，人类学的分支学科又成为与这些学科的交叉学科。

人类学之所以能够作为社会科学的基础性学科，既在于人类学提供了特有的视野（看社会的视角）、胸怀（对人类的关怀）、方法（田野作业与民族志），也在于人类学提供了不同社会、不同文化背景下政治、经济、法律、教育、语言、心理等如何运作的标本和研究范例。

所以不难理解，一个知识共同体想要有健全的社会科学，就必须要有发达的人类学。一个国家的社会科学的发展水平与它们的人类学的发展水平是密切相关的。中国社会科学的若干严重局限源自人类学的不发达。我们的学术研究往往流于泛泛之论而缺少充分的个案呈现，窒碍于社会问题本身而难以企及一般性的知识兴趣，局限于国内而缺少国际的眼光，如此等等。而人类学学科的擅长恰恰是提供好的个案研究，提供具有多学科介入价值的个案研究，并培育学者具备从个案到一般性议题的转换能力。同样还是人类学，积累了以异域社会为调查对象的知识传统，培育了以经验研究为基础的人类普遍关怀的能力。没有人类学的发展，我们的经验研究就扎不进社会生活，我们的理论思考就上升不到人类共同体抽象知识的层次，结果是我们的研究在实践上不实用，在学术上缺乏理论深度。

当然，中国社会科学的问题不是人类学的发展就能够解决的，人类学的欠缺更不是通过这个译丛的若干本书的阅读就能够弥补的。但是，我们还是相信，编辑这个译丛对于我们在不久的将来解决这些问题是有助益的。

人类学是学术，也是一个活色生香的知识园地，因为人类学是靠故事说话的。对于公众，人类学著作承载着对异族的兴趣、对异域的好奇心，大家意兴盎然地进入它的世界，结果会开阔视野、扩大眼界，养成与异文化打交道的价值观和能力。因此，在学术目的之外，我们也相信，这个系列的读物对一般读者养成全球化时代的处"世"之道是有用的。

高丙中
2008年4月9日

中译者前言

一

法国学者诺伯特·罗兰的《法律人类学》是一部关于法律人类学的综合性著述，它的面世具有标志性的意义，因为此前的著作多是具体问题的专著，如关于纠纷解决、交换制度、习惯法等某一专门领域。《法律人类学》一书则是对法律人类学认识论和方法论的整体论述。正如西蒙·罗伯茨（Simon Roberts）教授（伦敦政治经济学院教授）的评价："他（诺伯特·罗兰）的宽广视野令人想起19世纪那些伟大的发展性成果，如巴霍芬（Bachofen）、梅因（Maine）和摩尔根（Morgan）等人。他们的理论致力于描绘、发现'现代性'的起源。……作者将那些被20世纪的现代社会人类学描绘出来的小规模的、技术简单的社会添加到比较法学家的传统研究领域，意图为建立一种完全高瞻远瞩的"法"的观念奠定基石。所以这是一本当之无愧的法律著作，罗兰先生的法律人类学是一种丰富化了的比较法学，……虽然一些比较法学家也对法律人类学给予过一定关注，如英国的斯泰恩（Stein）和麦克科马克（MacCormack），但都没有像罗兰这样拓展性的整体行动。"

罗兰教授为我们展现了这种叫作法律人类学的学科的完整谱系。它介于法学和人类学之间，以法学为本体，汲取人类学的理论营养，运用文化社会人类学的认识论和方法论解释、阐述、论证法律现象，其关注的法律命题主要是法律起源、法律的历史演进、纠纷解决、非西方的法律文明、法律多元、法律涵化等。

法律人类学引导我们将法律作为一个无时无刻不在发生变化的存在体来看待，它为我们展现了法律和客观实在的普遍联系，于是我们发现法律不仅是政治体制的表现，经济制度的集中反映，也和特定环境的文化习性、生态环境、生产模式有着深刻的联系和相互作用。可以说法律人类学最大的贡献在于打破了将法律视为封闭自足系统的固有理论立场，它以更为开放的态度定义法律、研究法律和解释法律。它一方面从细微处进行观察，使法律回归到日常行为、文化现象和风土人情，将法律概念、理念和精神最彻底地约分为现实生活的知识，而不是居于庙堂之高被大家顶礼膜拜的图腾符号。另外一方面，我们完全可以依靠法律人类学博大的视野、雄心勃勃的志向和高屋建瓴的起点去探索法律和社会、人类、世界内在价值、信念和秩序的密切关系和具体联系，同时揭示法律自身的价值和精神，而这些不正是历代法律学人试图发掘的真相吗？

罗兰教授的一大贡献就是以其深邃的洞察力和博大的视野为我们展现了法律人类学理论源流的完整图景，至少是目前比大多数相关论述都更为完整的阐释。他在法律人类学的渊源方面做了一次知识考古学式的努力，例如他将孟德斯鸠关于法律的变异性和法律与环境的共变关系理论和法律人类学式的思维和理论进路联系了起来，从而为法律人类学在法学的框架内寻找到了一条重要的理论线索和联系。因此他认为这位以《论法的精神》而名垂法史的大师是最早的法律人类学先驱者，虽然不能被看作开山鼻祖。这样法律人类学的思想脉络被追溯到了18世纪。"正是在18世纪时，人类学在认识论上成为可能。"此后巴霍芬、迈克伦南（MacLennan）、摩尔根、梅因分别以其更具专门性的著述为这一学科构建了必要的基石。

作者为我们梳理了法律人类学在文化人类学、社会学等其他学科的影响下的发展脉络。我们都知道进化论思想（包括古典进化论和新进化论）、传播主义、文化相对主义、功能主义（也许结构主义除外，就如作者在文中所揣测的，大概列维-斯特劳斯发现法律实在太过乏味了）、社会多元理论都提供了丰富的认识论和方法论来观察研究法律现象和法律本身。那么这些思潮对法律学人的思想造成了什么具体的冲击？帮助法律学人形成了怎样的理论成果？如何改变了法律思想的流向？这些都可以从《法律人类学》全面的、具体的述评中找到答案。

二

在方法论方面，作者突出地表现了以丰富、充分和翔实的民族志调查资料为基础，进行实证分析研究的特点。本书的作者罗兰教授是一位奉行从现实世界寻找启迪、以客观存在证明论点的学者，他也是一位身体力行的"行动主义"的法律学人。书中的许多重要观点都建立在有确切出处的民族志材料的基础上，不管是别人所作的调查还是作者自己的观察，你总能将它们定位到具体的时间和空间条件中。这样的论证肯定比纯粹形而上学的思辨、空洞理论的推断或臆想要可靠和可信得多。法律人类学所具有的这种特点或者说是优势恰恰是传统法学研究最需要弥补的一个方面。统观全书，特别是在本书中阐述和探讨传统社会的法律制度和法律涵化时，作者所占有的文献资料数量之大和范围之广博令人叹服，尤其是有关撒哈拉以南非洲地区和因纽特人社会的法律民族志调查资讯，不仅具有宝贵的文献价值，还是有关法律理论和结论的可靠证据。

跨文化比较也是一个不可回避的方法论问题。跨文化比较是否可能？如何进行跨文化比较？这些问题是采用跨文化比较方法进行法律观察和研究之前必须回答的。可遗憾的是，当下的大多数人并不在意这两个问题，而只会考虑进行跨文化比较是否必要，能否满足期望的理论预设。对于这个问题，作者借助对博安南与格拉克曼的著名论争来分析说明，并表明了自己的立场。能否用英格兰法律中的概念和术语来描绘和解析巴罗茨王国的法律制度？在观察和研究传统社会法律的过程中是否要摒弃自我文化中的法律理念以避免先入之见的干扰？显然格拉克曼（Gluckman）与博安南（Bohannan）及其各自代表的流派和支持者具有截然不同甚至针锋相对的立场。对于这个疑问的回答，用作者自己的话来说，他的"观点相对折中一些，而且发现自己更倾向于普瓦里耶的观点"。普适的思维范畴是存在的（允许／禁止、迷人的／丑陋的、公正／不公正），就如同普适的法律概念也是存在的（婚姻、离婚、父母权威）。但是某些从特定法律传统和文化背景继承来的法律范畴（如罗马法的属物法／属人法、公法／私法、经济利益／非经济利益、动产／不动产的概念），不能轻易地被置换用到异文化的语境中。就方法论而言，不论选择普适性还是特定性，以及特定性是否先验，我们都必须继续勤勤恳恳地收集本土法律术语和表达方式。只有做好了这个功课，我们才有条件去评价对称的术语概念是否存在于我们自身的法律制度中。在进行比较时有两个必须坚守的原则。第一个是我们在研究制度的组成部分之前应当先研究制度，因为是后者赋予了前者意义。第二个原则关系到被比较制度的性质。如果这些制度属于同一个文化模式，那么比较过程会显得直截了当一些，因为它由对相同问题的简单匹配构成。如果文化体系不一样，在此情形下就应当用潘尼卡（Panikkar）称之为"同态等价物"的概念来进行调节。概念或制度之间的相似性主要是从它们的功能性等价物中推导出来的。

三

就像作者评价非洲传统法律的思想是现实主义的一样，大多数时候作者也体现出兼容并收和不墨守成规的学术态度。当然这并不妨碍作者对自己的学科和研究对象不时作出形而上学意义的哲学思考，事实上这部著作通篇都浸透了作者的固有哲学理念和思索中的哲学质疑。或是直白的陈述，或是尖锐的反驳，或是含蓄的引用。在对进化论主义、民族中心主义以及西方中心主义的态度上，作者的对立立场是鲜明的和直言不讳的。事实上作者的分析也让我们看到了这三者其实常常是互相纠缠在一起的。进化论的单线分段理论将不同形态的社会及其法律制度置于简单到复杂、简陋到繁复、低级到高级的序列之中，从而凸现出某些民族和社会形态（主要是西方民族和现代国家）的高级性和不证自明的优越地位。在展现传统社会的具体法律制度时，作者也强烈反对以现代社会或者西方社会的法律为参照系来评价异文化情景下的法律文化，因为它们具有不一样的渊源、背景和需要。就像采集狩猎形态社会、游牧社会和农耕社会各自所具有的法律制度繁复程度不同，这并非源于人们创造法律的能力和禀赋有差异，而主要是因为人们对法律的需要程度不一样，而这是和其生产生活模式密切相关的。

如何定义法律，是一个被讨论最多、争议最大而且永远无法取得共识的一个话题。在正统法学，特别是信奉国家法为真正意义的法律的人看来，"法"的经典定义是以国家强制力作为其首要特征的，当然自然法学思想也会认为在道德层面上法又通常与追求正义有密切联系。然而正如罗兰所说的，"用强制力来定义法律就如同用疾病来定义健康，……至于正义的观念，也因为不同社会造成的令人困惑的弹性而备受折磨"。此外，作者的分析论证试图传达这么一个观点：这种定义会导致一种西方中心主义的典型态度，即把法律和国家等同起来。那么国家是法的创造者吗？国家和法是一体的吗？国家是否垄断了法律？至少法律多元理论和传统社会口头形态法律的研究使我们有理由像作者一样回答：基于国家的法只是多种法律形态中的一种；国家对法律的垄断是一个神话，在社会中实现单一法制终归是虚妄论！"在目前，要相信一元论的法律神话需要一定程度的智力懒惰。因为不仅某些地区的少数族群还在实践中运用他们自己的法律，而且更关键的是，如卡波尼埃曾经评论的，法律使得单一的法律情形产生了多个的选择。"

　　法的价值是什么？法律人类学的价值是什么？这样的终极拷问不可避免地将成为一部思想深刻的法律人类学学术著作要面临的最终质问。对此问题的答案和回答方式同样重要，它们能够反映出回答人的哲学立场和哲学思维方式。在作者看来法律人类学能够帮助我们回答人间三个最为永久的问题：历史的流向、罪恶的存在和死亡的存在。法律的历史并不是我们通常想象的那么一个进化演变进程，现代社会特别是西方社会并不能声称是某些"现代法律制度"的发明人。某些传统社会的法律机制其实更为精致和巧妙。法律的使命是追求正义吗？我们不得不怀着些许痛苦地承认法律和邪恶的联系恐怕更为密切，"法律不是邪恶，但是如果没有邪恶法律就不会存在……法律就是我们自身缺陷的标签……如果邪恶是永久的和不可知的灾难，法律就其本身来说便是一种体现了善良的必要邪恶。"至于死亡的问题，法言法语已不足以胜任对这个永恒痛苦的解答，就如书中引用的罗斯唐（Rostand）的哀叹："死亡的罪恶不是在于我们被杀死，而是在于它使我们的痛苦成为永恒。"或者就像就像伟大的宗教历史学家伊利亚德(Eliade)所说的，"一切灰飞烟灭"。如果我们既没有勇气面对这个人类的共同宿命，也无法回避和忘却自身的注定结局，我们还有什么办法来应对它，来给自己一个解释以勉强释怀或寻找并确立某种理念支撑自我呢？我们的法律制度不也承担同样的功能吗？现代法律强调个人的权利，保护生者的利益，反映了我们对生命的尊重和对人世的眷恋。这同样不是单一的选择。从作者的法律人类学论证分析我们会了解到，传统社会运用法律给亡者提供许多机会以介入生者的世界，并运用世系来对抗死亡的宿命。哪种方式更好呢？也许进行比较本身就不具有意义，因为我们无法改善某些状况以实现期望的完美。就像我们所尊崇和顶礼膜拜的法律其实就源于我们自身的缺陷特性，而法律人类学正好证明了这一点，并且让我们明白法律也能够成为社会用来超越这些局限的一种工具。

目 录

英文版序言 ····················· 西蒙·罗伯茨 1
导论 ·································· 4

第一部分　理解他者性：西方的视角

第一章　法律人类学的发展 ················ 27
第二章　法律人类学的范围 ················ 125
第三章　方法论 ······················· 163

第二部分　考查多样性：传统社会的法律人类学

第一章　传统法律体系 ··················· 183
第二章　传统社会中的法律 ················ 214
第三章　纠纷的解决 ···················· 299
第四章　法律涵化 ····················· 341

结论　法律人类学和形而上学 ················ 386

索引 ································ 393
译者后记 ····························· 416

xiii

英文版序言

当罗兰先生的《法律人类学》在1988年面世时,它广阔的视野肯定令许多读者回忆起19世纪以来的那些伟大学者,如巴霍芬、梅因和摩尔根等人,所做的具有演变意义的研究,他们的研究致力于刻画现代性并寻找它的渊源。在本书中,作者将那些被20世纪的现代社会人类学描绘出来的小规模的、技术简单的社会添加到比较法学家的传统研究领域,意图为建立一种完全高瞻远瞩的"法"的观念奠定基石。所以这是一本当之无愧的法律著作:罗兰先生的法律人类学是一种丰富化了的比较法学,他致力于将其坚实地确立于当代法国法律教学的课程之中。

菲利普·普兰奈尔(Philippe Planel)先生细腻而忠实的翻译需要将上述特质准确无误地展现出来,因为法律人类学在英美文化的语境下有着不一样的含义。尽管梅因和摩尔根也肯定是位列英美文化系谱之中的,但他们的旨趣却和马林诺夫斯基与拉德克利夫-布朗相去甚远。后两人对"秩序"问题的社会学关注决定了法律人类学一直发展到20世纪70年代的方向。通过持续的参与式观察,人们很快可以发现一个清楚的事实:很多殖民地世界里发现的小规模社会都没有明显的中央权威,更别说西方社会的那些与政府结合在一起的各种制度和机构了。对于那些成长于将"秩序"与王权的实现或是其他集权控制的安排相结合的文化背景的观察者而言,这一事实看似颇成问题。正如马林诺夫斯基所言,这是一些"没有国王、法院和警察"的社会;但它们又不是霍布斯曾推断的若无王权统治则无法避免的原始无政府状态。那么该如何解释这些群体内部显而易见的统一团结和井然有序呢?是什么将它们结合在一起?显性的政府性体制的缺失和任何貌似司法的体制的缺失,都将这个"秩序的问题"置于首要问题的位置。

在20世纪50年代期间,这种关于"秩序"的人类学逐渐聚焦于纠纷之上。战后社会人类学界的主要大家,如博安南、法勒斯(Fallers)、格拉克曼、加里弗(Gulliver)和特纳(Turner)都以其关于纠纷过程的民族志研究确立和巩固了各自的声望。直到20世纪60年代,注意力转向考察法律在殖民主义统治推行和实施中,以及在后殖民主义重建过程中所扮演和可能扮演的角色,这时法学研究者们才越来越多的步入这一领域。这些法律学者的注意力转移到考察国家法律制度和封闭群体的规范化秩序的关系上;但是他们的研究仍然大都采用详尽的地方层面民族志调查方式。在这一工作中法学家们在整体上脱离从马林诺夫斯基以来的人类学家都视为理所当然的"法律集权主义",他们将国家法和地方"习惯法"的关系概念化为共存的和相互渗透的规范领域。但是"法律多元"成为了这些研究的识别标签,并标志着其已经达到了成为一个法律学术领域的程度。

虽然很多比较法学家们,其中最著名的如英格兰的斯泰恩和苏格兰的麦克科马克,都对人类学研究给予过一定关注,但从没有人以罗兰先生这样的方式采取如此整体的行动来拓展比较法学。所以我们将满怀兴趣地关注他的《法律人类学》一书是否会开启一种方向上的变化。无论怎样,读者都一定会崇敬罗兰先生追求其事业的活力以及他对英美国家作品的可靠领会；读者也将深切感激罗兰先生以其博大精深的学识为我们提供了一条通往民法传统的比较法中一个重要分支学科之思想宝库的捷径。

西蒙·罗伯茨（Simon Roberts）

伦敦经济和政治学院

导　论

人们把不熟悉者称为异族。

——蒙田

法律人类学

1. 任务和范围

法律人类学给自身设定的任务就是研究那些在所有社会中都被认为非常重要的话语、实践、价值和信仰。这些话语、习惯、价值和信仰对于社会的运转和再生产至关重要。

就这一初始界限范围而言，法律人类学的领域可谓是非常广阔。它的领域应当包含了人类学的另外一个目标：跨越时空，对所有社会的各种多样性的人类进行研究。依照传统来看，历史学关注对过去社会的研究，社会学和民族学则研究当前的社会。其中社会学研究现代社会，而民族学研究传统社会。社会学和民族学的这种分野依然存在，但它们正逐渐变得不那么泾渭分明了。由于任务宏大，这显得尤为必要。世界上已知各种各样的法律制度有一万例之多。即使我们只是对其中几百种拥有相对准确的信息，其给人的第一感觉也仍然是令人目眩的多样性。人类这一物种的特点在于其文化多变性。我们人类庆幸由于差异性而形成其自身的特性。我们只是存在于和别人的关系之中，我们在从相近到相异的连续谱系中定位自身的位置。面对社会制度和法律制度如此丰富和充分的多样性，人类学在着手比较研究之前先创造出了一种分类的体系。至于比较分类的性质和结果，也有很多种思潮。"文化主义者"强调某个群体的价值体系的具体性质，结构主义者试图找出文化多样性背后的潜在秩序。[1]无论探索到的是变异性下面的单一性还是多元性，社会人类学都具有进行整合的使命，即使这一任务在目前看来是远未达到。因为从根本上说，没有哪种社会会被排除在研究范围外，无论是当今社会还是以往社会，工业化社会还是异文化社会。人类学以研究异于西方模式的社会作为其出发点。这是由于历史性的原因造成的，其中殖民化的作用是主要的，另外一个原因是社会学和民族学的道路之间的巨大分野，奥古斯特·孔德是造成这一分野的主要原因。在此基础上开展的民族志调查研究和理论建构均聚焦于"传统"社会。[2]只是到近些年来，西方社会才逐渐成为人类学的研究对象。由于这一原因，本研究的主体部分还是和传统社会的法律民族志有关。

2. 起源和发展

法律人类学可以在社会人类学中找到其渊源，但还是要将法律人类学与社会人类学区分开来。与社会人类学相同的是，这一学科的目标在于理解社会行为的规则，但是更强调法律的范畴，并且始终认识到不能孤立地考察法律。法律只是各个社会的文化和社会整体中的一个因素，并被社会的每个亚群体以各种方式诠释和使用。在19世纪下半叶，现代人类学的基石得以奠定，法律和人类学看起来似乎开始步调一致了，因为那些杰出的人类学家几乎都是法律学者，或者曾经学习过法律。但这一合作关系并不长久。法律人类学，特别在法国，曾经长期处于不起眼的位置。这一状况的责任在于法学家们以及他们的习惯性倾向。首先我们可以先来看一下他们在定义自己的学科时遭遇的困难。康德曾经说过"法学家们都在花时间定义他们关于法律的概念"。这种对定义的关注依然存在于我们身上。法律学习者需要关于法律的经典定义，否则将无所适从。关于法律的经典定义通常赋予国家强制力以首要的地位，在道德层面上又通常与追求正义相结合。经典定义用强制力来定义法律就如同用疾病来定义健康。这些定义尽管谈不上错误，但却是不够充分完整的。至于正义的观念，也因为社会的不同而表现出令人困惑的变化。比如纳粹式的司法，它产生了，又消亡了，对于它们的创建者而言这些法律也是建立在"公正"的原则之上的。但是它们和民主的法律正义几乎没有什么共同之处。此外，这些定义通常还导致一种西方法律中典型的种族中心主义态度：把法律和国家等同起来。

于是在这种认识之下，法律的科学要想往前发展，就必须将所有那些被归为"原始的"（如果不是野蛮和蒙昧的）社会抛在一边不予理会。法学理论家们曾经感到难以定义他们自身的社会。我们很容易理解为什么他们并没有试图关注异于他们自身社会的那些社会，而是将其排斥在一边以实现自救。幸好国家的存在又为他们提供了有力的借口，将他们的无知转化为偏见。即法律在国家之后才产生，它只有在国家的荫庇下才能繁荣生长。根据其中某些更为大胆的理论家的说法，法律最终将消亡，迎来一个黄金时期，到那时将没有法律和束缚。[3] 这种以国家对法律进行三段论演绎式界定的做法将非国家社会归入到原始的范畴，或者是前国家形态的次要地位。首先，我们稍后将会了解到法律可以不依赖于国家而存在的事实。另外，国家这个观念本身就不是非常清楚明了，以至于不能建立起重要的认识论上的区分。近来的政治人类学研究清楚地证明了存在一个广阔的谱系。一端是由各群体之间一定程度的内部均衡所调控的裂变分支社会，另一端是具有一个专门的集权政府机关的现代社会，这构成了一个极其广阔的谱系。我们与其区分国家社会和非国家社会，不如考察这一广阔谱系更有价值。最后，我们难以忽略一个常常令人哀叹的因素，即法律人的保守主义。毫无疑问这种保守主义自有其社会和历史方面的缘由，但是它也存在文化的因素：对国家的推崇，赋予同冲突相对立的秩序和安全以价值，其中后者被认为是病态性的。这些因素将许多法学家引向了双重理想主义。首先社会是要具备规范，任何不具有明确详尽的规范条文的社会都不可能形成一套法律体系。然而，根据阿里奥（M. Alliot）和勒鲁瓦（E. Le Roy）等人的研究分析，我们现在知道了许多传统社会遵循的是如同行为模式那样并不十分明确的规范，它并不具有强制力。但是这些社会绝非无政府主义。第二个理想主义是法律显著的孤立状态，法律因此被降低到技术方法层次：很久以来法律就被当作一套具有自足完备的原理和历史的规则体系而传授。如果说人类学唤起了人们对开展田野调查的必要性的认识的话，人类学所提供的视角可能会具有注入一定程度的谦逊的效果。自从马林诺夫斯基（1884—1942）以来，人类学家不再仅仅安心于在图书馆的寂静中做研究：人类学家必须直接深入到他所研究的社会之中达到一定时间长度。这看起来并不适用于法学家们，因为理论工作者和实践工作者之间相互不认同、不理解的情况在法国是众所周知的事实。但是，如果被孤立和割裂地来思考，实践和理论中单独任何一者皆不足以洞察现实的意义。如果法学家更细致地研究他们所在的社会，毫无疑问他们将会更好地理解它，从而意识到法律现象是如此的丰富，而非现实中法学家们经常狭隘和简单理解的法律的那种状态。

然而，就如同近些年来出版的研究成果所显示的那样，时代在变化。对于钻研法律专业的人而言，确定性正逐渐让路给质疑，注意力转到了以前被视为"辅助的"（在实践中也就意味着"没什么用的")和名不见经传的法律学科上。法律人类学就属于后者。在法国，这一运动起源于最近一段时间，其未来还难以预期。它的起源相对明晰一些：以国家为基石的意识形态面临的挑战；法学家们在面对新规范的多重态和突变时所产生的不确定感；书面语言在我们交流体系中所起作用的衰退。也许人类学和法学的轨迹将会在21世纪交汇到一起。然而，就目前而言，法律人类学的进步更多地源于社会人类学的理论发展，而非法理学的发展。因此本书的第一部分将致力于阐述这些问题。

3. 当前的研究

本书将分为两个部分：西方法律人类学对差异或者他性的识别，以及对法律民族志所描绘的传统社会中主要法律演变过程的研究。在以这一目标进行阐述的时候我们必须从一开始就记住：这一研究不可能尽善尽美地完成这些目标，局限性将是无法避免的。

第一个局限是与材料有关。一本教科书并不等于是一部专著。许多专家在阅读过程中将会发现自己希望了解更多。但很遗憾的是我们只能局限于做类似于标注路标的工作，提供文献目录为研究者拓宽探索的路径。

第二个与教学方法有关。这一课程最初是讲授给法学专业学生的，可以估计他们当中只有少数几人学习过人类学，因此我们不得不对其稍加简化，但愿没有因此对材料造成不必要的损害。本研究成果是一位来自"罗马-市民"（Romano-civilian）法律和学术传统背景的法国学者的著作。

最后还有客观条件上的局限。最通常提及的是地理因素，这决定了我们的研究只能限于最通常被关注的社会范围。在本书完成之时仍将无法回答某些问题。

"传统的"这一概念在后文中的合适语境下会得到更准确的界

定,它是一个在时间和空间维度上超越了很多社会的词语。我们选择了以撒哈拉以南非洲地区社会和因纽特社会(原先被称作爱斯基摩)为例。许多其他社会——特别是那些北美、印度尼西亚和亚洲的——也同样能有效地吸引我们的注意力,它们也曾被许多法律人类学家研究过。然而,由于历史原因,撒哈拉以南非洲曾经产生了丰富的著作成果,在法国成为了主要的研究对象和领域。至于因纽特人的狩猎采集形态社会,它们也是本文作者过去十年的研究对象。作者具有最大的权威来描述他们。

这一研究受到它的主题选择的限制,也受到它所希望能解答的问题数量的限制。法律人类学提出的一些问题目前无法得到满意答案。然而,学科的发展就是这样的,正是因为缺乏确定性而刺激学术往前发展。这就是为什么我们并不愿意总是将法律人类学局限于研究那些已经在历史长河中渐渐消退的社会,而是相信法律人类学这一学科具有自己的前途和未来,这也是本研究希望描绘出来的一个未来前景。

最后,感谢所有欣然阅读本书稿并提供有益建议的人们,特别是他们当中的老前辈卡波尼埃(J. Carbonnier)。

注释

1. 三十年前,克劳德·列维-斯特劳斯清楚地阐释了第二种进路的进程:"如果就如我们相信的那样,人类思想中的无意识活动包括将形式强加于内容,而且这种形式对所有人类都是基本相同的,无论古代或现代,原始的或文明的……那么我们就很有必要掌握这个潜藏于任何制度和习俗之下的无意识结构,从而获得一种能够有效诠释其他制度和习俗的原则,当然倘若这种分析能够充分进行的话。"(C. Lévi-Strauss, *Structural Anthropology*, trans. C. Jacobson and G. Schoepf, Harmondsworth: Penguin, 1968, p.21.)

2. 关于此术语定义见后文第 67 节。

3. 在黄金时代的虚构世界中，法律通常还没有产生或者已经消亡了：这是消极地认识法律，将它与邪恶和不完美相联系的一种表现。我们只需要引用两位完全不同的作者：奥维德和列宁。首先，"黄金时代是第一个时代，那里没有压迫，没有法律，它依据自身的意志来保持信仰，践行公正。没有对惩罚的恐惧，没有刻在黄铜碑上的威胁话语；不再有哀求的人群怯畏地看着法官的脸，而法官也不能心安理得地生活……解除了土地之上的强迫，不再用锄头和犁头碰触土地，它就能产出一切所需的物产"。(Ovid, *Metamorphoses*, I, 89-93,101-2)其次，"（人们）也就会逐渐习惯于遵守多少世纪以来人们就知道的、千百年来在一切行为守则上反复谈到的、起码的公共生活规则，而不需要暴力，不需要强制，不需要服从，不需要所谓国家这种实行强制的特殊机构"（Lenin, *The State and Revolution*）。关于黄金时代的罗马神话，可参阅 P. Braun, 'The taboos of the "Feriae"', 是相当有趣的读物；见 *L'Année sociologique* [1959]: 49-125。

对于本书作者的著作的重要整体评论可参阅 'Anthropologie juridique', R. Motta, *L'anthropologia giuridica di Nobert Rouland,* 见 *Sociologia del diritto,* 2 (1993): 183-99。

延伸阅读

4. 社会人类学的主要参考著作

研习法律人类学的学生首先应该具备社会人类学的必要基础知识，须参考以下这些专门阐述该学科的著作。《文学杂志》（*Magazine littéraire*, 167 [December 1980]: 8-31）非常值得一读，它也对民族学有所阐述。《人类学》(*Anthropologie*, Anthropologie Livre de Poche, 'Encyclopédie du monde actuel', 1977) 也是如此，是一本简洁紧凑的参考书，包含了这个学科的主要术语和基础文献目录。《法学社会学百科辞典》(*Dictionnaire encyclopédie de théorie et de sociologie du droit,* A.-J. Arnaud, Vol.1, Paris: LGDJ, 1988, 486pp.)也

导论

是一部有价值的著作,读者会在书中读到许多法律人类学使用的术语的界定和分析。还有一些更为综合性的研究成果,如:奥齐亚斯(J.-M. Auzias)的《当代人类学》(*L'Anthropologie contemporaine*, Paris: PUF, 1976, 174pp.),其清晰和人文性的特点令人印象深刻;还有吉亚特(J. Guiart)的《民族学的关键》(*Clefs pour l'ethnologie*, Paris: Seghers, 1971);科潘斯(J. Copans)的《人类学:原始社会科学》(*L'Anthropologie. Science des sociétés primitives*, Paris: Denoël, 1971);比蒂(J. Beattie)的《社会人类学导论》(*Introduction to Social Anthropology*, Paris: Payot, 1964);梅西耶(P. Mercier)的《人类学的历史》(*Histoire de l'anthropologie*, Paris: PUF, 1966);普瓦里耶(J. Poirier)的《民族学的历史》(*Histoire de l'ethnologie*, Paris: PUF, 'Que sais-je?' series, 1984, 128pp.);杜查特(M. Duchat)的《分享知识》(*Le partage des saviors*, Paris: La Découverte, 1985, 231pp.);塞韦耶(J. Servier)的《民族学方法》(*Méthode de l'ethnologie*, Paris: PUF, 'Que sais-je?' series, 1986, 128pp.);奎兹尼耶(J. Cuisenier)和西格兰(M. Segalen)的《法国民族学》(*Ethnologie de la France*, Paris: PUF, 'Que sais-je?' series,1986, 128pp.);霍尼格曼(J. J. Honigmann)主编的《社会文化人类学指南》(*Handbook of Social and Cultural Anthropology*, Chicago: Rand McNally, 1973)是一本综合性的教科书;最后是拉普兰汀(F. Laplantine)的《人类学关键》(*Clefs Pour l'anthropologie*, Paris: Seghers, 1987, 224pp.)对这一学科给予了最新近的概述。读者也可查阅一系列的教科书:克雷斯维尔(R. Cresswell)的《民族学要素》(*Eléments d'ethnologie*, 2 vols, Paris: A.Collins, 1975, 318 & 284pp.),法学研究者因为格德里耶(M. Godelier)和克雷斯维尔分别在经济关系和亲属关系上的贡献而对其中第二卷情有独钟。还有七星文库(La Pléiade)系列丛书中的《民族学通论》(*Ethnologie*

11

générale, ed. J.Poirier, Paris: Gallimard, 1968, 1908pp.），是一本包含了关于人类学历史及其组成学科总体章节的参考书；一些章节专门探讨法律，以及阿里奥（M. Alliot）的《法律涵化（1180—1246）》(*L'accultruation juridique* [1180-1246])也是必读材料；当然普瓦里耶在《法律制度民族学导论（1091—1110）》(*Introduction à l'ethnologie de l'appareil juridique* [1091-1110])中的主题肯定在出版之后就引起了争议；列维-布留尔（H. Lévy-Bruhl）的《法律民族学》(*Ethnology juridique* [1110-1179])在很多问题上都已经过时了。同样是由普瓦里耶主编的《区域民族学》(*Ethnologie régionale*, Vol.1, Paris: Gallimard, 1972)，第一卷关注研究非洲和大洋洲，第二卷（Paris: Gallimard, 1978）关注研究亚洲、美洲和马斯克林群岛；其他三卷即将面世，其中包括《礼仪史》(*Histoire des moeurs*, Paris: Gallimard, 1990)。

下面的文献是一些常规性的文章，但也具有一定意义：埃勒斯（M. Aélès）的《人类学与马克思主义》(*Anthropologie er Marxisme*, Paris: Complexe, 1976, 240pp.)；奥格（M. Augé）的《符号，功能，历史：人类学的问题》(*Symbole, Fonction, Histoire: les interrogations de l'anthropologie*, Paris: Hachette, 1979, 216pp.)，翻译成英文叫作《人类学界：符号，功能，历史》(*The Anthropology Circle: Symbol, Function, History*, Cambridge: Cambridge University Press, 1982)；需要特别提及的是格德里耶（M. Godelier）的《思想的和物质的》(*The Mental and Material*, London: Verso, 1986)，该书对于思想和环境制约对于社会组织的相关影响的争论具有重大贡献，它用于支持其论证而引用的范例来源丰富多样，既有经典的古代人物掌故也有人类学的文献资料；这一范围真正堪称人类学的视野。

较早一些的资料依然是具有价值的，比如埃文思-普里查德

(E. Evans-Pritchard)的《社会人类学》(*Social Anthropology*, London: 1956);罗维(R. Lowie)的《经典民族学历史》(*Histoire de l'ethnologie classique*, Paris: Payot, 1937),后翻译成英文版的《民族学理论史》(*The History of Ethnological Theory*, London: Harrap, 1938),是一项在第二次世界大战前夕完成的调查;莫斯(M. Mauss)的《民族志手册》(*Manuel d'ethnographie*, Paris: PUF, 1947),该书其中的一章专门探讨法律,依然十分有用。最后要看默多克(G. P. Murdoch)的民族志图表集,载于《民族学》(*Ethnology*, 1-3 [1962-4]),其中囊括了628个社会的数据,非常有利于进行比较研究。

5. 法国的人类学

许多著作阐述了当前的状况:《法国人类学:现状与未来》(*L'Anthropologie en France: situation actuelle et avenir*, Paris: Ed. du CNRS, 1979, 568pp.);《法国科学研究中的人文科学与社会》(*Les Sciences de l'homme et la société en France*, ed. M. Godelier, Paris: La Documentation française, 1982, 560pp.);关于最近的调查,可参阅《法国社会科学状况》(*L'État des sciences socials en France*),纪尧姆著(M. Guillaume, Paris: La Decouverte, 1986, 586pp.);作为《人类》(*L'Homme*)1986年的特别一期(97-8, [1986]: 27-343)的《人类学:现状梳理》(L'Anthropologie, état des lieux),在其所提问题的清晰性和关联性方面很突出。

6. 文学作品和影视作品

那些丰富多样文学作品与这些专业著作具有联系,学习者会发现阅读这些作品大有益处,因为它们的进路是同样有效的。关于文学和人类学的关系可以参阅拉普兰汀的《民族学的关键》。而马洛里(J. Malaurie)主编的《人类地球》系列('Terre Humaine', Paris: Plon)定期地刊发一些引人入胜的报告,其中我们可以援引列维-

斯特劳斯（Lévi-Strauss）关于巴西中部的印第安人的《忧郁的热带》（*Tristes Tropiques*，英文版见 London: Cape, 1973）；马洛里的《最后几位图勒君王》（*Les derniers rois de Thulé*），最初出版的名字为《图勒的最后君王：在格陵兰岛极地爱斯基摩人中的一年》（*The Last King of Thule: a year among the Polar Eskimos of Greenland*, London: Allen & Unwin, 1956），是关于西北格陵兰岛的极地地区的因纽特人的。更为艰深的一部作品是格里奥尔（M. Griaule）的《水之王》（*Dieu d'eau*, Paris: Fayard, 1966, 222pp.），该书论证了非洲神话完全可以和希腊神话媲美。虚构内容的作品同样不能忽略，谢阁兰（V. Segalen）的《远古人》（*Les Immémoriaux*, Paris: Plon, 1982, 340pp.），以一种非常有效的方式述说了因为泰利（Terii, "Chef au Grand-Parler"）的衰败而实现的塔希提的殖民化；拉伯特-托拉（P. Laburthe-Tolra）贡献了一部非常上乘的关于喀麦隆班祖人（Bendzo）的人类学小说《太阳之墓》（*Le Tombeau du Soleil*, Paris: O. Jakob & Le Seuil, 1986, 382pp.）；阿玛杜·库鲁马（Ahmadou Kourouma）对非殖民化和传统习俗遭受的威胁保持批判的目光，在《独立的太阳》（*Les Soleils des Indépendances*, Paris: Le Seuil, 1970, 208pp.）中讲述了科特迪瓦的马林克族（Malinké）王子法马（Fama）的故事，以及他权力的衰微，该书英文版为《独立的太阳》（*The Sun of Independence*, London: Heinemann, 1981）；关于古罗马和野蛮时期的历史小说还有诺伯特·罗兰的《灰烬桂冠》（*Les Lauriers de cendre*, Arles: Actes Sud, 1984, 446pp.）以及《野蛮太阳》（*Soleils barbares*, Arles: Actes Sud, 1987, 470pp.）。

影视作品也不能被忽略。让·鲁什（J. Rouch）的《民族志电影》（*Le Film ethnographique*）收于《民族学通论》（*Ethnologie générale*），普瓦里耶（Poirier）主编。以及还有另外一份电影的目录载于《第六届国际人类学和民族学科学会议论文集》(*Actes du VIe Congrès international des sciences anthropologiques et ethnologiques,* Paris, 30 juillet-6 août 1960, Vol. 2 [Paris: Musée de l'Homme, 1964])。民族志影视的创始人是罗伯特·弗莱厄蒂(Robert J. Flaherty),其代表作是关于加拿大因纽特人的《北方的纳努克》(*Nanook of the North*, 1921)。拉斯姆森(K. Rasmussen)的优秀电影《帕卢的婚礼》(*Les Noces de Palu*)也是一部关注20世纪早期的因纽特人的作品。鲁什(J. Rouch)的电影《我是一个黑人》(*Moi un Noir*, 1958)也成为了一部经典之作。我们还应当把苏莱曼·西塞(Souleymane Cissé)的优秀作品《耶伦》(*Yeelen*, 1987)也算进来。

7. 法律人类学著作中的问题

在探索过了社会人类学的主要道路之后,研究者会转到法律人类学领域来,但一开始都会遭遇这个领域文献中许多的问题。法律人类学的大多数著作都不是法语原创的,英语是主要媒介,意大利语和德语也常会被使用。另外,这些作品散见于许多国家的各种期刊,不便于查询。不幸的是专著的情况也同样如此。另外就信息技术的数据库而言,法律人类学实际上尚属于未知领域。最后一个问题(当然并非最不严重的问题),在本书写作之时尚无综合论述该学科所有方面内容的教材出现。然而许多对于研究有用的文献是确实存在的。我们将引用其中主要的作品,更多具体的资料留下面每一章后的延伸阅读部分详述。

8. 法律人类学文献目录

有许多文献目录可资利用。格里森(J. Glissen)的《法律史和法律民族学参考书目》(*Bibliographie d'histoire du droit et d'ethnologie juridique*),覆盖地域范围广大,具有定期更新的优点。下面的这些文献大多产生于20世纪60年代以后,它们依然是不可或缺的:《通用民族学》(*Ethnologie générale*, ed. Poirier no. 4, pp. 1236-46 [休刊于 1965])；纳德尔(L. Nader)、考奇(K. F. Koch)和考克斯(B. Cox)合著的《法律民族学：参考文献调查》(The ethnology of law: a bibliographical survey, *Current Anthropology*, 7, 3[1966]: 267-94)，内容非常完备。萨丽·福克·摩尔(S. Falk Moore)的《法律和人类学》(Law and anthropology, *Biennial Review of Anthropology* [1969]: 295-300 [休刊于 1967])；纳德尔的《法律的人类学研究》(L. Nader, The anthropological study of law, *American Anthropologist*, 6, 2 [1967]: 26-32)。纳德尔和扬维森(B. Yngvesson)合著的《法律民族学及其产物研究》(L. Nader & B. Yngvesson, On studying the ethnography of law and its consequences, *Handbook of Social and cultural anthropology*, ed. J. J. Honigmann, Chicago: Rand McNally, 1973)。波斯比西(L. Pospisil)的《法律的人类学》(*Anthropology of Law*, New York: Harper & Row, 1971)。诺伯特·罗兰的《法律人类学的视野》(Horizons pour l'anthropologie juridique, *RRJ*, 2 (1984): 367-76。其他的文献专门研究一些特定的主题。首先是亲属关系：克雷斯维尔的《亲属关系》(Cresswell, La Parenté, *Eléments d'ethnologie*, Vol. 2, 同前引，no. 4)；鲁宾·福克斯(Robin Fox)的《生物社会人类学》(*Biosocial Anthropoloy*, London: Malaby, 1975)；以及《家庭历史》(*Histoire de la famille*, ed. A. Burgière et al., 2 Vols, Paris: A. Collin, 1986)，包含了时至今日的井然有序的文献目录。另外一部分是关于纠纷解决的文献：加里弗(P. H. Gulliver)的《纠纷和谈判：跨文化的视角》(*Disputes and Negotiations: A Cross-Cultural Perspective*, New York, 1979)，包含了很全面的文献目录；罗伯茨(S. Roberts)的《秩序和纠纷：法律人类学导论》(*Order and Dispute: An Intruduction to Legal Anthropology*, Harmondsworth: Penguin, 1779)；格里菲斯(J. Griffiths)的《诉讼的

一般理论通：第一步》（The general theory of litigation: a first step, *Zeitschrift für Rechtssoziologie*, 4, 1[1983]: 198-201）。关于近期法律人类学的一个主要流行理论——法律多元，可参阅：范登伯格（P. L. Van den Berghe）的《多元主义》（Pluralism, *Handbook of Social and Cultural Anthropology*, ed. Honigmann, 同前引，pp. 971-7）。

最后，一些文献目录涵盖了世界上特定地区的法律人类学研究。拉方（M. Lafond）的《非洲主义论文集（法律和政治科学）》（*Recueil de theses africanistes*（Droit et Science politique, 1967-1984, Paris: Centre d'Études juridiques comparatives, Université de Paris II, 1985）研究了非洲。荷兰学者对于印度尼西亚的传统法律的专门研究（阿达特法学派，the Adat Law School）的成果可以参阅格里菲斯（J. Griffiths）所著的《20世纪70年代荷兰的法律人类学》（Anthropology of law in the Netherlands in the 1970s, *Niewsbrief voor Nederlandstalige rechtssoziologen, rechtsantropologen en rechtspsychologen*［以下简称 *NNR*］, 4[1983]）中的一篇完整而最新的目录。也有一些最近的关于亚洲国家的文献（从开展对亚洲传统法的研究以来，更具价值的成果至今数量有限）：参见千叶正士（M. Chiba）的《亚洲民间法》（*Asian Indigenous Law*, London and New York: Routledge & Kegan Paul, 1986, 416pp.）。最后还有我们自己关于因纽特人的主要法律研究的概述：诺伯特·罗兰的《因纽特人法律民族学：一种批判性的书目方法》（L'Ethnologie juridique des Inuit: approche bibliographique critique', *Études Inuit*, 2, 1[1978]: 120-31），我们已经发现这些多种多样的文献都不是最近的。最近的作者都定期地（自从1985年）撰写《法律人类学编年史》（Chroniques d'anthropologie juridique, 见 *Doirts, revue française de théorie juridique*）。

9. 法律人类学概述

在林林总总的概述中我们可能会推荐如下这些文献。涂恩瓦（R. Thurnwald）的《基于国际研究创制、改变和塑造法律》（*Werden, Wandel und Gestaltung des Rechtes im Lichte der Völkerforshung*, Berlin & Leipsig: De Gruyter, 1934），虽然有些过时，但确是它那个时代的重要贡献。戴蒙德（A. S. Diamond）的《法律和秩序的演化》（*The Evolution of Law and Order*, London: Watts, 1951），因其进化论偏见而饱受批评，后来再版时更名为《原始法律：过去和现在》（*Primitive Law, Past and Present*, London: Methuen, 1971）。作者对自从1935年第一版以来的文本就没有作实质性的改动，对美国新进化论学派的成果几乎没有提及，参见杰克逊（B. S. Jackson）在《法律季刊评论》（*The Law Quarterly Review*, 88[1972]: 267-70）中的总结。更多的专题性作品还包括：亚当逊-霍贝尔（E. Adamson-Hoebel）的《原始人的法》（*The Law of Primitive Man*, Cambridge, MA: Havard University Press, 1967, 358pp.）；格拉克曼（M. Gluckman）的《部落社会的政治、法律和仪式》（*Politics, Law and Ritual in Tribal Society*, Oxford: Blackwell, 1971, 340pp.）；波斯比西的（L. J. Pospisil）的《法律人类学：法律的比较理论》（*Anthropology of Law: A Comparative Theory of Law*, New York: Harper & Row, 1971, 386pp.）；《法律民族学》（*The Ethnology of Law*, New Haven, CT: Human Relations Area Files, 1985, 136pp.）是一个在原版本基础上有所删节的更新版本；雷莫蒂（F. Remotti）的《法律人类学主题》（*Temi di antropologia giuridica*, Turin: Giappichelli, 1982, 204pp.），以及蒙达里尼·莫雷利（G. Mondarini Morelli）的《规范和社会控制：人类学对规范研究的介绍》（*Norme e controllo sociale. Intruduzione anthropologica allo studio delle norme*, Sassari: Iniziative Culturali, 1980, 170pp.），是对研究者很好的两个

介绍;大卫(R. David)的《当代主要法律》(*Les grands systèmes de droit contemporains*, Paris: Dalloz, 1974, 658pp.),可惜对传统社会着墨不多;阿诺德(A.-J. Arnaud)的《法与人,法律人类学的要素》(*L'Homme-Droit, Eléments pour une anthropologie juridique*,即将出版)。我们也得把一部反映荷兰学派动态的近期作品包括进来:《荷兰法律人类学》(*Anthropology of Law in the Netherlands*, ed. K. Von Benda-Beckman & F. Strijbosch, Dordruht: Foris Publications, 1986)。德国的研究具有哲学倾向,参阅兰普(E. J. Lampe)的《法律人类学:法律人的结构分析》(*Rechtsanthropologie. Eine Strukturanalyse des Menschen im Recht*, Berlin: Duncker & Humbolt, 1970, 384 pp.);另外一部由兰普主编的作品是《对法律人类学的贡献》(Beiträge zur Rechtsanthropologie, *Archiv für Rechts und sozialphilosophie*, 22[1985], 200pp.)。接下来这些也是比较有趣的作品:肖特(R. Schott)的《原始社会中法律的功能》(Die Funktionen des Rechts in primitiven Gesellschaften, 载于 *Jahrbuch für Rechtssozialogie und Rechtstheorie*, ed. R. Lautmann, W. Maihofer and H. Schelsky, vol. 1, Bertelsman Universitätverlag, 1970, pp. 108-74)。还可参阅武尔卡内斯库(R. Vulcanescu)的《法律民族学》(*Ethnologie Juridica*, Bucharest, 1970),是关于罗马尼亚的法律人类学;也恰恰就是在罗马尼亚法律,人类学受到了打压和非难。最后我们应当提及极具价值的《让·博丹学会制度比较史文集》(*Recueils de la société Jean Bodin pour L'Histoire comparative des Institutions*),它定期刊发专题性研究成果(和平、证据、女性、习俗,等等),其中包括一些章节专门关注相关研究主题的人类学方面内容。

10. 法律人类学期刊

有好几份期刊都是这一学科的所有学习者必不可少的文献。

《法与文化》(Droit et Cultures)是法国主要的人类学期刊,由巴黎第十大学出版,维迪耶(R. Verdier)主编。这份评论刊物于1981年面世,其关注的主题兼有法律史学和法律民族学的旨趣。还可参阅《人类学和法学联合会公报》(Le Bulletin de liaison de l'Association 'Anthropologie et Juristique',由巴黎法律人类学实验室创建);目前的作者定期为《法学》(Droits)撰写总结和编年史。还有好几份国际期刊:见《法律多元杂志》(Journal of Legal Pluralism);民间法和法律多元委员会(the Commission on Falk-Law and Legal Pluralism)的通讯杂志,该国际组织创建于1978年,大多数的法律人类学家都曾加入,可参阅《民间法委员会通讯》(Newsletter of the Commission on Folk-Law, Catholic University, Thomas Von Aquinostraat 6, Postbus 9049, 6500KK, Nijmegen, the Netherlands);还可参阅《法律和人类学》(Law and Anthropology)这份期刊,它的早期刊物(1986—1988)关注少数群体的法律地位。其他期刊也不时地刊登法律人类学的文章:《法律和社会》(Droit et Société,特别是1985年第五期,是一期法律人类学的特刊)、《法律和社会评论》(Law and Society Review)、《美国人类学家》(American Anthropologist)、《比较法杂志》(Zeitschrift für verglichende Rechtswissenschaft)。

11. 法国法律人类学的教学中心

在法国,法律人类学的教学和科研,以及法律人类学博士专业,主要是在巴黎展开。相关的机构包括:法律人类学实验室(Laboratoire d'anthropologie juridique de Paris,后文常简称为LAJP),该中心由阿里奥和勒鲁瓦领导(位于巴黎库哈斯路14号巴黎第一大学);法律和文化中心(Centre Droit et Cultures),由维迪埃领导(位于巴黎共和国大街巴黎第十大学)。在外省只有一两个中心教授法律人类学。尼斯和图卢兹的法学院开设法律人类学课程,是由兰伯特(J.-N Lambert)和普马雷德(J. Poumarède)开创的。本书的作者是埃克斯-普罗旺斯法学院的教授,他在1988年开设了法律人类学专业,该校还有研究生项目。在1989年,巴黎一大成为第二家开设法律人类学专业的大学。

12. 法律科学的缓慢发展

关于法学家的保守主义可参阅阿诺德的批评分析《面对社会的律师(从19世纪至今)》(*Les Juristes face à la société [du XIXe sièclè à nos jours]*, Paris: PUF, 1975, 228pp.);以及米埃勒(M. Miaille)的《对法律的批判性介绍》(*Une Introduction critique au droit*, Paris: Maspéro, 1976, 388pp.)。更多的近期优秀作品有《进程中的法律》(*Le Droit en process*, ed. J. Chevallier and D. Loschak, Paris: PUF, 1983, 230pp.),令人信服地披露了法学的经典进路将会导致的幻觉和死胡同。与此风格相同的还有莱诺布尔(J. Lenoble)和奥斯特(F. Ost)合著的《西方法律及其认识论前提》(*Le Droit occidental et ses présupposés épistémologiques*, Brussels, Association international des juristes democrates, Unesco, 1977)。近期的一些研究展现了新的法学理论出发点:阿蒂亚斯(C. Atias)的《法律认识论》(*Espistémologie juridique*, Paris: PUF, 'Droit fondemental' series, 1985, 222pp.);同样是阿蒂亚斯的作品《反专制的理论》(*Théorie contre arbitraire*, Paris: PUF, 1987, 224pp.);提姆西(G. Timsit)的《法律的主题和制度》(*Thèmes et systèmes de droit*, Paris: PUF, 1986, 206pp.)。

把法律和国家结合在一起导致了一些法学家——无论其地位高低——在谈及传统社会的时候犯下了谬误。对于一些学者来说这些传统社会的"动物性"要多于人性。因此在马斯贝迪奥(R. Maspétiol)看来,在因纽特社会中,就像在卑格米人、兰巴人以及拉卡人人中一样,"那些(初级政治)结构并不显得比那些最发达的和同质的动物社会更加进步"（R. Maspetiol, La société politique et la droit, Paris, 1957, p.3）。阿姆塞莱克（P. Amselec）也持同样论调：因纽特社会中不可能存在法律，因为因纽特社会同动物社会一样，仅仅表现出自发的规范机制（P. Amselec, 'Perspectives critiques d'une réflexion épistémologique sur la théorie du droit', thèse droit, Paris, 1964, p.174 and n. 172）。

首先，民族志的调查研究发现与上述论断是相矛盾的。另外，尽管我们不能排斥人类和动物社会之间的所有比较，但即使是距离我们现代社会最远的狩猎采集社会形态，他们与动物社会之间的鸿沟也远远大于他们与我们之间的差别。关于这一点可以参阅列维-斯特劳斯的《原始性的概念》（The Concept of primitiveness, 载于 Man the Hunter, ed. Richard B. Lee and Irven De Vore, Chicago: Aldine, 1975, pp. 349-50）。其他的学者，比如布尔多（G. Burdeau）就"原始人"的智能缺乏抽象能力的幼稚特性提出论述，"自称在他（个人）身上发现了即使是非常低级形式的代表其社会群体智力的元素，这不过是一种神智偏差……他不可能成为法律的主体，因为法律的必要确信（opinio necessitatis）作为法律权威力的必要条件之一，要求个人必需能够理解他应当遵守规则或者屈从于法律的约束"（Traité de sciences politiques, Vol. 1, Le Pouvoir Politique, Paris, 1966, p. 51 and n. 1）。其实这些主张都是建立在错误的认识前提下。第一，"原始人"能够像我们一样进行抽象思维，但却不是用在同样的领域，就像我们自己的社会有其自身的"野性思维"领域；第二，尽管是句老生常谈，但传统社会的个人并非是一成不变习俗的愚钝奴隶。

13. 人类学中的国家观念

关于国家和法律之间关系的争论将是我们认真对待的一个主要领域。学习者首先要阅读一些作品来澄清他或她关于国家概念的观念。相比于传统法学教材的经典标准让我们确信的内容,下面这些著作将让我们感到更难以界定国家这个概念:巴朗蒂埃(G. Balandier)的《政治人类学》(*Anthropologie politique*, Paris: PUF, 1978, 240pp.),翻译成英文版本的《政治人类学》(*Political Anthropology*, Harmondsworth: Penguin, 1972);同样是巴朗蒂埃的著作《人类-逻辑学》(*Anthropo-logiques*, Paris: Librairie générale française, 1985)以及《迂回》(*Le Détour*, Paris: Fayard, 1985, 266pp.);克拉斯特(P. Clastres)在他的《社会反对国家》(*La société contre l'État*, Paris: Editions de Minuit, 1974, 186pp.)以及《政治人类学研究》(*Recherches d'Anthropologie politique*, Paris: Le Seuil, 1980, 248pp.)中阐述了他提出的传统社会拒绝国家的著名观点;拉比埃尔(J.-W. Lapierre)在《没有国家的生活?》(*Vivre sans État?*, Paris: Le Seuil, 1977, 376pp.)中反对了人类学当前正统学说所强调的国家是在适应变化中的积极角色。他的理论主张不应被轻易忽略掉。他将国家置于政治权力的分化和政治机关组织复杂性增长的九个阶段的最后一级(同前引,pp. 75-6),以此和较早发生的统治和被统治之间的区别相对比。这种量度的使用趋向于强调一种简单粗暴的两分法,将社会分为占有国家的人和不占有国家的人。赫斯(L. de Heusch)的《债的逆转:神圣非洲皇室的决心》(L'Inversion de la dette. Propos sur les royautés sacrés africaines, 载于 *L'Esprit des Lois Sauvages*, ed. M. Abensour, Paris: Le Seuil, 1987, Vol. 1, pp. 1-59),坚持认为国家出现于权力被神化而凌驾于亲属关系之上的过程中。

第一部分

理解他者性：西方的视角

　　法律人类学曾经受到西方人观察和对待异文化社会的方式影响。"他者性"或"差异"的问题——和思想演变过程中产生的问题一样——是一个决定性的问题。要最终接受这一问题，就必须以对现实存在的客观观念为基础发展一种对外部世界的理解，而这一现实存在是具有内部一致性的。这可能被视为"常识性"的态度，但是，实际上只不过是新近才被人们接受到的，而且并不十分坚定。西方的殖民历史是人类学产生的条件，也曾经被人类学的认识影响。从这一点出发，法律人类学可以发展和阐释许多理论体系，我们可以从中获取更为精准的概念和方法论。我们将在下面三章探讨这些问题。

第一章　法律人类学的发展

> 法律就像变色龙，它在不同的地方变化不一，只有那些了解它的人才能制伏它。
>
> ——利比里亚果拉人谚语

作为法律史的直接衍生物，法律人类学最初出现在19世纪下半叶法律人类学奠基者的著作中。它迅速给自己设定了一项普罗米修斯式的开创性使命——创建一套关于法律进程的进化主义理论。这一理论大厦很快被发现是用低劣的材料建造的。于是此后的进路遵循了少一些雄心勃勃而多一些精确的准则，一直发展至今。

这一发展过程发生于殖民主义运动主宰的国际背景下。这段历史为主要的欧洲国家提供了格外充分的、不平等的研究机会。所以这一学科的思想学派具有一定国别特色也就不足为奇了。最后，这些发展还并没有走完它们的过程，这是我们将在后面深入探讨的一个方面。我们将在两个部分中审视这些问题。

一、法律人类学的创始人

直到18世纪，人类学才在认识论上具备可能性。孟德斯鸠在那个时代卓立于法律学人之中。然而,直到19世纪的下半叶,法律人类学的第一部伟大著作才真正出现。

14. 先驱者:孟德斯鸠和自然法的突破

在希腊学者普罗泰戈拉(公元前480年—公元前411年)看来,"正义和非正义并非源于自然,而是来自法律"。各种各样的自然法理论都指控上述观点是错误的,但是关于自然正义的理念在法律思想史上并非从未中断的源流。与那些信奉法律来源于统治者的统治权的学者相反,站在对立立场的柏拉图和亚里士多德声称:法律服从于理性,理性是所有人的一种共同属性,法律首先应当是"自然法",而后才能由国家法来诠释。对于亚里士多德,以及后来的圣·托马斯,还有追随其后的现代学者韦利(M. Villey)而言,自然法的内容是可变的。自然法所努力表达的正义包含了对平等的探索,这一命题因不同的社会和时代的变迁而变化。但是不管在什么地方,不论变化的程度多大,一个正当的行为总是要符合事物的内在秩序,是符合自然的。相对比之下,现代的自然法倡导者,即17和18世纪的学者,给了自然法一个更为精确和固定的内容。它由许多具有某种整体性质的指导原则组成,通过列举人的具体权利实现成文法化。许多强调文化差异性的法律人类学家认为上述第二种进路难以接受,甚至质疑这种现代理念的可行性,因为它是对人的权利的普适宣告。孟德斯鸠(1689—1755)曾经预言过这一观点,并且是他那个时代的思想家中唯一拒绝对法律持一成不变态度的人,也是唯一思考那些异于自身社会的社会的人。在孟德斯鸠看来,法律是社会政治体系中的一个组成部分,被紧密嵌入在这个体系的运行中。因此法律必须是具有可变性的实体,它随着社会、时间和地点的变化而变化。和现代的一些法律人类学家相同的是,他相信法律和社会之间的紧密联系会对法律从一个社会移植到另一个社会的过程产生影响，除非这两个社会自身非常相似。我们已经远离了那种理想主义的自然法，实际上，更加接近20世纪的人类学家。孟德斯鸠避开了许多20世纪的学者都曾身陷其中的进化论的立场。在他看来，法律制度的发展不是由那些昭显进步的具有历史意义的里程碑体现的，而是依赖于那些更加平常的因素，如特定社会的气候条件、地形地貌、人口状况，等等。就他对法律的变化性的认识而言，孟德斯鸠是近现代的第一位法律人类学家。在其身后过了一个世纪，涌现出了众多追随他的学人。

15. 法律人类学的建立：巴霍芬、迈克伦南、摩尔根、梅因

在19世纪时一些新的概念术语的产生和流行就预示了法律人类学的诞生：首先是比较法学，其次是法律古民族学（legal paleontology），最后是古代法律史学（legal archaeology）；法律民族学（legal ethnology）这个术语只是在1890年时出现在珀斯特（H. E. Post）的著作《民族法学纲要》（*Grundriss der ethnologischen Jurisprudenz*）中。抛开命名法不谈，1861年是我们这个学科关键的一年，两部具有极其重大意义的著作出现于斯图加特和伦敦。一部是巴霍芬（J. J. Bachofen）的《母权论》（*Das Mutterrecht*），它是专门关于亲属关系的民族学研究。紧紧跟随巴霍芬迈出第一步的是迈克伦南（J. F. McLennan）在1865年完成的《原始婚姻》（*Primitive Marriage*）和摩尔根（Lewis H. Morgan）在1871年贡献的《人类家庭的血亲和姻亲体系》（*Systems of Consanguinity and Affinity of the Human Family*）。第二部重要著作是亨利·詹姆斯·萨姆纳·梅因爵士（Sir Henry James Sumner Maine）著于1861年的《古代法》（*Ancient Law*）。此后，他的另外两部著作《制度的早期历史》（*The Early History of Institutions*）和《早期法律和习俗》（*On Early Law*

第一部分 理解他者性：西方的视角

and Custom）相继在 1875 和 1883 年问世，至此才真正宣告了法律人类学的诞生。

梅因（1822—1888）整合了好几样重要的资质。首先作为一名教师，他是剑桥大学的民法教授，伦敦大学的罗马法教授。自 1869 年开始，他成为牛津大学的第一位历史和比较法学教授，此外还是一位国际法教授。他还有着重要的行政管理职位：加尔各答大学的副校长，印度总督极为尊敬的一位顾问，也是印度的成文法编纂工作的负责人之一。他主要致力于家庭和财产领域的研究，而他的上述职责也为我们解释了为什么印度在其研究中占有首要地位。但是梅因并不把自己仅限于对遥远社会的研究，他也对欧洲法，特别是爱尔兰法有过很好的阐释。他的著作贯穿了两个重叠的观点。第一个是关于法律发展的三阶段理论：首先，人们相信法是上天赐予并经由世俗的统治者颁布的（摩西和十诫）；然后，法律和习俗紧密结合在一起；最后，法律获得独立的地位。在这个漫长的演变过程中，法律历经了从身份到契约的变迁：在遥远的过去，个人的权利和义务是深深植根于个人作为某个社会的成员而具备的社会身份之中的；而在现代社会中由于群体日益突出的流动性，个人的自由是通过法律契约的表面形式来表达的。第二，梅因试图通过他关于祖先崇拜的著作论证父系血统和家长制社会的前身。梅因同意达尔文的进化论。在他看来，那些遥远的社会是静止而幼稚的，唯有欧洲才显示出了它自身是法律演进发展过程中的、具有勃勃生机的力量。

约翰·雅各布·巴霍芬是一名罗马法教授和瑞士巴塞尔刑事法院的法官，他也可以被看作是当时进化思想者中的一员。他专注于亲属关系研究。然而，与梅因不同的是，他相信母权制（matriarchy）——他将其与农业的出现联系起来——先于父权制（patriarchy）出现。从远古以来的很多资料显示了母权制的起源。巴

第一章　法律人类学的发展

霍芬将这些参考线索称作母权时代的残余,这一时代之前的时期的特点是没有出现差异和分化,或者是一个混交的原始形态。这些思想在当时取得了很大的反响,但现在除了在女权主义的某些信条里面之外却几乎没有留下什么影响。民族志观察从来就没有发现关于原始混交的证据,甚至几乎没有什么权威专家相信母权制的存在(另一方面,有些社会,比如撒哈拉沙漠的图阿雷格人的社会里妇女享有几乎等同于男子的社会地位,但这种情况太少了)。然而,巴霍芬在方法论上的贡献还是很重要的。很少有传统社会能够遗留下历史学家所需要使用的那种书面资料。巴霍芬避开语言学,选择研究艺术,特别是神话。他在这一领域的主要洞察是理解了在大多数方面叙事是一种虚构,但却承载着一种内在含义,这一含义的目的是阐明"客观现实"。这样法律人类学就可以声称自己是一门科学,能够破译那些与书面文字没有联系的图像和符号,这样便摆脱了对文本诠释的依赖。罗马法学者们,特别是其中的蒙森将这种文本诠释推向了几近完美的程度,但是却无法避免坠入过于抽象的危险。正如科斯塔(J. Costa)所写到的:巴霍芬的首要功绩在于超越了书面文字的限制,论证了习惯和联系的同时性,不仅是跨越很长时间跨度的同时性,也是覆盖了法律制度一定的空间分布范围的同时性。

约翰·迈克伦南是上述两位作者的同时代人,但却并不那么声名显赫。然而他和巴霍芬一样,最先研究亲属关系。他的一些洞见在亲属关系的人类学范畴依然是有意义的。他发明了族内婚(endogamy)和族外婚(exogamy)的概念术语。他研究了转房婚(levirate),将其与一妻多夫制(polyandry)联系起来;特别是他对亲属关系的分类方法吸引了人们的注意力,几年后摩尔根以一种更具权威的方式对此方法展开详述。

刘易斯·H. 摩尔根(1818—1881)是进化论思想在他那个时期

的主要倡导者。他在《古代社会》中所体现出来的原则比较简单，并且是建立在技术分类的标准上的。人类经过了三个时期（每个阶段自身又被细分为三个阶段）：蒙昧时期（狩猎和采集形态，原始共产主义）、野蛮时期（驯化动物，农业，冶金术，部落或氏族所有制，父权制家庭）、文明时期（发明文字、纸张、蒸汽机、电力，一夫一妻制家庭，私人财产，国家）。根据摩尔根的理论，进化将会在未来导致私人财产的消失。这成为一个奠基性的工作。然而，它还不够成熟，因为它过于轻率地建立了比较，过于强调进步理念的价值。摩尔根在理论综合方面做了一次早熟的努力。摩尔根的其他主要著作更为技术化，但在当时不大为人们所知，如《人类家庭的血亲和姻亲体系》（1871）在亲属关系的人类学理论研究方面取得了重要进步，而摩尔根的前辈学人在这方面仅仅是有所涉足。这一著作建立在耐心的调查问询基础上：摩尔根直接从印第安人那里收集数据，他在世界很多地方都有联络员。然而，还是得再次指出这些洞见都是某种进化论体系中的一个组成部分。传统社会由于其知识体系不发达的特征，被置于进步阶梯的底端，而西方社会被置于顶端，文明与一夫一妻制的家庭单位形式紧密结合在一起。尽管存在这样的错误观点，摩尔根依然跻身于法律人类学的奠基者之列。

二、法律人类学的理论建构

16. 一曲交响乐

法律人类学与社会人类学紧密相关，并在最初接受了当时19世纪后半叶主宰社会科学的进化论思潮。然而，进化论在进入到20世纪后迅速被人们所抛弃。弗朗兹·博厄斯（Franz Boas）和罗伯特·罗维（Robert Lowie）都对进化论提出了强烈的批判。但还是布罗尼斯拉夫·马林诺夫斯基，这位功能主义的创造者，提出了最显著有效的批判。作为一名田野调查工作者同时又是理论学家，以及一名受过专业训练的物理学家和数学家，马林诺夫斯基的研究中有相当大的部分在关注法律现象这个研究对象，是他最先对传统社会中法律过程的观察方法和性质开始进行探讨的，直到20世纪70年代这种探讨才告一段落。同时理论上的尝试在20世纪初迈出了第一步，现代法律人类学自从20世纪70年代就被法律多元的主题所主导。如我们所见，这些不同的理论与其说相互传承不如说是互相交织。我们可以借用"交响乐"这一概念可以形容法律人类学的"近似音乐会"的特点。当然，出于清晰性的考虑，我们在介绍这些理论流派时会借用"独奏"的方式。

（一）法律过程的变化性质：进化论

17. 进化和复杂性

进化论可以被简单地描述为这样一种理论：所有人类社会都在经济、社会和法律发展上历经了相同的若干阶段。这个总体的理论随即包含了一系列的推论。

首先，如果进化与变化是同义词，那么变化，即使是适应性变化也不见得就必然导致进化。因为在进化论理论中进化标志着相关制度复杂性的增长。卡内罗（R.-L. Carneiro）只是稍作修正地采纳了斯宾塞的定义（1862），"进化就是从相对缺乏规定性和非连贯的同质性状态，通过分化和整合的连续阶段，发展到具有相对明确规定性和连贯的异质性状态的过程"。他的模式是对传统社会和现代社会区别的经典演示。在机制性整合作用下，通过政治、宗教和法律系统的同化和结合，传统社会体现出群体内部个人之间的或群体之间较高的一体化程度。然而现代社会则表现出显著的社会分化，整

第一部分　理解他者性：西方的视角

合是有机性的并且反映了社会分化，国家成为社会分化的制度性表现。最后，法律在从其他社会规则中分离出来实现相对独立的过程中，为它自身的生长建立了基础（罗马法早期的世俗化就经常被用来解释为罗马法传播的原因）。一旦被接受，这一原则便持续被适用。但要实现这一点，还必须拥有清晰校准的尺度和明确规定的标准以便进行跨文化比较。在19世纪，进化论的作者们使用相当初级的概念工具来阐述其理论。在法学领域内，最经常使用的标准是从一种家庭组织到另外一种家庭组织的转变（就如同梅因、巴霍芬、摩尔根和恩格斯等人阐述的），或者是国家社会和非国家社会的分类。但是在这一构想下，所有进化式发展都必须伴随有复杂性的增长。因而某些适应性突变都不能界定为进化。一个具体的例子可以帮助我们理解这一区别。在19世纪时秘鲁的阿马哈卡人饱受毗邻部落的侵袭，以至生存受到威胁。作为对这种攻击的防卫，他们在其领地内采取了一种更具流动特点的居住方式，分裂为更小的营地，他们的社会和仪式体制也更加简化。在这个事例中体现了一种适应性的变化，以帮助更好反抗毗邻部落的攻击。但是这并不构成进化，因为它是从复杂到简单的转变。

　　进化和复杂性增长的关联可以得到物理学的证实。我们的宇宙形成于150亿年之前。它源于最初始的带有实现有机化所必需信息的物质，在以复杂性不断增长为特点的有机化过程中，相对简单的元素相互结合组成不断复杂化的实体物质，却没有出现任何相应的和显著的无序性趋势。宇宙以一定程度的恒定熵率而演变。由于这一演变过程还没有结束，所以就长期来看没有理由断定人类就不会被另外一个更加复杂高级的生物替代。达尔文认为是自然选择决定了物种的发展和消亡。但是，建立某种和人类相对应的事物显然是项危险的事业。一方面，时间标准是不相同的。宇宙可能已经存在了上百亿年，但人类只是在距今二百万到四百万年间才出现的。我们只了解这一时间段中的一小部分。如果确有进化存在，我们仅仅处于开端。另外，还有一个重要的事实可能颠覆人类视为进化"事业"的观念。且不说一些量子物理学家得出这么一种观点：物质自身能够有其某种存在形式。在我们拥有更多信息之前，不妨将此观点暂放一边。但我们仍然发现，在与动物世界的比较中，人类的一大区别特点就是他具有自我认识，具有和对性质完全异于自身的宇宙的知识，倘若给予他一定程度的自我进化的控制。最后我们必须指出，批判进化论关于复杂性增长的观点是具有有效依据的。因为民族中心主义（ethnocentrism）存在其中。从简单到复杂的转变，然后是初级到高级的转变，最后原始到文明的转变，论证的转换可以轻易实现。换句话说进化论承载着歧视性质的价值判断，因为历时性发展的观点可以轻易地形成它的对应物，即一种本体论的（ontological）等级体系。

这些讨论表明了当我们试图将进化和复杂性增长的观点运用于人类社会时，它是多么的危险和不准确。然而，我们还需要在另外一个层面上对进化论进行更细致地审视。是否可以把进化论看作是呆板的和单线分段的吗？或者我们能假设进化在不同社会而有所差别吗？

18. 进化的单线分段理论

进化论的单线分段理论把人类社会看作一个连贯而统一的整体，遵循共同的和普适的法则，即：所有社会都必须历经同类型的按同一顺序排列的发展阶段，这些阶段都相互严密衔接。"蒙昧"社会，也就是后来所说的"原始"社会，展现了我们自身的社会早已经历过的初始发展阶段。因此这些原始社会中"最简单"的形态——捕鱼、狩猎和采集型——是史前社会的准确反映。关于政治制度，

第一部分 理解他者性：西方的视角

27 进化从无中心的体制发展到集权的和以国家为基础的体制。法律通过同道德和宗教的结合建立起来，实现了从建立在习俗基础上的社会群体演进到建立在法律基础上的国家。法律作为一个带有强制约束力的专用工具出现（司法系统的出现和发展），从纠纷依靠当事人自行解决（复仇）的相对原始形态，发展到相对文明的社会。纠纷日渐趋向于由第三方（调解人、仲裁人和法官）来解决，该第三方的权力根据其在社会中的整体地位的提高而提升。一些法律史的教科书展现过这一转变：早期由氏族和领地武士实施的私人复仇带来一定的危险，后来城邦国家或者君主国家的控制逐渐取代了发动私人战争的权利，从而实现了内部和平。如果在法律的历史上经常可以发现进化论的身影的话，那么它对社会人类学的影响则是要小得多的。它的衰落开始于1900年左右，到1940年就全面消失。

　　法律进化论和社会进化论的理论都是树立在同样的历史基础上的，它们随着对时间周期循环观念的突破而首先出现于18世纪。维柯（1688—1774）首先对这一观点提出质疑，他在《新科学》（*The New Science*，1725）这一专著中将文明的发展区分为三个阶段：诗歌的时代、英雄的时代、智识和人文的时代。伏尔泰接受了这一思想，亚当·弗格森（Adam Ferguson）也在他的《市民社会的历史》（*History of Civil Society*, 1767）中通过识别三个阶段（蒙昧、野蛮和文明）全面更新了维柯的法则。在19世纪时摩尔根采纳了维柯的这一理论。在1760年的《演算语言》（*La Langue des calculs*）一书中，孔狄亚克（Condillac）对那个时代的进化论观点进行了总结，"我们既然相信自己的知识，就需要走到最无知的人中去发现我们是怎样实现进步的，因为这是我们必须认识的自身的起点。我们对他们知之甚少，因为自从我们成为自然的追随者以后时间已经流逝太多"。之后的学者吕西安·列维-布留尔（Lucien Lévy-Bruhl）在他的早期理论(他在晚年时,特别是受到柏格森的影响后,又回归到这一主张)中证明了进化论思想的最后立场:从缺乏抽象能力的原始社会思维(许多传统社会其实都没有明确的法规,因此借助于对行为的过程分析来描述他们的法律制度。试比较后文第27节)的"前逻辑"形态,我们演进到体现出优异性和高级性的文明思想。列维-斯特劳斯则揭示了上述区别都是错觉和谬论,他论证了现代社会和传统社会都能借助于抽象和理性思维思考,但是方式不同。直到1935年戴蒙德(A. S. Diamond)的《法律和秩序的进化》(*The Evolution of Law and Order*)的第一版面世,作者还持有相似的进化论的论调,他复兴了摩尔根的老式三元分类法并将其用于法律。然而只有19世纪才真正见证了进化论思想的伟大繁荣,特别是在法律理论方面。

19. 19世纪的法律进化理论

借用内格里(Negri)的说法,19世纪是个"宏大建设"的世纪。在进化论原理的帮助下,人们试图撰写所有已知社会的比较历史,无论是异文化社会的还是西方社会,均用恒定不变的历时性原理联系起来。但是这些学者都不是田野调查工作者。他们把人类学当作历史来研究,在广泛的资料基础上开展他们的研究,这只能促使他们总是急急忙忙地得出结论。而这些结论后来都被民族志调查发现存在诸多欠缺。欧洲的法律学人也在后来成为这一趋势中的一部分。

在1878年,第一期《比较法杂志》(*Zeitschrift für vergleichende Rechtswessenschaft*)面世了,它由本霍夫特(F. Bernhoeft)、科恩(G. Cohn)和科勒尔(J. Kohler)主持。这一期刊标志着比较法学学派的开启。这一学派确立的志向是扩展它的参照系,以详尽阐述一种法律进化的普遍理论,用更多异文化法律来补充对罗马法和日耳曼法的传统研究。第一期的内容是描述多于比较,此后方法论和理论性

第一部分 理解他者性：西方的视角

方面的文章越来越多。对东方社会有比较多的研究，对于非洲的兴趣是后来才逐渐浓厚起来。应当注意的是，在当时该杂志的撰稿人们对于法律的兴趣多于习俗，对于规范的兴趣多于行为。这一偏见也证明了这些作者发现自己难以挣脱西方法律传统的束缚。因此该杂志的革新之处就是鼓励法律学者们考察异于本国的法律体系。但是这一努力没有产生任何理论发展。这一努力是具有勇气的，在意大利的法律学者中引起了诧异，因为他们认为法律民族学和罗马法联系紧密。另外，这些研究还积累了相当规模的数据，为学者们援引实例提供了条件而不再局限于纯粹的推测。

在珀斯特的著作可以发现他对法律进化理论进行综合所做出的初步主要努力。他有名的著作《法律民族学》（*Ethnologische Jurisprudenz*）[1]出版于1893年。他在该书开篇写道，"一旦我们完全理解了法律民族学，我们将会发现一个普适的法律体系，一种关于人的意志和权力的表达"。在这一研究的两卷作品中，珀斯特以不同的主题为纲要回顾了许多社会的法律制度（婚姻、继承、刑法、商法等），重点强调了（虽然不恰当地）公共管辖权制度，而非私人管辖权制度。珀斯特作品的特点在于其普适性的观点，即对所有社会的所有法律制度的研究。这一百科全书式的视野建立于这种观念上：法律是普遍现象，因此构建一种整体的理论是可能的。因为用珀斯特的话来说，人类法律的指导原则是"简单、宏大而明白的，就向支配星辰的法则一样"。他提出了一套带有法律史学院派（École Historique du Droit）、《法学汇纂》（*the Pandects*）以及萨维尼（Savigny）和耶林（Iehring）理论烙印的思想。珀斯特在他那个时代享有很高的声望，事实上，特别是在意大利，他的影响远盛于德国。伟大的罗马法学家彭梵得（P. Bonfante）尤其受到他的影响，并试图通过运用民族志学者提供的传统社会的信息来提升对罗马法的

第一章　法律人类学的发展

理解。

意大利学者也受到进化论思想的影响。从 1980 年起德·阿冈诺（G. d'Aguanno）开始致力于研究法律的起源，他从史前社会入手，并运用民族志的资料。在 20 世纪的第一年，好几篇发表于《意大利社会学杂志》（*Rivista Italiana di Sociologica*）的文章表露了同样的成见。然而马扎雷拉（G. Mazzarella）在 20 世纪初期众多意大利进化论理论家中比较突出。他的方法论，用内格里的话说，是由"全无理性和常识的冥思苦想的可悲例子，刚愎自负的刻板逻辑和建立在几率运算与数学系统上的精密建造"构成的。

至此我们已经考察了德国和意大利的学者。那么法国的情况呢？我们应当承认法国在法律人类学的主要论争中的缺位令人注目。这不是因为法国缺乏权威，莫斯和其他学者可以为例（见后文 46 节）。而是因为他们没有做出主要的理论综合。当然涂尔干的一些著作值得一提。虽然主要被视为一位社会学家，但涂尔干也对传统社会显示出了一定兴趣。他试图将功能主义和进化论结合起来。在他的研究成果《社会分工论》中，他努力想了解社会是如何从原始状态过渡到现代的。原始社会的机制性一体化是和一种压制性的法律体系相联系的。这些社会没有劳动分工，最多有法定的等级制（首领和祭司、成年人、非成年人，等等）以及涵盖一切的集体道德。法律和道德互相纠缠，法律实质上就是刑法，因为任何对于法定权威的威胁都被视为对整个社会的威胁。相比之下，现代社会的有机性一体化是和复原性法律相联系的。由于社会被分化了，社会成员们隶属并受益于不同的社会群体，并以此身份与更广大的社会发生关系。对法律规范的触犯不再被看作对整个社会秩序的侵犯。法律失去了它的惩戒特点，它分化为几大板块（民事，特别是商事）；刑法依然存在，但不如其他法律部门发展得那么快了。法律在实质上成为"复原性"的了,因为社会首先要关注的是恢复被违法行为破坏的平衡。这一理论明显属于进化论学派,它继续将人类区分为两种社会类别,其具有形成反差的法律制度和整合体系。这一理论还是高度推测性的,它夸大了传统社会集体意识的特性,而忽视了所有社会同时具有压制性和复原性法律的这一事实。关于此问题将稍后再作阐述。

诸如此类的错漏之处解释了进化论思想之所以衰落的原因,我们将就此予以说明。

20. 对进化论主义法律理论的评价

从19世纪末开始,社会人类学开始将进化论的拥护者抛弃在一旁。弗朗兹·博厄斯(1858—1942),作为一名德国出生的美国人类学家和研究因纽特人及北美印第安人社会的专家,抨击了"摇椅上的人类学家"以及他们宏大历史重构中的疏漏。他更愿意在亲身观察社会的基础上做更为适当而且严密的研究。他是文化相对主义的创建者,在他看来社会实质上是多样的,因为人类只继承了基因构成,更深远的发展取决于物质和社会环境。在实践中,探寻宏大的整体性系统几乎没有意义,变异性比近似性更重要。

传播学派同时也对单线进化论提出了批评,尽管是从另外一种理论起点展开的。从1911年起,弗利兹·格雷布纳(Fritz Graebner)创制出了主要的概念。他认为存在着文化丛现象,即由文化元素有机联系结合在一起形成的整体。同质的文化丛存在于世界的不同地方,可以推定它们产生于同一起源——某个文化圈(Kulturkreis),以此为源流向外传播。传播学派强调文化接触在促进传播中的作用:尽管文化圈代表了初始的形态,但在世界范围传播的文化丛在传播过程中会借鉴其他文化并受到其影响。传播学派并不否认历史的作用,但批判了单线进化论的呆板和无差异性。

一如往常,法律学者们过了一段时间才缓慢地作出反应。

最初的贡献是由施密特(W. Schmidt)在1918年作出的,他在《比较法杂志》[2]中支持传播学派理论。然而,基于文化圈理论而全面反对进化论思想的行动是随着特林邦(Trimborn)发表在《比较法杂志》上的一篇文章到来的。[3]他批评了早期作者沉醉于法律规则的形式分析而没有加入足够的经济学和社会学考量。他倡导撰写关于个别社会的全面情况的专著,而非宽泛的理论综合。特林邦的方法论旨趣与博厄斯相似,后者也是先做专著后进行综合。

至少在德国,法律民族学拓宽了民族学及其起源学科(即历史学)之间的区别。现代法律人类学(*Rechtsethnologie*)的奠基人涂恩瓦(Thurnwald)的作品[4]更明白地表明了这两个学科之间的分野。这一著作反对珀斯特的进化理论,认为将传统社会和现代社会的法律集合到同一个理论中几乎没有意义,因为那只体现了技术性知识和社会体制的差异,而多样性才是显著的特征;这同样适用于这些社会的法律制度。

通过这些学者我们可以看到始于20世纪之初的理论转向:对适用于法律领域发展的普适性历史法学的反对;注意力转向法律制度的多样性而非统一性;在方法论的性质上推崇深入细致研究的专著,摒弃宏大综合研究。虽然宏大综合研究可能在日后会有其意义,但当时却为时尚早。

与这些理论发展相符合的是,实验领域即主要的欧洲国家殖民地,给因为纯理论人类学格外繁荣而被推动的应用人类学的发展提供了条件。

21. 应用人类学

应用人类学的发展和殖民地域的版图格局有密切联系。德国发现它在这一方面处于劣势,因为凡尔赛公约剥夺了它的殖民地。另

第一部分 理解他者性：西方的视角

外在1939年由于纳粹的影响（涂恩瓦曾经对其妥协），《比较法杂志》封锁了所有非德国作者的作品。战争结束之后是连续九年的沉默。随后德国的法律人类学走上了一条强调哲学和方法论问题的道路。在意大利，殖民征服（特别是在索马里）给理论学者们提供了开展田野调查的机会，他们的调查主要关注地方社会的涵化（acculturation）现象和殖民管理的运转。理论性的研究比较少，如塞鲁力（Cerulli）和科鲁齐（Colucci）等人表达的思想都是反对珀斯特和马扎雷拉的进化论。在法国，应用人类学也得到一定程度的践行，学者们的主要兴趣在非洲殖民地，这一特征依然主导了今天的法国法律人类学。这些学者主要研究习惯法，但是，虽然早在1897年就开始了第一次研究，但它们实际上还是不够全面和难以令人满意。

如果我们根据这种理论和实践的双重运动而认为进化论思想将会被抛进故纸堆去倒也情有可原。但是，即使进化论的缺点显而易见，我们仍无法否认它是那个时代的产物。许多学者虽然意识到了进化论的这些先天缺陷，但还是复兴了这些理论并对其予以更新。

22. 历史视角中的单线分段进化理论

在詹姆斯·弗雷泽爵士（Sir James Frazer）进入晚年之际，当被问到他是否曾经看见过任何他致力于研究的原始人时，他断然回答："绝对没有！"

进化论者曾经因为不去调查田野而被指责。然而我们必须接受这个事实：在当时这样一种观点并不奇怪。人类学家相信他们在全世界范围雇为其提供服务的那些认真负责的观察者们可以给他们节约大量的时间。这些人类学家为自己确立的任务的性质决定了他们自己不可能写出专著。而且，如果不考虑进化论的功绩的话，进行批评是十分容易的。我们将列举进化论的一些功绩。

进化论者成功地挣脱罗马法的研究，转向思索其他法律制度的参差多态。他们通过阐述社会经济因素在这些制度中的重要作用而赢得声望。这些观点几乎不可能符合当时主流法律学者的思想。我们也许还能理解巴霍芬的那种感情——甚至几乎是心智的沉醉,当他写道"我们领悟到一种体系,而非混乱;我们认识一种必要性,而非反复无常"。实际上,他是比较法学的创始人,二十年过后梅因在牛津大学开始教授这一课程。我们还应当注意到尽管存在谬误,进化论还是不能和它所反对的种族主义相混淆,因为文化差异不是先天或不可治愈的,它是由于技术和经济因素造成的。

23. 新进化论者

由于受到各种不同理论立场和观点的抨击,进化论主义理论直到1943年才重新出现,此时它采用了顺应时势的精致外观。[5]几年之后朱利安·海恩斯·斯都华德(Julian Haynes Steward)提出一种多线进化的概念(其实梅因曾经是这一主张的先驱者),他主张将对缺乏关联的社会所做的观察用来识别文化变迁中的某些共同特性。但是和单线进化论不同的是,他相信不可能从这种对比中推演出普适法则来。在1963年,卡内罗质疑了这种限制,而推出一种差异进化的观点:每一个社会以不同的程度和不同的方法促进其文化系统构成元素的进化,包括法律。这同样被泰勒(Tylor)在1871年时就预见了。另外,在弥补19世纪学者的一个重要纰漏上,新进化论者努力发展了文化变迁的精确指标。在1956年纳罗尔(Naroll)提出了一套"社会发展指数";卡内罗在1963年创造了"文化积累指数",法律被和其他指标排列在一起,并被量化为图表,以具体图示和数字的方式表现出来。我们可以注意到这些图表清楚地描绘和突出了进化论思想的一个关键的也是一直备受质疑的理念,即总是有发达社会和落后社会之分。实际上,这些图表的数学特征不会把任何人置于错觉之中,因为它们建立在一种推崇分类和等级的意识形态基

第一部分　理解他者性：西方的视角

础之上。

新进化论学者中与法律联系最密切的要算亚当逊-霍贝尔(E. Adamson-Hoebel)了。他在1954年出版的《原始人的法》(*The Law of Primitive Man*)中推出了"法律的趋向"这个概念，是对法律进化的一种概述。在霍贝尔看来没有什么法律的单线进化，但是从全球范围来看确实存在如斯宾塞所说的从简单到复杂的过渡。关于生产方式，例如，畜牧和农耕之间的时间先后顺序可以倒转（畜牧不一定就先于农耕出现）。它是根据基本的生态条件而变化的。另外，不是所有社会都历经了进化阶段的整个序列（因此因纽特人实际上是从狩猎采集形态直接过渡到现代形态的）。但是进化的整体方向会体现在法律规范和纠纷诉求的程序的增长上，以及冲突的解决上。霍贝尔并不主张那些拥有"最微量法律"的社会就显得比其他社会在本质上更为"低劣"。因此大多数条件下，比如狩猎采集形态等最原始的社会拥有的法律极少，这不是因为它们比文明社会的无政府主义倾向更强一些，而仅仅是因为它们对法律的需求要小一些。它们具有较高的同质性，奉行面对面的人际关系。这意味着冲突要少得多，于是不必经常求助于法律。事实上法律是随着农业的出现而开始发展起来的。法律规范变得更加清晰，更为具体，也更为丰富。掌管和实施制裁与处罚的职能从家族转移到社会及其代表者，公法于是出现了。

最后，为与上文相联系，可以引用一下政治学家拉比埃尔(J.-W. Lapierre)的观点。在他看来，国家是进化过程的一部分，这一过程并不总是具有同样形式，但仍然是对共同的决定性因素的回应。具有专门化政治制度的社会，分化到一定程度（我们将这种程度和国家联系起来）就会面临必然的变化。这可能与许多因素有关，内部的或外部的。这些社会能够通过对国家构造实施有效的革新来适应这种变化的必然性;但是并非所有社会都取得了成功,那些失败者已经消失了。[6]与克拉斯特(P. Clastres)相比,拉比埃尔不相信国家是苦难的根源,相反是适应和变化的产物。

在我们看来这些新进化论理论与19世纪的老式理论相比体现出了明显的净化和提炼。不可否认所有社会都历经变化。突变要么被接受,要么被拒绝。这些变化的形式也多种多样。它们不必按照刻板的方式来排列先后。这种变异性并不排斥对普遍法则和比较方法论的探索。所有这些都可被归为新进化论的成就。但是也有必要做一些保留。一方面,使用"进化"和"复杂性增长"这些话语还是在本质上保持了社会等级制的老观念,这是与其无法成立的哲学立场相联系的(学者尤须警惕在所有理论背后,不管多么强势,都有一个哲学立场)。另外,霍贝尔"法的趋向"的要旨需要更细致地审视。[36]在方法论上,如我们所见,霍贝尔正确地强调了在传统社会中法律是由过程而非明确的规范构成的。但是谁能下结论说进化不仅决定了法律现象的体现形式(从过程到规范),还决定了它们的数量增长和性质的复杂性呢?或者,换句话说,难道过程性的方法不是正好证明了传统社会的法律制度和现代社会的法律制度完全就是一样复杂的吗?这些问题将引导我们进入法律人类学的第二个主要理论分水岭,一场持续了半个世纪的争论。

(二)法律的鉴别:过程和规范分析

24. 一种新理论:功能主义

马林诺夫斯基于1884年生于波兰的克拉科夫。在完成物理和数学的学习后,受到弗雷泽著作的影响而决定致力于人类学研究。当他在澳大利亚研究土著人的亲属制度的时候,第一次世界大战突然降临。他因为自己的奥地利国籍而被扣留,但是他说服澳大利亚

第一部分　理解他者性：西方的视角

政府变通扣留措施,让他和土著人居住在一起,于是他得以在那里待了相当长的一段时间。这段经历的成果便是《西太平洋上的航海者》。在接下来的岁月里,马林诺夫斯基继续投身于田野工作(尤其是在特罗布里恩群岛和美拉尼西亚),实现了对以往书斋式人类学的突破。他获得了在伦敦教授人类学的职位并取得了英国国籍,但也经常前往美国访问,并在第二次世界大战爆发时决定定居在美国。1942年他在美国纽黑文市逝世。

马林诺夫斯基是功能主义这一新理论的创始人。他的著作中有两个方面与法律人类学有关。一是他对田野工作的坚持缩短了法律和现实世界的距离：法律不仅仅存在于法典的抽象原则中,还存在于具体的现象中,人们能够通过直接观察去了解法律。另一则是他将社会视为文化系统,其中的各组成部分之间相互联系,于是他强调法律对其他生态性或文化性元素的依赖。当然他的确有过将法和产生法的事物混淆在一起的趋向。另外,他对法律人类学的影响深远。从他的法律观念中自然而然地产生出过程性分析,这种分析方式的认识论基础是完全异于规范性进路的(过程性这个概念在此语境中包含了纠纷解决中程式的研究,而私法传统的法学家用此概念描述程序)。

25. 两种范式：规则和过程

规范性分析在民法传统中被当作法律的主导理念传授：法律在本质上是由一系列存在于文本,或在大多数情况下以法典形式体现的明确的书面规范组成的。属于普通法传统的西方法学家具有更灵活的进路,他们更青睐过程性分析。普通法体系援引法律先例多于成文法。这无疑也是为什么过程性进路以及作为其基础的"案例方法"在英语国家拥有更多的支持者。此外,触犯规范的方式和表现纠纷的过程也反映出了对规范的偏好。这些都是关于哲学类型的选择。规范主义者相信由于社会生活由规则支配,规范行为就意味着一致性,冲突被描绘成病态性的行为。基本上这些观念和下面这一种信念结合在一起:社会要实现长久的存在就需要集权的机构和制度来颁布法律规则,以法律机器来强制推行。而另一方面,强调过程的人相信人类根据自身的利益而与他的同类合作。当遵守这些明确的规范并不能满足其自我利益时,要么是因为并不存在什么规范,要么是因为他们对规范的遵守不足以解决这一问题,于是他们认为这些规范并不如自己同类的实际行为重要,而他们与自己同类之间通过一套相互关系联结起来。冲突绝非一种不正常的病态,它不仅是一种规范适应过程,依据博安南的说法还是一种必要性和现实的存在,因为冲突是个体和人类进化中的一个要素。它只能被调整而不能被压制。这两种范式不仅表现出各自的哲学立场,它们还具有重要的法律后果,我们将会在稍后了解到。

26. 规范性分析

仅仅把规范性分析和实证主义的西方法学理论联系在一起是错误的。人类学家和社会学家也运用这种分析。最有名的定义来自于拉德克利夫-布朗和罗斯科·庞德(Roscoe Pound):法律是一种"在政治组织化的社会中,由权力的制度化运用所执行的社会控制方式"。在霍贝尔看来,"如果一项社会规范经常性地被漠视或者触犯,某些个体或团体便会运用物质力量来对此进行威慑或者采取具体行动,因为它们具有公认的社会特权来采取这种措施,该规范因此具有了司法性"。许多20世纪30年代和40年代的在此领域中所做的研究都受到这些原则的指引,并毫无例外地产生了一系列反映了民法法系和普通法法系立场的规范。它们经常被殖民管理者当作指导准则来运用。这些殖民者有时候就像当地法院的上诉法院一样。然而将规范主义的成果拉低到这个程度是不公平的,这无异于

第一部分　理解他者性：西方的视角

是一种讽刺。恰恰相反，一些建立在规范性分析上的研究成果堪称法律人类学的伟大经典。其中的实例便是卢埃林（Llewellyn）和霍贝尔所著的《夏安人的方式》（*The Cheyenne Way*）以及格拉克曼的《北罗德西亚巴罗茨人的司法过程》（*The Judicial Process among the Barotse of Northern Rhodesia*）。

然而，如果在跨文化视角的语境下（即一种恰当的人类学视角）观察，规范性分析具有明显的缺点。

一方面，它把许多社会，既有集权的也有非集权的，排斥了在法律的领域之外。我们在此又一次遭遇了一种给我们的法律定义染上某种色彩的哲学立场。根据法律定义是包容的还是排斥的，我们可以马上将其限定于"文明"社会，或者反之扩展到其他社会。以抽象而明确的规则文本为载体，与制裁的工具相联系，并建立在强制力的压制作用基础上的法律定义，极大的缩小了法律的范围。令人不免猜疑，这一范围好像是被偶然地限定为西方社会的（除了西方还有几个社会，如公元前221—公元前206年中国的秦朝，或者阿兹特克，它们也有规范性的法律概念）。大多数传统社会都没有那么一套法律文本。我们在此可以观察一个具体的例子。如果我们问一个科曼契族印第安人："假如一个妇女被部落里的某个人从她丈夫那里拐走的话，你们将适用什么规则？"可能这个印第安人会如是回答："我不知道……但是我记得好几个月以前当我妈妈的一个姐妹被某某人从她丈夫那里带走时，我是这样处理的……"

最后，当我们试图将规范性分析运用到被我们描述为"文明"的社会时，还有那些具备成文法典体系的社会时，它表现出了许多严重的缺陷。中国在相当长的历史时期里被儒家思想统治。根据儒家思想，抽象的规则"法"通常并不是用来表达社会秩序和解决纠纷的；而道德规诫"礼"与和解方式被认为更加适宜。人们应尽量避免使用法律,因其被视为只有野蛮人(外国人)才适用,而且关于个人的法律只是起着行为模式的功用,并非强制适用。即使在罗马,整个共和国时期内也很少制订法律。从共和国开始到封邑时期共有八百部民决法(*leges rogatae*),其中只有 26 部和私法有关。主要参照祖传的风俗——祖制(*mos maiorum*)——来进行调整。同时大多数不完全法律(*leges imperfectae*)都无需运用强制力来执行。我们的另一个例证是罗马的治安官(magistrate)在法律发展中起到的重要作用:法律可以通过案件的判决逐渐演变。即使十二铜表法也不是我们理解的那种法典,而只是许多习俗的抄录。另外,当规范以一种明确形式出现时,它们也不会自动地被遵守,不仅因为有些已经失效,而且因为其中的许多还处于不正规的形态。最后我们应当注意到即使在我们自己的社会,虽然人人都被认为知法守法(*Nemo censetur ignorare legem*),但实际情况也远非如此。公民们经常对法律一无所知,或者偶尔通过媒体报道略知一二。通过以上这些例证,我们自然可以发现规范性分析不能适用于所有法律现象,也不能适用于所有社会。考察一下主张这一理论的学者开展的工作,我们就会发现他们大多数人都是在那些具备政治集权和明确的法律机器的社会里开展的研究。我们应当注意到,这种方法所选择关注的社会和这些学者的哲学偏见互相契合。而过程性分析则集中关注无首领社会,在那里纠纷大多都不是通过法律解决。[7]

27. 过程性分析

在《原始社会的犯罪和习俗》(*Crime and Custom in Savage Society*, 1926)一书中,马林诺夫斯基的思想是对规范性分析(曾经是传统的方法论)的一种背离,他拒绝将法律与来自中心权威的约束力联系在一起。法律应当根据它的功能来界定,而非它的程序。马林诺夫斯基强调互惠的功能:个人和群体之间存在着由互惠义务

第一部分　理解他者性：西方的视角

所构成的契约，它支配了社会生活。正是这种义务的互惠性，而非国家的中心权威，所发挥的约束力将整个社会结合在一起。换句话说，个人的行为更多的是被社会关系所支配，而非规范和制度。但是我们如何定义法律行为呢？对于大多数学者而言，理解个人如何体验法律和运用法律的最好方式就是观察冲突。虽然规范在纠纷解决中起着一定的作用，但通过过程即解决冲突的方式可以更好地诠释法律。

对纠纷的强调还引发了对其所有方面的探究：不仅是纠纷解决的阶段，而且还有纠纷的历史、当事人之间关系的性质、解决纠纷的方式（不管是通过行为人自身，还是调解者、仲裁人或法官的介入）、在实践中运用或规避裁决的方式，等等。过程性分析的基础是对谨慎收集和描述的案例进行分析，即所谓"案例法"。

28. 走向综合

过程性分析展现了明显的优点。首先，它站在人类学的立场上，比规范性分析更适合于不同文化间的比较，将许多社会重新纳入法律的领域。而且过程性分析比规范性分析更好地解释了变迁，而在我们这个涵化日渐成为主导问题的时代中，变迁是一个重要的特征。最后，与"活法"（living law）理论相比较，它能够将理想的法律认识和现实的法律经验结合在一起。纠纷解决中形成的裁判往往成为今后解决相似案件的范式（我们自己的案例法就是建立在这个基础上的）。然而，尽管过程性分析采用了比规范性进路更宽泛的法律现象定义，其赖以建立的基础——案例方法也不可能声称统摄了法律的整体，因为法不能被简单理解为纠纷。事实上遵纪守法是对法的最通常的态度。个人的利害关系并不总是维护他/她自身利益的一致行为的恒定前提，但这与马林诺夫斯基的观点无关。人们遵守某项规则要么是因为生活经验或教育经验使得规则被内化，要么是因为惧怕制裁,也可能是因为规则被认为是正当的。

总而言之,人类的法律体验不仅限于冲突。我们赞同对茨瓦纳人进行研究的科马洛夫(J.-L. Comaroff)和罗伯茨(S. Roberts)在《规则和过程》(*Rules and Processes*,1981)中的观点,我们不得不以包涵了我们前面描述的两种取向的进路来代替规范/过程的二分法。对规范进行研究自有它的用处,不仅体现在规范内容的观点上,而且体现在纠纷当事人对于规则的认识和将其作为谈判基础并在纠纷过程中对规则的使用上。规则不仅仅是一个参照系,而且还是一个支柱。我们应当研究为什么规则会被适用、忽视或者触犯。观察某个纠纷的后果也会有所收获。

在我们对过程性分析的阐述中我们注意到法律人类学集中关注了法律现象和行为的具体分析。其结果是我们发现单一的法律体系(通常就是国家法)会掩盖了其他的法律。后来关注并研究多元主义的人类学家们致力于以这一法律上的覆画现象(palimpsest)及其内在秘密为基础建构其理论。

三、法律的识别:法律多元

也许关于如何定义法律多元还有所分歧,但是很少有人质疑这一问题近来确实吸引到的人类学家的注意力。法律多元让我们注意到一个潜在的法律特点,也就是与现代社会密切相关的那个特点:只有正式法,也就是国家法,才真正存在。这一命题产生了一个广为人知的格言"法律即法"(Law equals laws, *droit=loi*)。法律多元的倡导者们可不同意这一主张。

在评论法律多元的主要理论之前,我们得描述一下这些理论体现出来的错误信条。

29. 法治和国家的法律

近来在美国和法国,国家理论不再风行。在过去十年(20世纪70—80年代)发生了关于福利国家意识形态的危机,而以前正是这一意识形态使国家直接控制(*dirigiste*)的趋向得以合法化。但是国家理念并不缺少其支持者。法国法学家中的主流自从拿破仑时期的法典化运动以来就被训导要崇敬国家法,他们奋起捍卫国家理念。于是他们为我们描绘了带有华美外饰特征的正义理念如何将墨洛温王朝的未开化社会引领到了民法典时代阳光普照的高地。此时他们当中许多人借此机会强调了国家及其相关制度发展的功绩,即法律日趋统一的性质。这与习俗的无序形成反差。根据政治学家巴雷特-克里格尔(B. Barret-Kriegel)的看法,走向法治的渐进演变开始于中世纪,在此过程中国家自觉服从于法律而限制自身的权力。同时由于习俗的分类和抄录,以及罗马法和之后的持续法典化的影响,社会中的法律日益发达,直到整个国家最终被法所渗透。我们在这里遭遇了一种建立在自我实现基础上的新版本进化论:法律越是统一,社会就越民主,国家也越文明。就如人们普遍认同的那样,克里格尔认为即使在君主专制下,国家的权力也受到神权、王国的基本法、特权的束缚,最后还受到以自然法名义提出的挑战。克里格尔还提醒道,那些批评国家的人没有看到两种国家的重要差别:在法律主导的国家,政治受制于法律,权力受制于宪法;而在专制国家,没有法律支配的规范体系。确实,并非所有国家都是极权主义的,但是对于法律多元的倡导者来说,所有国家都隐含有极权主义因子。在法国,所谓的君主专制也并非事实上的专制(除了路易十四的统治),因为他们发现这个路子因为一些具体的历史条件而被堵死了,也就是法国社会中高度组织化的利益集团。但是他们还是渴望专制,并运用法律的华美外饰来使其渴望合法化。我们能够完全可以质疑法律的统一是法治的必要条件之一的说法。相反，恰恰是在法律多元遭受中央权威的破坏的时候，独裁统治出现了。国家试图垄断法律的现象显得完全是合乎逻辑的。在西方民主中，这从来就没有实现过，中央集权依然是一个虚妄的神话，但却是一个非常有影响力的神话，以至于它以一种准一元论的方式渗透到大多数法律理论家的思想中：案例法和法理学说在与法的关系上是无足轻重的（甚至有些人不承认学说是法律的渊源之一）。

所有社会，无论传统的或现代的，都是多元的。然而，正如阿里奥所提到的，传统社会确认了这一事实，而现代社会则否认了它。在上面两种情况下，个人的安全寓于社会的多元性质之中，因为各种各样的群体相互独立。但是尽管非洲人公开认可这一点，欧洲人却否认了它，并且受到法律思想的统治性倾向的鼓励，反而声称个人的权利是，或者应当是，由国家保护的（由此产生越来越多的权利宣言），因此鼓励国家扩展对法律的掌控。这也是为什么国家的法律在法治的面纱下被掩饰起来，总是力图否认那些帮助社会运行的其他法律制度的存在。我们将以快速的、历史素描的方式考察那些被隐藏的法律制度，然后再审视法律多元的现代理论。

30. 法律多样性和西方法律历史中的单一法律幻象

虽然法律多元的主要理论是在20世纪中形成的，但一些罗马法学家和法律史学家已经关注过西方社会历史上的法律多样性现象了。

罗马从未曾将拉丁语和他们的信仰强加于被征服民众，也没有以相似方式强迫别人接受统一而完整的罗马法律制度。现代殖民者则恰恰相反，他们正大光明地禁止与他们的价值体系相悖的风俗习惯，创制出殖民法和秩序的概念。与此相反，罗马人很少颁布与那些异于罗马法律的地方风俗相冲突的法律，因此罗马人不该被描绘

第一部分　理解他者性：西方的视角

成进化论者，他们也没有文化同化政策。地方的法域继续适用当地的法律。有时候罗马法也被引入到地方法律程序中，但却经常是被别扭地执行，因为地方法律有一种想变成罗马法律的愿望，但却经常缺乏标尺（臣服者努力效仿征服者的典型现象）。有时候罗马法也会被某些地方风俗影响，戴克里先对此趋势颇感不安。但罗马人没有在此问题上采取强硬而严格的规则。在希腊社会那里，他们欣然吸纳了在那里发现的重要法律要素。盖尤斯试图借助"万民法"的概念来诠释这种多样性，他重构了亚里士多德的一些理念，"受到法规和习俗支配的每个人部分遵守他自身的特别法律，部分地遵守人类的共同法律。人们为自身创设的法律是特别法律，称为市民法（Ius civile）……而自然理性为全人类建立的法律被所有人遵守，称为万民法（Ius gentium）"（Gaius, 1, 1, trans. F. de Zulueta, Oxford: Clarendon Press, 1946）*。另外，这个帝国中的另外一个法律多样性渊源存在于"普通法"（common law, *droit vulgaire*），普通法这一概念体现了法律学者们对非正式权利的轻视）的形式之中：实际运用中的法律，往往比那些伟大法学家遗赠给我们的法律简单，而我们错误的将后者与罗马法联系在一起。罗马人因此因其突出的法律多样性被铭记。米泰斯（Mitteis）是第一个注意到罗马帝国内法律多元的罗马法学家（《罗马帝国东部各省的帝国法和民法》[*Reichsrecht und Volksrecht in dem östlichen Provinzen des römischen Kaiserreichs*, 1891]）。

紧接着是西罗马帝国的解体，随之取代其地位的那些蛮族王国几乎全都颁布了法律，这些法律后来与他们自身的独有特征结合在一起形成法律汇编，每个人都服从他们自己族群的法律。随着不同

---

* 引用信息为英译者所加。——中译者

群体的逐步融合，法律在中世纪时再一次变得具有地域特点，但还是保持了多样性的特质。习俗建立于地域基础上，而法律多元是社会等级制自然而然的产物。有建立在军事服务基础上的封建法（它是支配封地继承的规则）、建立在基督教原则上的教会法（它禁止有利息的放贷）、后来适用于商业活动的市民法、王室法（它往往以国家形式的名义将其余的法律类别包括在内）。这些法律体系的存在和有效性广为人知（虽然君主国家的影响越来越小），常常对同一个法律事实会运用不同的规则，如教会法认为婚姻是自愿主义的制度，而封建法则强调亲属集团对于个人身份地位的同意。于是乎便会形成冲突和僵局。但这些情况比我们想象的要少得多，因为人们可以通过在多元法域中进行选择而避免冲突。逐渐地，君主制削弱了这种法律的和司法的多元，但是却永远也无法将其完全消灭，我们还记得伏尔泰在洛林旅行时，曾评论说风俗的变化看来比换驿马还频繁。

法兰西共和国宣告了所有公民在法律面前的平等地位，取消了利益集团和特权等物。在1800年拿破仑命令在法国全国境内进行调查，以锁定法律中的地方特别主义，并授意能将其禁止和杜绝更好。四年之后，法国民法典成为整个社会服从于同一部法律的象征。此后一个世纪的法律教学将其奉为圭臬并围绕其展开。经过若干世纪的发展，最终建立起这么一个虚幻神话：一套由国家来守护的、适用于所有人的法律制度。

在目前，相信一元论的法律神话则意味着一定程度的智力懒惰。46 因为不仅在某些地区的少数族群还在实践中运用着他们自己的法律，而且更关键的是，就如卡波尼埃曾经评论的，法律使得单一的法律情形产生了多个的选择（如婚前协议；离婚的多种前提条件，包含了一项或多项对婚姻责任和义务的违背；夫妻关系的破裂；双方的一致同意;双重的承认,即一方配偶认可另一方配偶关于家庭生活不可容忍状态的陈述,等等)。每年出台的法律文本汗牛充栋(超过一千种法律,法令的数量更多),也令人对特别主义的消失产生疑问。

古典时代的法律以及后来法兰西的法律所共同具有的一个特点,就是它们非常多样化的法律环境,这在大多数历史时期都被充分地认可,却在近几个世纪被关于单一法律的虚妄论所否定。但是,就当代使用法律多元这个概念的定义而言,是不是所有法律多样性都和法律多元同义呢?当前理论的目标之一就是要阐明这一点。

我们现在将转向理论建构。

31. 法律人类学的多元进路

传统的法律教学将其主题对象作为一种普遍性存在物的标志来表现,因此我们将不同的法律称之为法国法、英国法等。比较法学者们将法律分为几大主要的类别。这一观点的第一个基础就是假定社会只具有单一的法律制度,它控制了其所有成员的行为。另一个基础是两个推论:一是社会的亚群体(协会、互助社团、以居住关系和亲属关系为基础的群体)没有任何法律独立地位;二是没有形成集权政治结构的社会中不存在法律。从 20 世纪 30 年代以来,这些假设开始遭到抨击。一方面它们与民族志观察提供的证据不相符合:田野工作者们在无首领(acephelous)社会调查中的发现难以支持这些社会没有法律的说法。从更一般的角度来说,我们可以非常清楚地发现即使在具有集权政治权力的社会中,法律也不是仅仅来源于权力的上层政治领域。另一方面,从 20 世纪 50 年代以来,功能主义也遭受了批评,它被指责把社会看作封闭而同质的系统。这些各种评论差不多都强调和突出异质现象,从而打开了社会和法律多元的大门。

莫斯和马林诺夫斯基提出了在一个社会中可能有几种法律体

第一章 法律人类学的发展

系相互作用的观点,但没有进一步深化这一思想。实际上,他们不是首先提出这一观念的人。它的渊源发端于我们不该遗忘的阿达特法学派(Adat Law School)的学者范沃伦霍芬(Van Vollenhoven),他早在1901年就陈述了社会中相互关联的亚群体创造出了它们自己的法律,这一思想被在印度尼西亚进行研究的荷兰学者采纳并以实践验证。"多元性"这个概念随着弗尼瓦(Furnivall)的著作出现于1939年,他开展了一项关于印度尼西亚经济的研究。多元这个概念的含义当时有所限定:它仅仅被用于分析欧洲人在热带地区扩张中创造的多种族社会的内部体制。不久之后,两部专著出版面世,雷德菲尔德(Redfield)的《尤卡坦的民间文化》(*The Folk-Culture of Yucatan*, 1941)和格拉克曼的《现代祖鲁兰德社会状况分析》(*Analysis of a Social Situation in Modern Zululand*, 1958);尽管二者都没有使用多元论这个概念,但他们的分析实质是建立在这一概念的基础上的,因为他们探讨了地方社群和社会主导规范秩序之间的互动。但是,同时代的卢埃林和霍贝尔的作品《夏安人的方式》在当时更引人注目。在这些作者看来,社会统一体采用的形式直接关系到群体之间的互动、群体和第三方的联系以及纠纷解决的方式。这种影响会根据当事人是不是来自同一个家庭的成员,或者是隶属于不同氏族的个体而有所变化。在第一种情形中,纠纷一般通过和解解决,后一种情形中是通过复仇解决。很明显的一种情况是,如果真的存在通用的、正式的法律的话,它只有在不同的群体之间发生冲突时才会介入解决冲突(因纽特人的巫师会命令交战的族群之间进行妻子交换,以避免复仇的连环反应,要不就让杀人者去和被害人的父母共同生活),社会亚群体内部拥有其自身的法律制度并依靠这些法律制度使群体结合在一起,确保它们不断的存续发展。

由于没有其他的障碍堵塞道路,学者们在20世纪50—60年代开展了更多的研究,并重点关注了多民族社会,而恰恰在这些多民族社会有着更多的多元论证据。比如拉德克利夫-布朗在南非(1940);保尔克(Bolke)在印度尼西亚(1953);李特尔(Little)在塞拉利昂(1955);范里耶(Van Lier)在西印度群岛研究裂变分支社会(1950)。在1958年纳什(Nash)将危地马拉和墨西哥描绘成"非民族国家",认为它们内部都存在着两种类型的互动社会。在20世纪60年代转向多元论研究的田野工作日益增多。在法国,巴朗蒂埃(G. Balandier)提出更有活力的人类学,他把和多元理论使用的概念相似的概念运用到了对殖民地的有关研究上。

因此这些形形色色的研究者将异文化地区作为其主要研究工作的基础。其实社会学家埃尔利希(Ehrlich)和古尔维奇(Gurvitch)也曾在现代社会中洞悉到这种相同现象(多元性)。他们都拒绝将国家和法律混为一谈。

32. 多元论的社会学理论

埃尔利希的多元论(1936)是用水平的概念来描述的。他认为社会不是由个体构成的整体,而是包含在其中的联合体构成的整体(我们也可理解为亚群体)。个人首先服从于亚群体的法律权威。它是一个合作的法律体系,调和个体之间的相互关系。但是,现代社会也包含有国家法,它执行一套普遍的法律,并将之强加于亚群体的法律体系上。我们的观点是:亚群体法律和国家法律之间没有显著的区别,它们都是可以建立在冲突或者合作之上的(许多亚群体内部也存在有训诫程序,就像某些国家法形式是建立在调解而非审判的基础上一样——比如有关未成年人的法律)。另外,埃尔利希的理论在那个时代是进步的,除了由范沃伦霍芬在1901年开创的阿达特法学派的思想外,他的理论成为法律人类学理论建构的前提。

同时，正是古尔维奇在《法律经验与多元法律哲学》(*L'Expérience juridique et la philosophie pluraliste du droit,* 1953) 中将法律多元的思想介绍到了法国。他研究了法律的历史以证明单一原则并非法律天生的自然属性，因为法律在中世纪时便是多元的，即使君主专制和拿破仑的中央集权都是建立在成文法典化的原理上的，因而表现为虚拟的单一性，20 世纪完成的许多研究也已经确认了法律多元。古尔维奇相信有三种法律形态，它们的地位在不同的社会有所区别：1、国家法，它对法的垄断是一个谎言；2、个人或群体间法律（例如通过契约约束个人或群体），它由通过群体之间或个人之间的双边交换而运作的社会关系构成；3、社会法，它源自社会关系，个人通过这些关系结合并形成集合体（亚群体或者埃尔利希所指的联合体）。国家法的发展和人际间或群体间法律的发展相互关联，因为国家决定了群体或个人之间的互动。通过双边交换而形成的限制整合形式，因此和国家法律联系了起来，尽管非国家法可被界定为社会法形成的法律制度多样性的表现。最后古尔维奇非常正确地区分了法律渊源的多元和法律多元本身，因为存在着好几种独立的法律渊源（法律、判决、案例法），甚至在一元论的法律理论中也是如此，但是所有这些正式的法律渊源都存在于国家形态里面。

古尔维奇的分析极具描述性，并且在阐释法律多元的历史中扮演了重要的角色。它也和我们现在要阐述的法律思想中的一个趋势有关联。

33. 法律人类学和法律社会学的趋同

如果孔德的学术传统倾向于强调法律人类学和法律社会学这两门学科各自的特性，那么在法律多元的范围内二者显然在趋于汇合。埃尔利希和古尔维奇的理论功绩在于为法律人类学中的某些一般性观念提供了精确的和比较完善的思想内涵。法律和国家并非内涵同

第一部分 理解他者性:西方的视角

一的范畴,法律的存在来源于社会体制;所有社会中都有亚群体,每个群体自身都有不同程度独立于国家法的法律制度;国家法在这个由不同法律体系组成的交响乐中起着指挥的作用,调节它们之间的关系;国家法在它垄断化的趋势中,得到了个人主义的协助,因为个人主义具有弱化中介群体的作用。所有这些观念应该说对于法律人类学都是合适的。两次大战之间是法律多元观念形成的时期,其间法律人类学通过田野调查的发展不声不响地走到了社会学的前面。但是除了范沃伦霍芬的成果之外,直到20世纪70年代法律人类学才建构起足以和埃尔利希和古尔维奇的成果相提并论的理论。因此应当说是法律社会学为法律多元奠定了基石,然后人类学才在此领域研究多元论。我们不禁会问为什么会有这种几乎同时的兴趣,我们还会注意到在我们现代社会中国家的直接控制趋势源于第一次世界大战的必然要求,而这一趋势是在一战后出现的,借用了19世纪的单一性法律观点。英格伯(L. Ingber)提出的观念与此问题有关,他认为法律一元理论和多元理论之间的摇摆取决于国家和社会群体之间权力平衡的波动,也取决于如何理解这种权力的平衡。由此我们可以推测多元论在这两个学科中的同时出现是社会对国家扩展其作用范围的反应。我们将在稍后(后文第36—38节)依次对法律人类学家后来提出的理论给予考虑。为了帮助我们对理论的理解,我们将尝试作出几个定义。

34. 法律多元的人类学定义

法律人类学中的关于法律多元的定义就是……非常多元的。列维-布留尔的概念要显得稍微保守一些,它的基础是明确区分法律(由授予国家的分化政治权力创造)和风俗(属于某个社会群体和集团的规则体系)。他认识到每一个群体都运用某种规范的影响来控制其内部关系,但并不将这种影响自动确定为一套法律制度。他认为群体内的规范往往会重申被所有群体共用的那套法律制度的指令。近来的学者采纳了一个更为敏锐的观点。范德林登(J. Vanderlinden)(1972)陈述说法律多元就是"在一个既定社会中存在着不同的法律机制,它们适用于同类案件"。法律多元的例子包括:在古罗马有贵族婚姻和平民婚姻;在商业合同中商人和普通公民根据不同的条件销售货物;还有外交豁免权;殖民时期的本土平民法律和移植到殖民地的欧洲法律之间的差别。在范登伯格(P. L. Van den Berghe)(1973)看来,多元性就是"共存在同一个体制化社会中的几个社会群体和(或)文化群体的一种特征或者一系列社会特征。这些群体虽然共存于同一个经济体系,但却相对独立,拥有不同程度的自治,在社会生活的其他领域内保持着许多不一样的体制结构,特别是在家庭、文娱活动和宗教的领域内"。范登伯格定义的优点在于更令人满意地把法律多元的表现和社会结构联系在了一起。在更近一些时候格里菲斯(J. Griffiths)(1986)对社会多元和法律多元之间的相互关系做出了更重要的强调。格里菲斯发展了萨丽·福克·摩尔(Sally Falk Moore)在1973年就详细阐述过的(见后文第37节)"半自治社会领域"(semi-autonomous social region)的观点,把法律多元描绘成所有社会的通常的、准普适的特性。法律多元来自社会的多元,没有哪个社会是完全同质的,即使是裂变形成的小型社会在某种意义上也是分裂的,而现代社会可以视为极端分裂的。然而,这就是格里菲斯的定义如此重要之处,他走得比他的前辈远得多。个人的社会领域并非由一套单一法律制度统辖。通常可以发现好几种法律同时在运行:适合于所研究社会领域的法、属于一个或者几个其他社会领域的法以及国家的法。法律多元因此由任何社会都表现出来的多重法律形态构成。如果我们认识到社会作为一个整体是由服从于同一个进程的许多社会领域构成的话,这种复杂性程度甚至更高。我们面对的是一个名副其实的法律进程的浩瀚星系，国家法在其中不可能是主角。国家型社会的一个主要特征就是它包含的社会领域数量最多，体现出最高程度的社会分化，那么在这种条件下我们该如何解释单一法律的虚妄论是如何在社会中生根的呢？我们认为，准确地说是因为国家为了在深度异质化的社会中扩展自己的影响，它就需要否认这些分化的存在。这种必要性在传统社会并不是同样程度地存在的。传统社会虽然也是多元的但程度较低，而且不管怎样其政治权威没有达到现代社会那样的分化程度，政治上也不那么雄心勃勃。于是我们回到在研究"国家的参照系"（前文第 29 节）时已经详尽阐述的一点：并非所有国家都是极权主义的，但是它们都含有极权主义的因子，因为国家背后的逻辑中的一部分内容就意味着要尽力弱化甚至消灭任何和与它竞争的权威（自从中世纪以来支配法国君主制发展中的那些因素就是一个这样例子）。这一权力的多重性是法律多元和社会多元的结果，虽然程度不同但对于所有社会都是适合的。但是法律多元的程度可能会变化不一，如同去多元化所揭示的那样。

35. 去多元化（De-pluralization）

在范德林登看来，一个社会通过许多不同因素的作用来实现去多元化的过程。在我们看来，所有的社会实际上都保持着这种多元性，因为完全的同质是不可能实现的，但是多元的程度会被有效地降低。最大程度降低多元性的局面至多是短暂的。首先，社会群体会因为夷平了不均匀之处而失去它们的自我认同，如果变化是渐进的，那么这一过程会更加突出。当平等主义的趋势变得极端化或革命化时，多元性很快便会再度出现。同质过程更多的是源于心理因素而非物质因素，如普选制的采用和规定具体的同意年龄（某人能够合法地结婚和与他人发生性关系的年龄），这使得受益者相信他们比属于另外一个群体的其他社会成员享有了更大程度的平等。最后，集权当局会采取行动消灭多元性，比如最高法律管辖权会强调法律统一。或者更通常的情况是，国家政治意志宣扬国家和社会的统一。最后一种情形的例子比比皆是：君主专制、拿破仑帝国、法兰西共和国。还有新兴的非洲国家，直到最近都在模仿行将没落的殖民国家而建立起基于国家理论的法律制度，并将其既有的习俗看作不再适用的事物。一般而言，这种去多元化是不起什么作用的，因为它没有把社会的社会学结构考虑进来。

通过考察几种法律多元的定义，我们已经尝试着将注意力转向法律多元对于国家法律政策（其存在不容否定）所具有的含义。我们也将注意力转到这些定义不断增长的复杂性上。从最近的法律人类学的法律多元理论中出现了与此相同的主题：波斯比西（L. Pospisil）的"金字塔"理论、摩尔的半自治社会领域理论以及格里菲斯最近的著作。

36. 里奥珀德·波斯比西的"法律层级"

里奥珀德·波斯比西认为每一个社会都由许多按等级排列的亚群体组成，每一个亚群体都有其自身的法律制度。他的贡献在于引入了"法律层级"的观念。法律制度形成一个由亚群体构成的等级体系；它可以是分层的——分成不同层次的法律：一个层面的法律就是同一类亚群体的法律制度总和，这些群体具有相近的整合程度（例如，下面的每一种群体都形成一个不同的法律层级：核心家庭、家族、村寨公社、民族、帝国，等等）。国家法和如同科萨·诺斯特拉（Cosa Nostra）式的组织，其内部法律制度没有性质上的区别，只是在等级层次上有所不同。当然每一个人通常隶属于许多不同的亚群体，于是便会服从经常相互矛盾的不同法律体系的要求，于是个人便根据具体情形选择一个法律层面而予以认同（一个黑手党成员会根据国家的法律买股票和债券,也会根据地下社会的规矩去除掉一个对手)。波斯比西理论既可以用于现代社会也可以用于传统社会。但由于他是一名人类学家,因此更倾向于从传统社会选取例子,特别是从新几内亚的卡普库人和因纽特中的努纳缪特人。努纳缪特人具有四个法律层级:群落、局部群落、大型家庭、较小的核心家庭或一夫多妻家庭。超出群落层面之上就不再存在任何能够做出裁决的权威了。在波斯比西看来,群落之间的关系处于法律管辖之外,是建立在见机行事原则之上的。群落之间通过战争、复仇,以及以货物、妻子交换达成的合作协议来决定相互关系。法律因此始于群落层面,约束制裁行为的各种不同方式是和法律层面的等级体系直接联系的。因此,关于婚姻和孩子教育的纠纷在小型家庭就得以解决,关系到财产侵权的纠纷(偷盗、财物的损害)在除了在上述最后提到的层面(较小的核心家庭或一夫多妻家庭)以外的所有层面都可以得以解决;牵涉到狩猎、杀人和累犯的案件由群落的首领尤米亚利克思处理;肉体惩罚(除了除掉累犯以外)只在小型家庭单位内部发生;永久驱逐(等同于死刑)则是群落的事情。

37. 萨丽·福克·摩尔和"半自治社会领域"

摩尔的理论(1973)迅速地被法律人类学家们所接受。它同时适用于现代社会和传统社会,因为她在不同类型的地方开展研究,既有坦桑尼亚的查加(Chagga)地区,也有纽约这样的女性时尚之都。

福克·摩尔用"半自治社会领域"(semi-autonomous social fields)的概念取代了通常的"亚群体"概念(波斯比西提出了法律层级体系概念,埃尔利希提出了联合体概念)。半自治领域可以被等同于亚群体,也不可以被等同于亚群体:

> 半自治领域及其界限不是根据它的系统类型(它可能是一

第一章　法律人类学的发展

个系统，也可能不是）来被规定和确定的，而是根据其过程性的特点来确定。体现这个特点的事实是：半自治领域产生规范并通过约束和激励确保规范的运行。在构成半自治领域的空间内，一定数量的社团群体相互发生关系。许多这种类型的领域形成复杂的链条而相互关联，就如同联系个人的社会关系网络被比作没有末端的链条一样。大量的半自治社会领域之间的相互依赖关系构成了复杂社会的最基础特征。

但是为什么这些社会领域被描述成"半自治"呢？摩尔认识到在理论上它们可能是完全自治的，或者完全非自治的。但是在现实中，特别是在现代社会，上述两种情况皆非现实。在国家型社会中，国家的法律并不一定非得排斥其他的法律体系，它当然会对其施加一定程度的强制力（例如黑手党成员在清算属于另外一个"家族"的对手时会格外小心避免被警察拘捕）：特定社会领域会服从外在的强制。另外，其他社会领域发挥的压制力很少能够实现完全的束缚：甚至在军队和监狱这种具有高度一体化的组织内部，也存在一些军事权威和惩戒权威的规则和约定俗成的做法无法适用的范围。"半自治"这个概念在其中的大部分环境里显得更为合适，并将摩尔的理论置于一个多元的背景中。"半自治"的概念可以阐明社会领域之间的互动，能够被用于解读法律和风俗之间的典型差别。国家——或者它的法律管辖权——可以把一个特定社会领域的规则转化为国家法（于是在君主制下，教会法被法兰西法律所修正从而适用于法国），反之亦然，一个社会领域可以将国家法转化成为习俗，此时该社会领域接受了国家法律而非抵制国家法律（这类似于波斯比西描述的关于独裁主义法和习惯法之间的可交换性，见下文第75节）。但是，在摩尔看来，"半自治"这个概念适用于传统社会和现代社会的程度并不相同。在传统社会中,政治权威的分化程度较低,不同社会领域的自治程度高于现代社会(当然从来都不是完全的自治),因为从本质上说所有社会都被分成许多通过互动联系起来的社会领域。

格里菲斯正确地指出了萨丽·福克·摩尔理论的重要性,并强调其中两个特性。一方面,和其他多元理论相对比(特别是波斯比西的),摩尔的理论重视多元性的水平维度,这被看作是并非按等级排列的社会领域之间互动的结果。另一方面,它也和法律理论家标准的"工具主义"进路形成对比,后者认为法律由立法者自上而下传达给个人的命令构成,好像这二者不知何故被一个完全的真空隔开。相反,萨丽·福克·摩尔给社会组织赋予了一个决定性的角色。个人不仅遵守国家的法律,而且还遵守由多种渊源产生的规则——法律性质的或其他性质的,并被聚合在半自治社会领域中来。但是,萨丽·福克·摩尔的理论没有完全逃脱格里菲斯对主要多元理论的大范围批评。

38. 格里菲斯的苛刻批评理论(hypercritical theory)

格里菲斯在1986年的一篇重要文章中,发动了一场对多元理论的彻底批评,并表达他自己的思考。他论辩的要旨就是更大程度地将国家法的角色相对化,这和风行的法律实证主义态度形成对比。

格里菲斯首先描述了两种法律多元的存在,即被国家容许的多元和逃避国家控制的多元,其中只有第二种才是真正的法律多元。以大一统为目标的雄心勃勃的国家将多元性当作被诅咒的敌人。国家有两种手段对付多元,要么国家极力去彻底消灭多元(就如同在中世纪末的时候风俗被抄录并转化到皇室法中;或者不断地弱化非国家法域如领主法和教会法的权限,以利于王室的法律管辖权);要么就像其经常所为的那样,国家承认某些多元状况:如施行于少数民族、教会、殖民地的法规，等等。这种多元只是表面的，是服务于统一中央集权政策利益的。一方面这是因为国家制定规则：它能够决定在国家和那些被赋予一定程度自治的团体之间的法律管辖界限，并将自己的标准施加其上。另外一方面，这种对法律管辖权的划分通常是由国家掌控的，非国家法律只是扮演附属的和无关紧要的角色。

其实我们前面介绍的各种不同的研究所提供的描述比这种对源自国家型社会的法律多元的荒诞描绘要更为可取，但是这些研究确实需要接受严格的审视。

格里菲斯在这一点上和贝莱（J.-G. Bellay）不谋而合，他提出了对于范德林登和吉里森（J. Gilissen）的异议，批评这二人错把法律多样性当成了法律多元。在不同的社会和不同地域存在着适用于同样情形的不同规则，但这并不能构成法律多元，因为这些差别可能是被国家这个单一的法权主体容许的或造成的。因此格里菲斯认为，中世纪的法律不是多元的，因为习俗和社团内部法律所体现出来的地理多样性都是国家试图去适应的法律领域的做法。但我们认为这又把问题扯得太远了，因为国家毕竟确实以限制这些机构的影响力，甚至镇压这些机构为己任。我们还认为封建法和教会法是区别于国家的实质性法律体系，至少在封建时期是这样的，一直到它们后来被逐渐地同化了。但是格里菲斯的区分理论在其他条件下是可以采纳的，比如，社会保障体制的多重性实际上就不构成多元。

格里菲斯发现波斯比西的理论在对法律层级的等级描述上有欠缺，该理论认为不同层次的法律形成了一个整体的层级结构，于是产生了一个属于整个社会的法律体系。这种法律体系的整体性往往会强化国家的地位，因为国家本质上是统一的。格里菲斯还批评埃尔利希，说不管表面情况如何，国家和国家法是位于亚群体的法律

第一部分 理解他者性:西方的视角

过程的顶点。萨丽·福克·摩尔得到了较多的赞赏,但是格里菲斯指出她轻易地倾向于将源自国家的规范来和法律等同起来,而且对于国家法在每一个半自治社会领域内的效果关注过多,以至于缺乏对非国家领域之间互动的研究。

因此,根据格里菲斯的观点,任何一种理论都不同程度地沾染有国家主义的污点。因此我们并不感到意外的是,他自己下定义对法律和国家做出了清晰的区别。法律就其自身性质而言与国家并不具有任何特别的关系,也不需要国家来运行。"法律是一个半自治领域的自我调控",这便意味着国家法只是法律可能表现出来的形式之一。这种调控变化不定,以至于它体现出一种有所差别的法律特征:"它可能在或高或低的程度上被称为是法律性的,这取决于它和那些与半自治领域相关联的其他活动的区分程度,也取决于它为实现其功能而归属于专门机构的程度。"

所有法律多元的理论都有使得国家在社会中的作用被相对化的倾向,认为在国家之外还存在其他法律体系,这些体系是由那些作为一切社会构成性要素的社会群体塑造的。另外,在目前(1987年)还是格里菲斯的理论在国家及国家的逻辑产物——国家法上实现了突破。因此,一方面我们同意他提出的现在是时候醒悟国家对于法律的垄断了,同时我们也不禁担心如果将国家和法律割裂得越来越远的话,我们会不会走入一条理论上的死胡同。实际上国家依然存在着并且不可能消失,不管我们是赞成还是哀叹这一事实。国家的性质和重要性也不会因为苛求的态度而显现出来。一种可能的情况是,将来更加迎合国家需要的新理论将会作为对上述我们介绍的这些理论的反应而出现。我们也应当注意到法律多元的思想,以及它的一个主要推论——正式法和非正式法的对立,已经遭致了批判。我们现在将予以考察。

39. 对法律多元的评论

我们应当首先观察关于法律的传统阐述（比如法律教科书中的那些）通常强调法律的正式施行，而将多元现象排斥在外，这一事实得到了非常强有力地确立和认可，以至于我们常常对其不做更深的思考。但是还有另外一种评论，非常有趣的是它们来自非教条的法学家，比如卡波尼埃、米埃勒（M. Miaille）和梅纳热（L.-R. Ménager）等人。卡波尼埃抨击了他所描述的"多元论的巨大幻觉，它声称发现了两种法律制度之间的争斗。但是我们看见的不过是一套法律制度和某个对手的影子在搏斗"。[8] 在卡波尼埃看来，多元理论犯下了过分强调存在于法律边缘特定现象的错误。这些现象实际上只是通行法律制度的一部分，它们之间的差别不过是虚幻的（如车间的规章虽然看起来是源自工厂的那套特别法律，但其实带有法国民法典第1134条的烙印，并形成了国家法的一部分）。另外还有对法律规范的违背（法国一些来自其他文化背景的移民家庭有遗弃妻子的行为，这种行为依据的规则并不存在于民法典之中），也并不能形成国家法的一部分。即使那些践行这些法律形态的人相信它们构成了真正的法律，这些法律形态实际上也是次司法的。因为这些规则不具备法律特征，即系统化的约束力或判决。实际上，根据卡波尼埃的理论，法律多元只有"当我们对于同一个特定规则具有完全不同的适用情形，而不是仅仅存在形成对比的不同规则"时才是存在的。因此真正的多元只有下面的条件下才是司法意义的多元：单一性法律原则并非总是适用，相同的案件会根据不同的法律管辖权而通过不同的方式强制执行。我们认为很难接受卡波尼埃的结论。首先，法律多元就如同格里菲斯严格界定的，实际上并不包括那些已经被国家吸纳到其自身体系内的法律现象。而且，关于自治性规范行为，将它描述为法律性的或是"次法律"性的，完全取决于我们如何界定

第一部分　理解他者性：西方的视角

法律。卡波尼埃的描述围绕强制和强制的威慑而展开，这和法律人类学当前的发展趋势步调并不一致，而且反而还拉大了它和当前理念的距离，或者只将它和法律的其他规定性特征放在一道考虑。事实上，我们不禁会问他所使用的"次法律"的概念是不是民族中心主义的。卡波尼埃关于多元的"司法性"定义倾向于确认这么一种认识：在他看来，法律多元只能存在于国家法之中。且不论这一思想的非人类学的性质，因为它很难适用于传统社会，而且它还揭示了一种和所有多元主义理论相悖的哲学立场，而多元主义倾向于限定国家的作用。

　　一种较为委婉的批评是针对多元论拥护者的信念的，这种信念强调正式法和非正式法之间的区别，它表现为国家强行施行的法与自发形成并流传于民间的习惯法之间的差别。在梅纳热看来，习惯和法律相比不过是大众意愿的非正式表达符号。而且它其实也是实力阶层的意志符号，该阶层的成员从来不允许任何违背他们利益的惯例发展成习惯法（或法规）的制度化形式，其借口是为了维护社会秩序。米埃勒也有同样的论点，他声称不管习惯的所有典型定义是怎样的，它"从来就没有真正成为大众化的，而是由精通法学的人'引导'着的"。这些批评的力度根据具体社会类型的不同而有所差异。在高度分化的社会，有效掌控了权力的人和服务于这些社会的法学家们以控制法律过程和影响法律过程的决定为己任（在我们的社会，政党的纲领，至少是一定程度地，把那些支持他们的群体的利益作为基础，于是政党的纲领总是引导着正式法的变化，特别是在税收方面）。上述批评观点在这些社会中是合适的。但是这些观点在分化程度相对较低的传统社会中就很难说是准确的了，习惯在这些社会确实能够真实地反映社会公众的意愿和利益。同时，这些社会通常经过殖民化建立起了自己的国家，在正式法和非正式法之间编织起了微妙的联系。基于国家的法律和民众的习惯之间划分并不总是与此相符合。千叶正士最近的理论贡献就是将注意力引向了这些问题。

40. 正式和非正式法律：千叶正士的理论

千叶正士是一名日本法学家，他专门研究非西方法律。他最近（1986—1987）提出的许多观念提炼了经典的多元分析。那些经典分析通常由在特定国家或社会中相互对比的正式法（国家法）和非正式法（人民法）构成。但是在大多数时候这些区分都是草率的。首先，正式法不能被狭义地限定为国家法，或者在殖民地国家的环境下，局限为为殖民者当局颁布的法律；其次，正式法和非正式法之间的互动并不一定体现为冲突的形式，它也会是以互补的形式体现的。

千叶正士通过识别若干个法律层次来构建其理论（法律层次在这个地方的意思完全不同于波斯比西理论中的那个概念）。我们将首先考虑正式法，即由一个国家的合法权威强制实施的法律制度。这就包括了国家法，同时也会涵盖其他形式的法律：宗教法、少数民族的法、非政府组织的法，等等。这些法律一开始是被这些相关群体内部的有效权威认可和实施的，但是它们也会被具有强制力的国家统筹协调。第二种就是非正式法，或者也可以说是并非由法律权威强制实施的法律体系，它被某个社会群体内部的合意一致认可并运用于实践中。这一合意可能通过正式的决议表达出来，也可能通过特定种类的行为展现。但是建立在合意基础上的非正式的习惯做法并不都构成非正式法，只有当这些习惯能够变通和修正正式法的实际运用时才能具有非正式法的性质。最后，法律的前提条件必须是具备特定的价值体系或者原则，它们的作用在于使正式法或非正式法合法化并确定其方向。这些价值体系和原则包括：自然法、公平、神的指令、族外婚原则、双线性原则、家庭法中的以长者为尊的原则、关于人权的宣告，等等。这些各种前提应当相互保持一致，以免妨碍社会的正常运行。

这三个法律层次不一定形成等级体系，因为它们在东西方的不同社会中有所变化。西方社会正如我们了解的那样，具有某种单一的体制，法律在其中很大程度上负责控制社会互动。而且，正式法就算不是唯我独尊的，也是地位卓著的。而东方社会从来没有赋予法律这样的地位，至少没有采用西方推崇的那种中心化的方式来对法律顶礼膜拜——如果东方社会还不算完全忽视法律的话。在东方社会，相对独立的法律价值和法律原则经常对正式法律造成影响，非正式法修正和变通正式法，并抵制它的统治的情形更是经常发生。

第二个区别是因为法律的来源形成的。法律可能是来自于另外一个国家的舶来法。在殖民时期舶来法主要是正式法。法律也可能是本土法，即扎植根于当地民众本土文化的法律。我在此又会发现这两种法律之间的关系在不同国家有所差别，但是其间的相互关系不一定就有利于舶来法。我们知道正式法需要在它自己允许的范围内根据本土法律形式的内涵实行一定的修正过程。因此丹麦法律通过立法汲取了格陵兰法律关于家庭问题的一些内容，引入了更宽泛的家庭概念。在加拿大，法律制度也认可了根据传统的因纽特人法律而实施收养和婚姻行为的法律效力。在印度，正式法律是一个本土印度法和舶来的英格兰法的混合物。在现代日本，正式法包括了大量的本土法，本土法律的原理在其中具有很强的影响。在中世纪末期的法国，罗马法最初被中央权威作为异于法国南部的特别习俗所容许存在，最终罗马法渗透并明显地影响了国家法，在所有地区广为传播。

正如这些例子所展示的，这两种对比的分类将我们引向一个非常重要的观点：正式法和舶来法不一定重合，非正式法和本土法也不一定重叠。这是因为每一种区分都是建立在不同标准上的。在第一种区分(正式法/非正式法)的情形中,是以明确性和是否涉及存在于国家中或超乎国家之上的强制为标准。在第二种情形下(舶来法/本土法),标准是实质性的,它关系到法的来源(是否来自外部的)。

最后,我们应当将舶来法和本土法的区别纳入这么一个视角:在实际过程中,舶来法通常会逐步向本土法靠拢(伊斯兰法在埃及和伊朗、中华法在日本、印度法在泰国,都体现了这种现象。欧洲法在现代非洲的状态正处于这个过程的中间阶段,毕竟它和传统习俗差异甚大,但是非洲社会的领导者却青睐欧洲法,因为他们认为欧洲法具有促进民族统一和经济发展的元素)。

正如我们审视的这些近期理论所显示的那样(特别是格里菲斯和千叶正士的理论),多元论的主题统治了法律人类学当前的思考,特别是在英语语言的地区。多元论甚至推动了第一个代表法律人类学的国际组织的产生:民间法和法律多元委员会(The Commission on Folk-Law and Legal Pluralism)。

41. 民间法和法律多元委员会

在第十届比较法国际大会期间(布达佩斯,1978年),斯丁霍芬(G. Van den Steenhoven)率领的荷兰参会者提出建议对当时世界范围内的民间法开展一项研究的计划,既包括发展中国家社会的民间法,也包括西方社会的民间法(民间法并不等于民众法,它更类似传统法兰西法中的族群之法[*le droit des gens*],也就是某些群体所主张的并不一定为国家认可的自身特有权利)。在这一研究项目奠定的基础上,国际人类学和民族学联合会(the International Union of Anthropological and Ethnological Science,IUAES)于1978年在新德里决定创立民间法和法律多元委员会。该委员会的目的在于对民间法和国家法之间的关系进行理论性和应用性的研究,重视民间法的生命力和创新力。法国主要的法律人类学研究者和教学者都是该机构的参与者。由于这是一个年轻的学科,而且它的成员遍布全世界,因此该委员会是一个理想的交流平台,将不同研究旨趣领域的法律人类学家们汇集在一起并建立起相互联系。

42. 结论

从这些丰富多样的理论观点中我们能够得出什么结论呢?我们将探讨其中的四个结论。

第一,法律人类学的旨趣和社会文化人类学有非常紧密的联系。法律人类学经过一定时间的积累获得了足够的发展动力,其间它采纳了诸如进化论和功能主义等主要理论。结构主义对法律人类学的影响较小一些,也许是因为列维-斯特劳斯除了关注过那些和亲属制度有关的法律现象以外,并没有特别研究过法律现象。法律人类学也被主要源自社会学的多元主义理论所影响。可能令人奇怪的是这一学科看起来几乎没有受到主流法律思想的影响,其实它几乎不可能受其影响。首先,传统法律科学的方法论不适合于跨文化的语境,因为它具有民族中心主义的特质;而且法律人类学直到最近都没能迎合主流法学中重要权威人物的口味(卡波尼埃是一个例外),自然也就没有能够从他们的学术贡献中获益。法律人类学过去和现在在法学教育中的整体缺失更是加剧了这一态势。

第二,我们描述的一些新方向可能令传统法学家感到困惑,因为他们不大习惯于变化。但是变化在学科的发展中实属平常,尤其是所谓的"关键"学科,因为描述世界总是比诠释世界要简单一些。我们的问题范围随着时间而变化,也因我们自身生活中的变化而受影响,所以会得出不同的答案,因为观察主体对被观察的客体会施加一种影响。我们永远不要忘记理论不能完整地描述现实,它不过

第一章　法律人类学的发展

是现实和我们对现实的认识之间的中介。

第三，对于有关人类社会统一性和多元性的宏大问题，法律人类学目前还没有给出明确的答案。进化论式的和单线分段式的整体型历史理论建构已经遭遇了失败。近来，对多元论的强调看起来帮助了这一学科摒弃普适性的立场。但是，人类学家的思考回归到西方社会可能并不令人感到太意外，因为传统和现代社会之间的分立并不像我们原先想的那么大。

第四，也是最后一点，在正式法背景中接受教育的学生和传统法学家也许都发现我们所描述的发展太过于推测性了，简单地说，缺乏法律的严密性。我们会回答说，所谓"法律的严密性"其实是种错误的严密性，它是一个错觉。法律的传统进路之于法律的科学就如同传统几何学之于空间几何学，或者经典数学之于量子力学。这种传统进路使我们相信现实世界符合一种特定的思维模式，尽管也存在着一系列不同的思维模式。事实上法律的"严密性"虽然曾经是市民法律发展的推动力，却经常违背卡尔·波普尔（Karl Popper）的证伪性原则，而该原则毕竟是科学知识的重要标准。就像切瓦力埃（J. Chevalier）曾经说的，"所谓形式逻辑的运用不过是一个谎言，它为图省事便给法律的命令装配上了不容置疑的假设，同时回避任何关于其指令的有效性的讨论"。[9] 皮埃尔·布尔迪厄（Pierre Bourdieu）曾经成功地论证了法律实现其规范功能的机制，他认为法律的措辞方式所运用的语言工具具有双重效果。首先通过被动时态和短语的非人称表达方式用法产生一种中立的效果，给法律规范一种不偏不倚的表象（法国民法典就是这么一个完美例证）。其次，还有一种强调这些规范的重要性的普适效果，直陈式只在宣告性规范中使用，不定冠词的使用如 *nul n'est tenu de demeurer dans l'indivision*（没有人需要保持共同所有权），运用虚拟式推定合意的

第一部分 理解他者性：西方的视角

存在如 le bon père de famille（家庭的好父亲），等等。最后，法律从它自以为的完美形式中获取力量支撑它所阐释的价值。[10] 作者认为真正的严密性就体现在我们理解到的客观现实是被掩饰起来了这一点上，这会刺激我们探寻不同的渠道去领悟它，这也是法律人类学因循的路线。法律人类学在它演进过程的早期，对于法律采取了规范性的历史观点，对最明显的法律形态进行描述。之后法律人类学在功能主义和过程性分析的帮助下，重点研究了行为而非法典法规，现在它又借助多元理论发现了国家法被大量的其他法律体系所包围的事实。

65　法律人类学并没有将严密和科学混淆，将精确和真相混淆，它就如同阿里奥所说的，"实际上是更为彻底的法律进路"。

注释

1. 在它之前有许多开创性著作，全都带有进化论的烙印：《法律的自然知识导论》(Einleitung in eine Naturwissenshaft des Rechts, 1872)；《原始社会的性联盟和婚姻的出现：对通用比较政治学和法学的贡献》(Die Geschlechtsgenossenschaft der Urzeit und die Entsehung der Ehe. Ein Beitrag zu einer allgemeinen vergleichenden Staats-und Rechtswissenschaft, 1872)；《法律的起源》(Der Ursprung des Rechts, 1876)；《国家和法律生活的开始》(Die Anfange des Staats-und Rechtslebens, 1878)；《通用法理学的比较民族学基石》(Bausteine für eine allgemeine Rechtswissenschaft auf vergleichend-ethnologischer Basis, 1880-1)；《法律的基础及其历史发展主要特点》(Die Grundlagendes Rechts und die Grundzüge seiner Entwicklungsgeschichte, 1884)；《民族法理学研究导论》(Einleitung in das Studium der ethnologischen Jurisprudenz, 1886)。

2. 施密特，《比较法学对于民族学的重要性》(M. Schmidt, Die Bedeutungder vergleichenden Rechtswissenschaft für die Ethnologie, ZVR, 38[1918]:

348-75）。

3. 特林邦，《历史法学研究方法的基础》(Trimborn, Grundsaetzliches zur Methode der historischen Rechtsforshung, *ZVR*, 42 [1927]: 1-7)；之后有《民族法学研究的方法》(Die Methode der ethnologischen Rechtsforschung, *ZVR*, 43 [1928]: 416-64)。

4. 主要有：《人类社会的民族社会学基础》(*Die menschliche Gesellschaft in ihren ethno-soziologischen Grundiagen*, 1931-4)；《形成、改变和塑造法律：人类社会》(*Werden, Wandel und Gestaltung des Rechts. Die menschliche Gesselschaft*, 1934)。

5. 我们可以把怀特(L. A. White)的文章《能量和文化的进化》(Energy and the evolution of culture, *AA*, 45 [1943]: 335-56)看作是一个起点。

6. 见拉比埃尔，《没有国家的生活？》(J.-W. Lapierre, *Vivre sans État?*, Paris: Le Seuil, 1977, pp. 172-3)。

7. 例如：巴顿(Barton)的《伊富高法》(*Ifugao Law*, 1919)；利普斯(Lips)的《纳斯卡皮人法律》(*Naskapi Law*, 1947)；霍尔曼(Holleman)的《肖纳人习惯法》(*Shona Customary Law*, 1952)；本德特(Berndt)的《新几内亚卡马尔诺、乌苏鲁法、杰特和前帕普安特人的法律》(*Law of the Kamarno, Usurufa, Jate and Fore Papuants of New Guinea*, 1962)；豪威尔(Howell)的《努尔人法律手册》(*A Manual of Nuer Law*, 1954)；史密斯和罗伯茨(Smith and Roberts)的《祖尼人法律》(*Zuni Law*, 1954)；除了这些我们还应该加上1956年到1971年间波斯比西关于新几内亚的卡普库人的作品。

8. 卡波尼埃，《法律社会学习》(J. Carbonnier, *Sociologie Juridique*, Paris: A. Collin, 1972, p.150)。

9. 切瓦力埃，《法律秩序》(J. Chevalier, 'L'Ordre juridique', *Le Droit en process*, ed. J. Chevalier and D. Loschak, Paris: PUF, 1984, p. 13)。

10. 见布尔迪厄，《法律的力量，法律领域社会学的要素》(P. Bourdieu, 'La Force du Droit. Eléments pour une sociologie du chanmp juridique', *Actes de la recherché en sciences sociales*, 64 [September 1986], p. 3-19)；《惯习、规则、编码》('Habitus, code, codification', 同上文：40-4)。关于立法者的信仰和理性，见：奥斯特和凯尔乔夫(F. Ost & M. van de Kerchove)，《法律批判理论的里程碑》(*Jalons pour une théorié critique du droit*, Brussels, Publications

des facultés universitaires, Saint-Louis, 1987, pp. 100-6)。

延伸阅读

43. 法律人类学理论历史的主要作品

除了波斯比西关于这一主题的著作外(*Anthropology of Law*, pp. 127-91, 同前引, 前文第 9 节), 还有其他为数不多的一些资源。迄今为止, 最有价值的是内格里(Negri)的《罗马地区的法律民族学家》(*Il Giurista dell'area romanistica di fronte all'etnologia giurdica*, Milan: Giuffrè, 1983, 190 pp.); 还可以加上莫塔(R. Motta)的《比较研究中的法律民族学和比较法》('Etnologia giuridica e diritto comparator nello studio di un comparista', *Sociologica del diritto*, 12, 3[1985]: 127-32)。莫塔还是另外一部关于此主题必不可少的作品的作者:《原始法律理论, 法律人类学导论》(*Teorie del diritto primitive. Un'introduzione all'antropologia giuridica*, Milan, ed. Unicopli, Materiali Universitrari Scienze Politiche 23, 1986, 211 pp.)。不会意大利语的人可能愿意参阅另外一部作品, 它由内格里以法语写作, 风格更为简洁, 以意大利学派为中心内容:《法律民族学家的方法, 从珀斯特的法律民族学时代到文化人类学的盛开时代》('La Méthode du juriste ethnologue, de l'époque de l'ethnnologie juridique de Post à l'époque de la floraison de l'anthropologie culturelle', *Rapports nationaux italiens au Xe Congrès International de Droit comparé, Budapest, 1978*, Milan: Giuffrè, 1978, pp. 37-62)。

44. 法律人类学的产生

除了关于人类学理论发展的一般性著作之外, 还有以下两个文本: 科斯塔(J. Costa)的《法律民族学的三位奠基人: 巴霍芬、梅因、恩格斯》('Trois fondateurs de l'ethnologie juridique: Bachofen, Maine, Engels', *Nomos*, 1 [1974]: 15-42); 波斯比西的《法律人类学》(*Anthropology of Law*, 同前引, 见前文第九节, pp. 127-92), 在其中可以发现对孟德斯鸠、马克思和恩格斯理论的精彩分析。关于法律、国家和社会分层之间联系的作品有梅纳热(L. R. Ménager)的《序言——社会约束的历史现象学导论》('Prolégomènes—Introduction à une phénoménologie historique de la contrainte sociale', *Procès*, 13 [1983]: 9-39)。关于梅纳热的《寻找法律的个体发生的人只能找到权力》('qui cherche l'ontogénie du droit ne saurait donc trouver que le pouvoir'), 见诺伯特·罗兰(N. Rouland, *Droits*, 4 [1986]: 171)发表的总结。

除了这些主要权威学者, 伟大的法学家萨维尼(F. K. von Savigny, 1779—1861)不应该被忽略掉。和孟德斯鸠一样, 他反对古典时期的自然法, 并且创造了一个新概念: 民族精神(*Volksgeis*)。法律和产生它的社会有密切的联系, 它随着历史的进程而演变, 并且可以被描述为每一个人的国民特性的产物。根据这种思想萨维尼认为拿破仑法典过于唯意志论(voluntarist)而予以拒绝。其实他所涉猎的主题也是人类学意义上的领域, 因为他把客体范围限定在已经形成了民族国家的社会中。

关于自然法及其各个不同的流派的著作有米埃勒(M. Miaille)的《法律的批判性导论》(*Une introduction ciritique au droit*, Paris: Maspéro, 1976, pp. 311-15)。还有韦利(M. Villey)的《自然法》('Le Droit naturel', *Revue de Synthèse*, 118-19 [1985]: 175-86)。

45. 进化论

关于达尔文的理论在人类社会中应用的著述, 见克拉克(L. Clark)的近期文章:《法国的社会达尔文主义》('Le darwinisme

第一部分　理解他者性：西方的视角

social en France', *La Recherche*, 196 [1899]: 192-200)。

对于新进化论感兴趣的人不妨拜读一本由该学派的一位学者所撰写的很好的一个总结：卡内罗（R.-L. Carneiro）的《进化的四副面孔》（'The four faces of evolution'），载于《社会和文化人类学指南》（*Handbook of Social and Cultural Anthropology*, ed. J. J. Honigmann, Chicago, Rand McNally, 1973, pp. 89-110）。我们也应当注意到自从进化论成为了维护殖民主义的壁垒之后，从后殖民主义时期开始人类学家们都采取一种反进化论的立场就丝毫不令人感到意外。因此塞内加尔学者切克·安塔·迪奥普（Cheik Anta Diop）（因在非洲人和埃及人之间建立起了联系的理论而闻名）曾经在他的许多作品中批评单线分段的进化理论。他的前提是欧洲和非洲具有不一样的亲属结构，他反对摩尔根和恩格斯所提出的将这种差异包括到一个历时性理论体系中的观点。他陈述说从一开始非洲就受益于母权制社会（体现了妇女解放、公正、和平的特征），这和欧洲灾难性的父权制社会形成对比（以排外情绪、个人主义、暴力和征服为特点）。当然，这些理论现在已经完全过时了，但是可以从另外一个不同的意义层面来阅读它们，即通过批评进化论，作者其实是在批评维多利亚式的意识形态和殖民主义。

最后我们应当注意到我们只是引用了一部分主要的进化论学者。我们也需要关注斯宾塞的理论，和虽然不太著名但更为有趣的泰勒的理论。

在斯宾塞（1820—1903）看来，最初的法律观念就近似于祖先的或者上帝的意志。然后随着复杂性程度的发展和成长，法律变得越来越精细和世俗化，但是表现为刑法的形式（涂尔干后来采纳了这一思想；见前文第 19 节）。现代社会通过自然选择逐步地将和谐的社会状态变为现实而摒除了直接统制的影响，法律在它的社会维度上逐渐地被道德所取代。斯宾塞的思想是建立在一种过于乐观的进化论观点上和自然选择的效果上的，但是有意思的是，他的理论把社会体制的进化和法律在最后阶段的近乎完全消失联系了起来。

伯内特·泰勒（1832—1917）的进化论不是那么轮廓清晰，但它预示了当前的美国新进化论思潮。泰勒把注意力转向"后向进化"（retrovolution）：某些人类群体会从较为高级的阶段转变到较为低级的阶段，因此传统社会可能是更为文明灿烂社会的残留物。另外泰勒并不了解传播论（该理论认为社会主要通过文化的接触和混合而进化），尽管他认识到文化接触和模仿倾向的重要性。除了他关于宗教的著作外，他还在亲属领域上做出了重要的民族学贡献。

46. 涂尔干的弟子与法国的法律人类学

如我们所见的那样，法国的法律人类学在这个时候并没有像德国或者意大利人类学那样，通过重要的理论综合展现自己的特点。大多数法国学者都带有被涂尔干影响的印记。

马塞尔·莫斯（Marcel Mauss，1872—1950）是其中最重要的一位，虽然他的作品中只有一部分是关于法律的。他特别关注并研究了一些具体现象，并强调交换模式和个人之间的社会互动。在《宗教及刑法起源》（*La Religion et les origines du droit pénal*, 1896-7）中，他把复仇作为群体之间的一种互动关系进行了研究，这一思想被维迪埃（R.Verdier）近期关于此主题的研究所证实（见后文第159节）。在莫斯著名的《爱斯基摩人的季节性变化：一项形态学的研究》（*Seasonal Variations of the Eskimo: A Study in Morphology*, trans. J. Fox, 1979, 首版1906年）中，可以清楚地发现他对于物质因素作用的强调超过法律现象。季节的明显变化和因纽特人狩猎活动的相应变更伴随着融合（在冬天不同的家族群体聚集在一起如同一个共同体）与分裂（相反地在夏天，这些群体就分散而居了）的行动。这些

第一部分 理解他者性：西方的视角

行为也在法律范畴内通过夏天的法律和冬天的法律被反映出来（在我们的社会里，我们自己的家庭和社会生活也受到季节的影响，不过是程度较低而已。正好和夏天重叠的长假是一些家庭重新聚集的机会，或者成为了获取公共生活独特体验的条件。比如地中海俱乐部[Club Méditerranée]的那些度假村依然奉行熟人之道而不使用金钱，那里的生活由三个代表返朴归真的神话符号支配：海洋、性和太阳）。最后，在莫斯的《礼物：古式社会中交换的形式与理由》(*The Gift: Forms and Function of Exchange in Archaic Societies*, trans. I. Connison, London: Routledge & Kegan Paul, 1970, 首版 1923—1924 年)中他依然坚持主张经济因素和法律义务之间存在的关系。

其他的学者作为涂尔干的忠实追随者，都是专业的法学家。通常他们在《社会学年鉴》(*Année Sociologique*)上发表作品。在他们当中应当提到胡维林(P. Huvelin，1873—1924)，一位罗马法和商法的专家；列维(E. Levy，1871—1943)；热尔内(L. Gernet，1882—1964)，他将前法律(pre-law)的观点运用于古代希腊社会，见《古希腊人类学》(*The Anthropology of Ancient Greece*, Baltimore, MD and London: Johns Hopkins University Press, 1981, 法语版名为 *Anthropologie de la Grèce Antique,* Paris: Flammarion, 1982, 282 pp.)；法尔孔内(P. Fauconnet，1874—1938)专攻责任这一主题；达维(G. Davy，1885—1976)对合同法的研究吸引了人们特别的兴趣；理查德(G. Richard，1860—1945)可以和莫塔作比较(见前文第43节所引用的文献，pp. 57-70)。在随后的年岁中，其他作者，诸如卢西恩(Lucien)、亨利·列维-布留尔、格拉内(M. Granet)和古尔维奇也继承了涂尔干的传统，但是不再坚守19世纪的那些观念。就方法论而言，涂尔干的弟子们是摇椅人类学的最后追随者。自此以后，博厄斯和马林诺夫斯基的理论被应用了起来，民族学不再限于图书馆里的研究，田野工作的知识和地方语言变得非常重要。

47. 收集非洲习惯的努力

正如我们曾指出的那样，20世纪的上半叶见证了应用人类学受到19世纪繁荣的理论的促进而经历的发展。这一过程中的一部分工作令法学家产生了特别的兴趣，即习惯的抄录（我们将在后文返回到法律涵化中体现出来的口头法律到书面法律的转变的重要性上来，见后文第173—176节）。从19世纪末以来，人们感觉到越来越有必要更多地了解传统社会的法律元素。于是田野研究被选择作为其方法，和调查问卷、报告人一并使用。许多欧洲国家在他们的殖民地使用这一方法时遭致了许多随之而来的批评，因为他们的参照术语和概念反映了西方的法律类型而非本土社会的。因此德国的调查问卷体现了希腊法和罗马法的概念。法语从1897年开始被用于在塞内加尔的调查问卷。对习惯做整体抄录的想法很快被确立起来。（更多细节见Negri，同前引，前文第43节，pp.63-77）

48. 马林诺夫斯基的理论

马林诺夫斯基关于法律的思想与他的田野工作同时发展起来，他的法律思想没有提供特别的洞见。法律被他看作社会共同体或它的中枢机构认可的规范。马林诺夫斯基根据他在1915年对于新几内亚的麦卢人的调查研究，对刑法和民法做了区分。但还是在和特罗布里恩人长期的共处之后，他才提炼和升华了关于法律的思考，体现出了他思想上的创新。在《原始社会的犯罪和习俗》（1926）中，他提出法律可以清晰地与道德和宗教区别开来，在传统社会也是如此。这在那个时代是具有进步意义的，而且他还使用互惠的观点丰富了对民法和刑法之间区别的认识。他以可能被触犯的规范来描述刑法，而民法则是把个人结合在一起的互惠义务的表达，并总是得到遵从。好几年之后在对霍格宾（Hogbin）的《波利尼西亚的法律秩序》(*Law order in Polynesia*, 1934)的介绍中,他重申了这些观念。最后在他晚期的著述中,马林诺夫斯基打算研究法律可能体现出来的各种形态,包括它们的非司法表现。

马林诺夫斯基关于法律的思想理论已经不再流行。其中的某些错误,比如在原始社会中民法不可能被侵犯显得太过于自信了。然而,在界定刑法时,他抵制了时至今日都还存在的一种偏见,即在传统社会中法律是服从于社会的共同意志的,比在现代社会被赋予了更多的尊重。民族志观察揭示了相反的情况,某个人如果感觉到尊重法律的好处少于坏处的话,就会频繁的违反法律。更多细节可以参阅见沙佩拉(I. Schapera)的《马林诺夫斯基的法学理论》(Malinowski's theories of Law', *Man and Culture*, ed. R. Firth, London: Routledge & Kegan Paul, 1968, pp. 139-55)。

49. 冲突的研究

过程性分析和案例方法的结合产生了许多专著,以及这些专著的综合文集。其中最好的包括博安南主编的《法律和战争》(*Law and Warfare*, ed. P. J. Bohannan, Austin, TX and London: University of Texas Press, 1967, 441pp.)和纳德尔和托德(Nader & Todd)主编的《纠纷过程:十个社会的法律》(*The Disputing Process: Law in Ten Societies*, ed. L. Nader and H. F. Todd Jr, New York: Columbia University Press, 1978, 372 pp.),这些著作包含了丰富的文献,对传统社会和现代社会都有同等的关注。例如载于《法律和战争》(*Law and Warfare*)中的费福尔(G. Feifer)的文章《莫斯科的正义:十天正常费用》('Justice in Moscow: ten days normal fare', pp. 93-115),以及斯宾塞·麦克卡拉姆(Spencer MacCallum)的《一家美国超市里的纠纷解决》('Dispute settlement in an American supermarket', pp. 291-9)。关于从传统时期到当前的因纽特人社会中的纠纷解

第一章　法律人类学的发展

决,有罗兰(N. Rouland)的《因纽特人冲突解决的法律模式》('Les Modes juridiques de solution de conflits chez les Inuit', *Études Inuit*, 3, special no., [1979], 171pp.),和《加拿大因纽特人的司法文化适应》('L'Acculturation judiciaire chez les Inuit du Canada', *La Justice et les peoples autochtones, No.Spécial de Recherches amérindiennes au Québec*, 13, 3 and 4 [1983]: 179-91 and 307-18)。

在阅读和思考这些专著之前,被证明比较明智的做法是阅读一些关于规范性和过程性分析之间关系的综合性著作:罗伯茨(S. Roberts)的《秩序和纠纷:法律人类学导论》(*Order and Dispute: An Introduction to Legal Anthropologoy*, Harmondsworth: Penguin, 1979, pp. 186-206);纳德尔和托德(Nadder and Todd)主编的《纠纷过程》(*The Disputing Process*, ed. Nader and Todd, 同前引, pp.1-40)中的导论章节;希尔斯·德怀尔(D. Hilse Dwyer)的《实质与过程:重新评估法律人类学的前提》('Substance and process: reappraising the premises of the anthropology of law', *Dialectical Anthropology*, 4 [1979]: 309-20);阿贝尔(R. L. Abel)的《社会中的纠纷解决机构比较理论》('A comparative theory of dispute institution in society', *LSR* [1973]: 217-347);波斯比西(L. Pospisil)的《法律》('Law', *Quaderni Fiorentini*, 14 [1985]: 23-75)特别地清晰;科马洛夫和罗伯茨(J. L Comaroff and S. Roberts)的《规则和过程:非洲语境下纠纷的文化逻辑》(*Rules and Processes: The Cultural Logic of Dispute in African Context*, Chicago and London: University of Chicago Press, 1981)声称其思路超越了规范性/分析性的分野,关于它的总结,见勒鲁瓦(E. Le Roy)的作品(*JLP*, 21 [1983]: 155-7);施耐德(F. Snyder)的《法律人类学的三个范式》('Three paradigms in the anthropology of law', *Nieuwsbrief voor nederlandstalige rechtssociologen, rechtsantropologie en rechtspsychologen*, 1 [1983]: 2-16），和《人类学：纠纷过程和法律》（'Anthropology: dispute processes and law', *British Journal of Law and Society*, 8.2 [1981]: 141-80）；格里菲斯（J. Griffiths）的《诉讼通论：第一步》（'The general theory of litigation: a first step', *Zeitschrift für Rechtssoziologie*, 4, 1 [1983]: 145-201）。最后是贝莱（J.-G. Bellary）的作品《法律社会学中的社会冲突与法律多元化》（'Conflict social et pluralisme juridique en sociologie du droit'），收于《法律社会学论文集》（*sociology of law thesis*, Paris Ⅱ, th. Unpublished, Paris, 1977, 569 pp.），包含对这些问题重要的深入研究。

关于案例方法的缺点，有霍尔曼（J. F. Holleman）的《习惯法和法律改革研究中的麻烦案例和无麻烦案例》（'Trouble case and troubleless cases in the study of customary law and legal reform', *LSR*, 7 [1973]: 585-609）。最后关于两个重要权威，马林诺夫斯基和霍贝尔的思想的更多资料，见沙佩拉（I. Schapera）的《马林诺夫斯基的法律理论》（'Mlinowski's theories of law' 同前引，前文第 48 节，pp. 139-55）；波斯比西（L. Pospisil）的《亚当森、霍贝尔和法律人类学》（'E. Adamson, Hoebel and the anthropology of law', *LSR*, 7 (1973): 537-59）；还有一篇专门关于霍贝尔的文章的一期期刊也很有价值（*DC*, 15-16 [1988]: 139-86）。

50. 法律的裁判和纠纷的解决

在我们自身的法律制度中，纠纷被认为是要依照法官的裁判来解决的。而且这一裁判随后由公共权威来执行。人们因此形成了把纠纷的解决和司法机关的裁判视为同一事物的观点。但是实际情况并非如此。

在罗马法中，裁判的执行是属于相关当事人自己的事情，他们不会被外在的权威所强制。在共和国政体的权威之下，胜诉的一方将裁判施加于败诉的一方。即使以帝国的名义，治安官也不能执行裁判。在这种条件下相关当事人自己所施加的影响对于冲突的解决具有决定性的作用。一个社会地位较为低下的当事人可以借助某位有影响的人物作为其代理人来帮助他而实现其一切目的；见诺伯特·罗兰（Norbert Rouland）所著的《罗马古代的政治权力和个人依赖，客户关系的起源和作用》（*Pouvoir politique et dépendance personnelle dans l'Antiquité romanin. Genèse et role des rapports de clientele*, Brussels: Latomus, 1979, 658 pp）。

在最近的一篇以苏门答腊的纠纷研究为基础的文章《米南加保州法院判决的社会意义》（'The social significance of Minnangkabau State Court decisions', *JLP*, 23 [1985]: 1-68）中，冯·本达-贝克曼（K. von Benda-Bechmann）认为法律人类学的作品中没有对于法律裁决做出之后会发生些什么后果给予足够的关注；就像规范，可能是抽象的和无效的。这一疏漏来源于基于国家的——因此也是民族中心主义的——法律思想，因为法院的职能体现在对法律的适用上，裁判的执行被看作是并不太重要的问题。但是裁决不会自动地被执行（在法国许多抚养纠纷案件中，被判决支付抚养费的前夫中没有履行义务的人占有很高比例）。民族志研究发现一旦裁决做出之后，可能会发生好几种情形：一个清楚明白的裁决被各方所接受；裁决在强迫之下被执行，不管是通过法律实体部门（公共权威的使用）还是当事人之中的较强势那一方；当事人中的一方反对裁决并申诉到另外一个法律管辖权地区；裁决未被执行，因为胜诉方没有任何办法强制另一方。最后，毫无疑问也是最有趣的可能情况，裁决服从于当事人之间的谈判协商，由他们决定采取什么行动。和规范一样，法律裁判只是一个模式，而非绝对的强制命令。

第一部分 理解他者性：西方的视角

51. 法律多元的文献介绍

关于法律多元的作品非常丰富。民间法和法律多元委员会的通讯定期出版，刊发极富价值的新理论。我们在此将只介绍一些重要的书和文章。

首先是一些综合性著作。在我们看来最有价值的理论性综合著作是贝莱（Bellay）的博士论文《法律社会学中的社会冲突与法律多元化》(*Conflit social et pluralisme juridique en sociologie du droit*, 同前引，前文第49节)，它引人注目之处在于对当代法国的法律多元理论发展的描述。然后还有吉里森（J. Gilissen）主编的《法律多元》(*Le Pluralisme juridique*, ed. J. Gilissen, Brussels: Éditions de l'Université de Bruxelles, 1972)，特别是在里面有范德林登（J. Vanderlinden）的《法律多元：综合测试》('Le Pluralisme juridique. Essai de synthèse', pp. 19-56)。库珀和史密斯（L. Kuper and M. G. Smith）主编的《非洲的多元主义》(*Pluralisme in Africa*, Berkeley, CA: University of California Press, 1971)，该书考察了非洲社会的多元情况；还有库珀的文章《多元社会：视角和问题》('Plural societies: perspectives and problems', pp. 8-26)，以及同样是库珀（L. Kuper）写的《民族和种族多元主义：极化和去多元化的某些问题》('Ethnic and racial pluralism: some aspects of polarization and de-pluralization', pp. 459-87)，该文还考察了多元性被弱化的一些案例；以及史密斯（M. G. Smith）的《前殖民非洲社会中的多元主义》('Pluralism in precolonial African societies', pp. 136-41)，它勾勒出了影响多元的社会因素。我们也会援引《土著法和国家》(*Indigenous Law and the State*, ed. B. W. Morse and G. R. Woodman, Dordrecht, Foris Pulications, 1988)。关于多元理论的详细历史可以参阅范登伯格的《多元主义》('Pluralism', *Handbook of Social and Cultural Anthropology*, 同前引，前文第8节，

第一章 法律人类学的发展

pp. 959-77);波斯比西(L. Pospisil)的《法律人类学》(*Anthropology of Law*, 同前引, 前文第9节, pp. 99-106);纳德尔和扬维森(Nadder and Yngvesson)的《法律民族学及其产物研究》('On studying the ethnography of law and its consequences', *Handbook of Social and Cultural Anthropology*, 同前引, 前文第8节, pp. 883-921);诺伯特·罗兰(Nobert Rouland)的《法律多元主义》('Pluralism juridique', *Dictionnaire de sociologie juridique*, ed. A. J. Arnaud, Paris, LGDJ, 1988, pp. 303-4)。在一篇关键的文章中,格里菲斯(J. Griffiths)系统地回顾了这些所有理论,批评他们过分强调了国家的作用:《法律多元主义是什么》('What is legal pluralism?', *JLP*, 24 [1986]: 1-55)。最后,正是由于荷兰学派甚至早在埃尔利希和古尔维奇的社会学理论之前就为法律人类学奠定了基石,因此产生了一部新近的文集《荷兰的法律人类学:法律多元文集》(*Anthropology of Law in the Netherlands. Essays on Legal Pluralism*, ed. K. von Benda-Beckmann and F. Strijbosch, Dordrecht: Foris Publications, 1986)。

在阅读了这些综合著作之后,还有关于法律多元的主要思潮的理论(即波斯比西、摩尔和千叶正士等人的理论)。参阅波斯比西(Pospisil)的《法律的性质》('The nature of law', *Transactions of the New York Academy of Science*, series 2, 28, 8 [1956]: 746-54);《社会及其多元法律系统的结构》('The structure of a society and its multiple legal systems', *Cross-Examinations: Essays in Memory of M. Gluckman*, ed. P. M. Gulliver, Leiden: Brill, 1978, pp. 78-95);《法律人类学》(*Anthropology of Law*);《努纳缪特族爱斯基摩人法律和社会结构》('Law and societal structure among the Nunamiut Eskimo', *Exploration in Cultural Anthropology*, ed. W. H. Goodenough, New York: McGraw Hill, 1964, pp. 395-431),在这里波斯比西将他的"法律层级"的理论

第一部分　理解他者性：西方的视角

运用于努纳缪特族因纽特人社会。还可参阅摩尔（S. Falk Moore）的《法律与社会变迁：作为适合研究课题的半自治的社会领域》（'Law and social change: the semi-autonomous social field as an appropriate subject of study', *LSR*, 7 [1973]: 719-46）。参阅千叶正士的《亚洲土著法》（*Asian Indigenous Law*, London and New York: Routledge & Kegan Paul, 1986, 416 pp., 尤其注意 pp. 1-11, 378-95）；《法的三个二分法：法律文化的分析方式》（'Three dichotomies of law: an analytical scheme of legal culture', *Tokai Law Review*, 1 [1987]: 279-90）。那些希望更多了解古尔维奇的理论中关于法律方面知识的人可以在一期《法律和社会》（*Droit et Société*, 4 [1986]: 341-80）中找到专门介绍这方面的相关内容。卡波尼埃（J. Carbonnier）在《古尔维奇和法学家》（'Gurvitch et les juristes', *Dwibeb Société*, 1 [1986]: 347-52）中大概地阐述了为什么古尔维奇对于法学家几乎没有什么影响（主要因为他关注公法多于私法）。

还有关于解决具体问题的一些文章。关于罗马法中的法律多元的主题，有范登伯格（G. C. J. J. Van den Bergh）的《罗马法中的法律多元》（'Le Pluralisme juridique en droit romain', *Le Pluralisme jurideque*, ed. Gilissen, 同前引，pp. 89-103）；高德内（J. Gaudenet）的《法律的转移》（'Les Transfers de droit', *L'Année sociologique*, 27 [1976]: 29-59）；鲍曼（R. A. Bauman）的《古代时期的比较法》（'Comparative law in ancient times'），是一篇提交于1986年悉尼第十二届国际比较法大会的文章；希克斯（S. C. Hicks）的《古代时期的比较法：法律过程》（'Comparative law in ancient times: the legal process', *American Journal of Contemporary Law*, 34 [1986]: 81-97）。关于"通俗法"（vulgar law），有高德内的《关于通俗法》（'A propos du droit vulgaire', *St B. Biondi*, Vol. 1, Milan, Guiffrè, 1965, pp. 271-

300)。欧利亚(P. Ourliac)和加扎尼加(J.-L. Gazzaniga)的《法国司法史》(*Histoire du Droit Privé Français*, Paris: Albin Michel, 1985, pp. 34-6),坚持主张对近古时期的成文法(制定得非常粗劣而且容易混淆)和法官所实际使用的法律之间适用二分法;在他们看来罗马法的统一性虽然长久以来为罗马法学家们所主张,但这不能掩盖行省法存在的事实,虽然它的地位不是很显要但也没有被罗马统治所镇压,并且在公元6世纪的时候又充满活力地重新出现了。关于过去的和现在的殖民政策,以及集权国家对其企图控制的社会的法律的镇压这一主题,见诺伯特·罗兰(N. Rouland)的《法律殖民化》76('Les Colonisations juridiques', *JLP*, 1988),和同样出自罗兰的《混合法和法律多元理论》('Les Droits mixtes et les theories du pluralisme juridique', communication présentée au Colloque des Droitsmixtes, Aix-en-Provence, 10-11 December 1987,在随后的大会论文集中出版)。

关于国家的统一法律制度的重要问题,这也是被所有多元理论所批评的,有巴雷特-克里格尔(B. Barret-Kriegel)提出的关于"法治"的辩护,载于《国家与奴隶》(*L'État et les esclaves*, Paris: Calmann-Lévy, 1979)和更近一些的《法律的国家》(*L'État de Droit*, ed. D. Colas, Paris: PUF, 1987, 254 pp.)。关于比较法学追求超国家的统一法律领域的强大趋势,大卫的评论非常中肯:见大卫(R. David)的《非洲国家民法典的重修》('La refonte du Code Civil dans les états africains', *Annales Africaines*, 1 [1962]: 160-70);以及《比较主义者的化身》(*Les Avatars d'un comparatiste*, Paris: Economica, 1982, pp. 264-8)。关于法学家在建设国家中所扮演的角色,有《律师在现代国家建设中的作用》(*Die Rolle der Juristen bei der Entstehung des modernen Staats*, ed. Roman Schnur, Berlin: Duncker & Humboldt, 1986, 880 pp.)。关于单一性原则的历史沿革,德巴什

第一部分　理解他者性：西方的视角

(R. Debbasch) 的政治史论文《共和国统一和隐形的革命原则》(*Le Pricipe Révolutionnaire d'unité et d'invisibilité de la République. Essai d'histoire politique,* Paris: Economica, 1988, 481 pp.) 值得注意。德巴什指出了对这一原则的共和主义诉求在1958年宪法中被采纳，而且其实是植根于长久的传统中的。对于大多数古代哲学家来说，人类倾向于走向统一。柏拉图曾问道："我们能否找出一个对于城市而言的更大罪恶，它甚至超过了把城市分裂地七零八落使其不再是一个城市而是许多个城市？"(《理想国》V, 462) 基督教也是非常复杂的统一体：圣路加曾警告说"凡一国自相纷争，就成为荒场"(《路加福音》11.17)。三位一体本身就体现了统一多于多元，天主教的教义在尼西亚会议 (the Council of Nicaea) 上和阿里乌教派的斗争中，确立了圣子和圣父是平等的，而非后者创造了前者；至于看不见的圣灵，它是赋予全人类并且将人类联成一体的脉络。伟大的教士总是津津乐道于统一的主题：圣托马斯就宣称他自己赞成君主制，因为它创造了世间的神圣统一体，伯苏埃 (Bossuet) 在描述神圣权利理论的时候采用了这一比喻。法国君主政权曾根据图尔-蒙蒂斯法令 (*Ordinance de Montils les Tours*, 1454)，命令对习惯进行正式地收集和抄录。随后又发生了17世纪和18世纪的逐步改革和成文法典化，为法国革命的统一主题奠定了基础。同时，正如德巴什所主张的，这一过程中既有连续性也有间断性。君主专制可能曾经力图实现集权，但是却从来没有真正成功地统一王国，1789年大革命时公民的法律地位依然体现出明显的多样性特征。这场革命引起社会思潮的一个主要变化：统一的象征不再是国王，而是民族（国家），它在摧毁君主制之前就在其基础上实现了自己的独立存在（在旧制度之下，国王和民族几乎是一个意思）。德巴什还在政治统一和法律一致性之间做了一个有意思的对比：政治统一由国家的主权统治保障，它"能够以规章或立法的形式允许多样性的存在，这并不影响法兰西民族的整体主权统治。对于主权统治的唯一有效限制（这可能会被适用于这个国家版图的任何一个组成部分），只会是认可一定程度的规范性自治。但是就如我们所知道的，即使是海外领土也不享有这种自治性"（同前引, p. 419）。这将我们带回到了关于法律多元的基础性的讨论，因为德巴什的对比近似于多元论学者们对多重性（国家允许的规范的多样性）和多元性（法律体系的多样性，国家对此并不容许）做的对比。但是问题依然存在：国家否定自治性规范的存在是否就足以镇压这些规范呢？我们并不这么认为。但是，正如德巴什所阐述的，统一和政治集权是共和政体的精粹。统一性一直是被追求的目标吗？哲学的历史和西方国家的历史证明了事实的确如此。在我们看来，统一性当然比多样性更容易展望。对于这一范例不存在任何普适的东西——正如我们在考察非洲的法律思想时将揭示的那样。在阿里奥来看，单一原则是一个谎言，它模糊了社会客观存在的现实，不光是传统社会也包括现代社会，"这些教科书中的谬误比人类学家所抨击的民族中心主义的简单错误还要糟糕，因为它们不满足于处在法学教授的视角来描述西方和非西方社会，而假定他们自己国家中强势的单一正式法律制度就代表了其国家的法律现实，于是将这一模式推广到其他社会。"（M. Alliot, 'L'Anthropologie juridique et le droit des manuels', *Archiv für Rechts- und Sozialphilosophie*, 24 [1983]: 72）

52. 东方和非洲的法律多元

读者可以在千叶正士编写的一部作品《亚洲土著法》（*Asian Indigenous Law*, 同前引, 前文第51节）中了解他的观念，该著作是对一些具有较高价值研究成果的汇集，分别论及了不同的国家。埃及官方的法老制法律制度后来受到了罗马法的影响，而其中夹杂着

第一部分　理解他者性：西方的视角

非正式的习惯法。伊斯兰教的征服导致了伊斯兰法律融入当地，这些伊斯兰法律后来逐步变成了正式的本土法，和非正式的本土习惯相互影响。随后一个阶段是拿破仑法典的植入，虽然并不彻底但它还是渗透了一些法律领域。当今埃及的法律是一个舶来法和本土法的混合物，不管在正式法层面还是非正式法层面。伊朗的法律历史也受到了什叶派伊斯兰法律的决定性作用影响。在公元640年，阿拉伯打败了波斯帝国，伊斯兰法律成为了波斯的舶来法和正式法，而以前正式的波斯法律变成了非正式法，或者部分地融入伊斯兰法律当中。从这以后，直到霍梅尼上台之前，无论他引入的西方法律如何努力地想要把这个国家变得现代化，伊斯兰法律依然保持其控制势力。在更接近远东的国家，非正式法的作用显得更为重要。在斯里兰卡，由于其突出的宗教多样性，当地人并不谙熟正式法。从1953年以来，一种受到印度法、传统僧伽罗法和社会主义国家意识形态启发的法律制度被引入斯里兰卡。在印度，正式法是本土印度法和舶来的英格兰法的混合物，但是二者由于并不能完全调和，非正式法继续发挥其作用，特别是伊斯兰法（即以前的舶来法）和北方地区山区居民的传统本土法。从1868年明治时期以来，现代日本的法律都是建立在西方舶来法的基础上的：首先是欧洲模式，然后紧接着在第二次世界大战之后，是来自美国的普通法传统。目前的日本法律是非常多元和复杂的。在日本成文法当然是存在的，但是在实践中很少适用，其法律理念的非强制特点非常近似于其他大陆许多传统社会的法律制度。另外在实践中，日本法律可以被分为好几个种类：正式法，它包含许多本土法和舶来法；非正式法，其中本土法占主导地位，家族群体和社会共同体的影响也非常重要；以及法律学说，既有严密的也有松散的。

正如弗罗力西（J. Froelich）曾经指出的，如果说伊斯兰法律对我们提到其他一些国家产生了显著的影响的话,那么对非洲也是如此。《非洲和马达加斯加法律研究》(*Études de droit Africain et Malgache*, ed. J. Poirier, Paris: Cujas, 1965, pp. 361-89)中的习惯法和穆斯林法律就是如此。从11世纪开始,伊斯兰法律就在非洲出现了,尽管分布并不均衡。在13世纪和15世纪的马里王国统治时期,伊斯兰法律被运用于贵族法庭、上层行政界,以及有教养的城市上流阶层,但是并不适用于大多数民众。15世纪和16世纪的桑海帝国(Sonrhaï Empire)也是如此。在颇尔人的神权政治国家中它也被严格地适用。今天伊斯兰法律继续在扩展它的影响,尽管它具有一神论特征,非洲人发现伊斯兰法律比欧洲法律更容易和他们的传统相调和(一些特定制度,比如允许多配偶制,在传统非洲法律和穆斯林法律中都是共同的)。但是很显然,伊斯兰教也曾不得不调整自身以适应撒哈拉以南非洲地区社会(见后文第169节)。

53. 范德林登的理论综合(1972)

以上的例证采自不同国家的法律实践,在性质上都是特定的。在一部综合性的著作《法律多元论》(*Le Pluralisme juridique*)中,范德林登(J. Vanderlinden)研究了法律多元的多种来源,以及它的目标和运行(同前引,前文第51节)。法律多元有多种起源。法律的统一可能会被看作是不公平的,因为一些社会群体在与其他群体的关系中处于较低的地位(未成年人或者某些类别的成年人的地位、某些地方已婚妇女的地位、传统法律在当代非洲的地位、少数族群的地位)。关于正义的观点也存在相对性:某些特定群体在不认同正式法律理念的情况下发展了自己的法律(和国家法相对的"地下世界的法律")。法律的统一会显得对某些人不够公平,因为一个统治性的群体会通过创立有利于它的制度来极力强化自身的地位(如古罗马的贵族法律以及19世纪民主政体的法律中规定对物权的限制)。

80 由来自广阔范围不同成分组成的民族或社会群体可能会建立起一个多元的体制以实现共存(16世纪的罗马-蛮族法律是建立在法律的个人性质上的);某些群体所具有的特殊需要会推动他们去发展出一些特别的法律形式(商人的商法、爵士的封建法);给予某些机构一定程度的独立性以确保它们有效地发挥一定的功能(给特定人授予的特权或豁免权);司法去中心化也是如此(越往法律等级体系下面走,具有同等地位的法律管辖权变得越多,相似情形产生不同判决的情况会越常见,并且根据法律管辖范围的不同而发生变化),或者是行政去中心化(地方税收在不同的地域变化不一);经济发展的必然要求也一样(对为一个社会的经济发展做出贡献的某些人或群体授予一定特权),还有某些人群被那些已经享有特别地位的人群所同化(某些劳工家庭取得同样的特权)。关于多元的目标和运行,范德林登阐述了许多因素,在此就不再赘述。

这些主张依然是关于理论综合方面值得注意的作品,但是它们当然也存在含混不清之处。事实上我们一直都不得不面对格里菲斯和德巴什提出的问题:我们要不要在多重性和多元之间作更为激进的对比呢?统一性不一定总是包含一致性。这一争论还在继续,但是最近的理论(摩尔和格里菲斯的)使我们倾向于对多元作"更严格"地描述,并对国家的作用做更大程度的限定。

54. 多元理论的深化

尽管马克斯·韦伯当时没有形成法律多元的理论,他还是意识到了这一理论并在《经济与社会》(*Wirtschaft und Gesellschaft*, 1922)中作出阐述:法律的存在不应当和国家的存在混为一谈,而且也不能和政治权威的存在扯在一起。法律秩序可能源自一个或更多人使用司法强制的能力,而这种强制是通过身体的或心理的约束力实现的。

第一章 法律人类学的发展

在更近一些时候,史密斯(M. G. Smith)对于多元思想的发展做出了一些评价('Social and cultural pluralism in the Caribbean', ed. V. Rubin, *Annals of the New York Academy of Science*, 83 [1960]: 763-77)。他质疑了弗尼瓦的观点,因为后者将多元性限定为种族间的关系,并阐述现代社会中阶级结构的存在本身并不是多元的表征。等级分层并不一定就是多元性;多元性存在的前提是不同群体的主要文化制度(亲属、财产、宗教,等等)是不协调的。社会的凝聚仅仅是通过某个社会群体对于政治权力的垄断而实现的。在几年之后发表于《非洲的多元性》(*Pluralism in Africa*, ed. L, Kuper and M. G. Smith, Berkeley, CA: University of Califonia Press 1969)的三篇文章《多元主义的制度和政治条件》('Institutional and political conditions of pluralism')、《前殖民地非洲社会的多元主义》('Pluralism in precolonial African societies')、《多元主义分析框架的一些发展》('Some developments in the analytic framework of pluralism')中,史密斯走得更远。他区别出了三种多元形态:文化多元,在缺乏相应社会差别的情况下因为体制性的差异而形成;社会多元,其中的体制性差异和显著的社会差别结合在一起;以及结构多元,以文化多元和社会多元为前提,并且所有的社会组成群体被某一个群体的政治统治统一起来。

最后,范登伯格在《多元主义》(P. L. Van den Berghe, 'Pluralism', 同前引,前文第 51 节)中坚持认为多元性程度根据存在于群体内部和群体之间的关系性质而变化。当群体内部的相互关系是非断裂的、非功利主义的、情感性的和弥散性的时候,以及当群体之间的相互关系是断裂的、功利主义的、非情感表达性的和功能性的时候,一个社会就走向了多元。

55. 民间法和法律多元委员会

该委员会曾经召开了关于不同主题的许多大会：《国家制度及其在民间法中的使用》(Les institutions étatiques et leur emploi par la Folk-Law, 意大利贝拉吉奥，1981 年)；《民族和文化的少数人群体的法律条件及现实地位》(La condition juridique et le statut réel des minorités ethniques et culturelles, 国际人类学与民族学联合会第十一届大会，魁北克和温哥华，1983 年)；《正式和非正式的社会保障》(Sécurité sociale formelle et informelle, 德国图青，1986 年)；《民法与自治法：比较的视角》(Folk-Law et droits autochtones: une perspective comparatiste, 澳大利亚悉尼，1986 年)；《全球人类学；教育、研究和应用》(Anthropologie mondiale; éducation, recherche et application, 涉及工业社会的法律多元、妇女在持续变化的社会中的社会司法地位、20 世纪末期社会群体的法律：对第四世界的援助战略)（前南斯拉夫萨格勒布，1988)。

这些会议之后都出版了论文集，《人民法和国家法：贝拉吉奥文集》(People's Law and State Law: The Bellagio Papers, ed. A. Allot and G. R. Woodman, Dordrecht: Foris Publications, 1988, 472 pp.)。

该委员会也会每隔两年或三年出版其通讯（关于其地址见前文第 10 节）。

56. 法律人类学思想的主要趋向

在专门论述法律人类学的主要理论问题的这一章中，我们已经选择了一些主题进行介绍。但是我们还会阐释一些传统和国家学派。

在描述各个国家的观点时必须考虑到两个变量。一方面，它的对外殖民历史或者少数族群在其土地上的存在状况。这一学科之所以会在欧洲国家存在，通常是因为这些国家曾经有过对外殖民的历

第一章 法律人类学的发展

史,其殖民地曾被当作研究的田野,就像法国在撒哈拉以南非洲,或者荷兰在印度尼西亚。德国和意大利稍微"不幸"一些,因为它们的殖民经历较短,并因两次世界大战而被终结。但是,拥有殖民地不是决定法律人类学诞生和发展的唯一因素。美国和加拿大法律人类学的成长发展曾经受到了对少数族群(美洲印第安人)研究的影响。一些曾经建立过广阔殖民帝国的国家,如葡萄牙和西班牙,就从未曾形成任何法律人类学的学派或传统。

第二个因素存在于当前,它和第一个因素相结合,即特定法学和人类学思想学派提供的推动力和施加的趋向影响。如果说法国和欧洲大陆曾经受到罗马法传统极大影响的话,那么英语国家就曾经受到普通法的影响,受益于整体上更为先进的社会科学和相对进步的人类学。这一文化因素显得比前面的因素更具有决定性,因为一个重要的分野就是在欧洲大陆传统(西欧国家)和英语文化传统(美国、加拿大和大不列颠王国)之间的区别。是否拥有少数民族和殖民经历的长度只是作为第二位的因素来考虑,它会影响到法律人类学在这两种主要类型的具体国家中的发展。更多关于大陆国家和英语国家划分的知识,见勒鲁瓦(E. Le Roy)的《关于法律人类学》('Pour une anthropologie du droit', *Revue interdisciplinaire d'Edudes juridiques*, 1 [1978]: 71-100),《法律民族学》('Ethnologie juridique', *Digesto*, Turin, in press);阿洛特(A. N. Allot)的《作为立法者的人民:非洲和英格兰法律渊源中的风俗、习惯和民意》('The people as law-maker: custom, practice, and public opinion as sources of law in Africa and England', *Journal of African Law*, 21, 1 [1977]: 2-5)。

如果功能主义(英语文化地区)和民法传统(欧洲大陆)是这两种思潮的关键因素,那么相形之下其他理论——比如马克思主义和结构主义——看起来就没有引发过形成世界范围的法律人类学思

第一部分 理解他者性：西方的视角

想流派。这一说法虽然是有依据的，但还是需要做出一定限定。马克思主义法律人类学家确实存在过——如格拉克曼，以及一些美国学者，如阿贝尔(R. L. Abel)。这些美国学者把美国社会中存在的"非正式正义"视为统治群体对被统治群体保持控制的手段，并且创造了"双轨制"正义体系的理论。其他一些学者，例如施耐德(F. G. Snyder)和菲兹帕特里克(P. Fitzpatrick)从1975年以来就专门研究经济因素和社会不公，特别是把和资本主义发展伴生的法律涵化的研究结合在了一起。这些都是使用英语的学者，然而那些使用法语的学者如戈德利尔(M. Godelier)、梅亚苏(C. Meillassoux)、泰瑞(E. Terray)自从20世纪60年代后期以来，致力于重新定义马克思主义观念体系，从而将马克思主义运用到传统社会。实际上这些新进化论者的主流已经摒弃了基础结构和上层建筑之间的经典区分——法律被看作生产方式的一个内在组成部分。关于更深的分析，见本达-贝克曼(F. von Benda-Beckmann)关于介绍菲兹帕特里克的贡献的文章，勒鲁瓦和施耐德(E. Le Roy and F. G. Snyder)的《新马克思主义对多元法律制度中民间法的诠释》('Neo-Marxist interpretation of folk-law in pluralist legal systems', *People's Law and State Law,* 同前引，前文第55节，pp. 238-74)；施耐德(F. G. Snyder)的《塞内加尔农村的土地法和经济变迁：迪奥拉担保交易及纠纷》('Land law and economic change in rural Senegal: Diola pledge transactions and disputes', *Social Anthropology and Law,* ed. I. Hamnet, London and New York: Academic Press, ASA, Vol. 14, 1977, pp. 113-57)，《资本主义和法律变化：一种非洲转型》(*Capitalism and Legal Change: An African Transformation,* New York and London: Academic Press, 1981)，《人类学：争议过程和法律》('Anthropology: Dispute Process and Law', 同前引，前文第49节，pp. 157-9)；勒鲁瓦(E. Le

Roy)的《盎格鲁-撒克逊法律人类学和马克斯·格鲁克曼的科学遗产：法国视角》('L'Anthropologie juridique anglo-saxonne et l'heritage scientifique de Max Gluckman: un point de vue français', *African Law Studies*, 17 [1979]: 53-69)；菲兹帕特里克(P. Fitzpatrick)的《在法律人类学中成为马克思主义者容易吗》('Is it simple to be a Marxist in legal anthropology?', *Modern Law Review*, 48 [1985]: 472-85)。

至于结构主义，虽然它可能曾经启发了阿诺德(A.-J. Arnaud)在法律社会学领域创作出一定成果(见阿诺德的《法国民法典结构分析论文：资产阶级和平中的游戏规则》[*Essai d'analyse structrale de Code vivil français: la règle du jeu dans la paix bourgeoise*, Paris: LGDJ, 1973])，但我们很少发现结构主义出现在法律人类学中，也许除了勒鲁瓦和巴黎法律人类学实验室对它的重视(见后文第60节)，以及诺伯特·罗兰的《持久性和不变性：结构、历史、法律》('Persistance et invariances: structure, histoire, droit', *RRJ*, 3 [1985]: 731-71)以外。

我们现在将更为具体地考查属于前面提到的两种主要趋向的各种国家学派。

57. 英语文化传统

大多数用英语创作的研究成果出版于1938年到20世纪60年代中期(其中最重要的是沙佩拉、霍贝尔、格拉克曼、博安南、波斯比西和加里弗的作品)，它们都体现了共同的特征：历史变迁所起的作用是次要的，殖民体制产生的涵化也是如此。但是这些研究中的大部分都和殖民主义属于同一历史时期。为了和功能主义的观点保持一致，这些著作将社会表现为同质的和封闭的单位，其采用的方法论是过程性分析式的。直到最近这些作品对大陆学派几乎没有什么影响，它们仍然继续沿着自己的道路走下去。自从1965年

第一部分　理解他者性：西方的视角

以来我们可能察觉到大陆学派思想和英语语言思想开始走向趋同的发展趋势。在发表于 1965 年的一篇重要文章《法律的人类学研究》('The anthropological study of law', *American Anthropologist*, 67, 6, 2 [1965]: 3-32) 中，纳德尔（L. Nader）坚持主张法律进程并不是脱离于它周围的其他社会进程而孤立存在的，并对以往研究中的侧重"专题性"的风格提出反对。我们现在将要思考这些跨文化主题，以纠纷的解决作为比较的基础——解决纠纷的模式类别是有限的。为了便于进行理论概括和归纳，美国的法律人类学家重新根本性地定位他们自己，他们现在既研究传统社会也研究现代社会。因此阿贝尔曾经在同时思考肯尼亚和美国的冲突解决中做出了非常具有价值的宏观法律社会学研究，见阿贝尔（R. L. Abel）《社会中的诉讼理论："部落"社会中的"现代"纠纷解决制度和作为替代法律方式的"现代"社会中的"部落"制度》('Theories of litigation in society: "modern" dispute institution in "tribal" society and "tribal" institution in "modern" society as alternative legal forms')，载于布兰肯伯格（E. Blankenburg）、克劳萨（E. Klausa）和罗特鲁特纳（H. Rottleuthner）主编的《法律社会学和法律理论年鉴》(*6 Jahrbuch für Rechtssoziologie und Rechtstheorie*, 1979, pp. 165-91) 中的《替代法律形式和替代法律》(*Alternative Rechtsformen und Alternativen zun Recht*)；还有《非西方环境的西方法庭：殖民非洲和新殖民非洲中使用法院的模式》('Western courts in non-western settings: patterns of court use in colonial and neo-colonial Africa', *The Imposition of Law*, ed. S. Burman and B. Harrell-Bond, New York/Toronto: Academic Press, 1970）。这一类研究通常都关注较大规模社会的亚群体，即通常是少数人或穷困人群（特别是美国大城市的边缘群体）以及解决纠纷的非国家（"非正式正义"）程序。大多数类似的研究对冲突过程（纠纷过程）和纠纷解决（纠纷进程）进行了区分；前者是社会科学学者特别的兴趣所在，而后者具有更多结果导向的特点并且已经成为正统法学家和执行社会政策的政府机构占有的领地。在这一时期内法律人类学的教育在美国有所发展，自此十五年之后欧洲都没能赶上。在1973年，31所美国大学和学院设置了这一专业。同样见施耐德（F. G. Snyder）的《人类学：纠纷过程和法律》（'Anthropology: dispute processes and law', 同前引，前文第49节，pp. 141-80）；前面引用的纳德尔（L. Nader）的文章《法律的人类学研究》（'The anthropological study of law'）；纳德尔和扬维森（L. Nader and B. Yngvesson）合著的《法律民族学及其产物》（'On studying the ethnography of law and its consequences', *Handbook of Social and Cultural Anthropology*, 同前引，前文第8节）。巴德（H. W. Baade）的作品《美国的民族法理学和法律人类学》（'Ethnological jurisprudence and legal anthropology in the United States', 这是提交给1978年布达佩斯第十一届国际比较法大会的报告），至今尚未出版发表。

58. 阿达特法学派：荷兰学派在欧洲的领先地位

我们首先从研究印度尼西亚习惯法（阿达特法）的荷兰学派开始对大陆学派的回顾。这些荷兰法学工作者致力创新的干劲和才能，按理说应当能够为他们在欧洲法律人类学中赢得荣耀地位。如果这还没有成为现实的话，那是因为他们的作品大多都还没有被翻译成英文，也是因为大多数法律人类学家，英语的或非英语背景的，对于印度尼西亚这块研究领域并不熟悉（不像非洲那样）。另外，荷兰工作者也经常低估他们自己的国家学派。

范沃伦霍芬（1874—1933）是阿达特法学派的创建者。他拒绝把强制力当作法律标准，并且在1901年创造出了"自治社区"的概念，这种社区能够发展他们自己的法律（村庄、家庭、氏族等）。他

第一部分 理解他者性：西方的视角

比埃尔利希和古尔维奇更早一些时候提出了法律多元的理念。在1937年他提出了法律人类学应当采用那些在思想和言语中体现出来的本土法律观念，这其实也提前二十年预示了格拉克曼-博安南论战。在不止一个场合，范沃伦霍芬扮演了帮助印度尼西亚人的支持者以对付殖民当局，他反对在印度尼西亚推行法律统一（这将会危害传统法）并捍卫习惯法。通常来说，阿达特法学派对习惯法规范的研究方法可以被视为大陆学派的思想。从1900年到1940年，荷兰成为了法律人类学领域中成果产出最多的国家。

在第二次世界大战之后，英语文化背景的学者走到了前面，但是阿达特法学派继续推出其引人注目的代表如霍尔曼和斯丁霍芬（G. Van den Steenhoven），并传承到当前这一代荷兰法律人类学者。这些当代的学者代表人物包括格里菲斯，他是一部极具价值的法律人类学综合著作和法律过程一般理论的作者；冯·本达-贝克曼，一位物权法和苏门答腊社会纠纷解决的专家；范纽瓦尔（E. Van Rouveroy van Nieuwaal）是研究汤加的专家；波伊赛万（J. Boissevan）在马耳他的乡村社会开展田野调查工作；库珀（A. Kuper）对博茨瓦纳的喀拉哈里地区进行研究；以及A·斯特里杰博什（A. Strijbosch）、F·斯特里杰博什（F. strijbosch）、范登伯格，等等。荷兰学派的重要地位也部分地解释了一些法学院系将法律人类学纳入其课程设置中的原因（特别是在内梅亨大学和莱顿大学）；也解释了为什么"文学型"的人类学家从来对法律没有多大兴趣。荷兰学派对法律人类学的发展做出的重要国际贡献还表现在推动了1978年民间法和法律多元委员会的创建（见前文第41和55节），以及《法律多元》(Journal of Legal Pluaralism)，这份法律人类学的主要国际宣传刊物主要是由荷兰学者主持编撰。

比利时虽然版图和荷兰相似，而且也曾是一个重要的殖民国

第一章　法律人类学的发展

家,但在法律人类学的发展中所起的作用却与荷兰大相径庭。对此存在充分的证据,如果田野调查对于法律人类学非常重要,那么它需要依靠法律人类学的教学和研究传统来激励它的发展。直到20世纪20年代,随着殖民主义运动在比属刚果的开始,第一批研究出现了,它们主要是法律学者和传教士开展工作的成果(如罗林[H. Rolin]和胡洛塔特[Hulotaert])。这些研究总体上是描述性质的并且服务于殖民当局的管理需要。稍后一些的学者(如苏耶尔[A. Sohier]和波索兹[E. Possoz])发表出版的研究成果涉及范围更为广泛,但却充满民族中心主义,因为其中主要的观念来自于欧洲的法学传统。一门真正的法律人类学要发展起来,必须像诸如马凌洛(G. Malengreau)、鲍威尔斯(J. Pauwels)、范德林登或别布耶克(D. Biebuyck,民族学家)等法学家的著作所展示的那样。比利时学派因为两个因素而先天不足:首先,这些学者展开科学性研究的时候正赶上殖民统治的终结;另外,比利时的大学(和前比利时殖民地一样)并没有对这一学科表露出兴趣(布鲁塞尔自由大学曾经开设过法律民族学课程,但是最近将其从教学计划中删除了)。

更多关于阿达特学派的细节,可参阅格里菲斯不可或缺的著作《20世纪70年代荷兰的法律人类学》('Anthropology of law in the Netherlands in the 1970s', *Niews-brief voor nederlandstalige rechtssociologen, rechtsantroplogen en rechtspsychologen [NNR]*, 4 [1983]: 132-240),后附有完整的文献目录,这一重要的研究曾以删节形式出版于范豪特(J. Van Houtte)主编的《荷兰语国家的法律社会学和法律人类学》(*Sociology of Law and Legal Anthropology in Dutch-Speaking Countries* [Nijhoff-Dordrecht, 1985], pp. 105-62);并参阅本达-贝克曼和斯特里杰博什(K. von Benda-Beckmann and F. Strijbosch)的《荷兰的法律人类学:法律多元文集》(*Anthropology of*

Law in the Netherlands: Essays in Legal Pluralism, Dordrencht: Foris Publications, 1986)。还有 A. K. 斯特里杰博什和 J. M. 斯特里杰博什(A. K. and J. M. Strijbosch)的《1900—1977年间荷兰法律民族学研究的方法和理论》('Methods and theories of Dutch juridical-ethnological research in the period 1900-1977', *Netherlands Reports to the 10th International Congress of Comparative law*, Kluwer-Deventer, 1978, pp. 1-15);本达-贝克曼(F. von Benda-Beckmann)的《复杂社会的民间财产法的发展:以西苏门答腊米南加保的财产法概览荷兰学术研究》('The development of folk property laws in complex societies: an overview of Dutch scholarship, with special references to the property law of the Minangkabau, West Sumatra', *Netherlands Rports to the 11th International Congress of Comparative Law, Caracas*, Kluwer-Deventer, Law and Tradition Publishers, 1982, pp. 1-18)。关于阿达特学派贡献的总结,有哈尔(B. Ter Haar)的《印度尼西亚阿达特法》(*Adat Law in Indonesia*, New York: Institute of Pacific Relations, 1948)和最近科斯诺(M. Koesnoe)的《印度尼西亚阿达特法介绍》(*Introduction to Indonesian Adat Law*, Nijmegen: Catholic University, 1971),以及在格里菲斯的作品的文献目录中引用的那些著作(见前文)。最后,至于比利时的法律民族学,有范德林登(J. Vanderlinden)的《比利时的法律民族学:从珀斯特到列维-斯特劳斯》('L'Ethnologie juridique en Belgique de Post à Lévi-Strauss', *Rapports belges au Xe Congrès international de droit comparé, Budapest, 1978*, Brussels: Bruylant, 1978, pp. 1-9)。

59. 法国的法律人类学:一个迟到的开发者

我们已经提到过1860年到1880年之间法国在这一学科发展中的缺位,而当时正是法律人类学形成的时期。不幸的是这并不是一曲交响乐的重要篇章启奏之前管弦乐队的短暂寂静。相反，直到20世纪60年代，除了莫斯或列维-布留尔的辉煌成就以外，法兰西依然保持缄默，而且很显然并不了解法律人类学在英语国家或者荷兰的发展。因此这几十年的突出问题就是他们理论上的贫困。法国的法律人类学家继续固守进化论这个落伍的观点；殖民主义法学的拥护者受到应用人类学的影响，在成文法典化的过程中通过收集和抄录习惯法，或者以端坐于部落法庭的方式改造着传统法律。殖民主义带来了一段时间突出的法律民族中心主义：同化的原则分别和对本土法律实践贫乏了解，对整体西方法律和特别是拿破仑法律的推崇结合了起来。民族中心主义是如此的臭名昭著，以至于非法学的民族学家，除了格里奥尔（M. Griaule），都回避了法律的整体问题。法国的法律人类学因此在和其他国家学派的关系上遇到了重大的障碍。只有列维-布留尔(1884—1964)做出了第一步的开拓，后来他的学生完成了他的研究工作。列维-布留尔在法国的大多数法学院系依然没有获得认可。作为一名罗马法学家，他拒绝循规蹈矩，并以意大利法学家彭梵德的理论作为参照，他认为民族学可以澄清早期罗马法中的一些问题，也就是那些文献资料存在分歧的地方。他也相信对所谓"原始"社会的研究将会帮助我们更好地理解自身的社会，因为这些社会中仍然存在着那些起源于古代"前法律"时代的制度。但其实这种求助于进化论的做法使得他的思想在今天过时了。但是在那个以注释性研究为范式的时代，他的开放性态度是相当独特的。在民族学和历史学的理论支持下，列维-布留尔反对将罗马法视为不受时间限制的永恒模式并嵌入历史性体系中。他还将罗马法和其他社会现象联系起来，因而他对罗马法的研究作出了一定的贡献。他还将注意力引向研究传统社会中法律的初创性上，并对这些法律制度的识别作出了贡献。虽然没能影响他那个时代的法

第一部分 理解他者性：西方的视角

学家，他还是在自己的学生当中激发了一定研究兴趣，推动了法律人类学教学在法国的发展，并促进了许多在这一研究领域的成功行动。法国的法律人类学作为一个学科的存在本质上归功于他的学生。这一学科的基础是由穆里耶（Maunier）和拉布莱（Labouret）在两次世界大战之间奠定的。前者是一名法学教授，在巴黎法学院创建了法律民族学教研室（战后由列维-布留尔领导），也是系列丛书《法律社会学和法律民族学研究》（*Études de sociologie et d'ethnologie juridiques*）的发起人。拉布莱是一名法国殖民地总督，在殖民地学校开设了第一个法律民族学正规课程。这一工作被留给列维-布留尔的学生来继续完成。普瓦里耶在法国海外国立学校接过拉布莱的工作，推进了对非洲法律的研究。在1955年，列维-布留尔开设了一门研究传统和当代非洲法律的课程（关于阿拉伯法律的课程已经存在），主要由阿里奥和普瓦里耶二人来教授。1964年，在阿里奥的发起下，在同一所院系内成立了一个非洲经济和法律系。一年以后阿里奥创建了法律人类学实验室，它的首要目的是创作一套关于非洲法律理念的民族性和主题性文本集。这一任务被委任给了一个由维迪埃协调组织的团队。我们也受惠于列维-布留尔、阿里奥和普瓦里耶的成果，因为来自于他们的第一部关于法律民族学问题的全面论述著作出版于1968年，载于《通用民族学》（*Ethnologie générale*，见前文第4节）。

第二次世界大战之后的二十年被证明是有决定性意义的。首先，正是在这一段时期，法律人类学的教学和研究机构在前人奠定的基础上创建了起来，并经过一些修正，使得法国的法律人类学能够一直发展到今天。其次，由于列维-布留尔的学生们的研究兴趣，非洲成为了法国法律人类学的首要关注点（然而，我们应当注意到不管是法学类别还是"文学"类别，法国的法律人类学还涵盖了其

第一章 法律人类学的发展

他领域,如林盖[Lingat]和拉芳[Lafont]研究了穆斯林法;吉亚特[J. Guiart]研究了美拉尼西亚首领制;自从 1976 年以来学者的著作都是围绕传统法律的研究和北极圈居民中的法律涵化展开的)。最后,自从 20 世纪 60 年代以来,法国法律人类学最终和进化论以及之前的民族中心主义偏见决裂了,并且见证了理论和认识论研究方面的显著进展。这一进步的实现不仅是因为以上我们提到的学者的工作成果,而且也有去殖民化运动的原因,因为该运动拯救了曾经委身于西方法律并具有后来消失了的政治霸权特色的法律人类学。(在此背景下我们需要重申,虽然殖民主义为人类学提供了不可替代的研究地域,但也以一种和真正客观研究进路的发展背道而驰的意识形态玷污了它。)

今天,法国的法律人类学被两个研究机构所代表:由阿里奥和勒鲁瓦所领导的巴黎法律人类学实验室(LAJP),以及由维迪埃所领导的法律和文化中心(Droit et Cultures Centre)。关于更多细节,可参阅勒鲁瓦(E. Le Roy)的《人类学方法和法律史》('La Méthode anthropologieque et l'histoire judiciaire', *Droit et Société*)。兰伯特(J. N. Lambert)的《法律民族学家的方法》('La Méthode du juriste ethnologue', *Rapports généraux au Xe Congrés international de droit compare*, Budapest: 1981),相反地阐述了殖民时期是法律人类学的黄金时期,并拒绝它后来的定位。在普瓦里耶(J. Poirier)的《法律民族学》('L'Ethnologie juridique', *Revue de l'enseignement supérieur*, 3 [1965]: 25-37)和《法律民族学的现状与工作方案》('Situation actuelle et programme de travail de l'ethnololgie juridique', *Revue internationale des Sciences sociales*, 22, 3 [1970]: 509-27)中,有一些关于这段时期法国法律人类学发展的补充信息。关于列维-布留尔的地位,见诺伯特·罗兰(N. Rouland)的《列维-布留尔和法律的

未来》('H. Lévy-Bruhl and the future of law', *RRJ*, 2 [1985]: 510-30)。关于法国法律人类学发展的全面总结和归纳,见勒鲁瓦(E. Le Roy)《法国法律人类学现状》('L'état de l'anthropologie juridique française', *BLAJP*, 14 [1988]: 45-54); 以及《法律多元期刊》(*Journal of Legal Pluralism*)1991年的一期特刊是专门关于法国法律人类学的。

60. 巴黎法律人类学实验室

LAJP是一个由二十多个具有不同国籍的研究工作者组成的团队,它的指导性原则完全摒弃和以前时代的联系,它的成员为自己设定的原则是避免关于法律的民族中心主义殖民意识形态影响,因为这些意识形态往往会推崇欧洲的法律传统和同化的政策。他们开展了一项关于涵化的研究,并希望以此解释这一意识形态任何形式的复活。关于发展的法律中经常会体现出这种复活的现象,这些法律直到最近都是建立在热衷欧洲法律的成文法典化方法基础上的,而以本土法律的牺牲为代价。在一个更为理论化的水平上,LAJP曾尝试进一步发展法律的定义和方法论,以作出更精细的跨文化比较,并将现代社会也纳入比较研究的视野。关于法律的定义,阿里奥和勒鲁瓦证明了正统法学家的定义建立在法律的指令上,并将法律表现为和经济、政治或宗教相并列的社会部门。而这没有什么跨文化价值,仅仅对我们自身的社会是有效的。我们将在稍后更为具体地描述LAJP的论点。

LAJP在探索更开放的法律人类学观念中,不仅继续在撒哈拉以南非洲开展研究,同时也将现代法国的法律纳入它的研究范围(例如,关于未成年人的法律和通过非诉讼方式解决纠纷)。

一些LAJP研究人员,特别是勒鲁瓦的研究工作,在探寻形式化和整体观方面显得和结构主义近似(我们知道列维-斯特劳斯曾经学习过法律,但是发现它极其乏味)。它们看起来具有一些共同基

第一章 法律人类学的发展

础。在勒鲁瓦看来，法律更多的是一套交流体系而非解决纠纷的渠道（维迪埃把复仇作为一种对立群体之间的交换形式进行了分析，其中就包含有这一思想元素），并可以和语言作比较。因为语言的语法，也就是组织原则和表达模式，可能比话语本身更为重要。通过这一方法，在参照体系的帮助下，可以运用一种足够一般化的比较方法论来考查每一种被观察的制度的具体特征。模型方法（见后文第145节）也是结构主义的，它能够帮助建构起一个模式，以适用于超出它原先设想的运用范围以外的体系。但是勒鲁瓦的系统性研究进路具有不一样的性质，他的研究比列维-斯特劳斯更加重视历时性因素。勒鲁瓦甚至提出不能使用一个单一的模式来描述传统和现代社会的运行。工业革命和现代资本主义国家在人类历史中造成了一条断层线（这并不意味着，就如我们所了解的，结合性分析方法就不能再用了）。我们会注意到即使是列维-斯特劳斯，在他后期的作品和阐述中，也对历时性和历史给予了更多重视。某些评论家，特别参阅杰克逊（B. S. Jackson）的《走向一种法律的结构主义理论》（'Towards a structuralist theory of law', *Liverpool Law Review*, 2 [1980]; 5-30），甚至区别出两种结构主义，一种是严密的，另外一种更加灵活（社会性偶然的、容易受历史变化影响的、非普适的结构是可能存在的）。我们因此可以总结说：是什么把勒鲁瓦的著作和列维-斯特劳斯的著作区分开的并不重要，重要的是什么把它们联合在一起。但是，LAJP的著作并不能完全反映出勒鲁瓦的全部学术关注。因此强调法律体系的多样性的阿里奥被传统社会的价值体系所震撼，他认为该价值体系比现代社会的价值体系蕴含了更多的责任。他相信那是对传统社会中可能存在的法律基础结构的精致表现，而这只会导致建构越来越弱化的模式。这种建构过程也许反映了人类精神的运行方式，但是却会出现很大偏差，并不符合人类精

第一部分　理解他者性：西方的视角

神运行的实际结果，而其结果在不同社会应当是变化不定的。"深层结构的真实情况对于理解特定的法律体系并没有多大用处，就和通过了解钢铁的属性来理解汽车、手表或者机械工具的工作原理差不多。"阿里奥同意其他一些对于列维-斯特劳斯的评价，例如戈德里埃（M. Godelier）就认为列维-斯特劳斯关于神话和亲属关系纽带的研究和社会现实的联系不够紧密，并没有揭示它们在由特定群体和个人实施的社会控制中的作用。关于 LAJP 研究成果的整体概述可参阅勒鲁瓦（E. Le Roy）的《对非洲法律的人类学解释的反思：法律人类学实验室》（'Réflections sur une interpretation anthropologique du droit africain: le Laboratoire d'anthropologie juridique', *Revue juridique et polotique, Indépendance et cooperation*, 26, 3 [1972]: 427-48）；另外关于 LAJP 对于法律定义和法律人类学方法论的贡献的总结归纳，见 LAJP 1977—1981 年的《活动报告》（'Rapport d'activité [1977-1981] du LAJP', doc. Unpublilshed, Paris: LAJP, 1981, 89 pp.）。关于列维-斯特劳斯的结构主义和 LAJP 的关系，参阅勒鲁瓦（E. Le Roy）的《为了法律的人类学》（'Pour une anthropologie du droit', *Revue interdiscipllinaire d'études juridique*, 1 [1978]: 94-100）；诺伯特·罗兰（N. Rouland）的《持久性和不变性：结构、历史、法律》（'Persistances et invariances: structure, histoire, droit', *RRJ*, 3 [1985]: 731-71）；内格里（Negri）的《罗马地区的法学家》（*Il Giurista dell'area romanistica*, 同前引，前文第 43 节, pp. 138-40）。

61. 维迪埃的著作和法律与文化研究中心

雷蒙德·维迪埃（Raymond Verdier）是一名泛非主义者，他在帮助创建 LAJP 和完成编辑非洲法律文本集的项目工作之后，于 1977 年在巴黎第十大学创建了法律与文化研究中心，集结了一批法律历史学家和法律人类学家在其中共同工作。他也开办了法国的唯一一份关于法律人类学的期刊《法律与文化》(*Droit et Cultures*)。最后,他主编了一部关于纠纷解决和复仇的非常有价值的著作,运用包括了人类学、罗马法、法律史和主要哲学思潮在内的视角考查了这一主题(*La Vengeance*, ed. R. Verdier, Paris: Cujas, 4 vols, 1981 to 1984)。更近一些时候他主编了另外一部关于非洲物权制度的作品《城市和乡村的土地制度》(*Systèmes fonciers à la ville et au village*, ed. R. Verdier and A. Rochegude, Paris: Harmattan, 1986, 296 pp.);由诺伯特·罗兰归纳总结于《法律与文化》(*DC*, 14 [1987]: 157-9)。法律与文化研究中心有十五名研究人员,其中包括了库尔图瓦(G. Courtois)、波利(J.-P. Poly)、阿西尔–安德烈(L. Assier-Andrier)和莫塔,他们最近正在着手另外一部著作《誓约》(*Le Serment*)。维迪埃也曾经参与好几项重要的研究项目,他发表了许多高质量作品从而开拓了法国法律人类学的视野和旨趣。这一成果自然是以某种特别的法律观念为支撑的。

直到20世纪70年代早期,维迪埃的著作还不能和英语国家的学术传统广泛地联系起来。后来,他被民法传统所影响,逐渐了解了人类学研究和古代法律之间的联系,这有助于解释他所投身其中的研究体现出明显的综合学科性质。然而,他关于法律的理念还是反映了英语文化的传统:法律主要是通过大量的现象表现出来,而非仅仅由观念表现出来,尽管这些观念将法律定位于塑造法律的文化社会背景中(因此和其他LAJP研究人员相比,这毫无疑问并没有表现出很多对认识论和纯理论的显著兴趣)。维迪埃在其著作《复仇》(*La Vengeance*)中描述了报复制度,并认为法律是"是一套价值的交流和交换体系,它将象征关系建立在属于同一政治单位的个体之间和群体之间,或者属于一个更大实体的不同单位之间"。最后,维迪埃将法律和神话进行比较(它们都是规范性陈述的表达,并通

第一部分　理解他者性：西方的视角

过超常的权威被叙述出来），还将习惯和仪式进行比较（二者都由事件和行为构成，而非书面的或口头的话语，因为人们对其永恒特性和反复特性的信奉而得以合法化）；参见他的文章《法律人类学的第一方向》（R. Verdier, 'Première orientations pour une anthropologie du droit', *Droit et Cultures*, 1 [1981]: 8-9）。

因此 LAJP 和维迪埃的思想不是相互对抗的，他们关于法律的定义也不是相互排斥的。然而，他们的各自的认识却是形成反差的；维迪埃进路是多学科性质的，LAJP 则是以非洲法律和阿里奥所偏好的对不同种类社会（不论是传统的或现代的）的整体对比为中心的。如果法律人类学家要想被传统法学家所接受，这就是非常重要的。法律人类学不能把自身局限于对"异文化"社会的法律的研究。而且，维迪埃更为经典的研究方法包含了对不同社会中法律现象的描述，而 LAJP 的成员们更钟爱对方法论工具的精雕细琢、认识论问题和理论模型的构建（这一进路的抽象水平给入门者造成了障碍）。最后，和 LAJP 的著作成果并不理想的传播情况相比，维迪埃经采取行动以保证更多的专业读者能够有机会通过他们的定期出版物分享其研究成果。这是对于我们这个学科第一重要的事情。关于雷蒙德·维迪埃作品的更多细节，参阅莫塔（R. Motta）的《法律人类学的路径（二）：雷蒙德·维迪埃在 19 世纪 80 年代的研究》（'I percorsi dell'antropoligia giuridica (II): gli studi di Raymond Verdier, negli anni' 80', *Materiali per una storia della cultrra giuridica*, 13, 1 [1983]: 283-96）；以及同样是来自莫塔（R. Motta）的《原始法学理论》（*Teorie del diritto primitive*, 同前引，前文第 43 节，pp. 183-7）。

62. 其他欧洲国家

意大利人所作的最好的研究出现在殖民扩张时期，如切鲁里、斯卡帕（Scarpa）和科鲁奇在 1915 年和 1927 年间关于索马里和埃塞俄比亚的作品。相反地，意大利的法律民族学事实上随着意大利殖民主义的终结而枯竭。但是，年轻一辈研究人员如内格里和莫塔的成果还是引人注目的（见前文第43节），他们专门研究了人类学思想的发展。都灵和米兰的一些法律院系和政治学院系里也教授过这门专业（参见内格里[Negri]的《法律民族学家的方法》['La Méthod du jurist ethnologue', *Rapports nationaux Italiens au Xe Congrès international de droit compré, Budapest, 1978* [Milan, Giuffrè, 1978], pp. 37-62]）。

在德国，我们曾经提到过（前文第19节）19世纪晚期的学者们对于法律人类学诞生的重要意义，其中涂恩瓦（1869—1954）扮演了一个特殊的角色。在目前，德国的法律人类学家主要关心哲学问题，总的来说，这门学科并不被看重。当我们考虑到这门学科得归功于19世纪晚期和20世纪早期那些学者时，这尤其令人感到惋惜。更多细节见肖特（R. Schott）的"德国民族学法理学和法律人类学的主要趋势"（'Main trends in German ethnological jurisprudence and legal anthropology', *JLP*, 20 [1982]: 37-68）。

最后，罗马尼亚的法律民族学自从第二次世界大战结束后，就因其政府并不关心习惯的收集而受到阻碍，于是将其注意力完全地转向罗马法律传统研究（见武尔卡内斯库[R. Vulcanescu]的《法律民族学》[*Etnologie Juridica*, Bucharest, 1970]；乔治斯科[V. A. Georegesco]的《罗马尼亚法律民族学家的方法》['La Méthode du juriste ethnologue en Roumainie', *Revue roumaine des science sociales*, 22, 1 [1978]: 191-207]）。

63. 法律人类学的当前态势

当前的态势可用四个因素来估量：研究人员的数量和他们的来源、每一个国家的具体情况、主要思想理论流派、法律人类学以及

第一部分 理解他者性：西方的视角

法律人类学和人类学目前趋势的关系。

在研究人员的数量和来源上，我们不可能对世界范围内的法律人类学家的数目做一个精确的统计，因为他们并没有建立起一个具有良好组织的共同体。我们可以民间法和法律多元委员会的成员情况为基础做一个近似的统计，因为这是该学科主要的国际机构。这么做的价值和意义有限，因为不是所有的研究者都是该组织成员。同时，最重要的是，这种数量上的评估并没有将具体研究者或国家的学术成果的质量加以考虑，而质量并不作为数量的函数而相应变化。在交代了以上前提之后，1987 年 253 个成员的地理分布如下所示：

地区	国家和地区		总数
北美洲	加拿大	61	
	美国	44	105
大洋洲	澳大利亚	19	19
	新西兰	7	7
欧洲	荷兰	26	
	奥地利	2	
	德国	8	
	波兰	2	
	联合王国	8	
	芬兰	1	
	比利时	5	
	匈牙利	1	
	法国	5	
	葡萄牙	1	
	丹麦	3	
	瑞士	1	
	意大利	3	66

第一章 法律人类学的发展

续

地区	国家和地区		总数
非洲	坦桑尼亚	14	
	博茨瓦纳	1	
	加纳	3	
	埃塞俄比亚	1	
	马拉维	2	
	尼日尔	1	
	苏丹	2	
	尼日利亚	1	
	塞内加尔	1	
	南非	1	
	赞比亚	1	28
中南美洲	巴西	3	
	波多黎各	1	
	委内瑞拉	1	5
近东、中东和远东	印度尼西亚	8	
	以色列	2	
	印度	3	
	日本	3	
	中国香港	1	
	菲律宾	3	
	马来西亚	1	
	埃及	1	22
新几内亚	新几内亚	1	1

从中可以总结出好几点结论来。英语国家在数量上的优势，特别是美国和加拿大，无疑反映了它们对这个学科悠久且浓厚的兴趣。欧洲的整体数量虽然较小，但却不容忽视，而且其研究者分布广泛。97 荷兰学派的重要性非常突出，这受益于它们长久的法律人类学传统。

第一部分 理解他者性:西方的视角

最后,发展中国家(非洲占据其中大部分)的总数堪与欧洲一比,但还是有必要做出一定限定。首先,分布状况只是其中一个因素;其次,研究人员并不一定得到了充分的体制支持和地方支持;最后,我们只能公开地哀叹,许多新近独立的国家大体上都比较漠视社会科学的发展(因为社会科学的批判性并不总是会受到欢迎的),尤其是人类学。后者被看作是"殖民者"的学科,也是一门危险的学科,因为它强调传统法,而传统法律是被认为会妨碍发展和统一。

关于每一个国家的具体情况(我们将考查其中主要的那些国家):美国是除了加拿大之外拥有最多研究者的国家。法律人类学的教学在美国得到了很好开展,在1981年有六十所人类学系和法学院开设了这门课程(是十年前的两倍)。虽然人类学家和法学家更加紧密地在一起工作,最近还是出现这么一种发展趋势,即法学家往往把人类学视为不相干的知识,并根据自己的专业训练来看待他们自己的学科而非将其视为一门科学。纳德尔(伯克利大学)和阿贝尔(加利福尼亚大学洛杉矶分校)曾经努力培育法律人类学的发展和将其方法运用到现代社会中,并提出了"非正式正义"的概念。美国学者还表现出对于法律多元的极大兴趣,并促成了对规范性/过程性争论的理论综合。最后,我们应当注意到在美国——无疑加拿大也是如此——存在着较大规模的和组织有序的少数族群,而且他们的权利得到社会的尊重。这些都有利于法律人类学家的研究,并且为致力于帮助土著居民维护权利的法律工作者提供了用武之地。关于更多细节请参阅特别一期的《美国行为科学家》(*American Behavioral Scientist*, 25, 1 [1981])有专门关于目前法律人类学在美国的发展趋势的内容;也可参阅施耐德(F. G. Snyder)的《人类学:纠纷过程与法律》('Anthropology: Dispute Processes and Law', 同前引,前文第49节, pp. 149-59)。

第一章　法律人类学的发展

我们可能会注意到在法国法律人类学家曾经在最近十年的地位比以往更为突出——而在20世纪70年代中期它曾被完全忽视。许多来自其他领域的法律学者对其发展表示出了兴趣，好奇地想知道法律人类学家能否对他们有所用益。这一兴趣产生的背景正好是法律理论研究的长时间衰落。衰落局面可归结为好几个因素，首先，正如阿蒂亚斯（C. Atias）曾经在《法律认识论》（*Epistémologie juridique*, 同前引，前文第12节）中阐述的，法学家越来越陷于对正式法律指令的改造中，法学研究大多关注实际应用；其次，从社会学角度看，法学家们传统上是从上层的资产阶级中补充来的，而现在来自中产阶级，于是其文化水平相应地有所下跌。我们还可以补充一点，即法律教学被和其他社会科学割裂开来。在帝国统治下，出自注释学派（有些人怀疑注释学派是否存在，见雷米［R. Rémy］的《注释学派》［'Eloge de l'Exégèse', *Droits*, 1 (1985): 115-123 ］）的帝国法律往往将法和官方法律混为一谈。而且直到19世纪末，诸如狄骥（Duguit）、欧里乌（Hauriou）和泽尼（Geny）等杰出的学者都呼吁对法律的分析应包含社会经济学的考量。后来，1954年的法律教学改革反对了保守派（他们偏好孤立地传授法律课程）和现代主义者（他们将法律和社会科学结合在一起）。总体而言，传统的学科依然保持其地位，而"现代化"主要存在于使教学适应新技术和社会的专业需要的方面。关于显示这种不易察觉的"现代化保守主义"的证据，我们可以从法律史学的衰落中发现到，也会在比较法和法律哲学所处的次要地位中，以及在对法律人类学的整体漠视中发现。1968年关于大学独立地位的法律为法学和社会科学的紧密结合提供了机会。然而，在大多地方，那些老式院系的骨架在新的法国大学系统的外表包裹下重新出现了。关于19世纪以来的法律教学发展，见阿诺德（A.-J. Arnaud）的《面对社会的律师》（*Les*

第一部分 理解他者性：西方的视角

Juristes face à la société, Paris: PUF, 1975, 228 pp.)；和更近一些的加蒂-蒙坦(J. Gatti-Montain)的《法国的法律教育体系》(*Le Système d'enseignement du droit en France*, Lyon: Presses universitaires de Lyon, 1987, 312 pp.)。当前还是有了一些变化：法学家们发现难以应对法律应用中发生的变化，感觉到急需跳出局外，并用更具批判性的法律理论来自我总结和反省(这可以见法哲学和认识论最近的理论进展，以及诸如阿蒂亚斯等法学家的研究成果)；另外，我们相信自己正在遭受的这一"危机"(更多是文化的而非经济的)也激励了一种质问的态度；最后，有一种变得越来越明显的情况，正如莫兰(E. Morin)注意到的，我们生活在一个范式变化的时代，它激励我们去寻找至今为止都被认为相互隔绝的思想领域之间的联系。见莫兰的《有良知的科学》(Science avec conscience)(这是一个讲座和项目，载于 *Science et conscience de la complexité*, Aix en Provence: Librairie de l'Université, 1984, 44 pp.)。从这一点看，由于法律人类学激励和推动了法律体系(包括传统的和现代的法律体系)之间的跨文化比较，所以可以理所当然地被定位于这一新的范式中。但是，即使目前的发展是顺利的，奋斗还没有结束。首先，这一学科目前只有少数研究人员在工作(大约十名全职的和十五名"临时的")，尽管他们所做出的成果依然非常引人注目，但是他们还不能够作为一个施压集团对其他学科发挥足够的杠杆效应。法律人类学突然变得缺乏资助了，而该学科的国际性、田野调查工作的重要性和出版的绝对必要性都要求可观的资金投入。另外，自从1977年以来，社会科学的研究已经由合同方式资助，这相应地减少了固定的资助，而固定资助是对这门年轻的学科必不可少的支持，因为它需要将过去二十年的智力投入转化为现实成果并进行传播。另外，和北美洲的情况相反的是，法国的私有部门和公有部门之间并不互相交

第一章 法律人类学的发展

流。私有部门不会聘请人类学家,而更愿意通过准公共团体选择分包合同。关于这些问题,见勒鲁瓦(E. Le Roy)的《人类学与社会需求:与一家好公司的对话》('L'Anthropologie et la demande sociale: dialogue avec une firme de bonne compagnie', *Anthropologie et Société*, Montreal)。最后,也许是最重要的一点,我们没有多少学生学习法律人类学专业(见前文第 11 节),而且这一问题表现出来的症候就是它也不是法律职业准入选拔考试的一个科目。但是有个法则是众所周知的:"一门学科如果不能被很好地传授的话,它将会死于幼稚的无序或其他老资格学科的攻击。"法律人类学的命运无疑将由其产出的成果来决定——倘若它能有所收成的话。

在荷兰这一学科受惠于一个悠久的传统。在 20 世纪 70 年代,法律人类学课程在一定范围内铺开。目前有八所大学开设这个学科专业(主要是由斯特里杰博什、格里菲斯、本达-贝克曼、斯瑞纳[A. Shreiner]、巴伦德[E. Baerend]、奥图[J. M. Otto]和纽瓦勒[E. Van Roureroy van Nieuvaal]等人教授)。该学科在法律院系受到高度重视,因为它的倡导者都是法学家而不是非专业人士。这一学科也得益于法律社会学和法律人类学的交融(格里菲斯甚至预言这两门学科将在 20 世纪 90 年代合为一体),因为人类学比社会学研究产出了更多的成果。最后,荷兰法律人类学继续在印度尼西亚和非洲的很多地区积极地开展研究工作。他们发表的成果在国际范围内获得了很高的声望。莫非法律人类学的乐土是在荷兰吗? 100

在英国形势就不那么乐观了。正统的法学家没有表露出任何对于法律人类学的兴趣,即使他们承认法律不能被狭义地理解为国家法。主要的法律人类学家有华威大学的施耐德、伦敦政治经济学院的罗伯茨在和肯特大学的菲兹帕特里克,他们都相对孤立地开展研究工作。他们的研究基本上更多地关注涵化和发展、非国家形式的

第一部分 理解他者性：西方的视角

正义，而较少关注传统法律。

总而言之，法律人类学的状况在不同国家有所差异，在北美和荷兰发展得最好。其发展状况还是表现出好几个整体特征。

至于主要思想理论流派的地理分布，欧陆国家和英语国家之间的区分显得不那么重要。但是，英语为母语的学者仍然偏爱专著和研究纠纷的解决，而法国学者（特别是 LAJP 的研究人员）更愿意追求通用性解释，并把法律人类学视为"元科学"。德国似乎处于中间地带，在珀斯特和科勒的时代，研究者们也曾追随体系性的主题，后来因为进化论的崩溃而将其摒弃。

关于法律的定义，特别是在法国，曾经有过强调重点上的变化。LAJP 的研究者们并不关心找出一个普适的定义，而更在乎提出合适的质疑。他们的理论出发点是法律的边界在所有社会都是摇摆不定的，它是由那些对于社会的存续至关重要的话语、实践和信仰等变量所决定的，同时这些话语、实践和信仰受到"司法化"或成文法典化的保护。

就主题而言，我们会面对两种主要的探索路线。在第一种路线中，所有考查都是通过法律多元的视角来进行的，并同时以传统社会和现代社会为对象，基于国家的法律的作用被加以限制；第二种路线表现出对历时性因素的特别兴趣，这是对功能主义忽视历时性因素的作用的反应，因此历史变迁的作用受到重视，法律涵化成为了一个被广为接受的主题。

至于所研究社会的范围，去殖民化和涵化推动了关注焦点向现代社会的转移。如果因此导致了对差异和"他者性"的重新定义的话，这对该学科的未来发展是最为重要的。如果重新定义的结果是和最初愿望符合的话，这一新方向将使得本学科赢得传统法学家的认同和信赖。另外，这一新前景是和人类学研究的目标是一致的，

第一章 法律人类学的发展

即通过研究所有社会建立一门关于人类的科学。

最后从全局看,我们可以看到法律人类学的两条发展之路,虽然不是矛盾对立的,却提出了一些特别的问题。

一条道路就是追随当前英语文化背景的研究者中的思潮趋势。学术研究兴趣首先在于"活法",在这种法律表现中,法律可能会也可能不会和国家体制有联系,只有在尽可能多的社会中观察法律并遵循法律多元的原则。

另外一条道路则是遵循法国模式,它是由"法学"研究项目创造的一种新科学,试图将法和法律区别开来,列维-布留尔就很青睐这种方式,见勒鲁瓦(E. Le Roy)的《法学和人类学:对未来的赌注》('Jurististique et anthropologie: un pari sur l'avenir', *BLAJP*, 6 [1983]: 119-43)。法律人类学(尽管是)在不同的体系内延续了19世纪的学者们的研究工作,试图通过系统的跨文化比较去发现支配社会运行的法律。于是运用了从系统性的进路衍生出来的方法,而列维-斯特劳斯的结构主义则是必不可少的。本书作者倾向于后一种进路,因为它概括性的理念显得和人类学的理想更为接近。但是我们不能掩盖一个事实,考虑到所要研究的问题和将要使用的方法论的复杂性,这一进路是最难以实现成果的。而第一种进路的特性能够提供更有可能实现的和快捷的成果。当然最糟糕的态度是赞同其中一种进路而排斥另外一种。

细想一下,人类学如果衰败了并不会对任何人有利:当然不会对法律人类学家有利;也不会对正统的法学家有利(我们的学科不是对抗传统法学家的,而是推动他们去探寻另外的视野,这样他们能够更好地理解自身的法律制度);最后也不会对社会和文化人类学的专家们有利,尽管他们很久以来都无视法律现象,而这些现象对于社会非常之重要,并能帮助我们理解社会的运行。

第一部分 理解他者性：西方的视角

　　作为学习者可能会因为法律人类学理论的多样性而心烦意乱，但我们还是应当领悟到对于问题的认识多元性和提供问题答案的方法多元性，并不意味着观点就是最本原和终极的，即使多元性在论证中表现出更多的连贯性。相反我们面对的情况是：科学在不断地进步，每一种理论只能部分地阐明事实。自从这一学科产生，它所提供的问题和回答中便展现了不可争辩的进步。我们对于一致性的担心多于多样性。只有成文法才自称拥有终局决定权。

第二章　法律人类学的范围

> 如果，以前曾经做过测量……而法官现在不能清楚地确定（土地的）界限，那么可以允许他用判决来解决这个问题。
>
> ——《学术汇纂》
>
> (*Digest*, 10, 1, Finium regundorun, 2, 1)

有一些概念在日常生活中是容易解释的，但当我们对其进行智识上的探询时，它的意思突然变得难以捉摸。法律是这么一个恰当的例子。虽然我们可以给法律一个简单化的定义，但它却经常成功地反抗了人们非常认真地想去擒获它的努力，从我们想要控制它的地方逃脱。我们的努力被如此轻易地挫败，这和我们加诸法律的严格性形成对比反差。我们应当承认法律不像化学或医学那么好界定，不管它的表象如何。它所属于的那个精妙范畴被"美丽""仁慈"或"神圣"等这样一些非实质的存在所占据。界定法律也就意味着对世界和人类、权力和社会所持有的一种看法，幸好我们可以自由地在好几种不同的诠释中选择一种。这也是为什么我们不用许下一个不能坚守的承诺，也就是说不用给予法律一个简单而单一的定义。然而，由于讨论一个学科却不展现它的性质是很说不过去的，我们应当就像乌尔比安（Ulpian）法官那样，标示出它的范围来。这一范围是设定在人类学的疆域中的。换句话说我们打算把推测性的探索路线放在一边，专门关注被多种多样的人类社会曾经体验过的法律行为，并尝试解释一种跨文化的进路怎么能够为我们提供关于法律的思想，同时相信解除了加诸法律上的约制，我们可以能够更好的评估法律的作用。

64. 法律民族志、法律民族学和法律人类学

幸运的是"法律人类学"中的"人类学"这个词语是容易理解的，特别当把它的另外两个紧密联系的概念——民族志和民族学——相提并论的话。这三个概念最先出现于1800年左右，[1]并且成为了将人类自身当作科学研究对象的运动中的一部分。在目前它们代表了理解法律的三个阶段。法律民族志是对涉及某个特定社会中的三个话语领域——行为、价值体系和信仰的法律特性的证据收集和描述。[2]法律民族学关注这三个领域之间的相互关系，和它们对于社会整体运行的合力效应。法律人类学则做出最终的综合，通过比较所有可以观察到的社会的法律制度，力图在法律领域内实现对人类社会的一般分类。在实践中，研究者很少把自己局限在第一个领域（行为），但是从事第三个领域（信仰）的研究需要大量的经验，所以研究活动大都以第二个领域（价值体系）为中心。但是在这里我们关心的是普遍化的程度，而非法律的定义。我们的第一个目标是将法律放在一个历时性的背景下。第二个目标，也是最复杂的，涉及它的一致性和轮廓。第三个目标是简洁地描述最适合于法律的跨文化观念的法律进路。后文有一个篇章将对这些进路进行逐一阐述。

一、法律的时间维度

历史变迁是否决定了法律的存在？它是否能根本改变法律的性质？这两个问题引出了更深一步的问题：是否可能确定法律出现的时间（假设这是一个有用的探索方向），以及产生于工业革命的现代

社会是否在人类社会中的法律历史中造成了一条主要的断层线？

（一）法律的强化

法律随着社会存在的开始形成而显露出来，而社会存在形成过程的起源可能是无法被揭示的。尽管我们努力地去精准确定法律产生或形成的时间是徒劳的，但是另一方面我们可以大致了解它的强化过程。处于复杂性不断增长的阵痛中的社会机体受到某些规范和行为的支配，法律的强化就发生在社会力图更明确地界定这些规范和行为的背景下。因为，尽管可以合情合理地总结说法律范畴是一直存在着的，但是法律曾经穿越了人类历史过程中的许多时空情景（要是我们将法律的强化局限于简单的历时性的话，我们会掉入单线分段进化论的陷阱）。依据有关法律历史的多种理论所提供的线索，我们回溯历史便可以观察到这一演变历程。

65. 法律在历史中的发展

要确定法律强化的时间，第一步就必须破译和解读法律在西方城邦国家形成过程中的来龙去脉，在这里古罗马的概念"法"（*ius*，它源自印欧语系的 *yous*）无可避免地和实施于社会中的强制概念"命令"（*iubere*）结合在一起。就如梅纳热曾经阐述过的，法律的权威同样明显地存在于习惯和法律中，它并不一定在国家出现的那个阶段才形成。事实上在民主制的雅典，立法权威和司法权威事实上都存在于大众制度当中，而非国家官僚制度中。然而这是一个例外，在大多数情况中法律是由统治集团控制的。法律的发展因此是和不断增长的复杂性和社会分层联系在一起的。城邦国家的出现对法律有刺激作用。这可以在三个阶段的累积效应中得到解释：人口密度的增长导致了手工业和商业活动共同发展起来；经济地位的悬殊加剧和多样化导致了社会分层程度的显著增长；经济发展导致了各个地区人口广泛地增长。这在最后导致形成了更大规模和更为分化的社会，从而需要更为精细复杂的法律制度来满足统治集团不断增长的需求，和个人及群体之间的冲突原因和冲突水平快速增长的需要。梅纳热强调了法律的形成应当和这些过程联系在一起。*lex*（拉丁语"法"）这个概念衍生出了 *legere*（拉丁语"选择"）这个概念，即拥有权威实施立法和司法权力的那个人的选择。这就被确定为控制复杂型社会的一种方式。因而法官和立法者中的专业化成为现代社会的重要特性。

但是，从时间序列看城市的出现是否就意味着法律的出现呢？就我们对史前社会的了解而言，显然是和这一说法是相矛盾的。

66. 法律在史前社会的强化

我们越往过去回溯，情况变得越不清晰。由于资料的缺乏，我们不得不更多地依赖考古学的证据。但是有一个事实显露了出来：当社会进入被我们称为史前时期的那个阶段时，大多数我们描述为法律的制度都已经被确立了起来——联姻制度、资源的管理、特定群体或个人范围内的物品流转和物品所有权的权利分配。因此法律具有一段前历史时期，我们就此可以形成很多假设。

第一个假设是关于一个很早的时期，与新石器时代的不断增长的社会复杂性相关联（大约九千年以前，但是此种复杂性在不同的地区有显著的时间年代差异）。在这一时期因为定居栖息和农业发展推进了生产能力上的增长；人类社会机体变得更大型化，社会分化程度更高。从总体上说，社会分化就如同考古发现的墓葬物品反映的那样，突出了军事首领的地位，他的死亡可能会伴随着他人的殉葬（就如在他们的墓葬附近发现的人类遗骸所证实的那样）。也体现出了小型神权政治王国的出现和较大规模国家的雏形。非洲和希腊尽管是以不同的步伐，都走过了这一演变过程，在此过程中法律

第二章 法律人类学的范围

继续发展并变得更为专门化。

同时,根据一项关于史前狩猎和采集社会长达十年的研究成果,我们可以将社会和法律制度的复杂性增长时间确定在更早的时间点上。[3]

直到最近,人们都认为这些社会是小型的游牧者群体。这一观点来自于对史前狩猎采集者形态和现代的狩猎采集者形态的比较,我们具有关于他们的民族志数据,而他们事实上也体现了这些特征。当今的狩猎采集者形态不一定就是他们的史前祖先的完全翻版。在土地肥沃的区域,史前的狩猎采集形态已经被农耕方式所取代了;在自然条件严苛的地方他们适应了当地的环境。狩猎采集者形态第一次出现在民族志纪录中就是在这一阶段。换句话说,史前的狩猎采集者可能也曾经有过复杂性增长和法律发展的过程,而人们到目前为止只是将这一过程和发生了新石器"革命"的社会联系在一起了。过去二十年在北美洲、欧洲和澳大利亚开展的考古研究取得的成果至少证实了上述论断。

如果就像我们一直以来习以为常的做法那样,继续把社会复杂性界定为组成社会的群体在数目的增加和它们的分化程度及专门化程度的发展,那么显然这些进程肯定是在旧石器时代后期初期(大约距今四万年前)就发生在许多地方的。我们曾经将其和西方城市的形成联系起来的三个累积性因素显然也产生于这一时期。

第一,人口流动程度有了一定的降低。这意味着定居栖息的开始,既可能是环境因素导致的,也可能是不愿意或不可能和邻近群体形成融合造成的。

第二,人口数量的增长。我们至今还是不知道这是否是由外在因素(气候变化、外部影响)引起的,或是内在因素(由于社会群体之间的日益激化的竞争引起社会关系的变化,从而导致了人口的增长和扩张)。

第三,可利用的资源范围的扩大。这主要是人口增长的一个结果,在任何人口密度增长的地方都是至关重要的。

这三个因素的影响导致了明显的社会分化和政治分化程度的增加。首先,人口的增长导致了社会群体之间更为明确的分工;其次,对墓葬物品的考古证实某些人是决策者,他们享有更大的权威;最后,也是最重要的一点,复杂性的增长本身导致了纠纷数量的增加,也带来了通过一个制度性标准解决纠纷的相应需要。在这里我们察觉到了法律的存在(无论是规范的形式,或者更可能是过程的形式)。实际上,这些社会既要比之前的社会规模更大,也具有更高的流动性,从而导致了更大的紧张(事实上并没有发现什么考古学证据反映在此时期之前的战斗),因为冲突的解决不能够依靠裂变(亚群体的地理性分散)、回避(卷入纠纷的当事方相互断绝关系)、迁徙(由现代狩猎采集者实际运用的最常见解决办法,他们没有经历这一复杂性的增长过程)。而且,由于这些社会体现出更多的分化和较少的平等主义,社会内部就产生了更多的冲突因素。这催生了寻找制度化途径解决冲突的需要,因此法律的产生迈出了更进一步。

然而,即使我们回溯到几千年前的新石器时代,我们也依然很关心相对较近的时期,它关系到过去几百万年的人类历史的跨度,这一浩瀚的历程也反衬了我们知识的有限程度。但是当我们审视的是人类时间标尺的另外一端的——现代社会的视野时,我们会感到自己站在更为踏实的立场上。

(二)现代视野

现代的视野是否意味着法律人类学的分界点?换句话说,法律人类学是否就应当像它直到最近都还在做的那样把自己局限于"异文化"社会和传统社会的研究上,而把现代社会留给法律社会学?回答这一问题的其中一条途径就是考查现代社会和传统社会之间的区别。

67. 传统社会和现代社会之间的对比

历时性的连续体虽然不是完全欠妥的,但它也不过是提供了一种近似值,以至于单线分段进化论不再是一个站得住脚的立场。现代社会不一定就是最新近的社会:奥古斯丁时的罗马是城市化的、集权化的和以国家为基础的,而且使用货币;至少在城镇中,家庭结构和核心家庭模式类似,而非扩大家庭模式,尽管这是在封建社会出现之前九个世纪,而封建社会的特征恰恰相反。因此我们应当集中关注涉及结构的标准和相伴随的价值观及信仰体系。在这么做之前还需要明确三点。

首先,我们面对的不是传统社会和现代社会之间的明晰区分,而是一个宽广的谱系,其中包含了许多中间形态。一些"异文化"社会同样拥有法律,权力集中在某一个人,但是这些社会和西方工业化社会的共同之处很少。其次,地理分布因素并不比时间因素更具有决定性作用。存在于非洲的帝国和属于西方封建主义时期的帝国,都表现出和人类学家所研究的社会对应的特征。最后,我们应当避免用"复杂性"这个概念的日常含义来解释它。一个具有较低复杂性的社会,即较低的分化和专门化,并不意味着它就比那些具有相对发达的政治分层的社会更为简单或是更为初级,它仅仅是建立在不同前提下的。恢复那种按复杂性程度排列原始(传统)社会和文明(现代)社会,并展现它们之间的对比的陈旧做法没有多少意义。

在采取了这些预防之后,我们会排列出存在于传统社会中的变化性标准,并专门研究那些包含法律特性的标准。

在经济领域内,传统社会就像西方从前的农民社会一样,在一

第一部分　理解他者性：西方的视角

定程度上是自给自足的，尽管建立在交换基础上的商业形式甚至货币符号也存在于传统社会。另外，一些理论家，例如马歇尔·萨林斯（Mashall Sahlins）和克拉斯特声称生产过程的非最大化（这是传统社会通常的特征）并不是因为缺乏提高生产力的能力，而是因为这些社会的文化选择的目的就在于避免出现太显著的社会区分和政治区分。

虽然所有社会都是被分化的，但传统社会中的分化程度并不像现代社会那么明显，尤其是对于分化的认识也是和现代社会不同的。首先，和现代社会相反的是，传统社会将分化视为是有益的并予以接受而非谴责。而且，社会群体之间的相互作用被认为是有利的相互补充而非竞争性的。即使是在分化程度最低的社会，政治权威也从来就没有缺失过。因此在因纽特人中就有首领（ishumatar，即"思考很多的人"）的存在，而他的资格是建立在狩猎能力、雄辩之才、慷慨个性等基础上的。[4] 但是这些权力通常是受限制的、非世袭的、有条件的，主要是建立在声望和说服的基础上，而非威压强迫上。并不是所有传统社会的政治体制都展现出这种最小限度的分化形态，政治体制也会表现为专门化程度不断强化的形式。结果，我们就得面对被我们称为国家的事物的表象问题，在"异文化"社会中也存在此类问题。

克拉斯特相信国家形成的一个条件是权力的不平衡，这导致了支配者和被支配者的出现。这在传统社会是不存在的，因为首领的权力总是不稳定的并且受到社会的控制。[5] 因此在西方传统中，国家和法律是建立在强制基础上的，并且是非普适的。拉比埃尔相信强制不是国家产生过程中的决定因素，因为和克拉斯特不一样的是，他相信政治威压具有显著的变化程度，并存在于所有社会。他将国家当作是专门化的政府工具。[6] 当社会的政治权力被分配给了某些

第二章 法律人类学的范围

委员会式机构，或者社会被首领统治集团所掌控了，国家便在这种条件下逐渐出现了。当在某些社会权力经纪人成为了统治者的代理人的社会（此类例子就像法国君主制在中世纪要结束的那个世纪一样，以及某些非洲王国的情况），或者权力通过一个附属的行政关系网络来执行（就像库斯科[Cuzco]的印加帝国，以及当代的工业化国家），国家形成得更为充分和彻底。我们认为，对于具有所谓法律规定性的规范功能并不存在一个普遍认同的边界。我们可以注意到，从社会决定拓展法律的统治范围并通过成文的或不成文的规范使法律变得明确的时候起（这个时间会因不同历史和空间条件而有所变化），清晰分化的政治权威形态便伴随着出现了，我们可以把这种形态称为国家。在我们看来在这里存在着传统社会和现代社会的真正区别。这一区别包括了对好几种法律形态所做的选择，以及将这些法律形态联结在一起的方法。换句话说，虽然所有社会内部都存在政治权力，且政治权力在任何地方很可能都会依赖多种形式的强制（心理压力、身体强制力等），但是国家仅仅存在于其中一部分社会。另外，虽然法律存在于所有社会，但国家形成的情况下总是伴随着作为社会控制手段的法律在作用范围方面的扩展，以及伴随着法律的组成成分及强制力发生的变化，这在现代社会尤其是通常现象。因此，尽管在现代社会（如同在传统社会一样）我们仍然可以通过行为和习惯观察到法律，但是它和国家体制的正式结合依然采取了明确的成文规则的形式，而且经常会成文法典化。同样的，纠纷的解决越来越多地求助于司法判决来处理。

最后，这些由国家带来的人类法律体验中的变异也反映在价值观和信仰之中。就如它们的名字所蕴含的意义，传统社会更多地信奉过去而不是推崇变化的理念。变化是现代社会的特征。因此传统社会选择的是建立在重复性和累年积习基础上的习惯。而现代社会以法律——这个国家的唯意志论工具为基础。然而，对于变化的沉默并不意味着变化就不发生。传统社会也是变化的，但是通常以比现代社会更低的速率变化。在法律范畴，法律并非不能变化的事实证实了这一点（见中世纪格言"习惯常变"，*Coutume se remue*）。

以上多方面的观察引导我们得出结论：虽然传统社会和现代社会代表了对于世界的完全不同的选择和态度，但是这些反差并不会构成无法逾越的分裂。每一个社会都重新排列了那些对于所有社会都具有共同性的元素，并在相互关系中侧重某些元素（如法律对社会存在体的广泛渗透或非广泛渗透，扩大家庭或核心家庭，个人或集体所有权，被强化的个人地位和平等主义趋势，惩罚和复仇等）。从性质上看，这些差别主要是实质性的而非结构性的，由此可以确定我们的知识不需要被区别划分。换句话说，即使法律人类学是首先被应用于"异文化"社会，它现在也可以被延伸来涵盖现代社会。当然某些限制依然存在。

68. 法律人类学的宽广视角

虽然非殖民化的历史因素是人类学家将注意力聚集到了欧洲社会这一转变的非常重要的一个原因，但也还有另外一些潜在的原因对这一学科的性质有影响。

孔德在他的《实证哲学》（*Philosophie positive*, 1831—1842）中，分派给社会学的任务是研究工业社会，而人类学研究传统社会，在那个时候人们认为传统社会反映了人类遥远的过去。因此孔德在这两种社会之间作了历时性的区分，而在此之前的区分是地理性的。今天的第三种区分比以前两种显得更为恰当。对不同社会进行比较意味着不得不接受它们内在的构成和社会及法律体制，也意味着需要更多地关注社会的制度而非组成社会的某些元素。因此我们可以轻易地观察到在纠纷解决程序的分类中，调解是无首领社会的一个

第二章 法律人类学的范围

特征,就像也是我们自身社会的一个特征一样。但是这并不能证明如下假设:这两种社会拥有同样的纠纷解决形式。因为我们应该分析的是调解在任一种类型社会的整体运转中的作用,特别是要将调解和其他解决纠纷的方法联系起来。

另外,使用比较的方法时应当避免由于过分强调社会的相似性而损害了相异性,同样的,在传统社会和现代社会之间也不应该存在鸿沟,因为事实上这就把现代社会排斥在人类学的关注范围之外。然而,如果这些社会之间,特别是在法律范畴方面确实存在不可否认的相似之处,我们依然有必要描述它们的基础。根据杜梅齐尔(G. Dumézil)的看法,在这些相似性后面不过是四个主要原因:偶然性、人类本性、遗传性和借鉴。当卡波尼埃谈到将法律民族学运用于现代社会的原因时,他的分析部分地附和了杜梅齐尔的思想。要么相似性是源于较早时期留下来的文化遗存,要么法律的解决方法之间的相似性源于它们的产生环境具有近似性,人类天性的普遍性也符合这种同样的考虑。这两种解释是互相补充的,但是卡波尼埃正确地强调了法律多元使得它们的运行更加复杂,因为每一个亚群体根据自身在社会中的位置,都能够产生或者运用某种形式的法律,这种法律既可能倾向于传统社会也可能倾向于现代社会。在我们看来,相信偶然性的作用在大多数情况下不过是一种心智懒惰的表现。然而,借鉴和遗传这两种原因的存在,对比之下又太明显。但是我们如果将观察到的这些因素作为一个系统的组成成分的作用,就可以真正地理解它们,即它们都是实现某种社会目标的手段(或者是施加于目标之上的手段,就像将民法典引入拿破仑帝国统治下的国家一样),而非目标本身。诉诸人类本性看起来似乎是最后的办法(虽然我们承认这能形成某种和结构主义近似的哲学立场)。虽然如此,这一联合不能被混淆为一致性,我们应当集中努力去发现一个

第一部分　理解他者性：西方的视角

关于变异性的模式，它同时涵盖了现代社会和传统社会。

正如阿里奥和朗克鲁（G. Lenclud）都曾经阐述过的，人类学知识的创新不能限于地理分类。另外，国家和书面形式这两个被奉行已久的标准在我们看来并不能界定人类学的边际（既不能界定社会人类学和也不能界定法律人类学）。这些特征的存在与否只不过是显示了不同水平的复杂性和分化性，以及法律的渗透程度。然而，不管是国家还是书面形式都不包含法律的本质：它们是否存在并不影响法律的存在，所以法律人类学在它们消失的时候并不会随之隐退。一些研究者已经详尽阐述了一些趋向于统一的理论。一个恰当的例子就是由格拉克曼阐述的"理性人"的概念：就像我们的法律制度诉诸规范的"合理性"一样，传统社会在解决纠纷中也通过假设一个"理性人"作为一个首领、父亲，或者丈夫等角色时，在具体的案例中会如何作为，以此来推导出适当的行为模式。波斯比西通过包含在所有法律表象中的强制元素中看见了一个更深的跨文化概念。他预言了法律权威的介入（头人、部落首领以及现代的立法者或法官）。法律多元论的理论家们主张所有社会都是多元的，不管它们是否在主观上意识到这一点。

事实上，现代社会的法律人类学依然处在咿呀学语的幼稚阶段。在我们看来两个研究方向将很快在这一解释性工作中表现出来。第一，有一种自然趋势，即法律人类学研究习惯于将注意力集中到我们自身社会中的边缘法律现象上（未成年人的法律地位、非诉讼纠纷的解决、发誓）。这在学科发展早期是可以理解的。但是我们应当避开自身法律体验中的"异文化"元素，而寄希望于在劳工法、保险法或继承法中创造出一种人类学分析。第二，观察我们自身的社会决不会更容易一些。这里存在另外一个危险：由于我们都习惯了自身社会的规则和习俗，从而把它们都视为"自然而然的"。

然而，如果法律人类学能够清除这些障碍的话，和其他学科相比它在描述现代社会方面将具有无可争辩的优势。一方面，得益于它在"异文化"领域获得的经验，法律人类学所具有的视野范围使它能够做出更宽广的比较。另一方面，尽管人类学就像社会学一样，对话语和实践都进行考查，但法律人类学对于价值观和信仰体系给予更多重视，而这是被其他学科所经常忽视的领域。

历时性因素可能会在传统社会和现代社会之间形成分界线，但是它不应当抑制法律人类学的发展。第二种探索路线在看来是合适的：法律人类学能在多大程度上让我们获得关于法律现象的跨文化观点。

二、法律的范围

在试图界定法律的范围时，我们需要超越对法律话语和法律实践的分析，而推进到支撑法律的认识和信仰。在任何社会，法律都应当被认为是代表了特定的价值观和履行特定功能的。在我们看来，社会科学家如果没能认识到法律应当为所有那些服从于法律的多数人代表和体现什么，那他们就会犯错误了。尽管如此，我们不能仅仅根据和法律有关的认识和信仰来界定法律，因为法律不仅仅限于人们对它的认识。于是我们应当转向求助智识建构和理论领域，来确定法律的性质。在和人类学的方法论保持一致的同时，我们还要考查那些建立在对法律现象的跨文化分析基础上的理论。

（一）法律、法律认识和法律信仰

寻求正义、维护社会秩序和集体安全是最为经常引用的几个原则。

把寻求正义放在第一位,将其作为法律的指导原则,这种做法在现代社会和传统社会都是很普遍的。

69. 传统社会和现代社会中的法律和正义

在传统信仰体系中,法律和正义经常被发现是以象征形式结合在一起的。对于加蓬的恩科米人来说,正义的观念很接近我们的正义天平所体现的平衡象征:平直的就是正义的,倾斜的就是非正义的。在塞内加尔的沃洛夫人看来,正义是由笔直而明确的道路代表的。与此相似的是,真实和正义的观点是经常结合在一起的。在喀麦隆,正义的事物也应当是真实的,所以虚假性会导致糟糕的判决,而后者随之产生罪恶;所谓真实不仅仅限于准确描述事件的范围,而扩展到了包含精神性的范畴。真实得到了我们祖先的守护,如果我们要明辨真实和正义的话就应当崇敬祖先。根据勒鲁瓦的研究,在沃洛夫人之中立法者应当审查所有的事实,并做出一个合理的评价,以符合他所认为一个出身良好的人所应具有的"正常"行为。

但是,这些将法律和正义的观念联系起来的认识和信仰并不完全符合现代社会。首先,正如阿蒂亚斯曾经强调的,现代法学家可能会愿意将法律和正义联系在一起,但不太愿意把真实和法律联系起来;实证主义者和法律理论家们事实上在真实这个主题上保持了沉默。现代法律并不将真实视为具有基本重要性的价值,因为法律的要旨在于保护公民免受威胁其权利的行为侵害。而且,就如我们所明了的那样,传统社会都是通过借助行为模式而不是通行的规范来确定什么是正义的。另外,现代社会将正义的原则和强制处罚的原则紧密联系在一起,我们的剑和天平的象征雄辩地予以了证明。传统法学家更关心的是去发现并注入真实和正义,而非使用制裁。这些事实上被使用的制裁采用的是非司法管辖权程序的形式。

在现代社会,追求正义的任务经常被分派给法律并使法律制裁的使用得以合法化。问题是在两种不同种类的正义之间存在着紧张关系这一现实。亚里士多德详细阐述过这两类正义的区别：正义要么是交换性的（它按照数学上的均等原则来做出判决结果）；要么是分配性的（它为了尽可能实现和个人的能力相一致的最佳分配，制定出一个客观上以不平等为特点的判决）。人类社会由于具有较高程度的多变性，于是选择了第二种解决方案。这些把正义和法律联系起来的各种信仰和认识是和正式法的理念是相一致的。然而就像卡波尼埃一样，我们也可以用暗淡的色调来描绘法律。这难道不是事实吗？法律的功能实际上不是在追求善良、真实或什么是正义，而是在寻求一种对罪恶的生动认识，人类历史对此为我们提供了无情的证据。我同意卡波尼埃的如下所述：

> 我们腐化的世界倘若不是被法律所约束的话，如果允许揭示它的真实性质，将会崩溃并坠入地狱的深渊。就是在这个背景中，法律可以被视为是邪恶的，并不是因为它本身是邪恶的或者导致了邪恶的产生，而是因为邪恶是它存在的原因。法律是罪过的指针，而且毫无疑问我们现在目睹的立法繁荣标志了魔鬼的释放。[7]

即使我们选择继续将善良和法律混为一谈，法律和正义的关系的问题性也丝毫没有减少。一方面它没有给予我们关于内容上的指引，因为就如我们所曾经知道的，正义体现为好几种形式；另外，正义的理念在不同文化中变化各异，因此我们认为法律和道德价值观的结合实质上导致了法律的多变性，而借用"法律化"（juridicization，即某一事物变得法律性的过程）这个描述比"法律"更为合适。为了解开这个结，实证主义法学者曾经选择了一条事实上不过是一条逃跑路线的解决办法：法律和"应然"毫无关系，它只和法律话语有联系。这是一个很难令人满意的解决办法，因为它混淆了法律和法律渊源的定义。另一方面，就如我们将会注意到的，这不是认识法律的唯一方式，因为它会和另外一种将法律视为秩序的守护者的认识趋同，有时候也会反对这种认识。最后也许是最重要的，就如阿里奥曾经评论的，对非欧洲社会的研究清楚地证明了对正义的追求只是形成了多种法律形态的其中一种，如果我们把法律理解为运行于被社会认为至关重要的行为和价值观之上的控制过程的话。因此格陵兰岛的因纽特人在解决某些种类的纠纷时，采用斗歌形式，此时胜者并不一定就是被侵害的一方当事人，而是以最令人信服的方式嘲弄了对手的那个歌手；[8] 在许多社会中杀人者会取代被害人在其家庭中的地位，照看其妻子和孩子。在这种情况中法律首要关心的并不是确定什么是正义的，或者谁是对的和谁是错的，而是要当事人双方的和解或者他们各自集体的和解，以避免造成可能威胁社会的紧张关系。这同样可以用来解释那些提供定期性的财富再分配的规则（古希腊的感恩礼拜，传统社会的炫财冬宴，甚至我们当今社会中的某些税种，比如对具有强烈再分配性质的收入和资本课税）。那些不得不以这种方式做出贡献的人，或那些房产被征税的人，并非真的侵害了他（她）的邻居。还是一样的道理，这些征收被认为是对避免激化社会紧张关系非常必要的。这也是为什么人们经常将法律视为秩序和安全的保证者，而不仅仅是考虑什么是正义或真实。

70. 传统社会和现代社会中的法律和秩序的维护

对于过程性分析的拥护者，比如博安南来说，法律大体上是被用于纠纷解决的情形下，或者换句话说用于秩序的重新建立。通过对相关当事人的连带责任做出判决的程序，法律可能起到这种作用

第二章 法律人类学的范围

也可能不会起到这种作用(就像在我们自身的法律制度中的情况那样)。或者它只是重建社会的和睦。一项对拉布拉多族(Labrador)因纽特人词汇的调查研究证实了,对于这些因纽特人来说法律的功能是恢复和谐,由受到侵扰社会秩序的过错行为侵害的人来诠释什么是出格或者不合适的行为(*piujuk* 和 *piunngituk* 这些概念在今天被用于描述什么是"好的"或"坏的",在过去的意思是"那些存在的"和"那些不存在的",这是因纽特人意识到坏的行为会如何威胁社会生活的语义学证据)。社会的均衡比责任的分配更为重要,没有任何裁决是根据个人的或他的行为的内在价值来做出的,不管是否对他使用了制裁(我们对"过错行为"或者甚至"罪行"这些词汇的解读,就像传教士们的理解一样,其意思非常接近"不正确的"和"令人不安的")。

在我们自己的社会中法律也经常和社会秩序联系起来,但是它受到人们是否同意或者不同意该社会的主导秩序的限制。因此,在第一种情形中,法律被认为是公民安全的保证,通过对社会秩序的共同遵守而实现。这种认识可能会和另外一种以正义为基础的法律的认识论相对立,并非常现实地的存在着。(对于商业交易的保护要求交易得以完成——特别是就动产而言——即使是货物的价格和价值之间存在显著的差异)。在第二种情形中,法律的作用被认为是使权力阶层的统治合法化,对某种受到批判的社会秩序起到支撑的作用。在米埃勒看来,在我们社会中法律的抽象和非个人性的信条是和资本主义生产方式紧密联系的。不管我们如何界定作为法律原则之基础的社会秩序,我们都应当强调这些原则和信念在不同的社会其实并不一定会引起同样的反应。

在传统社会,对作为法律基础的秩序进行维持并不一定需要对制裁的强调。相反,就如我们已经知道的,最为重要的是将法律引向社会和谐。它能成为一个模式，不一定由强制支撑，因为强制如果确实存在的话经常是灵活多变的。

在当今社会中，我们对于法律的信赖以及（尤其是）国家对于法律的控制，结合起来赋予了法律以命令者的角色，并通过强制法律手段的强大影响力表现出来。法律规则就是借助于司法机关来强制实施的社会规则，或者至少就像卡波尼埃所说的，"很轻易地"借助司法部门的实施。这是因为，在大多数的案件中，运用法律并不一定都需要借助于强制力。但是这一描述也许还不充分，因为就像威尔（A. Weill）和特瑞（F. Terré）清楚阐述的，"一个规则并不因为它被某个群体以特定方式强制实施而成为法律规范；一个规则因为它是法律规范而被强制实施。"[9]在作者看来，被一个群体确定为是法律性的事物也就是对该群体的凝聚性和生存发展至关重要的事物。

试图以强制力的运用来定义法律简直是语言的滥用。强制力这一特性不过是法律的表现之一。一方面法律确实包含一些并没有强制力相伴随的规范。另一方面，在许多传统社会，强制力和制裁是灵活多变的，会根据具体的过错行为或行为人的身份而明显变化。另外，强制的具体形式和性质在现代社会和传统社会之间也有所不同。在现代社会中，人们通常将问题提交于法院，于是便会产生身体强制或财务强制。最后，近来的某些发展动向表明了法律也能够建立在制裁的对立物基础上，即奖励。1986年在法国的一些地方，警察会奖励那些系了安全带的汽车司机一笔钱，其数额是和平常处罚那些不系安全带的司机的罚款相对等的。1987年法国城市里尔也运用了这一原则处理汽车司机和违反停车规定的问题。这些例子和"作为行为模式的法律"的原则和信念相符合，鼓励某些符合规则的行为而非打击触犯规则的行为。虽然制裁的标准可能会制定得比较拙劣，然而还是会对法律的思考有支配作用。因此，在普瓦里耶看

第二章 法律人类学的范围

来,"如果一个违法行为符合一个法律制裁的规定,我们要面对的就是一个法律规则;一个法律制裁要得以成立是因为它的强制执行需要符合以下标准:自动的程序、公共知晓、适当的惩罚"。[10] 在写作此书的时候,法律人类学的趋势还不是否认在法律过程中赋予制裁的角色,而是限制这一角色的作用。[11] 但是这回避了一个问题:我们为什么遵守法律?

71. 我们为什么守法?

我们之所以守法不外乎两个原因。第一,我们惧怕因为违反法律而遭受制裁的后果,这个原因会让强调制裁的重要性的支持者觉得满意;第二,就像构成多数派的其他学者所说的,遵守法律源于和文化压力相联系的多种因素。赛德曼(R. B. Seidman)曾经呼吁我们应当更加重视对违法行为造成的法律代价的评估,这种代价在不同案件是变化不一的(可能比较大的是在一起停车违章案件而非激情犯罪中考虑这一代价)。另外一件很清楚的事情是教育在法律规范的命令特性的潜移默化中起到了一个决定性的作用。我们应当把文化传统的影响和这一潜移默化过程联系起来。勒让德(P. Legendre)接受了一种可以被描述为既是历史性的也是心理分析法的法律进路,试图证明在西方传统中法律的目标是将"权力的神圣性"授予特定的重要人物,其象征性代表包括了上帝、帝王、或者最高大主教,以及我们自己时代的立法者代表等。公民以践诺遵守法律为交换,以取得这个拟人化法律的保护和关照,然后反过来对法律抱以应有的尊重。这一机制产生的后果就是法律变得神圣了,重要的法律文本成为了典章,它的权威归属于立法者,它的合理性被法学家强化。很清楚的一点是在这种解释中,遵守法律是建立在信奉基础上的而非制裁的威胁上。但是守法也会源于其他因素。在致力于研究习惯的命令性质的时候,卡波尼埃曾经提出了好几个假设。[12] 一方面,

第一部分 理解他者性:西方的视角

习惯的命令性质可能有主体外部的原因。个人遵守法律是因为家教或因为模仿社会行为的明显倾向(见塔尔德[Tarde]的《模仿的法律》["the laws of imitation"]);或者还是因为个人又被社会的文化神话强烈地影响了。另一方面,可能存在主体内部的原因。心理分析已经证明了倾向于重复的心理特点,这有时候是病理性的,但似乎是我们心灵构造的一部分;另外,在一个更为自觉的水平上,习惯可能是由于约定产生的,规则被确定然后被遵守,因为遵守规则具有互惠的好处,之后还会受益于规则的保护(在这个方面卡波尼埃的观念近似于马林诺夫斯基)。然而,我们可以说即使强调文化机制的理论比法律强制能够更好地解释遵守法律的原因(就像传统社会的例子鼓励我们相信的那样),我们也还是不可能将法律强制排斥在外,特别是在我们的社会中不能这样做。我们也会同意卡波尼埃指出的,单一的理论不能够涵盖遵守法律的原因的多重性,在特定环境条件下一些理论比另外一些更为恰当。

为了弄清楚法律为什么会被遵守,我们也可以转向作为法律作用对象的人的认识和信念。1987年对法国的16岁到19岁之间的人开展了一项民意调查[13],其结果告诉了我们这些年轻人遵守法律的原因:

被教育要守法:	30%
避免惩罚:	40%
我们应当尊重法律,因为它是公正的:	27%
未回答:	3%

这一调查建立在比较单一的年龄群体上,反映的情况并不全面。但是,值得注意的是虽然和法律的强制制裁性相关的观念对被调查

者的行为影响最大,也要看到和正义以及教育的影响相关的观念也经常会成为守法的理由。在传统社会,遵守法律看起来要依靠传统的力量(我们之所以这么做是因为我们的祖先也这么做的)以及对祖先愿望的尊重来实现和维系,同时通过某些仪式祈求的超自然力也会和前两个因素结合起来。

人们服从于法律的这些不同方式解释了他们遵守法律的原因。但是,这些观念和认识给予我们的仅仅是一些不完整的答案。出于这个原因我们需要再一次求助于法律理论,如果我们打算在跨文化框架内阐明这一问题的话。

(二)跨文化的法律理论

首先需要说明的是,现实中并不存在某一种跨文化法律理论是所有学者都会毫无异议地接受的。如果这些理论中有一种是被优选的话,那最终还是会被归结为某种哲学倾向,其本身就具有易变的特性。但是,法律人类学理论至少在处理这一问题上确实具有一大功绩,就是通过大范围地考查各类社会来探索法律的意义。就此而言,就算是仍然带有不确定性,至少这些理论的眼界的更为宽广,因而更为客观。

72. 一般类型

如果我们就像目前的研究那样采纳这一观点,即法律是所有社会存在的一个内在属性,那么就会有三个主要研究途径。

第一个途径主要关系到法律采取的形式,就如我们已经知道的,[14]法律会与规范或者解决纠纷的程序联系起来。

第二个途径关系到考查法律的内容,就像通过对规范的研究或者法律行为的研究去揭示法律的内容,或者通过处于这两种立场的中间地带的方法——对为解决纠纷所做判决中隐性体现的法律原则

第一部分 理解他者性：西方的视角

进行重建。不管选择哪一种方法，获得的结果都可以使用下面两种进路中的任何一种来分析。第一种进路的关键在于是否使用民族中心主义标准。某些学者（拉德克利夫-布朗、斯丁霍芬、戴维斯［F. J. Davis］）在我们看来选择了错误的道路，他们根据源自西方传统的标准来界定法律，比如系统地使用约束和强制制裁的标准。其他学者（博安南）采纳了相反的观点，寻求通过传统法律结构来理解法律。第二种进路的具体做法就是以对传统社会和现代社会的广泛观察为基础而创立关于法律的普适理论。

最后，第三种途径的特征就是不要局限于把法律看作观念——不管是以其形式或内容来界定——而更多地将其视为一种现象。在这一整体进路之中我们可以辨别出两种倾向。第一种倾向是极繁主义（maximalist）式的，认为不可能提出一个普遍有效的法律定义。第二种是比较有限制的（被巴黎法律人类学实验室所认同，当前的学者作者也和其持同样看法），它不大强调法律本身，而更多地把重点放在"法律化"的过程上。它根据民族志观察到的发现推导出法律的范围不是固定不变的，它的具体范围和性质取决于各自社会的核心原则。我们不可能逐一具体考证这里面的每一个假设，所以就得做出一个选择并集中关注近期的四种理论，我们现在转向考查它们。

73. 博安南的双重制度化理论（double institutionalization）

博安南首先试图借助其他通行的社会控制的规则来界定法律。他还辨别出了两种制度。一个社会性的制度是由根据某个目标组织起来的一群人组成的，而这一目标是和他们的一套价值观相对应的。这个群体将拥有实现它的目标的方法，它的行为活动的特点体现为可以预测的行为和事件。一个法律性的制度是由一系列的标准组成的,这些标准可以被社会成员用来解决纠纷,并可以对抗其他社会制度造成的规则滥用。所有社会都体现出以上两种社会性和法律性制度的特性。在博安南看来,从社会性制度到法律性制度的转化,是通过"双重制度化"的机制发生的。所有制度(社会性的或法律性的)都会产生习惯。也就是说,行为的规则必须得到遵守以使制度能有效地发挥功能。纯粹社会性质的制度是建立在互惠性基础上的(而马林诺夫斯基也曾主张法律源自于这些制度),然后通过"再制度化"(reinstitutionalization)而变成法律性的。在从纯粹社会性到法律性的转化过程中,某些习惯被法律制度筛选出来,并为其提供标准,通过这些标准威胁其他社会制度有效运行的纠纷可以得到解决(反映这种机制一个很好的例子就是,教会法通过并入到王室法中从而在法国得到接受)。

博安南的理论的有用之处在于它为我们提供了对所有社会的法律范围的变化性的一个大致观感。但是它也包含了过程性分析的先天弱点:首先,法律不能被狭义的界定为纠纷的解决;其次,就如贝莱曾经指出来的,从社会性到法律性的通道实际上是更为复杂的。做出宣判的行为就并不一定需要对某些习惯进行"再制度化"。法官被赋予了通过诠释革新法律的权力,他依靠此权力能够将这些习惯纳入法律范围并对其进行转变。

74. 维迪埃的法律和交换理论

在维迪埃看来,法律与其说是强制不如说是交换。它由"一个价值观的交流和交换体系构成,这一体系在同一社群或不同社群的成员(个人或集体)之间建立起了象征性关系,这些成员本身也属于更宽泛的政治分群"。作者将其理论运用到两个领域:身份和契约、复仇和惩罚。

身份和契约都同交换有关系,但是处在不同的背景环境中。契

第一部分　理解他者性：西方的视角

约在个人或群体之间创设合约关系，一方当事人的债权和另外一方当事人的债务相对应。身份是由个人的处境塑造的，他所属于的那个群体将一整套的互惠性职责和义务授予单独的个人。和梅因接受的立场相反，在人类社会的历史中契约并不一定是发生在身份之后的。这两种关系可以共存，但是每一个社会都会赋予其中某一个以主导地位，其依据是个人是被看作一个行使独立权威的单独存在体（契约关系的主导地位）还是作为某几个群体的一个成员（身份关系的主导地位，这也存在于我们的社会，比如公务员的身份）。

如果身份和契约是交换的和平模式，那么复仇和惩罚就更多地体现了敌意的特征，在这两种交换之间还是可以发现其相互联系的。复仇和身份相关，因为复仇是由一个社会群体针对某个侵害行为的共同一致反应构成，这一伤害行为是由另外一个群体的成员施加于它的一个成员身上的，而且复仇是和弥补过错的义务相对应的。惩罚和契约也相互对应，所以惩罚是施加于个人而非个人所属的群体的，通过疏远被惩罚者表明社会作为一个整体的愿望。报应和惩罚不是时间序列上先后排列的解决纠纷的方法。这里需要再一次指出所有社会都能拥有惩罚或者复仇之中任何一种手段，但是选择这种还是那种取决于其关于个人的主导信念。

维迪埃的进路是非常有用的。一方面它使我们能够更全面理解为什么强制一直都是法律的一个标准。事实上强制被运用于什么对象要比强制本身要更为重要。而且我们能够表明通过这一理论，和某些交换机制密切联系的法律权限，涵盖了建构起个人、群体之间的关系的基本纽带。另外一方面，维迪埃的分析显示了进化论在法律的经典理论中经常体现的错误，并证实了如果现代社会和传统社会确有差异，与其说是在它们的社会和法律体系的单个元素的构成上，不如说是在这些元素相互结合在一起的方式上差异更大。

75. 波斯比西的普适法律原则理论

波斯比西是法律多元理论的拥护者,并提出了将法律界定为普遍现象的理论。[15] 他确定了几种为所有社会通用的标准:权威、普遍适用的目的、"债"(obligatio)、强制。

权威:一项法律的裁判必须被赋予必要的权威以实现其运用。要么相关当事人同意他们自己执行裁判,或者就如事实证明是有必要的那样在身体或心理方面强制他们。实施强制的个人或群体构成了法律权威。

普遍适用的目的:为了确保其合法性,一项裁判无论是被哪一种权威执行都应当从此以后适用于所有相似的案例或性质相同的案例(这是一个排斥了政治性判决的特点)。还有另外两点需要提出。第一,这一特点完全可以从属于法律权威的目的,而不会损害到它以后被适用的程度。在实践中,纠纷的解决并不总是和以前的裁判保持一致的。第二,法律裁判和习惯的不同之处在于法律的裁判不一定总是建立在先例基础上的。这是我们自己社会的主要法律原则。传统社会中的许多例子证明了革新也会时常发生,不需要总是援引习惯。

债:一项法律的裁判应当在纠纷当事人之间创建起纽带:它应当在规定一方当事人的权利的同时,规定被确认为引发侵害的另外一方当事人的义务。

强制:法学的经典理论赋予制裁以特权地位,通常将它们和使用人身强制力(试比较我们表达的"人身约束"这个概念)或物质力量(在我们的社会,这一强制通常包含了对导致损害发生的当事人的物质财产的扣押)的可能性联系起来。心理性质的强制也存在,并能够被用于强迫遵守某一项法律裁判(谴责、责备、嘲笑、排斥、斗歌等)。如果各种形式的社会控制要获得法律上的地位的话,强

第一部分 理解他者性：西方的视角

制和强制的威胁都至关重要，尽管二者会体现为非常不一样的形式。另外，一个制裁如果是终局性的、可预测的和即时性的话，它会变得更加有效。

我们还应当注意到波斯比西理论的最后一点。在波斯比西看来所有社会中都有两种形态的法律：威权主义的和习惯性质的。

威权主义的法律并不会被群体的大多数成员潜移默化，而是被占据了统治地位的少数人所运用。在这种情形中，民众中的多数人主要是因为对惩罚的惧怕而遵守它（就像独裁政权的法令那样）。

习惯法：习惯不一定就是法律。它在变成法律之前必需被赋予法律权威。当这一过程发生时，对于习惯法的服从被内化，而且主要因为内心的信服而不是来自于外在的压力（来自于国家的强制），这种信服这往往具有心理学上的性质。尽管权威的介入在确认法律地位方面也非常重要，但是它应当只确认群体中多数人的观点（因此在波斯比西的术语里面，使堕胎合法化的法律的是习惯法）。

这两种法律不是被密不透气地封盖起来的。某个法律制度中的变化大体上可以通过一个行为规范或行为模式从一个种类转化到另外一个种类来解释。在起源上，威权主义性质的法律制度也能逐步地得到民众中越来越多人的接受，然后变成习惯法[16]。如果它被法律权威所废止，它就只能继续作为习惯存在。相反的，一个习惯可能变成习惯法，并且很快地变得不再符合民众的惯例和意愿。如果它继续有效它就变成了威权主义法律（就像过去几十年中禁止堕胎的法律，直到被废止）。

波斯比西的贡献在于为我们提供了一个明确的能够被运用于所有类型社会的理论体系。然而一些学者对此提出质疑，因为民族志的观察发现了在某些社会中波斯比西阐述的四个标准中的某一个找不着了。由此可见要么一个社会什么法律都没有——波斯比西反对这一说法——要么是这一理论并不是普遍适用的,他也对此存在争辩。阿里奥的理论提供了更为灵活的进路并遵循了一条不同的探索路径。

76. 阿里奥的"法律化"理论和巴黎法律人类学实验室

根据阿里奥和 LAJP 团队的理论,法律是一个普遍现象。为什么法律在和其他社会控制方法的关系中具有特殊的地位?这是一个正当的提问。但是我们应当将更多的注意力集中于"法律化"的过程上,而非法律上。法律不是一套清晰的社会关系,它并不像每一个不同的社会赋予某些社会关系的特别地位那样,这也解释了法律领域具有多变性的原因。即使每一个社会都根据自身的目的操纵"法律化"的过程,这些过程依然是建立在共同的必要性上的,即调整那些被视为维系社会所必需的社会元素。

我们将展开探讨这些论点。

首先,法律不能被局限于西方社会对它所做的描述。法律就其性质而言不是和国家的存在紧密结合在一起的,也不是和对"理性"的识别联系在一起的。根据阿里奥的理论,某些社会主要在它们的社会结构的组织原则中找到它们的一致性,在此结构中每一部分都是对于整体的一致性必不可少的。在许多传统社会中也是如此。其他社会更愿意选择求助于一个外在的权威并接受这个权威带来的内聚性,此类权威就是国家,但有时候也会是一个神,通常是单一的神(希伯来人的、基督教的,或伊斯兰教的上帝)。国家因此只是威权主义式社会控制中的一种形式。在这第一种社会模式中,一个人首先是在他所隶属各种社会群体的关系中被确认的,这些群体间的竞争是有限制的。法律的范围(经常是隐秘的)是受到限定的,更多的是通过一种对公平具体而微的探索来表现出来,而不是通过普遍化的和固定不变的规范来表现。

第一部分　理解他者性：西方的视角

其次，法律不是由一定数量的规则组成的，而是由一个"规范间的"(internormative)的过程构成的。在这一点上，有好几个代表不同传统的学者显然达成了共识。卡波尼埃[17]坚持认为道德、宗教和法律的各自领域中的变异性可以通过规范性的标准来解释。法律规则借用法律范围之外的其他规则，道德和宗教也用相同的方法借用法律的规则（如果公共道德存在的话，那么也存在着公共宗教）；而且，反过来法律也会从某些领域退出，将它们留给宗教或道德。从总体上说，国家的势力延伸到哪里法律将会跟进到哪里，一个规则的"法律化"过程会以相似的方式增强它的强制命令性质。[18]

经济涉及了人和物的关系；政治涉及人和人的关系；而宗教涉及人和上帝的关系。如果说它们形成相互补充的范畴，各自突出表现了一种重要的关系，那么法律并不构成另外一个范畴，但却能够存在于以上任一范畴中。然而，法律和每一个范畴都不一样，因为即使法律事实全都是社会事实，也并非所有的社会事实就是法律事实。一个法律事实是具有制度性特性的社会控制具体模式的对象。然而这一正式标准并不是一个令人满意的法律定义。试图通过法律的内容来对它进行定义也同样不能令人满意，因为内容是非常变化多端的。因此我们应当专心地关注那些被社会植入法律的信念和原则。法律附属于那些关系到社会再生产的制度，而这些制度对于社会的凝聚性和生存是至关重要的。因此，根据具体的环境条件，某个事实可能是也可能不是法律事实（一个新娘的处女身份在某些制度下是使婚姻生效的必要条件，但在其他制度下不是）。

因此，法律的范围体现出取决于具体的社会环境而显著变化的特征。根据阿里奥的理论，这种变化性可能是由于技术性的变化造成的。因此道路上的交通工具数量的增加导致了公路法的产生，这样的话行人的行走大概也需要被"法律化"。与此相似的是我们目

第二章 法律人类学的范围

前正见证着环境法的勃兴。总的来说这是一个事实,当一个社会做出在文化意义上很坚决的决策来强调人与物的关系(对经济因素给予特别的强调),人际关系就会被物化了,而被严格定义了的法律则扩展它的影响。相反地,在那些更为看重人与人之间的关系而不是事物之间的关系的社会(首领制社会、总体意义上的传统社会),人们更多的是求助于公平和善良信仰。

我们正在说明法律的变化性是由于不同的组织原则造成的。非西方的社会认为集体比个人更为重要,因为集体被认为是恒久的,而个人的存在是短暂的。然而城市或国家的出现,形成了集权的政治权力的新条件,这通常造成的一个后果是建立在亲属关系或居住基础上的集体的权威转移到了个人身上。被经典法学理论称为"法律的世俗化"的现象经常反映出这种转变。这一表达显得不那么令人满意,因为它援用了进化论的原则假定了一种进步性的法律、道德和宗教的分化。在现实中,当一个社会面对变化时(技术的、政治的或形而上学的),它会重新定义那些它认为对其生存至关重要的行为和规范,并在对社会生活的整体部门实施"法律化"或"去法律化"中扩展或限制法律的范围。

因此存在着几种形成对比的出发点:拒绝社会分层的无首领社会的包容性精神,以及容许并认可一定程度的社会分层的"互补主义"社会的多元主义信念、在单一社会中走向极权主义思想的趋势。这种单一社会是建立在明显的却被官方否认的社会分化基础上的,它也是建立在国家的基础上——对抗性的社会分工使国家成为必要。另外,LAJP团队相信这些形成鲜明对比的元素都是和理性的特性密切联系的,没有哪个社会比其他社会更为"合理"。但是每一个社会都会转向求助于理性,而理性则受到各个社会对其自身或者对这个世界所具有的观点的影响。就此而言——这在认识论的层面

第一部分　理解他者性：西方的视角

是重要的——诠释法律的方式在法律变化中是一个决定性的因素。我们如果对法律的理解不同，就会以不同方式运用它。这对于传统社会中的习惯和建立在法律基础上的社会中的法学体系同样都是成立的。

综上所述，这些观念以法律范围的规范性和变化性成分为中心，以支撑这些观念的那些信念和原则为基础，预测了某些方法论上的抉择。

对法律现象可以在三个层面上进行观察：话语、实践、信念和价值体系。

话语或者明确的阐述可以是书面的或口头形式的，包括了法规、法典、习惯、训示、格言，等等。从总体上西方法学家把它们归入话语，并偏好它们的书面形式。

实践，或者被个人和群体实施的行为。从这一层面理解传统社会的法律是至关重要的，因为传统社会的法律大多具有实践性的特征。在传统社会中对于个人而言，法律更多源自经常被他们的观念体系所反映的行为，而不是源自明确的规则（就像一个清理土地的人并不具有对那一块土地的使用或所有权，但是有使用斧子的权利；或者像在封建主义中，存在着"骑士的费用"（*un fief de haubert*）这个规则，强调了接受服务者的义务限于骑士所提供的服务）。因此"法律化"运转的方向和现代法律相反，它不是从规则运行到规则所指示的行为，而是从行为运行到描述行为的规则，直到后来留下了一整套共同规则，并可以适用于具有相似性质的行为。

信念和价值体系或者认识和象征性架构。对于那些执行或者阐明实践和话语的人，以及援用或批判实践和话语的人而言，信念和价值体系带来了对于实践和话语的理解。这些信念通常是多元的，因为对法律的掌控往往会成为某些社会群体竞争的目标。这有助于

第二章 法律人类学的范围

解释为什么在同一个社会内,某些方面(例如产权)的法律会因为不同的社会集团的看法而被认为是公正的或不公正的。

我们能得出什么结论呢？LAJP 团队的工作看来对于法律中的变化性的原因和"法律化"过程的性质给予了应有考虑。在另外一方面,我们不应当忽视这个事实,他们的"文化主义"进路导致他们对于社会中多样性的强调多于社会的统一性。对此的合理回答会是：对社会进行比较不一定非得淡化它们的同一性。然而,在作者看来,所有这些理论相比于经典法学理论都具有明显的长处,即更为客观的优点。因为这些理论是以更广大范围的社会为基础的,这里面包括了我们自身的社会,但没有过分高估它。这些理论为法律人类学做出的真正贡献正是在这个方面,并有助于法律人类学区别于其他法律学科。

注释

1. 民族学出现于 1787 年(德·沙万,De Chavannes);人类学是 1975 年(布鲁门巴哈,Blumenbach);民族志是 1810 年(尼布尔,Niebuhr)。"人的科学"这种表达开始于 1739 年(休谟)。

2. 关于这三个层面的解释,见后文第 76 节。

3. 关于这一主题的重要阅读资源有《史前狩猎−收集者：文化复杂性的显现》(*Prehistoric Hunter-Gatherer: The Emergence of Cultural Complexity*, ed. T. D. Price and J. A. Brown, New York and London: Academic Press, 1985, 450 pp.)。我们还注意到走向新石器时期的转变在法国是发生在公元前 6300 年到公元前 3700 年之间。人口从十万(公元前 4000 年)增长到一百万(公元前 3000 年),而大约在公元前 1800 年达到四至五百万,见《法国初民：他们有多少人？》(J.-N. Biraben & J. Dupâquier, 'Les premiers Français: combien sont-ils', *L'Histoire,* 111 (1988): 93-5)。我们可以大胆地提出这一人口上的巨大增长是和法律的强化相伴随的。

第一部分　理解他者性：西方的视角

4. 见罗兰的《因纽特人冲突解决的法律模式》（N. Rouland, *Les Modes juridiques de solution des conflits chez les Inuit*, 同前引，前文第 49 节, pp. 29-37）。

5. 见克拉斯特的《政治人类学研究》（P. Clastres, *Recherches d'anthropologie politique*, Paris: Le Seuil, 1980, 248 pp., pp. 114-15）。

6. 见 J.-W. Lapierre, 同前引，前文第 13 节, pp. 75-6, 112-53。

7. 卡波尼埃：《法律随笔》（J. Carbonnier, *Essais sur les lois*, Répertoire du Notariat Defresnois, 1979, p. 296）。

8. 见罗兰：《因纽特人冲突解决的法律模式》（N. Rouland, *Les Modes juridiques de solution des conflits chez les Inuit*, 同前引，前文第 49 节, pp. 80-101）；这一解决纠纷的模式作为一种处理社会紧张关系的经济方式，看来在北极圈这个因环境恶劣造成了困难条件而且社会人口较小的地区占据了主导地位。这些特征使得这些社会对于社会冲突更为脆弱和敏感，因此他们非常警觉地避免冲突。

9. 威尔和特瑞：《民法：概要介绍》（A. Weill and F. Terré, *Droit civil: Introduction générale*, Paris: Dalloz, 1979, p. 16）。

10. 普瓦里耶，《在撒哈拉以南非洲起草习惯法的问题》（J. Poirier, 'Le Problème de la rédaction des droits coutumiers d'Afrique Noire', *Rapports français au Ve Congrès international de droit compare, Bruxelles, 1958*, Paris: Cujas, 1963, p. 117）。

11. 关于制裁标准的一篇评论，见卡波尼埃的《法律社会学》（J. Carbonnier, *Sociologie juridique*, Paris: A. Collin, 1972, pp. 129-36）；罗兰的《因纽特人冲突解决的法律模式》（N. Rouland, *Les Modes juridiques de règlement des conflits chez les Inuit*, 同前引，前文第 49 节, pp.10-47）。

12. 卡波尼埃：《灵活的法律》（J. Carbonnier, *Flexible Droit*, Paris: LGDJ, 1971, pp. 73-90）。

13. 见波什（R. Bosch）的《年轻人：他们所相信的》（'Jeunes: ce qu'ils croient,' *Le Point*, 769, 15 juin 1987: 90-1）。

14. 见前文第 25 节。

15. 见前文第 36 节。

16. 一个高度威权主义的法律被它所适用于的那些人内化的非常可怕

而极端的例子是由贝特海姆（Bettelheim）对于布亨瓦德（Buchenwald）集中营的被收容者的描述所提供的，由于他们所处集中营范围的压力之下，一些被收容者开始模仿党卫军的行为，甚至对折磨他们的人表示崇敬（斯德哥尔摩综合征［Stockholm syndrome］和这一现象有可比之处，比如扣押人质行为中的被害人反过来保护恐怖分子）。

17. 见卡波尼埃的《法律随笔》（*Essais sur les lois*, 同前引, 前文, pp. 257-64）。

18. 但是相反的情况也会是成立的。卡波尼埃（同上, p. 263）做出了很好的区分，他指出："道德责任使我们感到懊悔。民事责任灌输了健忘，它真是一个伟大的解放者。法律有时候具有将我们从习俗和道德中解放出来的功能。"

延伸阅读

77. 关于法律的定义的推荐参考文献

对法律的一般定义可见于本达-贝克曼的《人类学与比较法》（Von Benda-Beckmann, 'Anthropology and comparative law', *Anthropology of Law in the Netherlands*, 同前引, 前文第58节, pp. 91-9）；莫塔的《法律的原始理论》（R. Motta, *Teorie del diritto primitive*, 同前引, 前文第43节, pp. 20, 30-6, 155, 164, 185）、《法律人类学随笔》（'Saggi sull'antropologia giuridica', Falculta di Milano, Seminario 1984-1985, 未出版, pp. 12-16）；埃里亚斯的《非洲习惯法的性质》（T. Olawale Elias, *La Nature du droit coutumier africain*, Paris: Présence Africaine, 1961, 英文版 *The Nature of African Customary Law*, Manchester: Manchester University Press, 1956），现在非常过时了。关于非西方社会的法律的认识，见：米利奥（L. Milliot）的《伊斯兰法律的理念》（'L'Idée de la loi l'Islam,' *Travaux de la Semaine internationale de droit musulman, 2-7 juillet 1951*, Paris:

Sirey, 1953, pp. 17-33）；多雷（L.-J. Dorais）的《羞辱与和谐：拉布拉多因纽特人习惯法的表达》（'Humiliation et harmonie: l'expression du droit coutumier chez les Inuit du Labrador', *Recherches amérindiennes au Quèbec*, 14, 4 [1984]: 3-8）。关于法律、正义和真相的主题，见：阿蒂亚斯（C. Atias）的《错误和正确》（'Le faux et le droit', *Le Temps de la rèflexion* [1984]: 225-45）；帕朗-维亚尔（J. Parain-Vial）的《正义精神和法律基础》（'Esprit de justice et fondement du droit', *Archiv für Rechts und Sozial Philosophie*, 24 [1985]: 32-7）；韦利（M. Villey）的《法律哲学》（*Philosophie du Droit*, Vol. 1, *Définitions ed fins du droit*, Paris: Dalloz, 1986, pp. 49-88）。关于服从法律的原因，见：赛德曼（R. B. Seidman）的《国家、法律和发展》（*The State, Law and Development*, London: Croom Helm, 1978, pp. 100-3）；罗伊德－博斯托克（S. M. A. Lloyd-Bostock）的《解释遵守强制执行的法律》（'Explaining compliance with imposed law', in *The Imposition of Law*, ed. S. B. Burman, B. E. Burman and B. E. Harrel-Bond, New York: Academic Press, 1979, pp. 9-25）；卡波尼埃的《习俗出现中强制性的起源》（J. Carbonnier, 'La genèse de l'obligatoire dans l'apparition de la coutume', Flexible Droit, Paris: LGDJ, 1971）。博安南关于法律和解决冲突的思想，见博安南的《人类学与法律》（P.-J. Bohannan, 'Anthropology and law', in *Horizons of Anthropology*, ed. Sol Tax, Chicago, 1964, pp. 191-9）。勒诺布尔（J. Lenoble）和奥斯特（F. Ost）的《法律、神话和理性：关于法律理性的派生性神话的论文》（*Droit, Mythe et Raison: Essai sur la derive,mythologique de la rationalité juridique*, Brussels, 1980, pp. 222-30），对勒让德（P. Legendre）的心理分析理论做了清晰的总结。特罗珀（M. Troper）的《法律实证主义》（'Le Positivisme juridique', *Revue de synthèse*, 118-19 [1985]:

187-204）对各种法律实证主义的立场进行了清楚的描述。关于更多关于法律定义的近期评论见奥斯特和凯尔乔夫（F. Ost & M. Van de Kerchove, *Jalons pour une théorie critique du droit*, Brussels: Publications des facultés universitaires Saint-Louis, 1987, pp. 135-82），此文将法律和法律的实践联系起来，而对于特瑞（F. Terré）来说，法律是和学说相联系的，可参阅他的《定义法律》（'Définir le droit?', *RRF*, 7, 16 [1983]: 374-82，以及 'Définir le droit', *Droits*, 10 [October 1989]）。

78. 专门化文献目录

博安南在《法律与战争》（P.-J. Bohannan, *Law and Warfare* (London and Austin, TX: University of Texas Press, 1967, pp. 45-9）中概要性地描述了他的双重制度化理论；也可参阅他的《法律的不同领地》（'The different realm of law', *AA*, 67, 6, 2 [1965]: 33-42），以及特别是他的《法律与法律制度》（'Law and legal institutions', *International Encyclopedia of Social Sciences*, 9-10, New York, 1972, pp. 73-8）。这一理论在《法律社会学中的社会冲突与法律多元化》（G. Bellay, *Conflit social et pluralisme juridique en sociologie du droit*, 同前引，前文第49节, p. 17）中被贝莱所批评。

对于维迪埃的观点的总结可以见于他的《法律人类学的第一方向》（R. Verdier, 'Premières Orientations pour une anthropologie du droit', *DC*, 1 [1981]: 5-22）。

波斯比西曾经在他的《法律的性质》（L. J. Pospisil, 'The nature of law', *Transactions of the New York Academy of Science*, 18, 8 [1956]: 746-55）、《法律》（'Law', *Quaderni Fiorenti*, 14 [1985]: 23-75，另见 *The Ethnology of Law*, 同前引，前文第9节, pp. 30-5）中描述过他关于法律定义的四个标准。法语版的总结见于波斯比西的"法律

第一部分 理解他者性：西方的视角

作为经验主义基础的操作性概念"（L. J. Pospisil, 'Le Droit comme concept opérationnel fondé empiriquement', *DC*, 13 [1987]: 5-23）。

阿里奥在好几部著作中概要性地描述了他关于法律范围的多变性的理论。《法律传统的起源和持久性》（M. Alliot, 'Genèse et permanence des traditions juridiques', in 'Communication au premier colloque organisé à Münich par l'Instirut für historische Anthropologie', Paris: LAJP, 1976, unpublished）是必读之作品。还有《法律人类学与教科书法则》（'L'Anthropologie juridique et le droit des manuels', *Revue juridique et politique, Indépendance et cooperation* [1983]: 537-45）；《非洲正在制定新的法律吗？》（'Un Droit nouveau est-il en train de naître en Afrique?', *Dynamique et finalités des droit africains*, ed. G. Conac, Paris: Harmattan, 1980, pp. 467-95）。规范间视角的重要性可阅读卡波尼埃的《法律随笔》（J. Carbonnier, *Essai sur les lois*, Répertoire du Notariat Defrénois, 1970, pp. 257-64）；勒鲁瓦的《为了法律人类学》（E. Le Roy, 'Pour une Anthropologie du droit', *Revue interdisciplinare d'études juridiques*, 1 [1978]: 71-100）；格里菲斯的《社会控制中的劳动分工》（J. Griffiths, 'The division of labor in social control', in *Toward a General Theory of Social Contro*, ed. Donald Black, Vol. 1, Orlando, FA: Academic Press, 1984, pp. 37-69）这些著作强调了这点。

关于法律人类学和邻近学科的联系的著作有：普马雷德（J. Poumarède）的《废弃法律历史的帕凡乐曲》（'Pavane pour une histoire du droit défunte', *Procès*, 6 [1980]: 91-102）；《法国法律史》（'Rechtshistorie in Frankreich', *Zeitschrift für neuere Rechtsgeschichte* [1981]: 50-63）；诺伯特·罗兰的《制度的历史：从机会到必然》（N. Rouland, 'L'Histoire des institutions: du hazard à la nécessité', *RRD*, 1

第二章　法律人类学的范围

[1983]: 19-40），其中有对法律史学的近期危机的描述。关于法律人类学和比较法学的著作见：内格里的著作（同前引，前文第43节）；康斯坦丁内斯科（J. L. Constantinesco）的《比较法论文》（*Traité de droit comparé*, Vol. 1, *Introduction au droit compare*, Paris: LGDJ, 1972, pp. 115-26）；康斯坦丁内斯科关于比较法学中使用的比较方法的缺点的分析见《比较法论文》（*Traité de droit comparé*, Vol. 2, *La Méthod comparative*, Paris: LGDJ, 1974, PP. 92, 135-252, 261-5；以及 *Traité de droit comparé*, Vol. 3, *La Science des droits comparés*, Paris: Economica, 1983, pp. 121-4, 153-62）。

至于民族学和社会学的一般关系，有一项很好的历史研究载于托马斯（L. V. Thomas）的《社会学和民族学，或对错误问题的反思》（'Sociologie et Ethnologie, ou réflexions sur un faux problème', *Bulletin de l'IFAN*, 35, series B, 4 [1973]: 854-80）。还有更为专门地探讨两门学科中对于法律的态度和影响，见费布拉约（A. Febbrajo）的《社会学与法律人类学》（'Sociologia e antropologia del diritto', *Quaderni Fiorentini*, 14 [1985]: 7-19），他对支持分离或融汇的态度分别展开了讨论。格里菲斯在《20世纪70年代荷兰的法律人类学》（*Anthropology of Law in the Netherlands in the 1970s*，同前引，前文第58节）中突出了这些传统学科的分离，说明了他坚信它们最终将融合在一起，因为它们不是建立在不同的基础上的；莫塔在《法律人类学的路径》（R. Motta, 'I percorsi dell'Anthropologia giuridica', *Materiali per una storia della cultura giuridica*, 12, 2 [1982]: 477-96）中描述了这两门学科在美国的结合。阿诺德的《为法律知识服务的人类学》（A.-J. Arnaud, 'L'Anthropologie au service de la connaissance juridique', *Archiv für Rechts und Sozial Philosophie*, 24 [1985]: 82-93），非常正确地强调了法律人类学现在能够给我们的社会提供另外的

第一部分 理解他者性：西方的视角

选择模式，这是该学科历史上新的出发点。关于法律社会学的近期问题和它在不同国家的发展态势的总结，我们可以参阅：阿诺德的《法律理性批判》(*Critique de la raison juridique*, Vol. 1, Paris: LGDJ, 1981, pp. 145-90 [1985]: 285-99)；康马耶(J. Commaille)和佩兰(J.-F. Perrin)的《法律社会学中的亚努斯模型》('Le Modèle de Janus dans la sociologie du droit', *Droit et Société*, 1 [1985]: 95-110)。

第三章　方法论

一次旅行可以带领我们同时穿越空间、时间和社会等级。
　　　　　　——列维-斯特劳斯,《忧郁的热带》

人不能拥有土地；人被土地所拥有。
　　　　　　——科特迪瓦阿格尼族（Agni）谚语

民族学研究最初是在"异文化"社会进行的,参与者通常来自西方社会,于是他们需要调整自身以适应新的物质和精神环境。有时候他们会失去自己的方向,便冒险屈从于民族中心主义的思想,把它当作重新获得方向感的便捷办法。为了避免这种危险,一种方法论开始形成,它通过尽可能科学的方法来收集和解释材料。法律人类学的方法论便是源于这种方法论。

然而,对于个别社会的调查研究仅仅是一个出发点。人类学的探索根据其定义是跨文化的。如果我们要比较多个社会的法律制度,那么就必须发展出更进一步的方法,也就是那些已经被法律人类学采纳的方法论。

我们将依次阐释这两门学科的方法论。

第一部分　理解他者性：西方的视角

一、法律人类学的方法论

观察者不会是不偏不倚的，他自身的看法会影响到他所关注的对象。许多事实证明了正是民族学家们最先进行了这种观察。民族学家知道实现彻底的"客观性"是不可能的，但同时他们至少能够通过考量被研究的社会是如何认识观察者自身来避免最显而易见的误解。甚至由于这种自我分析的好处，传统社会和西方社会中法律经验之间的反差将不会被减少。这一方法论是适合于这一情形的。

（一）观察者的必要属性

79. 在民族学调查中所需要的涤净

并非只有民族学这门学科才会要求其研究者摒除民族中心主义成见，历史学的研究也会提出同样的要求。但是，在民族学中这种必要性更为突出。事实上，民族学研究可以分为三个阶段：在民族学研究者开始调查研究之前，就像历史学家一样，应当收集和列出关于对象社会尽可能多的信息以及需要阐明的问题；接下来就是田野里的工作，材料的实地收集情况经常会修正通过书面资源获得的观点；最后，从田野返回来后，民族学家应当解读这些民族志材料并将其和出版发表的资料进行对比，结果得出结论并形成专著。然而，法律民族学是一门年轻的学科，在田野里收集信息的阶段是如此的具有决定性意义，以至于研究者将要更多以归纳而非演绎的方法来进行研究。地理和气候因素也会影响研究者的思考。这一学科和其他学科有所不同的是，研究者不仅受到自身的智识能力的限制，还会受制于客体的身体反应和情感反应。"异文化"的地方可能对研究者有着明显的吸引力，但是它们也刺激一定程度的自我反省，

第三章 方法论

所以当民族学家返回家中时他已经不再是同一个人了。他会以不同的眼光看待自身的社会，以前被认为理所应当的制度不再被视为"正常的"了。这种剥除了假设臆断的过程既是必要的也是有益的。然而，就像所有涤净过程一样，这也不是没有难度的，避免这一问题的办法之一就是屈服于民族中心主义，但这是民族学家在所有的态度和立场中最需要奋起反抗抵制的一个。如果研究者抱有幻想认为自己只需要几个月的时间就能够和他（她）的研究对象打成一片的话，那么他不可避免地会根据自身的世界观擅作推断。这种变体论不仅是不可能的，而且实际上也是有害的。事实上民族学家要同时和他（她）自身的社会以及他（她）研究的社会保持一定的距离。因为我们的社会调节机制深深地潜藏在我们内部，植根于我们的潜意识。只有当我们既不是完全脱离也不是服从它的影响之时，才能最真切地认识到这一偏见。

我们并不是要求观察者对自己的成见给予虚幻的压制，更具建设性的做法是置身于一种自我分析的形式中，并在此过程中将希望、志向以及科学的、宗教的等人类所有的假设纳入考量之列。毫无疑问这是难以实现的，但是作者相信，既然民族学调查在本质上就是缘于对现状的不满和对新天地的探寻，那么就应当明白民族学家希望把什么留在家中，以及留下来的原因。民族学家在他们的生命中会经历几度成熟。

在保护研究者免受民族中心主义影响的方面，某些方法论起到的作用并不如其他方法论那么好。因此英语文化传统作为一个充满活力的人类学学派更青睐民族志描述。虽然我们假设"纯粹的"描述是可能的，但其实我们对此表示怀疑（因为分类就意味着概念化），它也仍不失为一种荒诞的解决办法。我们要通过限制我们的诠释来避免诠释中的民族中心主义吗？在这个谱系的另外一端，历

第一部分 理解他者性：西方的视角

史唯物主义致力于重新定义基本前提，并"证实"引自马克思主义理论的普适性的解释。它过分强调了比较体系，要求诠释必须适应对数据进行概括化的需要，而非验证和分析数据的需要。结构主义的进路，相比之下会显得更为平衡，因为它对数据的严格收集和随后的比较处理给了同等的重视。研究者将使用的方法论都是和他（她）的哲学观以及个人倾向最一致的，他会强调某些特征而排斥其他的特征，并以不同的方式体现其结果。[1] 这里面也有一些内在的限制因素。

第一，语言。不同概念范畴之间的差异通常反映在术语中。因此就需要收集和法律相关的术语文本或术语集，因为这些术语最贴切地表现了被研究的社会所阐述的那些观念，就如用本土语言表达的一样。对语言的熟练掌握因此是必不可少的，即使我们不得不求助于翻译，但其实翻译也会带来民族语言信息丢失和被扭曲的风险。

第二，时间的限制因素。我们需要一定的时间去等待和做出重要接触；去获得机会得到秘密信息；以及确定我们该询问什么和不该询问什么，如果我们要想得到正确答案或者任何答案的话。另外，民族志观察不光与话语有关也与实践有关。而且研究者必须进行一定时间长度的实践以确定那些具有重要意义的东西。作为通常的规则，一年的田野工作被认为是最低限度的必要时间，这样才能做出正确的报告。然而，我们不能否认资金的短缺和职业的干扰通常造成影响。而且对于田野工作的长期资助现在越来越难以争取到，特别是对年轻研究者而言。

第三，研究者也要非常小心地选择信息提供者。一个研究者在被研究的社会中并不是被视为"中立的"，其实该社会的成员也是如此，他们都效忠于特定的亚群体。一个多贡人（马里）中的信息提供者并不见得比任何历史学资源都更为客观。研究者会倾向于选择一个社会中的领导成员作为信息提供者——这总是最简单的进路——而非边缘分子或反叛者。结果因此获得的结论往往会赞同和支持当前的社会和法律秩序。研究者也会发现和与他（她）同性别的社会成员进行接触更容易一些，这实际上限制了获取存在于异性成员身上的信息。最后，研究者应当对接纳他们的社会表示出应有的尊重，我们知道发生在一些民族学家身上的例子，他们为了方便自己对纠纷的研究，便积极地煽动起一场纠纷，全然不顾对整个社会造成的危害。

（二）被观察的社会的属性

80. 口头语言的优越性

在过去的好几个世纪里，我们自身的法律文化都呈现为占统治地位的书面形态而存在。然而大多数传统社会却通过口头语言来进行交流。[2]因此法律人类学中的一个主要困难就是研究者必须熟悉非书面法律。

克劳德·列维-斯特劳斯把语言视为三种主要交流体系中的一种，这三者结合在一起构成了社会存在。根据一整套语言规则进行的信息交流促进了另外两个体系的运行：依据亲属关系和婚姻制度的规则在不同群体之间进行的妇女交换，以及依据经济规则进行的货物和服务流通。[3]书面语言方便了信息（档案）的传播和存储，而口头模式则属于面对面的社会范畴。口头交流包含了身体的亲近和人格化的人际接触（除了在我们这个电子媒介、口头话语、远距离和匿名接触都共存的社会以外）。在这一方面，言语起到的作用远不止承载信息这一项，它还蕴含了更为重要的、奥妙的或情感性的指令（在多贡人看来，言语是神圣存在物的部分体现）。在法律范畴内，规范和模式是通过吟诵方式来反复教诲的，纠纷是通过言辞交流得

第一部分　理解他者性：西方的视角

以解决的。

81. 口头陈述的类型学

研究者寻求的信息往往存在于口头形式中，这可以被分为几种类型的口头纪录方式。

合法化——神话和传说。我们无法确定神话的时间，它们通常出现于由亲属制度支配的裂变分支社会里。而传说有时候是可以确定它的时间的，在传说中经常存在着和权力有密切联系的政治特性，而这种权力是明显不同于亲属关系的。

正当化——故事和史诗。这二者都以个人为焦点，为了嘉奖某人的行为而授予他特别的地位，这种地位可能是短暂的或永久的。西非的一些部落中的格里奥*专门负责史诗的创造和传播，而人们会在节日和仪式上吟唱这些史诗。

社会化。这一种方式关系到个人通过共同文化遗产的传承方式与群体实现结合。格言是对和社会存在或法律存在有直接联系的原则或规则的简洁表达。故事是虚构的叙事，其性质是讽喻的或拟人化的，我们也许会在故事中洞悉规则的来源，或者牵涉到人类或动物的冲突情形，会通过叙事中的冒险奇遇情节来叙述出来（特别是涉及婚姻问题时）。[4] 还有那些在舞蹈、丧事、婚姻和甚至鼓乐语言中伴唱的歌曲也值得玩味。

人格化。它和正当化形成对比，其目的不是对个人的美化，而是个人和群体的结合。系谱提供了男性、女性或双系祖先的目录，

---

* 格里奥（griot），是西非地区历史上对诗人、口头文学家和歌舞艺人的总称，他们通过音乐、歌舞、史诗和歌谣等形式传承文化、法律、历史和制度等非物质文化遗产，古代的格里奥一部分进入宫廷，担任类似史官、顾问、传话人等职。另一部分格里奥则为行吟诗人，口耳相传各种知识，擅长将历史改编为传说。——译者

它是识别个人之间的关系的重要方法。当人们相遇时就会把各自系谱列举出来。人们会有好几个名字。亲缘关系在人们出生时通过获得宗族姓氏而得以确认，在宗族姓氏基础上还可能加上和特别的地位或角色相联系的第二名称（昵称、战斗名或跳舞名）。这些口头纪录被以不同的方式存留下来。一般而言，它们会被逐步地和连贯地传授给人们（从孩提时代到老年）；根据接受者的地位和智慧，它们会被人格化；它们突出表现了成长历程的仪式（出生、包皮环切术、婚姻、生育、丧亲、死亡）。但是，尽管关系到社会化的口头纪录是在节庆假日到来时才展现的，合法化和正当化却形成了特殊对待的对象。后两个种类更为直接地关系到社会凝聚力和首领的威望。有时候人们会在公众面前没完没了地背诵这些内容，有时候它们被托付给传统的守护人。在后一种情况中，可能会给一个享有类似种姓等级制地位的社会群体赋予显赫地位，比如西非的格里奥（族内婚，身份地位的世袭传承）；或者将集体记忆的永久保存授予某一个家系，如非洲的班图王国的王室家族。在上面任何一种情况中，这种以记忆承载信息的方式都是独立于所有其他行为的，不管是政治性的行为还是物质性的行为。

82. 研究法律现象的进路

存在两种研究法律现象的进路：对制度的分析和对行为的观察。

对制度的分析涉及社会关系和法律关系明确可见的外在表现。一个例子就是英语国家的研究者采用的过程性进路，它以纠纷的解决为中心，其中法律和强制是紧密联系的。这也正好是被西方法学家一直使用的分析方法，因为它很适合于国家型社会和书面形态的法律，无论是过去的或现在的，是西方的或非西方的。然而，在大多数传统社会中盛行的是口头形态的法律制度的情况下，这显然是一个拙劣的选择，并且给出的是一副不完整的图景。因此我们还应

第一部分 理解他者性：西方的视角

当使用第二种进路。

行为的观察关系到这么一个事实，即制度性的信息经常很难从口头记录中取得，要么参照依据已经消失，造成了不可逾越的知识鸿沟，[5] 或者信息遭受了扭曲或被删节（政治联盟经常以亲属关系的方式表现出来，或者一些家族群体操纵家系以便为他们自己谋求更大的政治权重）；这些特征可能已经随着社会的变化被重新诠释过了，这种情况尤其适用于上面提到的正当化的类别。另外，由于将自身局限于制度中，制度性分析忽视了法律的整体领域，也就是法律行为以及与法律行为相联系的价值和信仰。行为观察法或者法律民族学，都是直接从民族学调查中产生的，都能帮助克服这一问题。它是建立在这么一个前提下的，即所有社会都用它自身的方式，通过"法律化"的过程承认社会是公正或不公正的。这在话语或陈述中是明确的，在行为中是隐性的。有三个因素在其中发挥作用。

第一，关于公正或不公正的观念将会因为群体或个人在社会等级体系中的地位而有所区别。因此应当清楚地确定等级结构、价值观和权威，同时不忽略少数人的利益。

第二，法律只是和被各种社会群体视为与对社会再生产至关重要的那些社会事实有关，包括生物的、生态的和意识形态的。另外，观察者应当将注意力集中到法律行为上，并将它放置到话语、价值观和信仰的联系中，确定它们互相作用的方式。这样对行为的描述将会提供更为清晰的制度诠释。

然而，除了制度性或民族学的法律进路外，再没有别的可选择的路径了。我们是在两者之间选择其一还是将它们结合起来使用，事实上取决于更宽广的考虑，即法律民族学田野调查工作的主要特征。

83. 法律民族学田野调查的主要特征

法律民族学中的田野调查探索两个领域：法律领域的范围和运用法律的方法。

法律领域的范围：根据前文确定作为一个出发点的标准，观察者应当确定制约社会再生产的条件。这些条件是变化着的，因为每一个社会都有自身的动量。这是许多因素作用的结果：历史、环境、信仰，等等。例如，在工具匮乏的社会里，生产因此受到限制，维系社会群体生产运转的关键部门将是生物意义上的再生产（通过对婚姻调控和妇女的流动确立起来）和意识形态的再生产（使年长者的权威合法化的价值观、关于年轻成员向年长者提供物品的控制规则、以及由年长者对年轻成员实行的再分配）。

运用法律的方法：法律的运用存在于特定的个人中，采取了特定的形式，观察者应当力图去描述它。

人类社会中存在着幅度宽广的等级体系。它取决于许多因素，特别是包括了某个社会看待自身的方式以及这一看法被其组成群体共享的程度。与法律相联系的个人的地位以及法律的运用应当被放入社会等级制度的背景来考虑。我们会注意到群体给予了那些负责控制管理社会存在的人很高的地位（立法者、法官、首领、年长者）。

至于法律规制方法，阿里奥和勒鲁瓦曾经辨别了两种主要变体。第一种确保社会再生产中的连续性（法律、特权、世系）和确保避免冲突；第二种关系到社会秩序的修复和通过各种方式来解决纠纷，比如经济性的、宗教性的、或政治性的社会控制，或者对那些不合理的或威胁社会秩序的行为进行法律强制的方法。这里需要再次指出的是，观察者应当辨别这里的每一种方法，并将它们放入各自的背景中。精细复杂的宏观比较作为人类学的一个有用手段只能在稍后一个阶段实施。

二、法律人类学的方法论

西方在很久以前就使用比较方法来考查异于其自身的那些社会。在 16 世纪时比较法用圣经作为参照依据。随后，地理标准被用来对种族和文化进行分类（例如气候理论）。今天我们更愿意选择以社会结构、信仰及价值体系为中心的标准。我们不能掩盖一个事实：宏观比较考虑的是更宽广范围的法律体系，因此它是特别复杂的，这导致一些观察者甚至怀疑它的真实有效性。但是我们相信进行一些基础性的比较是可能的。

（一）宏观比较可能吗？

84. 康斯坦丁内斯科（J. L. Constantinesco）及其对传统社会和现代社会的基本区分 [6]

康斯坦丁内斯科相信普适的法律标准是能够被制定出来的，[7] 但是也相信在差异非常巨大的情况下对法律制度的比较会成为一个没有结果的行动，几乎不能服务于什么目的，对传统法律和现代法律的比较就是这么一个恰当的例子。他认为现代社会具有自我意识，明白它们自身只是构成人类经验中的一部分；法律区别于道德和宗教，采取的是明显的宏大建构形式。而处于另外一端的传统社会却是多元的，公社组织是羸弱的，对于环境的控制是初级的。在传统社会，对法律的遵从是"被动的、综合的、缄默的、不明确的和表达不清的"，而个人是社会共同体的一个无名成员。这些评论充分显示了，即使在当代一个伟大的比较法学家也会被延续一个世纪之久的民族中心主义偏见所蒙蔽，对于法律人类学家做出的研究成果几乎没有任何了解。如果传统和现代社会之间的区别就像康斯坦丁内斯科描写的那样，那么比较它们确实没有多大意义。然而，事实并非如此。

85. 法律标准的普适性和博安南与格拉克曼之间的论争

法律标准的普适性更值得我们注意。我们可以通过发生在两个法律人类学家之间的著名的争论来考查它。博安南相信在分析传统的法律体系中应当摒弃西方词汇的使用和对西方术语的参照。而格拉克曼由于受到马克思主义的影响并且后来倾向于宏观比较，在他看来博安南的那种进路，如果推导出它的逻辑结论的话，将会使比较变得不可能实现。在他关于罗德西亚的巴罗茨人的研究中，格拉克曼致力于将巴罗茨王国和中世纪英格兰进行类比，并认为将一些英格兰法律历史中的概念和词汇运用到巴罗茨物权法中是合适的。循着这一思路，格拉克曼认为他已经在"理性人"的观点中发现了普适的法律标准：所有社会在评价个人的行为时都援用了一个行为模式，也就是在相似条件下"理性人"行为的模式。这两种立场都各有利弊：博安南使得宏观显得比较难以实现，如果不是不可能的话；而格拉克曼的观点沾染有进化论的色彩，具有将民族中心主义引狼入室的危险。

我们的观点相对折中一些，而且发现自己更倾向于普瓦里耶的观点。[8] 普适的思维范畴是存在的（允许／禁止、迷人的／丑陋的、公正／不公正），就如同普适的法律概念也是存在的（婚姻、离婚、父母权威）。在另一方面，一些我们从罗马法继承来的法律范畴（属物法／属人法、公法／私法、经济利益／非经济利益、动产／不动产）不能轻易地被置换。就方法论而言，不论选择普适性还是特定性都是先验的，同样重要的一点是我们必须继续勤勤恳恳地收集本土法律术语和表达方式。只有开展了这一任务，我们才有条件去评价对称的术语概念是否存在于我们自身的法律制度中。

（二）基本的比较原则

针对宏观比较提出的反对意见在我们看来并不是十分重要的。我们现在应当勾勒出方法论的原则，这将决定它们（宏观比较）的运用。这些原则包括了比较体系、主题和比较的性质等方面。

86. 比较体系

就如列维-斯特劳斯所说，比较可以是基于地理的、历史的、或主题的。以亲属关系为例，在一个世系社会和一个毗邻的国家形态社会的亲属关系结构之间就可以进行一个地理意义上的比较，在这里关于栖息和遗传的因素会得到更多的重视。在历史性比较体系下，我们可以展示某个传统社会的涵化是如何发生的，以及对家系模式的选择所产生的反馈效应（通常情况下，母系制家系在西方的影响下被父系制或双系制家系所取代）。也可以进行各种主题性的比较，如亲属关系在社会秩序中的作用，在特定领域中正在运行的机制（新娘交换和婚姻的形式、孤儿的地位，等等）。在所有情形中，无论选择哪种体系，比较都包含了模式的使用。模式能够清楚地界定被用于比较的制度和构成部件，这构成了比较和阐释结论的基础。最后需要做的就是进行普遍化的阐述。列维-斯特劳斯因此能够超越广泛的家庭结构类型，确立了乱伦禁忌的原则的普遍性。

87. 比较的对象

在法律人类学中，比较的对象由法律制度和法律制度的组成部分构成，但是由于关系到法律在被比较社会中的地位和角色，我们将会提出一些方法论方面的假设。本达-贝克曼列举出了法律的变化性具有的三个量度，这是所有法律的跨文化比较都会参照的，倘若所有社会既有"普遍的"法律（通过抽象观点来表达，如"犯罪将引起制裁"）也有"现实的"法律（特定的事件将会有特定的后果）的话。第一个变量包含了普遍的法律的领域范围。社会在法律被制度化的程度内变动,西方社会就强调法律的这个方面。第二个变量由普遍的法律限制社会成员行为自由的程度构成,这和它运作其中的因素无关。第三个变量就是普遍的法律和现实的法律之间联系的稳固程度。在一些社会里,现实的法律并不需要普遍的法律的严格适用,规范性指令并不总是得到执行。

88. 比较的性质

毫无疑问,比较的性质是个微妙的问题,它的复杂性程度和作为比较对象的法律模式的异质性程度成正比。我们必须考虑到两个原则。第一个是我们在研究制度的组成部分之前应当先研究制度,因为是后者赋予了前者以意义。第二个原则关系到被比较制度的性质。如果这些制度属于同一个文化模式,那么比较过程会显得直截了当一些,因为它由对相同问题的简单匹配反应构成。如果文化体系不一样,在此情形下就应当用潘尼卡称之为"同态等价物"的概念来进行调节。概念或制度之间的相似性主要是从它们的功能性等价物中推导出来的。例如,如果我们考查人的权利是否是一个普遍的概念,那么最重要的并不是确定这一概念是否存在于所有社会,而是确定在其他那些社会中是否存在这种权利的功能的相应等价物(这种功能是我们分配给人的权利的),即对所谓人类尊严的尊重和实现。在这一点上,没有任何价值观或法律规范能够超越文化的多元性,因为一个价值只有在与它发挥作用的文化体系的关系中才是重要的。然而,进行一种跨文化的价值观比较是可能的。

注释

1. 我们可以用亲属关系的研究作为一个例子。这基本上存在于对五个

第一部分 理解他者性：西方的视角

不同成分的分析中：术语、婚姻、居住、血统和遗产。根据研究者各自的目的，他们会偏好这些元素中的某一些而损害其他的元素：结构主义者会研究术语和婚姻；功能主义者会研究血统和遗产；马克思主义者会研究婚姻、居住和遗产。

2. 在早期罗马的法律中也有这种情况。有一句古老的谚语"牛被拴在角上，人被拴在话上"，这是14世纪时流传于意大利博洛尼亚的铁器作坊的一个讽喻。见 G. Sautel, 'Verba ligant hominess, taurorum cornua funes', *Mélange P. Petot*, Paris: Montchrestien, 1959, pp. 507 *et set*。

3. 克劳德·列维-斯特劳斯《结构人类学》(Claude Lévi-Strauss, *Structural Anthropology*, trans. C. Jacobson and G. Schoepf, Harmondsworth: Penguin, 1968)。

4. 见基奎雷斯(I. Quiquerez)的《非洲故事中的法律语言》('Le langage du droit dans le conte africain', *BLAJP*, 2 [1986]: 39-68, *Droit*, 6 [1987]: 170 中作者所做的总结)，它发现了反映于故事中的非洲人法律观念的特点，这些法律观点更多的是表现出鼓励而非强制，突出描述了习惯法体系的法官运用故事来作为法律工具的现象。在西方社会中故事也会有这种法律社会化的作用。

5. 伟大的马里学者洪帕德·巴(Hompaté Ba)说过："一位老者的过世意味着一栋图书馆被付之一炬。"有时候灾难是可以避免的：在奥戈托梅利(Ogotommêli)，这位年迈的多贡族盲人猎手去世之前一年，马塞尔·格里奥勒的《水神》(Marcel Griaule , *Dieu d'Eau*, Paris: Fayard, 1966, 222 pp.)从他那里挽救保存了极其丰富的多贡人神话文本。

6. 见康斯坦丁内斯科，《比较法》(J. L. Constantinesco, *La Méthode comparative*, Paris: Economica, 1983, pp. 102-4, 222, n. 3);《比较法科学》(*La Science des droits compares*, Paris: Economica, 1983, pp. 37, 177, 267-85, 317)。

7. 出处同上，pp. 261-7：法律是由"在一个组织化的社会中的强制规则构成的，触犯规则将引起制裁和纠纷的产生，并随后解决纠纷"。

8. 见普瓦里耶《法律思想的分类和非洲习惯法的解释》(J. Poirier, 'Les Catégories de la pensée juridique et l'interpréation des droits coutumiers africains", *VI Congrès international des science anthropologiques et*

ethnologiques, Paris, 30 July-6 August 1960, Vol. 2, Paris: Musée de l'Homme, 1964, pp. 349-54)。

延伸阅读

89. 推荐参考文献

一般性的知识可见于：莫斯（M. Mauss）《民族志手册》（*Manuel d'ethnographie*, Paris: Payot, 1967）；勒伯夫（J.-P. Lebeuf）的《口头调查和民族志》（'L'Enquête orale et ethnographie', *Ethnologie générale*, ed. Poirier, 同前引, 前文第 4 节, pp. 180-99）；吉亚特（J. Guiart）《亲属关系民族学研究》（'L'Enquête d'ethnologie de la parenté', *Ethnologie générale*, 同前引, 前文第 4 节, pp. 200-13）；克雷斯维尔（R.Cresswell）和戈德利尔（M. Godelier）的《人类学调查和分析工具》（*Outils d'enquête et d'analyse anthropologiques*, Paris: Maspéro, 1976）；塞韦耶（J. Servier）的《民族学方法》（*Méthode de l'ethnologie*, Paris: PUF, 'Que sais-je?' series, 1986, 128 pp.）。

除了以上著作中有少数几页是关于这一主题的以外，很少有关于法律人类学方法论的专门研究。这里面最重要的是一些没有出版发表的著作，只能向 LAJP 查询索取：见勒鲁瓦的《法律人类学方法论》（'Méthodologie de l'anthropologie juridique', 摘选自 'Cours d'Hitoire des Institutions d'Afrique noire', 1975-6, 载于丛书 *Orientations et techniques de la recherche collective*, document no.1, 'L'Enquête de terrain' [February 1977, 24 pp.; October 1977, 62 pp.]; document no. 'La Rédaction des corpus juridiques' [December 1776, 10 pp.]; document no. 3, 'Méthodes de traitement et d'expoitation des données' [1978, 94 pp.]）。也可见：本达-贝克曼的《民族学与法

第一部分　理解他者性：西方的视角

学》(F. Benda-Beckmann, 'Ethnologie und Rechtsvergleichung', *Archiv für Rechts und Sozialphilosophie*, 68, 3 [1981]: 310-29)；摩尔(W. E. Moore)和斯特林(J. Sterling)的《法律制度比较：一种批判》('The comparison of legal systems: a critique', *Quaderni Fiorenti*, 14 [1985]: 77-117)。萨丽·福克·摩尔的《比较研究》(S. Falk Moore, 'Comparative studies', *Law as Process*, London: Routledge & Kegan Paul, 1978, pp. 135-48)，其中包含了有趣的发展，以及对博安南-格拉克曼论战的一个高水平总结。萨丽·福克·摩尔将某些的法律概念视为中立的(交易、义务、利益、转让)，因此它们可适用于交叉文化性比较。关于对格拉克曼思想更为具体的批判性研究，见勒鲁瓦的《盎格鲁-撒克逊法律人类学和格拉克曼的科学遗产：法国视角》(E. Le Roy, 'L'Anthropologie juridique anglo-saxonne et l'heritage scientifique de M. Gluckman: un point de vue français', *African Law Studies*, 17 [1979]: 53-70)。

一些较早的著作也有一定的相关性：如《人类学笔记与疑问》(*Notes and Queries of Anthropology*, London, the Royal Anthropological Institute of Great Britain and Ireland, 1951, chap. 5, 'Law and justice')；普瓦里耶的《适用于习惯法调查的法律民族学问卷》(J. Poirier, *Questionnaire d'ethnologie juridique applilqué à l'enquête de Droit coutumier*, Brussels, 1963)；巴赫和梅茨格的《民族学描述与法律研究》(M. Bach and D. Metzger, 'Ethnographic description and the study of law', *AA*, 2 [1965]: 141-65)。

关于人的权利的交叉文化研究，潘尼卡的《人权概念是西方概念吗》(R. Pannikkar, 'La Notion des droits de l'homme, est-elle un concept occidental?', *Diogène*,120 [1982]: 87-115)是比较分析中一个出色的方法论例子。关于习惯的不同含义见阿里奥的《习俗与神话》(M. Alliot, 'Coutume et mythe', *L'Année sociologique* [1953-4]: 369-83)。

90. 法律人类学研究的阶段

研究的阶段如下表所示：

表 I.3.1　研究的阶段

阶段	目标	内容	结果
1	研究设计	文化适应；学科专业的涵化；专业训练	主题的定义；进入第二阶段
2	收集信息	书面或口头信息（田野调查）；选择方法	返回完成第一阶段，或者前进到诠释；形成假设
3	分析	对制度内重要关系进行研究	返回第一或第二阶段，或前进到解释的表述（第六阶段）
4	比较	借助理论模型考查不同制度的属性，从而对假设进行评价	根据结果，返回到前面的某个阶段或前进到第五阶段——概括
5	概括	确定运用资料系统的一般原则	前进到第六阶段；定义新的主题；返回到第一或第二阶段
6	结论展示	对所使用的数据资料和在各个研究阶段得出的结论进行阐述	

来源："数据处理和利用方法"（'Méthodes de traitement et d'exploitation des données', Paris: LAJP, 1978, p. 31[同前引，也可见后文第 89 节]）。

第二部分

考查多样性：传统社会的法律人类学

（非洲）是块黄金般的土地，它倾向于求之于内。这块处于孩提时代的土地，在自觉的历史阶段开始后，依然被笼罩在夜幕的黑暗之中。

——黑格尔（《世界史哲学讲演录》）

法律人类学得到来自于非洲的惠泽实在太多了。非洲大陆丰富多样的法律体系（其总量将近四千种）为这门学科提供了多样性研究的主要领域，也成为了研究"他者性"的起点。恰恰与黑格尔的看法相反，非洲并非体现了人类的孩提时代，它在很多方面的思考也许比我们更像成年人，特别是表现在非洲社会中法律的重要性和法律所扮演的角色。为此，我们决定在本书的第二部分集中关注传统法律制度的研究，以撒哈拉以南地区非洲社会从前的殖民主义时期到目前的法律经验为中心。

第二部分　考查多样性：传统社会的法律人类学

当然这将限制我们调查的地理范围。其他地区的传统法律体系已经被人类学家所研究过，特别是印度尼西亚和北美洲的。然而，在别的地方也会洞悉传统非洲法律的许多特征。法律扮演什么样的角色取决于一个社会对于人类和宇宙所具有的洞察和理解，美洲印第安人、印度尼西亚人和非洲人之间的界线，并不像他们和西方之间的界限那么明显。在这个方面对于非洲法律的研究不仅是民族学的领域也是法律人类学的领域。

在第一章中我们将考查传统法律的一般原则。第二章将致力于考查这些原则在三个基本领域（亲属关系、财产/物权和契约）中的运用。第三章关于纠纷的解决。第四章是法律涵化。

第一章 传统法律体系

我们这些文明人,现在知道了有其他文明存在。但是我们对它们几乎不怎么相信。我们虽然接受了文化相对主义和文化整体性,但这种态度就很像有些人虽然宣称上帝的存在,但是他们的生活几乎从不会被这一抽象的信仰所影响。

——C. 鲁瓦(C. Roy)

在我们当今社会,将现代性的春风得意和以前被称为蒙昧社会的"智慧"进行对比已俨然成为时尚。这可能仅仅是一个短暂的时髦。我们对于这些社会的知识是很粗疏的,尤其是在法律范围方面。下面的篇章将试图通过三个部分的描述来改善这一情况:理想的法律秩序、社会性和政治性客观条件制约法律的方式、口头法律及氏族公社模式的独创性。

一、理想的法律秩序

非洲人的思想体现了对世界的特别想象,这里面包含了许多关于法律的含义。我们将在两个部分对其进行考查。

第二部分 考查多样性：传统社会的法律人类学

（一）非洲人对于世界和社会的观念

91. 非洲人思想中的现实主义

非洲人的思想特点是试图通过分化来实现统一，并把事物的真实秩序中的有形物和无形物都包括进来。在非洲的宗教中上帝是超乎寻常的，而且天地间无所不在。人和上帝结合的统一体通过分化不断扩展从而开启了创造世界的过程。创造者和创造物的演变是从一个混沌但并非虚无的状态开始的。创世的进程是在一系列的分化中逐渐进行的。上帝最初脱胎于某种物质，于是他的力量是建立在相互补充的两个步骤上的，首先将有形世界从混沌中拯救出来，然后经过许多努力将人类拯救出来。人类通过创造社会将这一过程继续推进，社会依然处于分化的背景中（一些人将成为农民、一些成为铁匠或格里奥，还会产生地区首领，政治领袖等）。这一分化其实是统一体的扩展，但它是排斥一致性的。社会、政治和法律的区分被看作是互补的，它们结合在一起并构成了我们称为氏族公社社会形态（既不是集体主义的也不是个人主义的）的一部分关系网络。[1] 另外，有形世界（有生命物的共同体）并不是和无形世界（最初的上帝、众神和祖先）割裂开的。神圣力量需要人类就像人类需要它们一样。一些死去的人并没有离开去往天堂或者地狱，而是留在了尘世，成为无形世界的一部分。非洲人的思想因此既不是唯心理想主义也不是唯物主义的，而是现实主义的。因此有形的和无形的，主体和客体，自然和文化，全都参与到事物的真实秩序中。这赋予了非洲法律特别的形式。"说话的法律"并非意味着援用普遍的、抽象的、和先验存在的规范体，它的关键在于在实践中根据具体情况诠释行为，以及在个人的愿望和社会生活的需求之间做出选择的。而且，由于统一和互补的重要性超过区别和对立，人和事物之间表现出明显的相互独立关系，这体现于事物被人格化而人被物化的共同趋势中。由于不同事物并不具有同样地位，它们被人格化之后需要通过所有权的模式来相互区别。某些事物能被个人拥有而可以被自由交换；其他一些事物则紧密依附于其所有者，并强化了该所有人的地位，所以这些事物是不可转让的。也可以根据事物的归属区别它们，有些事物是可以自由流转的，其他事物却不能离开占有它们的社会群体，除非在符合了必需的特定条件和情形下（原则上不动产是以亲属关系为基础的，不能够离开亲属关系群体，这是对抗家系外转让的禁止规则）。反过来，人们也可以被物化。当把某人从他自己的群体被转让到另外一个群体时就会发生这种情况，在此过程中他会失去自己的人格，如战争俘虏；在嫁妆婚中，婚姻补偿的初衷是象征两个家族之间的联合，但是也有为"失去"一名女子的群体提供物质补偿的意思。

最后，在人们对待时间的态度中可以洞察到他们的相同思想状态和对区分的敌对。与其说是时间衡量了过去、现在和未来之间的距离，不如反过来说它在永恒中将它们全部联系在一起。连续性比演替性更为重要。所以有时候西非的多贡族铁匠们会以三人为一组地集体工作。属于同一等级的一个孩子、一个老人和一个成年人，他们依次敲击铁砧。通过这些敲击他们将自身代表的过去、现在和将来联结在了一起。这种反复的节奏就是神话的节奏，社会通过它实施着三重控制。

92. 对时间、人和空间的控制

时间、人和空间：它们是非洲社会试图通过神话控制的三个领域。

对时间的控制就是对死亡的控制。通过经久不变地叙述起源，神话完美地淡化了历史变迁中的盛衰枯荣。神话给其群体的每一个

第二部分 考查多样性：传统社会的法律人类学

成员分配一个位置，从而突出和强调了社会的本原秩序。这样，这些群体就能够超越婚姻和世代而永存。只有个人的生命是短暂的，而社会将继续存在下去。

通过神话对个人的控制也会增进社会再生产，传统的社会分类原则上不应当受到个人的违抗。

对空间的控制基本上是通过对个人的控制实现的。个人所属的群体决定了获得土地和使用土地的渠道。这三种类型的控制是和实现两个重要目标相对应的，即社会的连续性和均衡。

对于时间的控制和人的控制结合起来保证了社会的连续性。个人首先是根据他（她）在所属的群体中的角色被定义的，因为只有群体会肯定地持续存在下去。群体的成员身份只能根据家系的或居住的纽带被确立，或者最好同时以这两种纽带的联系为根据。喀麦隆的巴萨人拥有一套身份等级制度。在最顶端是 *newéles*，即"纯粹的"人，他同时根据血缘关系和居住关系获得身份；他后面的人只主张血缘纽带；最后的是 *bet long*，即"外人"，他们只能主张居住的纽带（移民、短暂拜访的陌生人、客人、奴隶）。权利是依附于身份和地位的，并以降序排列。教育的作用必须适应个人融入他（她）最终将归属的那个群体的需要；新成员的加入和移居的仪式会强化这一过程。最被看重的行当和手艺人（经常是铁匠）在神话中特别受青睐。所有这些情形都体现出了调控时间的理念。时间的长度没有什么意义，时间先后顺序的重要性也被否定。根据这些信念死者并没有消忘，而是成为了一个祖先，他（她）们继续在生者的土地上起着一定的作用，并在仪式中扮演重要的角色。但是可以通过控制时间的流动来控制时间的周期。通常赋予系谱的重要性证明了这一点。如果有必要进行人为操纵的话，可以运用系谱使先辈和后代之间的纽带正当化，而使当前世代在家系的连续体中的地位被相对化，并建立起和过去的世代以及未来世代之间的紧密联系。

和社会连续性一样，社会均衡也应当得到保障。这可以通过对空间和个人的控制理想地实现。

对空间的控制并不一定意味着就是对领地的控制，在我们的社会情况也是如此。更为重要一点看来应该是考虑群体的需要和空间安排的关系，而这种安排关系至能否保持制度的平衡。空间被控制的方式很大程度上取决于社会价值和制度。因此在尼日利亚的提夫人社会中，空间分布是由系谱决定的，每一个直系根据它在社会中的地位和它与其他直系的关系而决定其居住或迁徙。由此可见如果对空间的组织很大程度上取决于社会等级制度的话，那么从根本上说它是以控制个人的原则为基础的。这一结合使得社会控制非常有效，因为一个人如果被排斥在群体之外也就被排斥在对空间的使用之外，这样生存就变得非常困难，如果不是无法生存的话。

这些因素结合在一起形成了一种关于法律渊源的特别观念。

（二）非洲法律的渊源

在传统的撒哈拉以南非洲地区，我们发现法律的渊源类似于我们自身社会的法律渊源：法律、习惯、法理学说和判例法。但是对于世界和社会的独特看法是非洲人思想的一大特征，它产生了极富特色的诠释。

93. 神话和法律

神话是一种叙事，它包含了对于宇宙的创造、社会中生命的起源和支配社会运转的主要规则的基本解释。一般来说，神话将那些在现代思想中被分割开的范畴统一在了一起，同一个神话既会包含为什么月亮在距离地球那么远的地方的内容，也会说明为什么一个男人应当从一个特定群体而非其他群体寻找配偶的原因。神话通常

第二部分 考查多样性：传统社会的法律人类学

被设定在遥远的过去，那时所有动物能够互相交谈。从神话里产生出来的规则为社会生活提供了条件，包括道德的、宗教的和法律的规则。认真阅读神话能够增益我们对信仰和价值观的理解，以及对特定社会的法律规范和实践的理解。

大体上，关于宇宙和社会起源的神话都描述了远古的混沌，而神和人类都奋力与这种混沌状态斗争。

因此，在多贡人的神话中，世界最初起源于像蛋一样的事物，里面有两对双胞胎，其中一对命中注定是秩序的守护者，另外一对则会引发混乱。第一对双胞胎以神话般的方式结为夫妻，缔结了一桩神圣庄重的婚姻，并将又一对双胞胎带到了世间。但是在那对引发混乱的另外一对双胞胎中，男性同胞提早地离开了蛋，抛弃了他本该娶为妻子的同胞，使神话世界陷入混乱无序。在离开蛋的世界的时候，这个无法无天的男性同胞还隐匿了几粒种子和一小片胎盘。后来，通过这一小片胎盘他创造了人世，并且由于他的同胞不在身边，他便寻求人间的媾和。这一结合既是违背事物的法则的（他本应该和他的同胞姐妹成婚），也是不纯洁的（因为人间是胎盘的化身，而胎盘孕育他的母体，所以他实际上和他的祖先媾和在了一起）。偷盗种子的行为和媾和的不纯洁性必然会引起作为秩序守护者的那对双胞胎对世间的干预。

这一神话世界由于带有非洲思想的"现实主义"特点，直接地影响了有形世界，一些法律规则明显就是这一神话故事的产物。通过观察母系社会中外甥和娘舅之间的敌对态势关系也可以看出来这一点来。[2] 在多贡人社会中，舅舅被认为是那个离开了双胞胎姐妹而没有和她结婚的那个男子，他娶了一个来自其他家系的妻子，而抛弃了自己的姐妹。这个被抛弃姐妹的儿子，即他的外甥，通过侮辱行为或仪式化的偷窃举动来惩罚他。我们因此能够在神话和法律

第一章 传统法律体系

之间建立起直接关系。神话会以传统社会法律的形式体现出来。法律中命令规则和禁止规则会重建被混乱的力量扰乱了的秩序,通过这一过程创建了人类社会。而社会等级结构也在若干互补群体的基础上得以建立。在西非的班巴拉人看来,世界的监护人是法罗,他对全体人类进行分类,并确定其种姓地位;他还创造出一些专门供个别社会群体享用的粮食种类,并让神灵无处不在以建立起普遍的秩序。如果混乱无序——或者对秩序的威胁——永远都无法被彻底消除的话,神话中体现的命令和禁止则可以用来帮助社会对抗它。一些神话性的禁止能够保护那些对混乱的力量做出法律宣判的人。对于宗教的领袖来说这尤其必要,因为他们的错误可能会危害整个社会。多贡人的祭司由于负责世界的一体性,所以必须是纯洁的。他不能和自己妻子以外的任何人接触,也不许工作。

神话体现的立法力量说明了在许多社会人类无法获得同等权威的事实。希伯来人的法律就是包含在《托拉》中的戒律,即和耶和华结成联盟的那一章,而国王缺乏制定法律的权力。在传统穆斯林法律中,法律的渊源是古兰经,国王同样被剥夺了权威,他是法律的仆人,而非它的主人。在许多非洲社会中,只有神话才能够创造法律,人类所能做的就是对法律进行表达。我们自己的社会看来远离了这一模式,因为我们的社会恰恰相反,确认了人类支配法律的权力,立法者就是行使支配的人物。事实上,我们所作的不过是将传统社会的神话特征转移到了法律中,不管法律是源自于上帝、国王、或现在的人民。而这种神话特征体现为,立法过程不论是用强制命令还是有条件的条款来表达的,都在它的叙事里面包含了许多规范性的建议,这是和神话一样的。我们现代社会推崇变化,人类通过操纵立法权力来对法律行使的权力,被认为促进了社会变化。然而,恐怕我们不得不承认一个事实:法律会变成极具延展性的一个实体,

第二部分 考查多样性：传统社会的法律人类学

从而导致一个相反的趋势，即法律逐渐地逃脱我们的控制。我们的法学家们所面对的法律法规急速膨胀现象其实也证实这一观点。神话对于人类的控制可能比人类对于法律的控制能够提供更好的保护。[3]

最后，神话利用类比和隐喻的方法建立起了一个分类体系，通过它，有形存在和无形存在之间能够相互交流沟通，这确保了井然有序的状态不会受到破坏。以这种方式建立的理想法律秩序强调连续性和平衡性，维护了传统社会控制时间、人类和事物的意志。神话的法律不同于现代的法律的主要之处是它并不存在于个人身上或某个机关中，而是因为其组成群体的多样性存在于整个社会中。

94. 习惯

传统法律不同于现代法律的另外一个地方就是它创造的法律渊源等级体系，习惯在其中是一个基础性角色。一般而言，西方法学家将习惯定义为长期的和强制的惯常做法，并强调它缺乏刚性和容易适应不断变化的习俗。因此一个理想的秩序便和日常生活的经验结合在了一起的。接下来我们会发现习惯不是一成不变的，它随着孕育习惯的社会群体的需要而演变。[4] 虽然在某些必要的条件下习惯不得不去适应新的环境，但是更典型的情况是，那些运用习惯的人同时也愿意重复习惯所隐含的以往的实践做法。从理论上说习惯的主要特征就是重复。它由许多形成了某种社会行为模式的相关联的行为构成，这一行为模式通常与神话结合并被正当化了。通过这种方式解决了两个问题：来源的问题（被归于神话），习惯的合法性问题（必须不断地反复讲述神话以免疏远了保护社会群体的强大神灵）。祖先们经常在生者和神话之间架起联系的桥梁。当民族学家询问某一特别的习惯法的原理时，经常得到这样的回答："我们这么做是因为我们的父母也总是这么做。"在20世纪初时一个伊格卢力克族的因纽特人给予拉斯姆森（K. Rasmussen）的回答反映了两种进路之间的冲突：建立在理性基础上的观察者进路，以及建立在经验上的报告者进路。这个因纽特人说道："思考太多只会带来混乱……我们因纽特人不会装作要解开所有奥秘。我们按照自己的记忆不断重复那些我们已经讲给你们听过的老故事……你们总是希望从这些超自然事物里找出一些意义来，但是我们并不操这个心。我们很乐意自己不理解这些东西。"[5] 这种禁止探寻习惯在神秘久远年代的起源的态度体现了它的第二个特征，即自发性。习惯的出现时间一般并不被使用它的人们所确认，因为一个习惯一旦形成就被认可了，人们对其起源并没有多少有意识的了解。最后，习惯是强制的，不仅因为它的性质依赖于重复，而且更多是因为触犯习惯将会遭致源于超自然力量的制裁，以及可能附带有来自生者的制裁。

95. 法律的诠释和纠纷的解决

源于神话和习惯的法律规则需要经过诠释以得到更好的运用。诠释的角色常规情况下归属于那些重要人物或者年长者，他们特别是在解决纠纷时会阐明基本规则，或从可观察的行为中归纳推导出这些基本规则。理想秩序在日常情形中的运行，以及对于社会现实中混乱无序的控制，都需要通过制度才能施行，而且制度的权威是通过被了解为"渊源积累"的方法获得的。任何现存的渊源都不会被新的渊源所取代，新的渊源被累加到较早一些的渊源中去而不是破坏它们。

然而，从原则上说，并非只有人类才会以强制的方式使法律具体化，神灵的影响也会起到一定作用。祖先的灵魂是神话和习惯的守护者，并且能够通过引起疾病或死亡的方式直接表现出他们的存在。人类也能通过诅咒来祈求神灵显灵，这也会形成同样的结果。因此在一些社会中，祈求实现诅咒和誓约的力量具有重要的作用，[161]

它体现在公式化和仪式化的行为中。[6]因为邪恶就像善良一样,应当回溯它的来源,神灵会推动或发起这一过程,如果他们觉得因为世人违背了应当遵守的规则而触犯了他们的话。

然而,要描述冲突离不开对日常生活的研究。

二、法律的实际运用

所有社会都拥有一个理想的法律秩序,它运用于实际情形中时难免会有所改变。对于和谐的和平衡的信仰只有当遭遇现实世界的紧张和冲突时在会呈现出真正的意义,因为传统社会并不能杜绝纠纷,尽管它们以将社会混乱最小化的方式来极力地避免纠纷或调控纠纷。而且,虽然社会群体体现了突出的互补性,但它们依然保持了各自的价值观,而这些价值观可能是互相冲突的。总的来说,一种价值体系会实现统治,但同时其他价值体系也会继续存在,并被特定的群体所追随,或者以隐蔽的方式存在。法律在日常生活中强制施行的社会控制的目标是解决纠纷,其方式要么是修复现存的秩序,要么是创造一个新的秩序,同时尽可能地始终遵守理想秩序的原则。这种控制是通过三个基本关系的体系来施行的,所有法律主体都被牵涉到这些体系中,许多法律后果也产生自其中。

(一)三种控制形式和三个基本关系的结合

96. 三个基本关系:人、事物、上帝

在传统非洲社会,所有的法律主体都卷入到三种关系中,这些关系和前面章节界定的三种控制结合在一起。

第一个是人与人的关系。这是由人在社会中所处的位置和他们行为发生的层面来决定的。这类关系可能是群体和群体之间的、群体和个人之间的、以及个人与群体之间的。人和人的关系在预防和解决纠纷中是至关重要的。

第二个是人和上帝的关系，这一关系力图控制时间以及通过时间控制人类。它关系到亲属关系的范围，在此范围内的家族群体们围绕祖先的祭祀和他们的坟墓联结成为一个整体。它也可能牵涉到政治范畴，其中的权力经常带有神圣的性质。它甚至可能延伸到财产的范畴，其中的一些权利得以合法化或受到保护。

第三个关系是人和事物的关系。这包含了对空间以及时间的控制。它在财产领域内发挥作用，被利用来确定对空间和土地使用的控制。它也会在其他范围发挥一定的作用，如亲属关系纽带（影响到居住）、婚姻（嫁资和补偿）、政治（没收物品，既体现了对权力的肯定，也是实施权力的手段）。

这三种关系是和前文提到的对于时间、人和空间的控制结合在一起的。[7]

97. 理想和日常生活的结合

这一结合是通过三个基本关系和三种控制类型的联合实现的。每一关系和一种控制形式相匹配，并对应一个属于理想法律秩序的目标，以及理想法律秩序在日常生活中运用而产生的一个特征。具体情况如表 II.1.1 所示。[8]

表 II.1.1 关系、控制形式、目标和特征

关系	控制	目标	具体特征
人-人关系	对个人的控制	社会控制	紧张和冲突
人-事物关系	对空间的控制	连续性和社会控制	法律的现实主义
人-上帝关系	对时间的控制	社会平衡	法律分层

每一个社会法律领域都会运用到关于这三种关系-控制形式的

第二部分 考查多样性：传统社会的法律人类学

系统理论，但对每一对对应关系的运用程度会有所差别。在财产法律中，最明显的两种关系一个是人-事物的关系，它决定了土地如何被使用；以及人-人的关系，它反映了社会等级的空间维度。人-上帝的关系，通常的作用是使另外两个关系之间在法律方面的协调一致得以合法化，并为其提供信仰和价值观体系的支持，使得土地变得神圣并使土地利用被仪式化。因此多贡人常说"为死者流泪就是播种谷物"，隐含了人类和土地之间的纽带就像和祖先的纽带一样。在阿格尼人看来，"不是人类拥有土地，而是土地拥有人类"。在这些谚语中我们会发现一个机制在运行：对人-人关系的共同宗教信仰和对人-事物关系的共同宗教信仰之间的辩证法，通过人-上帝的关系确定了某种法律实在。

在政治体制的范围内，人-人的关系明确了权威的权限，人-事物的关系展现了权力工具和权力的使用，而人-上帝的关系通过赋予权力以一种神圣性质而使其合法化了。

我们会同意勒鲁瓦的观点，这些机制的复杂性是以口头形式为基础的法律造成的一种后果。在传统法律中，书面证据的缺失使得法律判决非常脆弱。判决因此需要借助许多相关的关系来加强。比如在土地法律中，当事人如果对法律的裁判提出质疑将是一件极端危险事情，因为这种间接的对人-上帝关系的冒犯可能遭致制裁。这些制裁会和世俗制裁结合起来实施。简而言之，我们并不能认定口头形式的法律不如书面的法律"可靠"，它是通过不一样的方式强化法律的裁判。

从这三个基本关系我们现在可以转过来探讨实际运用于传统社会的法律的特征。

（二）实际运用中法律的特征

164

我们会发现被实际运用于传统社会中的法律有三个主要特征：现实主义、分层以及冲突。人-事物、人-上帝和人-人这三种关系和这些特征具有紧密的联系。

98. 人-事物的关系和法律中的现实主义

人-事物的关系体现在法律的范畴内，并赋予法律以具体的规定性。在法律过程中使用的语言也常常就是日常生活中使用的那些语言。因此塞内加尔的沃洛夫人把一桩没有生育的婚姻描绘成"沙土一样的婚姻"，因为它是很脆弱的，会像沙土从人的指缝漏出来一样消亡掉。这种对抽象化思维的鄙弃态度使人明白了为什么某些西方法律的概念对于传统法律来说是格格不入的。传统法律概念不一定是不够"先进"的，只是它们展示的是不一样的模式。因此，抽象的法律存在就像所谓"事物"或"行为"的普遍性质一样，是一个未知数的。在一个合同中，个人的责任并不比物品的实际交付转移更为重要。对违法行为的制裁并非针对该行为的"过错性"，而是针对该行为中缺乏互惠性和平衡性，同时对每一个人的权利和义务以及社会整体的福祉给予应有的考虑。纠纷并非总是通过不近人情地诉诸明确的和事先存在的规范来解决的，更多的是通过非常实际的程序，不仅有一名裁判者的参与，还有作为整体的社会共同体以及可能还有当事人自己的参与。在解决纠纷的会谈中，谚语、格言和字谜游戏都会起到重要作用，口头技巧会显得非常关键。于是纠纷得以解决的基础便会逐步地形成。最后一个例子牵涉到法律虚拟，在大多数情况下，这些虚拟以完成某些现实行为作为基础。[9]因此在非洲的芳族人中，受到侵害的一方不是去向犯下过错的人寻求直接赔偿，而是会去另外一个村子（不会是侵害他的那个人居住的村子）

第二部分 考查多样性：传统社会的法律人类学

杀掉他看见的第一头山羊（或者甚至在某些极端的情况杀掉一名妇女）。最初造成侵害的行凶者现在就犯下了双重过错：对于被侵害人的损伤，和这个人杀害一个"无辜的"动物或妇女所犯的罪行。

这种法律思维的表现可能令我们感到困惑，但并不能说它劣于（或优于）西方法律，它只是不一样而已。有一个事实能够证明这一点，在一些政治权力和亲属关系能被区别开的非洲社会中，非洲人的思想确实展现了他们将法律思维转化为抽象的能力，这看上去和我们自身的法律思维很相似。在这个时候，一种特别的法律语言和专门化出现在法律体系中；形成了各种程序（仲裁、上诉、向统治者的最后上诉）；各种不同类型的证据以更为规范的方式被呈现。这些发展证实了社会结构变得越复杂，法律的程序就越强化。这引领着我们开始考查社会政治结构在法律层级结构中所扮演的角色。

99. 法律的层级

人–人的关系在社会政治结构中所发挥的作用通常体现在它使其对象合法化，不管这个系统是和亲属关系结合在一起的，还是和某种形式的具有独立存在的政治权力相联系的。法律的角色随着具体的结构而变化，我们可以将这些机构分为四个主要类型。

基础社会结构：政治体制完全地依靠亲属纽带。各种社会分群都是以亲属关系为基础的，社会互动通过亲属关系体现。这种形式的社会结构加强了群体的内部关系，群体能够保持相对的自我独立。和这个水平的体制相联系的法律工具是建立在神话基础上的，它们更加适应信仰而非规则，并且强调连续性而非变化。

准基础社会结构：在这里亲属关系和政治结构既是相互区别的而又是相互依靠的。群体既有内部的也有外部的纽带，而外部纽带经常可以被看作是每一个群体的内部纽带的延伸。各种群体通过相互结合而形成联盟，例如婚姻联盟（在封建社会里封臣的身份是由封臣和君王之间的亲属关系纽带而确立的)。这些关系被认为是"内部性加外部性的"。相应的法律工具也具有双重层级,处于神话和习惯法的层面上。法律管辖权和家庭组织有着共同的边界(家族的领导人通过调解解决纠纷),也和家庭间组织有共同的边界(由于缺乏一个较高地位的外部法律权威,所以运用仲裁的情况最多)。

准复杂社会结构:政治权力和亲属关系结构被清晰地区别开。政治权力开始以年龄、等级或地区组织为基础走向集权化。在内部联系和内部性加外部性联系的基础上我们还会增加一个纽带。安排和组织社会群体所依据的标准比准基础社会的更明确清楚。这些社会群体之间的关系是由一种具有非常特别性质的外部联系来调控,这种外部联系经常体现为惯例的形式。在某些时候惯例会支配群体,在这种情况下它们就是传统法律。在另外一种情况下一些群体之间在它们自己的层次形成一些惯例,此种情况中它们体现为协约的形式:政治的、婚姻的、经济的,等等。

和这种社会结构配套的法律工具包含了一个三重层级,即在神话的层级和习惯的层级上又增加一个法律的层级。法律的层级依照渊源累积的原则运行,[10]它并不断绝与神话和习惯的关系,但是专注于对准确的法律规范进行构造和系统表述上。法律的层级和一些特定制度相结合:司法机关内的专门秩序、对纠纷诉求的审判、行政管理。契约的法律也出现了,并与捐赠和赐予区别开来。在财产法律的范畴中还形成了土地所有权的制度,它构建了群体间的相互关系并确立土地的占有权。[11]

复杂社会结构:某些传统社会符合这一模式;政治部门在空间上越来越集中在城市的环境中。然而,这种模式在传统社会中并不普遍,而复杂结构已经成为自古代城邦国家形成以来大多数西方社会的特征。在这种社会结构中,亲属关系的影响力衰减了并被限定

第二部分　考查多样性：传统社会的法律人类学

在家庭组织的范围里。而在更广阔社会中，权力被授予了由专门行使政治权力的组织支配的众多机构和部门，这便导致了国家的出现。因此造成另外一个后果便是社会群体的分解或者官方性地否定它们的存在。结果，法律运用"公共的／私人的"二分法重新规定了社会的纽带，即社会纽带只能存在于个人和国家之间或个人之间。复杂社会结构体现出四重层级法律渊源的特征：第一和第二层级（神话和习惯）起到的作用最小；第三层（法律）的地位得到了强化，并和第四层（国家的法律机器）结合为一体；国家通常行使着对法律的垄断。

100. 冲突的解决：传统司法

人-人的关系是和对个人的控制结合在一起的，这保证了社会的存续，并能调控社会中的冲突和紧张关系，其方式不外乎是恢复到平衡的初始状态，或者创建一个新的社会平衡。

从整体上看，传统司法并不怎么关心运用现存的规范，而更多地关心实现混乱之后的平衡。我们可以把这个一般原则称为司法的传统范式，它由一定的司法机构实际运用，而这些司法机构根据上面阐述的四种类型的社会结构而相应变化。

基础社会结构：在这种社会中主体间的相互作用是被群体内部的法律或者群体外部的力量控制的。司法因此仅仅在群体内部运行。这里没有专门的裁判者、权限范围、上诉程序。也不存在仲裁和法庭。调解者将努力说服当事人恢复和平关系，其中一方会支付合乎情理的赔偿，而另外一方将予以接受。

准基础社会结构：这些社会中存在神话和习惯这两种法律渊源。司法体制在性质上也是二元性的。它可以是建立在神话形式的法律基础上的，在此种情况下法律管辖权覆盖了家庭并使用调解的方法；也有建立在习惯基础上的，于是法律管辖权延伸到家庭之间的关系并会运用仲裁的方法。因此在肯尼亚的基库尤人中两种形式的法律管辖权并存：处于家庭层面的法律管辖权（*mwaki*），由大型家庭的头领负责掌管，他扮演调解者的角色；以及宗族法律管辖权（*kiama*），其中的家庭间诉讼通过仲裁得以处理。

准复杂社会结构：这些社会中存在三种法律渊源（神话、习惯、法律），由此形成三重的司法体制：家庭司法、社会司法（或者家庭间司法）政治权力持有人掌管的司法。表现这种三重司法力量的例证有马里的多贡人的有限政府形式、加蓬的恩科米人的分权型国家、塞内加尔的沃洛夫人的独裁国家（从 18 世纪到 19 世纪）。在各种各样的外表下，家庭司法和社会司法的法律管辖权体现了前文总结的那些特征。[12] 如果当事人对社会司法不满意，他们可以诉诸政治司法。政治司法采取的实际形式取决于政治体制。这在等级制的行政制度中会得到正式的体现。

但是政治体制也会通过某些对应制度的使用被非正式地体现出来，这些对应制度在水平方向上影响到了前面的制度。存在于多贡人的兄弟会中的司法便是如此：完全由男性构成的隐秘社会，被认为代表了死者，因而是处理所有重要纠纷的当然权威，特别是当牵涉到女人的问题时。

在这些政治性法律管辖权中，司法体系通过法庭运转。判决应当被所有当事方接受。过错人除了应当承担修复和赔偿的责任，以及可能遭致进一步恶化他的地位的禁令外，还有可能根据其罪过程度被处以多种形式的惩罚：道德惩罚（公开的非难）、肉体惩罚（残损肢体）、行动的限制、流放、极刑。

复杂社会结构：在这些社会中（西方社会就是恰当的例子），国家法是首要的法律渊源。司法是国家的官方垄断（任何人不得分配他自身的正义），它被由国家控制的法律管辖权直接运用，或者由那些在特定条件下被国家认可其权限的法律管辖权运用。而和解、调解、以及仲裁依然会存在,法官和法院体现了最通常的司法形式。

存在于社会结构之间的关系网络、法律层级的结构和司法系统可以概括总结如表 II.1.2 所示。[13]

除了我们现在已经掌握的这些关系之外,表 II.1.2 还包含了一个新元素,它关系到传统社会青睐的社会关系形式——氏族公社模式。这一模式是和口头形态的法律密切相关的。我们现在将转向对它的思考。

三、口头形式的法律和公社模式

口头形式的法律是一种交流的方式,它有利于一些特别的社会关系。这些关系既不是个人主义也不是集体主义的,而是公共大众性的。

(一)法律的口头形式

101. 研究口头形态法律的典型进路

经典法律理论对于基于口头形式的法律有一种轻蔑的看法,以书面形态的法律为标准消极地否定了口头形态的法律。在我们看来这一进路带有进化论的特征印记,应当予以批判。尽管从口头形式到书面形式的过程经历了一个巨大的转型,但是这一转型是否体现了进步的趋势?能否将口头形式贬低为属于人类思想的"原始"阶段?这些都是值得争论的问题。

通过阅读历史我们发现书写形式的出现经常伴随着宗教权力或者世俗权力的单一形态。就像我们西方社会所发生的情况一样,国家以其自身取代了上帝。[14]是否这一转化意味着能够为个人带来更多的安全还有待证实。

就像杰克·古迪（Jack Goody）曾经论证的，书写能够产生抽象而消除个人在法律过程中的影响，这正好符合法学家作为诠释法律的一个专业集团的特点。对书面文本的诠释比对口头渊源的诠释更为困难，因此可以被轻易地操纵利用。在口头交流中你总是可以向说话者提问题，而书面文本却无法开口说话。另外，书面形式往往表达一些范围宽泛的和一般化性质的规范，而法官或法律专家作为同样专业化的主体的工作就是将这些规范运用于个别案例。另外，法律的裁判变得越来越复杂，因为对它们的保管和存档比口头形式的法律更为容易。所有这些因素结合起来将普通人排斥在外。这一趋势经常在我们的社会出现，就像以前的社会那样总是采纳书面的手稿（广为认知的罗马谚语并不意味着每个人都熟悉法律，但是推定他们都熟悉法律）。法律的去人性化和抽象化是并肩而行的，制裁变得不再像它在传统社会中那样具有灵活性了。

看起来我们有理由怀疑书面形态的法律是"优于"口头形态的。书写根本就不是解放了人类的工具，它难道不是已经变成了一个奴役人类的发明吗？[15] 显然口头交流方式的特点适合于氏族公社模式的社会关系，因为在这种社会形态中个人不会被抛下来孤零零地面对单一渊源的权威，或者被整合了个人的社会群体所奴役。

102. 法律的口头形态和氏族公社模式

如果说法律的书面的形态重视它们承载的信息，并且与匿名的社会关系相联系的话，那么法律的口头形态强调的是社会互动的个人化。口头信息的内容是重要的，但是传递信息的人在社会中的身份和地位也是非常重要的。信息的个人化与口头媒介所施加的物质约束紧密联系。即使在特定手段的帮助下，比如以击鼓传递信息，或者由送信人或骑马者传递信息，口头话语始终不可能超越相对有

第二部分 考查多样性：传统社会的法律人类学

表 II.1.2. 社会结构、法律层级和司法组织

社会体制类型	社会结构	关系	法律工具的形式	法律渊源	法律制度的形成	司法的体制
口头型和公社型	基础的（亲属关系的组织）	亲属集团内部的	神话的	惯例		依靠群体内部和解的司法
	准基础的（亲属关系为基础的亲属联盟的内部-外部的体制）	内部的／通过联盟的内部-外部	习惯的	惯例＋习惯	渊源累积和法律程序	依靠群体内部和解的司法＋依靠家庭同仲裁的司法
	准复杂的（亲属和政治权力的双重作用）	内部／内部-外部／外部，通过社会之间的条约或协定	法条的	惯例＋习惯＋口头法律和协约	人-人、人-事物、人-上帝的关系的结合使用	依靠群体内部和解的司法＋依靠家庭同仲裁的司法＋依靠法庭的政治性司法
书面型、个人主义型或集体主义型	复杂的（伴随亲属关系边缘化的多重权力）	对外部联系的强调，损害了内部结合	法条的	传统法律的发展和协约；惯例和习惯是辅助渊源		
	复杂的（亲属关系之外的多重权力）	私人的或公共的、国家的或国际的	法条的-国家主义的	法律／条约；习惯（附属渊源）	最古老渊源的边缘化和被替代，对书面形式的依赖	国家法和国际法同国际法律管辖权

限的距离而依然有效。信息所传播的人群不可能分布于太广阔的范围。口头媒介因此包含了一个双重接近的要求：地理的和社会的（社会距离更近的人际关系更有利于接收到口头信息）。然而，口头媒介并不只限于人际关系。一个社会的组成群体在保存口头讯息方面扮演了一个决定性的角色。这些群体，尽管不是以什么文本形式，却能将信息储存在记忆中。这一角色的特定化会有不同情形，有时候是作为一个社会分层的功能，有时候是适应保存话语的政治需要。因此一个社会是选择口头媒介还是书面媒介，将会影响到也能表现出个人和群体之间关系的平衡。书面形态法律在某些情况下强化了个人的角色（比如罗马的经验，或者更广泛地说，西方法律都是这样）。在其他情况下它强化了群体的角色（如苏美尔法律、好几个东方法律体系和苏联的法律）。书面形态法律具有更为直接的对时间的控制。书面形态法律具有匿名性，更有利于权力的表达，被很好地适用于以个人或群体为中心的等级森严的复杂社会。口头形态媒介会被人先验地视为更加初级的形态。因为从物理角度而言，口头讯息被限制于一定范围并且更难以保存。但是这一明显的弱点支持并增强了更为平衡的社会模式——氏族公社模式——在这里群体和个人，因为它们的相互依赖，互相合作而取代了互相对立。

（二）氏族公社的社会模式

氏族公社的社会模式的突出特征是社会共同体、群体和个人之间的互补型关系运行中的多元性。

103. 氏族公社模式和社会共同体

氏族公社的社会模式不像个人主义式社会模式和集体主义式社会模式，它的目标是建立个人和群体之间的平衡关系，因此社会群体的具体组织方式为个人在群体中表达自我意志提供了条件。所谓

第二部分 考查多样性：传统社会的法律人类学

"社会共同体"就是能够实现这种目的的社会群体。

在阿里奥看来，社会共同体是由三个共同性的元素确立的。

共同的生活：这需要在一个很宽广的范围来观察，包括了共同的语言、共同的祖先和神灵、共同的空间范围、共同的朋友和敌人。

共同的总体特征：社会共同体强调特殊性重于相似性，强调等级制度重于平等。然而，即使是这些特殊性也是被共享的，因为它们并不构成它们存在其中的群体之间的紧张焦点或对立的焦点。相反这些群体把它们自身看作是互相补充的。在很多层面上都体现出这样的认识。在宗教中，上帝（如在撒哈拉以南非洲地区以及古希腊）体现为不同力量的形式，或者甚至有九种力量形式，并分级排列和相互依赖。就神话而言，社会共同体的大部分基本的神话表明了如果人类不能首先把自身分为三六九等的话，他们就不能建立起政治型社会（而很多古典西方思想家如霍布斯和社会契约论者，相信社会只能建立在相似性的基础上）。从社会角度而言，每一类人都得依赖他的其他类别的同伴：农夫不会打铁，他需要铁匠；而铁匠不能在地里干活，需要农夫提供的食物；同样农夫要依赖土地神和雨神，而后二者如果没有农夫也失去其角色地位；在族外婚法则的实际运用中每一个世系都得依赖另外一个世系，等等。从政治意义上说，公社模式是一种多头政治。在每一个群体内都不存在一个至高无上的单一权威，而是有许多权威力量适用于不同的范围内（喀麦隆的杜阿拉族人认为这些范围是空气、土地、海洋和火；在西非的图库勒尔族认为是土地、水和荒野）。这些不同形式的权威力量是相互依赖的，避免了（除了在发生危机的时候）任何单一权威的统治。

决策中的共享：每一个社会共同体也通过共享相同的一系列规则来定义自身，社会共同体独自地制订出这些规则。这些规则在实质上是习惯性的，因为它们在社会共同体内部形成。而就其概念的

第一章 传统法律体系

现代意义而言,一套法律是群体内一部分人对其他人实施统治和支配的工具,或者是群体外部的权威力量统治和支配该群体的工具。

各种各样的社会共同体参与构成了互补性的多头政治结构,这种结构普遍存在于公社模式的社会中。

事实上,每一个人在其生命历程中,由于持续变化的生活背景,会先后归属于许多各种各样的社会共同体。因此,通过婚姻一个男人创造了一个新的社会共同体,即夫妻配偶,它是具有繁衍后代功能的家庭。男人在这个血统性社会共同体内承担起新的责任,他可能有一天会成为这个社会共同体的首领。但是他也会因为婚姻而离开一些附属的社会共同体,如离开属于年轻人的年龄组群体,而成为了一个铁匠或者渔夫,这又使得他被引入另外一个附属社会共同体。婚姻也会终结他作为一个委托人对于庇护人的义务,并准予他获得村寨会议的成员资格。

在这些林林总总而又形成互补的社会共同体中,个人的外在表现具有多样性和变化性,这有效地防止了在这些社会共同体中出现某种绝对的统治。另外,在个人被嵌入到各种群体中后,如果该个人的存在得到普遍的认可和重视的话,他的位置会被安排在一个专门的和个人化的社会网络的核心部位。尽管书写形态可能并不存在,但这不是因为缺乏才智机能的贫乏,而是因为书写形态的必然结果即书面话语的一般化和传播,以及它的匿名特性,有悖公共性社会制度的本质。最后,这些社会共同体的多元性确保了集体不能压制个人,因为公社模式是和个人协同运转的,而不是对抗个人的。 174

104. 氏族公社模式和个人

我们应当首先强调"个人"这个概念的含糊性。在我们自身的传统中,个人和社会的关系就像很长时间以来原子和物理的关系一样,个人和原子都是不可再分解的基础单位。基督教之前的罗马法

第二部分　考查多样性：传统社会的法律人类学

借用人的概念把作为个体的人定义为整体的单一概念。它创造性地给人的概念戴上了可悲的或仪式化的面具，即人格（persona），这变得和个人的真正意义具有相同的含义了，即个人权利和特权的持有者。传统非洲社会更愿意采用对人格的多极性描述，而不是这种统一性的个人概念：人就是许多外向性的而又互相依赖的元素的集合体，这些元素在个人的生命历程中暂时地统一在一起，但是始终具有分离的趋向，要么是因为自我条件决定的，要么是被外来因素激发的。因此沃洛夫人（塞内加尔）区分了三个基本要素：人类（hit）是由身体（garam）和气息（ruu）、灵魂（rab）、生命力（fit）构成的。在死亡时，各个元素都返回到它的来源：身体返回到土地而气息返回到上帝；灵魂进入祖先的无形世界；生命力会继续依附于血统，通过血统关系祖先会最终转世重生。

多元性和互补性之间的结合就这样被个人所肯定，从社会共同体直到作为整体的社会。正是这一联合控制了个人和群体之间的关系，并构成了我们所称的非洲信仰领域。

这是一个简单的原则：只有那些代表群体的个人才能够在法律生活中起到积极的作用，并受到个人所属的那个群体的被认可属性的制约。这个群体根据它在社会等级系统中的位置拥有着自己的势力影响范围，只有它的代表才能在法律生活中扮演一定的角色：国王在王国的层次上和牵涉到国家的问题上发挥作用；世系的首领在亲属关系范围内；村寨头人在地方管理的区域内；等等。某个代表只有通过另一个群体的代表才能和那个群体达成契约。所以一个国王只会和另外一个国王打交道。

这一信仰体系有两个结果。

第一个是身份的功能性属性：某人作为他所属群体的代表必须能够完全实现这一角色的目的，否则就不能成为或者继续担当代表。

第一章　传统法律体系

一种先验的对胜任能力的评价可以借助选举、生命阶段仪式的形式获得,从而带来一个渐进的准入仪式。个人所履行的功能被撤销也会导致身份的失效。

第二个是权利和义务的相互性。群体的代表享有的权利越多,其义务就越重。

这些是控制撒哈拉以南非洲地区传统社会的法律存在的主要机制。在接下来的章节里面,我们将更为细致地考查它们的运行。

注释

1. 见后文第 103 节。

2. 见《家庭历史》(*Histoire de la famille*, ed. Burgière *et al.*, Vol. 1, 同前引,也可见后文第 144 节, pp. 29-32),涉及拉德克利夫-布朗关于叔伯关系的理论和列维-斯特劳斯的批评。

3. "如果我们把梦看作帮助思想潜入酣睡的夜光闪烁,那么神话的基础就是精神透射在自身上的影子,以忍受白昼的光线耀眼而免遭目盲"。见史密斯的《神话的性质》(Smith, 'La nature des mythes', 同前引,也可见后文第 105 节, p. 729)。

4. 见后文第 106 节。

5. 引自拉斯姆森(K. Rasmussen)的《伊格卢利克爱斯基摩人的知识文化》('Intellectual culture of the Iglulik Eskimos', *Reports of the Fifth Thule Expedition*, 8, 1-2 [Copenhagen, 1931]:502)。

6. 在我们的社会中人们仍然用我们所爱的人的头颅发誓,而且我们很看重诅咒所憎恨的某人。宣誓在我们的法律制度中依然被使用着。

7. 见前文第 92 节。

8. 参考勒鲁瓦的《法律人类学的方法论》(Le Roy, 'Méthodologie de l'anthropologie juridique', 同前引,前文第 89 节, p. 70)。

9. 关于传统非洲法律的法律拟制见欧拉瓦勒·艾利亚斯(T. Olawale Elias)的一篇概述《非洲习惯法的性质》(*La nature du droit coutumier*

第二部分　考查多样性：传统社会的法律人类学

africain, Paris: Présence africaine, 1961, pp. 195-204）；英文版为 *The Nature of African Customary Law,* Manchester: Manchester University Press, 1956。

10. 见前文第 95 节。

11. 见后文第 128 节。

12. 关于这些法律管辖权体制的更多细节见勒鲁瓦的《非洲司法和口头形态》（E. Le Roy, 'Justice africain et oralité', *Bulletin de l'Institut français d'Afrique noire,* 36, series B, 3 [1974]: 583-7）。

13. 出处同上, p. 574.

14. "也许是以更为复杂的方式，与过时和纪录保存有关，并和神正性有关，与邪恶有关，是一个高高在上的上帝不断强化的超常地位"。见杰克·古迪（Jack Goody）的《书写的逻辑和社会的起源》（*The Logic of Writing and the Origin of Society,* Cambridge: Cambridge University Press, 1986, p. 44）。

15. 这看起来和列维-斯特劳斯的观点一致："在消除了那些被用来区分野蛮和文明的所有其他标准后，难以放弃的就是至少将这一个标准保留下来；有些人有书写形式，有的没有。前者能够保存他们过去的成就并以越来越快的速度向他们曾经为自己设定的目标前进；而后者却不能够回忆起超乎有限的个人记忆边缘之外的过去，似乎被束缚于变化无常的历史中，这一历史将总是缺少开始和对某种目标的任何持久认识。然而我们对于书写形式和它在人类演变中所发挥作用的了解并不能够证实这一观点……在新石器时代，人类在没有书写的帮助下实现了巨大的进步；在有书写的情况下，西方的历史文明停滞了很长时间……曾经一直和书写伴生的唯一现象就是城市和帝国的创造，那就是大量的个人被划归到种姓或阶级中。这些就是我们从埃及到中国都能观察到的典型发展模式，在书写第一次出现的时候，它显然更有利于对人类的剥削而非教化……我的假设，如果是正确的，将会令我们不得不承认一个事实：书面交流的首要功能是促进奴隶制。"（见列维-斯特劳斯的《忧郁的热带》（*Tristes Tropiques* trans. J. Wwightman and D. Weightman, London: Picador classics, 1989, pp. 291-3）

还有："书写在我们时代之前的第三个和第四个千年之间出现于人类历史中，在那时人类已经做出了最重要和基本的发现，是在'新石器变革'之后而非之前。"见查波尼埃（G. Charbonier）的《对话列维-斯特劳斯》(*Entretiens avec C. Lévi-Strauss*, Paris: Plon-Julliard, 1961, pp. 30-1); 英文版为 *Conversations with Claude Lévi-Strauss*, trans, J. Weightman and D. Weithtman, London: Cape, 1969。

延伸阅读

105. 一般文献

关于撒哈拉以南非洲地区传统法律的一般性讨论见如下作品。欧拉瓦勒·艾利亚斯（T. Olawale Elias）的《非洲习惯法的性质》(*La Nature du droit coutumier africain*, Paris: Présence, 1961)，英文版 *The Nature of African Customary Law*, Manchester: Manchester University Press, 1956，它所提供的很多例子都非常有用；然而，其理论体系现在已经过时了。更近一些的有：阿里奥的《非洲和马达加斯加的私有体制》(M. Alliot, 'Institutions privées africaines et malgaches', 2 vols, unpublished, Paris: LAJP, 1970-1, pp. 3-21)；勒鲁瓦的《撒哈拉以南非洲制度史课程》(E. Le Roy, 'Cours d'histoire des institutions d'Afrique noire', document pédagogique no.1, *Méthodologie de l'anthropologie juridique*, unpublished, Paris: LAJP, 1976, pp. 39-77)。勒鲁瓦的理论可以更容易的被查阅到，见勒鲁瓦的《当代撒哈拉以南非洲的本土法律经验与西方法律知识的转移》('L'expérience juridique autochtone de l'Afrique noire contemporaine et le transfert des connaissances juridiques occidentales', *Domination ou partage? Développement endogène et transfert de connaissances*, Unesco, 1980, pp. 93-118)。另有一些提供了很好的介绍并且更具可读性的作品，可参阅：维迪埃的《农业文明与撒哈拉以南非洲土地法》(R. Verdier, 'Civilisations agraires et droits fonciers négro-africains',

第二部分 考查多样性：传统社会的法律人类学

Présence Africaine [1960]: 24-33）;《撒哈拉以南非洲口头传统法的人类学概述》('Une esquisse anthropologique des droits de tradition orale d'Afrique noire', *Revue et synthèse*, 118-119 [1985]: 301-11）;阿贡佐-奥卡维（P.-L. Agondjo-Okawe）的《传统法的适用范围》('Les domains d'application des droits traditionnels', in *Encyclopédie juridique de l'Afrique*, Vol. I, *L'État de le droit*, Dakar: Nouvelles Editions Africaines, 1982, pp. 393-421）。关于神圣世界及其与法律的关系参阅:《非洲的神圣、权力和法律》(*Sacrlité, pouvoir et droit en Afrique*, Paris: Editions du CNRS, 1979, 228 pp.）;迪卡·阿克瓦尼亚·博南贝拉王子（Prince Dika Akwanya Bonambela）的《撒哈拉以南非洲的圣地》('La Sphère du sacré en Afrique noire', thèse de 3e cycle en Anthopologie religieuse, Université de Paris VII, 1971, 357 pp. unpublished）。

关于传统法律的渊源，有一个非常清晰的综合论述可见于勒鲁瓦和维恩（M. Wane）的《'非国家'法的形成》('La formation des droits "non étatiques"', *Encyclopédie juridique de l'Afrique*, Vol. I, *L'État et le droit*, Dakar: Nouvelles Editions Africaines, 1982, pp. 353-91）。一篇关于神话的概述：史密斯（P. Smith）的《神话的本质》('La nature des mythes', *L'Unité de l'homme*, ed. E. Morin and M. Piatelli-Palmarini, Paris: Le Seuil, 1974, pp. 714-29）。关于习惯请特别参阅：普瓦里耶的《撒哈拉以南非洲习惯法的独创性》(J. Poirier, 'L'originalité des droits coutumiers de l'Afrique noire', *Droits de l'Antiquité et sociologie juridique. Mélange H. Lévy-Bruhl*, Paris: Sirey, 1959, pp. 485-95）;勒鲁瓦的《习俗的精神与法律意识形态》(E. Le Roy, 'L'esprit de la coutume et l'idéologie de la loi', symposium, La Connaissance du Droit en Afrique, Brussels, 2-3 December 1983,

Académie royale des sciences d'outre-mer [1985], pp. 210-40）；阿西尔-安德里尤（L. Assier-Andrieu）的《人类学家的法律》（'Le juridique des anthropologues', *Droit et Société*, 5 [1987]: 90-4）；阿贾马博（K. Adjamagbo）的《多哥的继承》（'Les Successions au Togo', these de 3e cycle Droit, Paris I, unpublished, 1986, pp. 130-70）。

关于政治结构，参见以下选集。勒鲁瓦的《非洲制度史课程：政治制度》（E. Le Roy, 'Cours d'Histoire des institutions africaines: les institutions politiques', unpublished, Paris-Brazzaville, LAJP,1971-2）是一篇高质量的关于非洲政治制度及其与法律制度的关系的调查。还有巴朗蒂埃的《"原始"社会分层和政治权力》（G. Balandier, 'Stratifications sociales "primitives" et pouvoir politique', in *Perspectives de la sociologie contemporaine. Hommage à G. Gurvitch*, Paris: PUF, 1968, pp. 3-20）；莫塔（R. Motta）的《民族学利益社会中权力的技术-法律方面》（'Aspetti tecnico-giuridici del potere nell società di interesse etnologico', *Seminario di Scienze antropologiche, Istituto di Antropologia di Firenze*, Vol. 6 [1984], pp. 39-46）；普瓦里耶《前殖民时代非洲的君主权力形式》（J. Poirier, 'Les formes monarchiques du pouvoir dans l'Afrique pré-coloniale', *Recueils de la société Jean Bodin*, Vol. 20, *La Monocratie*, Brussels, 1970, pp. 177-205）。

关于口头形态的法律，主要的文献资料有勒鲁瓦的《非洲的司法和法律的口头形态：基于撒哈拉以南非洲口头法律理论对传统法律体系的诠释》（E. Le Roy, 'Justice africaine et oralité juridique . Une réinterpretation de l'organization juriciaire "traditionelle" à la lumière d'une théorie générale du droit oral d'Afrique noire', *Bulletin de l'Institut français d'Afrique noire*, 36, series B. 3 [1974]: 559-91）。还可参见：肖特《无文字民族的历史意识》（R. Schott, 'Das Geschichtbewusstein schriftloser Völker', *Archiv für Begriffsgeschichte*, 12 [1968]: 166-205）；勒鲁瓦的《法律范式和法律话语：撒哈拉以南非洲法语地区法律的案例》(E. Le Roy, 'Legal paradigm and legal discourse: the case of the law of French-speaking black Africa', *International Journal of Sociology of Law*, 12 [1984]: 1-22）；维迪埃的《口头形态文明法律的静力学与动力学》(R. Verdier, 'Statique et dynamique des droits des civilizations de l'oralité', *Archives de philosophie du droit*, 39 [1984]; 251-9）。

关于氏族公社模式：阿里奥的《社会模式：公社》(M. Alliot, 'Modèles sociétaux: les communautés', unpublished, Paris: LAJP, 1980, 7pp.）；勒鲁瓦的《撒哈拉以南非洲的社区和在权力下保护个人权利》(R. Verdier, 'Communautés d'Afrique noire et protection des droits de l'individu face au pouvoir', *L'individu face au pouvoir*, 见于 *Recueils de la société Bodin*, Brussels: Dessain & Tolra, 1988）。

106. 传统法律的演变

与一种根深蒂固的偏见恰恰相反的是，传统法律并不是恒定不变的，事实上没有哪个社会能够避免变化，不管它是拒绝还是接受。即使神话，在表达它的故事、格言和仪式更迭时，也会不时地被审视和重新诠释。变化经常来自于社会外部的压力。当本土民众和一个新来的群体不得不共存于同一块土地上时就会发生这种情况。要么新来的人群尊重现存居住者的法律，于是两个群体之间形成一个联盟并且在土地所有和政治势力方面实现共存；要么在比较少见的情况下，新来者会表现得像一个征服者，于是兼并就发生了，本地人失去了对他们对土地的控制，并且被征服了，不得不缴纳地租，或者提供劳役。在这一过程的后期，一个自主性的政体得以形成了，而领地、亲属关系和权力被前所未有地整合联结了起来。这一自治趋势会被强化并导致王国和国家的创建，这通常也是移民因素影响

第一章　传统法律体系

的后果。在这种条件下，国家并没有将亲属关系社会共同体的政治或法律影响力全部解除掉，但是会大幅度地降低它们的影响。

因此国家和国家法律被引入到传统社会中并不总是西方殖民化的结果。撒哈拉以南非洲就存在自治国家。另外，因纽特人社会中的情况也并非如此。各个社会和各个较大范围地理区域的特定历史条件起着更大的决定作用。同时，具有西方外观的国家带来的变化和那些本土国家自身的变化相比，更为唐突但也更难以逆转。这是由于西方国家带来了不一样的经济制度，它以物质产品的生产为中心，物化了社会关系和财产关系并抹除了其中的神圣内涵。

第二章 传统社会中的法律

我们还不能声称自己对于传统社会中的法律已经做了彻底而详尽的描述,即使只是限于撒哈拉以南非洲地区社会的范围内。我们根据一些社会生活领域中法律人类学知识的当前状态做出了一个筛选。在本章中我们将思考亲属关系纽带、财产和契约性义务。

一、亲属关系纽带

在《创世记》中,当示剑一族的人希望和亚伯拉罕的后代结合时,他们的首领哈抹告诉亚伯拉罕的后代:"你们与我们彼此结亲,你们可以把女儿给我们,也可以娶我们的女儿。你们与我们同住吧!这地都在你们面前。"[1] 许多传统重复了这一经验:婚姻的交换支撑了社会。但是这一交换也是一种放弃。另外,由于在我们自身世界之后的天堂所具有的完美性,婚姻交换将不再是那么必要的了。耶稣这样回答怀疑复活的撒都该人,"这世界的人有娶有嫁;惟有算为配得那世界,与从死里复活的人,也不娶也不嫁,因为他们不能再死,和天使一样"。[2] 在这个世界的另外一面,安达曼人[3]的神话与此相呼应:"来生将是今生的重复,不同之处在于来生的世界将永葆青春,疾病和死亡不复存在,人们不再娶妻嫁汉。"

因此社会和家庭在神话的叙事中不可分解地联系在一起,从它们的诞生一直到它们的消亡。在真实社会中又是怎么一回事儿呢？

没有一个所有社会通用的亲属关系结构，我们所知道的大约有八百种，大致可以分为几大主要类别。然而，相似的亲属关系概念并不总是代表相似的纽带，它们根据不同的情形而变化。由于这一原因我们应当首先探究几个关于亲属关系术语学的一般的概念。之后我们才能够描绘所有家庭都遵循的定位依据的两个坐标轴：血缘关系和联姻。最后，我们将把婚姻配偶定位在这些亲属关系结构之内。

（一）亲属关系的术语和术语体系

所有的社会都使用特定的术语来称呼通过亲属关系纽带联系在一起的人，并经常赋予他们不同的意义。从这些概念的使用以及它们所描述的亲属关系纽带中可以推导出好几个主要的术语体系。

107. 表现亲属关系时惯用的图形

在描述亲属关系术语和以这些术语概念为基础的体系之前，我们将先了解一下展现亲属关系纽带时习惯使用的基本图形符号。[4]人类学在这一领域做出了非常精确的描述；有时候这些描述采用的是准数学的形式（图Ⅱ.2.1）。

108. 亲属关系术语

刘易斯·摩尔根在洞察亲属关系术语的多样性中将主要的困难领域分离了出来。他注意到同一个术语概念可以运用于不同的宗谱纽带，反过来一个单独的纽带能够通过几个概念来表达。前一种例子我们称之为分类性的术语：同一个概念能用于描述父亲和父亲的兄弟，而另外一个概念能够描述母亲和她的姐妹。因此家系的直线上的亲属可以和旁系合并在一起。后一种情形我们称之为描述性术语：出于获得更大准确性的考虑同一个宗谱纽带能够通过几个概念

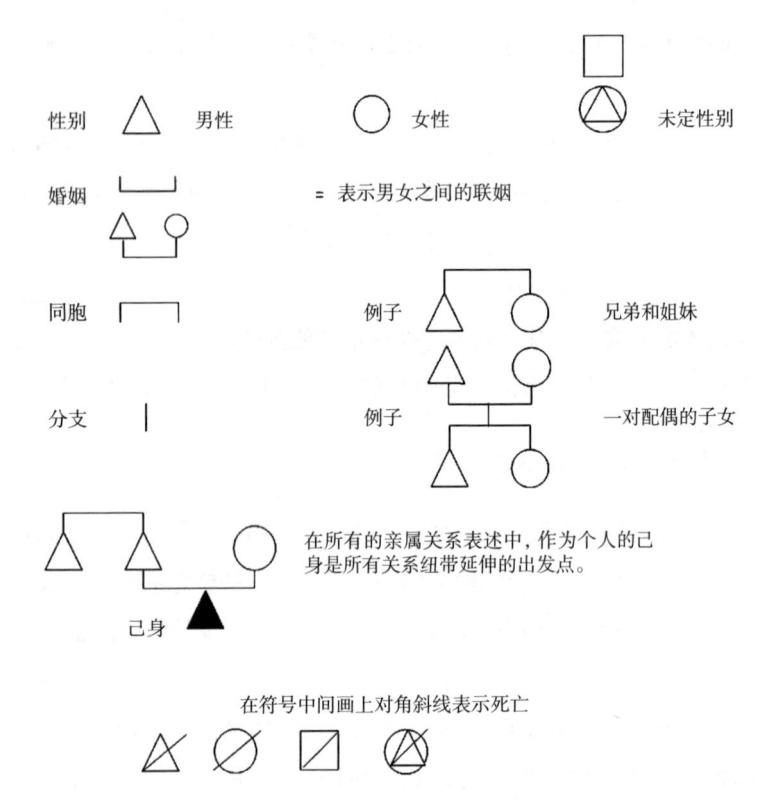

第二部分 考查多样性：传统社会的法律人类学

图 II.2.1 表现亲属关系纽带的基础图形符号

的运用来描述。因此己身的孩子便区分为儿子或者女儿；他们的父母被区分为丈夫和妻子；孩子里面包括了兄弟或者姐妹。推移到更远一个亲等的亲属关系纽带通过基本概念的复合描述来表达。在我们自己的社会里，"祖"（祖父或祖母）这个前缀充分地描述了推移至己身第二个亲等位置的祖先。因此旁系和直系亲属关系能够得以区分。在实践中这两种术语被共同地使用。因此在我们的社会里，以核心家庭为基础的"父亲"/"母亲"、"儿子"/"女儿"、"丈夫"/"妻子"这些概念都是描述性的，它们描述了同样的系谱地位。

第二章　传统社会中的法律

因为我们不太重视旁系亲属，描述他们的概念相比之下就是分类性的。"侄甥"这个概念可以用于称呼己身的兄弟或姐妹的儿子，以及用于称呼己身配偶的兄弟或姐妹的儿子，或者己身的同辈表亲或堂亲的儿子。相似地，"堂表亲"这个概念可以同时用于称呼近亲同辈表亲和堂亲或远房同辈表亲和堂亲。

一般而言，在传统社会中亲属关系术语的运用比现代社会更为复杂。这一复杂性并不是缘于对复杂化的特殊偏好，而是与家庭在传统社会扮演了比在现代社会中重要得多的角色这一事实有重要联系的。所以传统社会比现代社会需要更为丰富的词汇和更为灵活的语法。当一个女人称呼某个类别的异性同辈堂表亲为"兄弟"时，这意味着他们之间不可能结婚，而所有的经济和政治后果都源自于婚姻。反过来，同一个妇女称呼另外一类的同辈堂表亲为"丈夫"，因为他们之间是可能缔结婚姻的。换句话说，生物关系只能说明亲属关系的一个方面。

亲属关系术语也能够体现出等级。一个亲属关系纽带会根据语境和使用该术语的人的地位以不同的方式被表达出来。生活中存在着不同称呼方式，如以某些特定的方式来称呼父母。因此在我们的社会，大多数情况下一个孩子会用爱称称呼他或她的父母（爸爸、妈妈）。在父母这一边，他们会用孩子的本名称呼他们，而不会称呼他们为儿子或女儿。还有间接称呼的术语，当我们在谈话中提到父母的时候会用一些特定的概念来指代父母。在我们的社会，孩子提到他们的双亲时会称之为他们的父亲、母亲（或者他们的爸爸、妈妈），而父母称呼他们为自己的儿子或女儿。这一例子证明了在亲属纽带的某些方面称呼和间接称呼所使用术语的区别是多么的重要。从孩子的角度看，这些概念并不产生什么区别，而在父母的立场来看，它们是根据语境的不同有着不一样的含义的，在称呼子女时使用他们

184

的本名显示了父母希望保持的优势地位。形成对比的是，在我们当今时代的父母们又希望弱化或消除这种优势地位，他们鼓励自己的孩子用父母的本名来称呼他们。

这些亲属关系术语的使用中的变化似乎体现出了术语体系中不可抑制的多样性。其实事实并非如此，因为它们形成了几个主要的类别。

109. 术语体系的类型

迄今为止设计出来的术语体系中最令人满意的是1949年由乔治·彼得·默多克(George Peter Murdock)创造的。在对分布于世界范围的250个社会中开展的一项比较研究的基础上，默多克确定了主要的术语体系类别。他以己身称呼同胞兄弟姐妹、平行同辈堂表亲(parallel cousin)和交叉同辈堂表亲(cross-cousin)的术语概念作为出发点。[5]最后两个类别在我们的社会是不存在的，而它们在传统社会具有相当大的重要性。我们将在研究默多克的类型学时对其进行描述。

图II.2.2表达了以下的亲属关系纽带。[6]父亲和他的兄弟被用同一个术语称呼，相似的是同一个术语被用来指称母亲和她的姐妹。另一方面，为了区分父亲的姐妹和母亲的兄弟这两个群体，他们都被一个不同的术语来称呼，即使两种情况中的系谱纽带在生物学意义上都是一模一样的。

这一区别在下一代中会产生更进一步的区分：平行堂表亲——父亲的兄弟（父系堂亲）或母亲的姐妹（母系表亲）的后代，和交叉堂表亲——母亲的兄弟或父亲的姐妹的后代。同样的，尽管这些堂表亲类别之间并没有生物学上的差异，但是建立在这一系谱基础上的亲属关系纽带会以非常不同的方式被表现出来。平行堂表亲被视为是同宗血亲，因而被称为"兄弟"或"姐妹"，并被排除在通婚范

第二章　传统社会中的法律

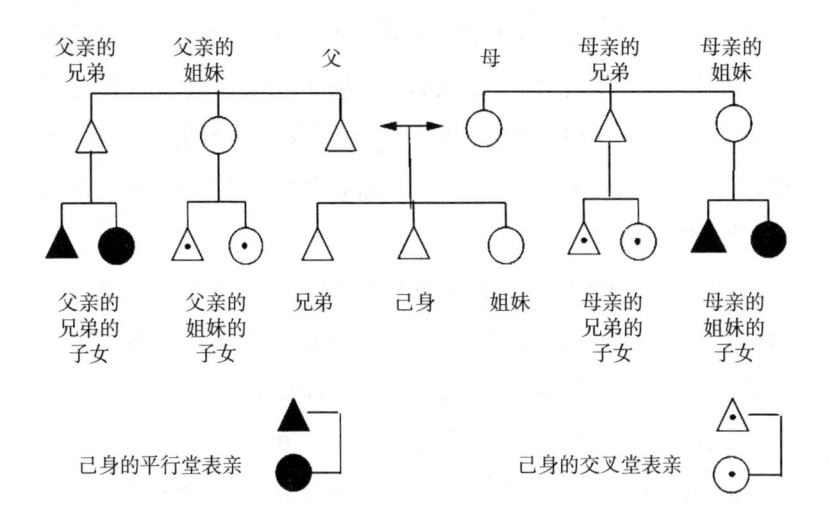

图 II.2.2　传统社会中的纽带

围之外，因为他们之间的婚姻会被视为是乱伦。交叉堂表亲则被认为可以联姻的，他们之间的婚姻不仅是允许的（不构成乱伦），实际上还是被推崇的。因此在大多数社会平行亲属关系被视为婚姻的障碍，而交叉亲属关系鼓励缔结婚姻。因为这两种关系的基础在生物学上是同一的，其区分的基础只能是文化性的。列维-斯特劳斯相信它们因循的是交换的法则[7]：一个社会要想生存或继续维系下去，这就需要它的组成群体通过婚姻交换各自的家庭成员。成功缔结婚姻的一个前提条件是一方伴侣曾经放弃了和其一个兄弟或一个姐妹结婚的愿望，而将他们让予给了另外一个群体，然后获得一个丈夫或一个妻子。交叉堂表亲就源于这种婚姻形式。在父系堂表亲的情形中，己身的父亲曾经将他的一个姐妹让与给了一个第三方，然后这一桩婚姻生育的子女会成为己身的姑表亲。在母系表亲的情形中，己身的母亲将她的一个兄弟让与了属于另外一个群体的妇女。因为这些交叉堂表亲是交换规则运行下的婚姻产物，交叉堂表亲进而能够互相通婚。正是这一同样的论证揭示了平行堂表亲之间的婚姻禁忌：在父系堂亲的情形中，自我的父亲从没有让与过一个可能与之结婚的伴侣，因为他的兄弟和他是同一性别的；在母系表亲的情形中，自我的母亲也未曾让与过一个可能的伴侣，因为她的姐妹是和她同性别的。

也可以用稍微有些差异的但更为简明的形式表现同样的信息，那就是观察交叉堂表亲和平行堂表亲之间的区别是直系血缘产生的结果。在这种血缘形式中，父亲这一边的叔伯和父亲对于自我来说都具有同样的系谱地位（父系血统）；母亲一边的姨娘享有和自我的母亲同样的系谱地位（母系血统）。我们能够很好地理解父亲这边的叔伯的和母亲一方的姨妈之间的婚姻所生育的后代被视为兄弟或姐妹，因此他们便不能通婚。

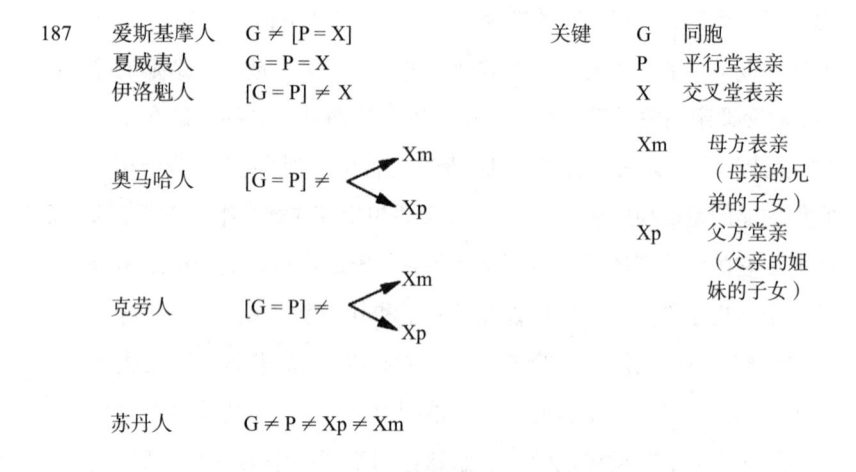

爱斯基摩人	$G \neq [P = X]$	关键	G 同胞
夏威夷人	$G = P = X$		P 平行堂表亲
伊洛魁人	$[G = P] \neq X$		X 交叉堂表亲
奥马哈人	$[G = P] \neq \begin{matrix} X_m \\ X_p \end{matrix}$		X_m 母方表亲（母亲的兄弟的子女）
克劳人	$[G = P] \neq \begin{matrix} X_m \\ X_p \end{matrix}$		X_p 父方堂亲（父亲的姐妹的子女）
苏丹人	$G \neq P \neq X_p \neq X_m$		

（这些称谓最初被用来描述某些社会中的特定主要亲属类别，但也可以适用于其他完全不同的社会类型中。）

图 II.2.3　父系和母系亲属纽带

然而，不是所有的社会都给予这两种亲属关系的形式以同样的重视，就如图Ⅱ.2.3所展现的。[8]

爱斯基摩式的分类法与法国通行的分类法一样：兄弟和姐妹和堂表亲被区别开，但是在平行堂表亲和交叉堂表亲之间没有作区分，最多区分了父系和母系。这种体系强化了核心家庭的作用，使其成为众多同宗血缘关系的核心。相对比之下，夏威夷式体系强化了大型家庭的作用：父系一方和母系一方被联合在一起，以同一个术语来称呼每一代的所有成员（例如，父亲的姐姐和母亲的姐姐都被称呼为母亲，父亲的兄弟和母亲的兄弟都被叫作父亲）。易洛魁人的命名法识别了平行堂表亲（不管是父系的或母系的）和兄弟及姐妹，并用我们前面描述过的同样方式将他们和交叉堂表亲进行对比。苏丹人的术语区分了父系和母系堂表亲，分配给这两种堂表亲的特别称呼概念完全不同于对兄弟姐妹的称呼（通常是描述性的）。北美印第安人的克劳式体系和奥马哈式体系的相同之处在于它们都以对待兄弟或姐妹的方式来对待平行堂表亲。然而，克劳式体系是母系的，而奥马哈是父系的。在前者中，己身会对母系亲属中做出清晰的分类，而由于己身接触父系亲属较少，便会将他们并入同一类别。我们应当注意到另外一种术语体系是在理论上也是可能的，它将第一堂表亲和交叉堂表亲放在一起看待，并区别于平行堂表亲（[G=X] ≠ P）。在我们目前所掌握的知识而言，看来还没有那个社会采用了这一方案。

这些便是亲属关系的术语的类别。然而，亲属关系实际上产生于家庭之中，由婚姻形成的血缘继嗣关系造就。

（二）血统体系

从理论上讲，家庭的纵轴可以延伸到无限，既可以回溯到过去，也可以延展到未来。但实际的情况并非如此。所有人类社会在对近亲属关系的描述中都会设定一个截止点，即在己身的曾祖父这个层级上，再往上就是祖先或上帝了。我们可以总结说在口述型社会和文字型社会中近亲属的范围被限定为己身直接认识的那些人（在我们的社会，对尊亲属的记忆边际停留在（外）祖父母，或者在曾（外）祖父母的这个层次，但后一种情况比较少见）。然而就如我们已经了解到的，祖先们一直存在于世间。即使对于他们在人间生活的记忆在几代以后会消逝，但是由此产生家族世系的重要性却并没有减少。

有好几种定义亲属关系的方式。和阿里奥一样，我们将在研究亲属继承财产的方式之前对亲属的联合体和亲属集团进行区别比较。

110. 亲属关系的实体：亲属集团

亲属关系的实体实际上是由亲属集团（*parentèles*）构成的。亲属集团包含了所有那些被个人识别为亲属的人。它所包括在内的对象是变化不定的：亲属集团包括了特定亲等的血亲，排除了因婚姻联系起来的那些人；它也可能同时包括这两种类别；也可能只包括了因婚姻形成的一部分的亲属，而排除了其他部分亲属。一个亲属集团的成员因此总是和己身有一定关系，但是他们各自的亲属集团并不总是相互关联的。另外，亲属集团包含的亲属数目比其亲属关系系统少，比如世系。最后，这一个集合体的存在是短暂的。它是以个人为中心的，亲属集团会随着个人消逝，它不会移转到个人的后代那里去。亲属集团的这个限制性特点可以通过计算亲属关系亲疏程度的方式（通常用亲等）突出表现出来。

在纵轴线上分开两层关系的亲等的数目和分开尊亲属和卑亲属的世代的数目是一样的，并且如果考虑到旁系，就和旁系中纵轴上距离同一个祖先的亲等数目之和相等（父亲和儿子是第一亲等的亲属;(外)祖父和孙子是第二亲等;叔叔和侄子是第三亲等)。个人因此是处于亲属圈的中心,这个亲属圈涵括了旁系、先辈和后代,并按递进的远近亲疏程度予以排列(第一亲等亲属的范围有自我的子女、父母;在第二亲等,是己身的兄弟姐妹、孙辈和祖辈;在第三亲等,是己身的侄子、侄女、外甥、外甥女、叔伯和姨妈、曾孙、曾祖辈,等等)。因此对于个人来说处于同一亲等的亲属中就会有些成员并不是通过相互之间的亲属关系纽带联系起来的个体(父亲的祖母和父亲的叔伯之间就没有亲属纽带)。另外,亲等的计算包含了那些系谱距离很远,并不属于同一个生活共同体的亲属(己身的叔伯、姨妈和己身的曾孙其实具有亲属纽带)。这些情形并非反常现象,它们自有其原因在里面,原因就是在这类亲属关系实体中的凝聚力是微弱而短暂的。因此这些亲属集团很多时候是现代社会的特征,带有明显的个人主义和国家的影响,因为家族集团凝聚力的衰弱符合了国家的目的。然而,亲属集团能够通过从世系制度中借用某些特点,当我们为了探寻根源家族渊源而描绘出系谱时,我们重构并认同了源自于一个祖先的亲属群体。相似的,姓氏的传承是父系性质的,即使这一原则现在有所弱化(如现实中离婚之后形成的女性家长为中心的家庭)。法国在1986年颁布法律允许孩子同时使用母亲和父亲的姓氏。然而,世系结构作为亲属关系集团的一个特征,通常在传统社会扮演了更为重要的角色。

111. 亲属关系集团:氏族、家族、世系群

和亲属关系集群形成反差的是,所有从属于一个亲属集团的个体因为他们都是源于同一个祖先的后代而相互联系,尽管这个祖先可能很久远或者甚至是神话中的。根据这个共同祖先的位置,家系渊源的纵轴延伸限度也可以得到确定,即从氏族到家族(lingée,己身的世系群中在世成员),中间是世系群,如图Ⅱ.2.4所示。[9]

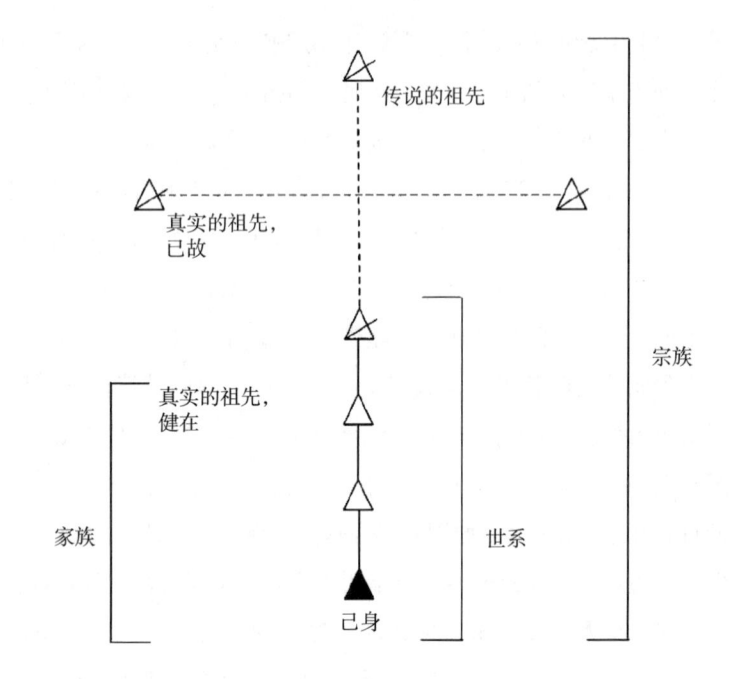

第二部分 考查多样性：传统社会的法律人类学

图 II.2.4　家族，世系群，氏族

无论我们在这些体系中采用什么维度，"血统"这个概念都不是"后裔"的同义词。在一个单线系统内，孩子是父母双方的后代，但是只能归于其中一方的血统，即父系体制中的父亲，或母系体制中的母亲（而在家族中，血统被后裔的概念所取代，父系和母系的亲属都被涵括在内）。

家族由仍然在世的祖先的后裔构成。

氏族是纵轴上最长的一段。它将一个真正的祖先（在世的或已故的）和一个神话中的祖先（经常是动物或者植物而非人类）的后裔全部涵括在内。氏族因此是建立在神秘的亲属关系基础上的，而家族和世系群是建立在生物学意义的亲属关系纽带上的。氏族经常具有和动物或植物相联系的姓氏，用这一方式确定自身并区别于其他宗族群体，并和图腾信仰结合在一起。

世系群集中了一个真正的已故祖先的后裔成员，它居于家族和氏族之间的位置。它的系谱范围在不同社会有所差异，它可以延伸范围从三代到十代不等。世系不仅仅建立在时间和血统的基础上，它们还有一个空间维度。就像一个祖先被和一个世系紧密联系起来的方式一样，一个世系是建立在它的世系地域基础之上的，世系先祖的后代总是居住在该地域范围之内。世系制度在许多传统社会扮演了一个重要的角色。因此我们应当厘清它所具有的不同血统原则。它们被归纳见于图Ⅱ.2.5。[10]

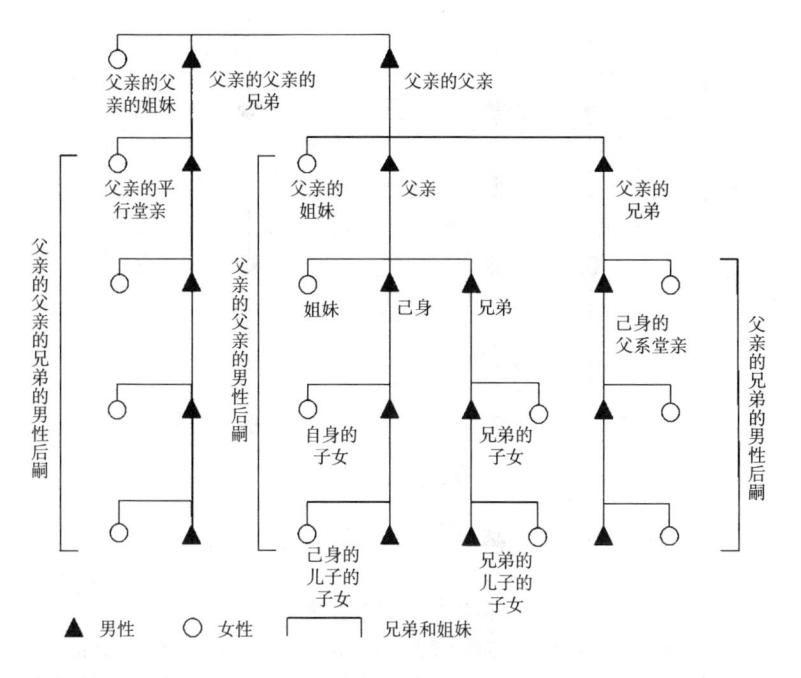

图Ⅱ.2.5　父系传承

男性己身的亲属关系纽带遵循男性亲属关系制度。在他的祖父母和外祖父母中，己身只和他的祖父（爷爷）具有纽带。父系家系中

第二部分 考查多样性：传统社会的法律人类学

的女性世代都被包含在亲属关系范围中，但是所有这些女性都没有被纳入自我的父系亲属关系范围中。

（北非被父系家系制所统治，撒哈拉以南非洲和马达加斯加的社会有时候是父系的，有时候是母系的，很少是双系的。）

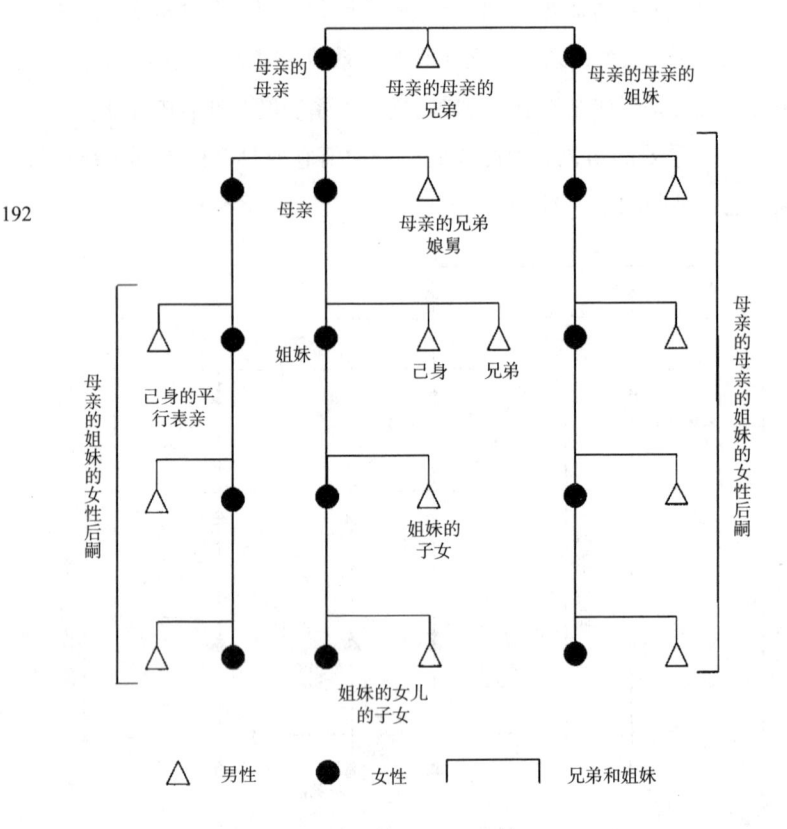

图 II.2.6 母系血统

男性己身的亲属关系纽带遵循母系亲属关系制度，穿越五个代。在他的四位（外）祖父母中，自我只和他的母系祖母（奶奶）有纽带。母亲家系中的男性世代被包含在亲属关系范围中，但是这些男性后代都没有被纳入自我的母系亲属关系范围中。

世系群在政治权威和亲属关系权威尚未分化的社会中发挥着基

第二章 传统社会中的法律

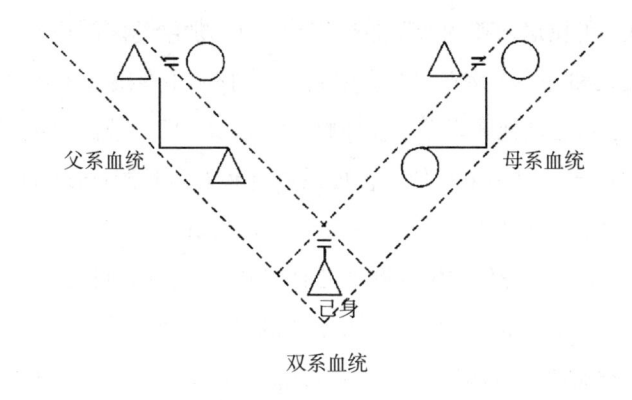

父系血统　　　　　　　　　母系血统

己身

双系血统

图 II.2.7　双系血统

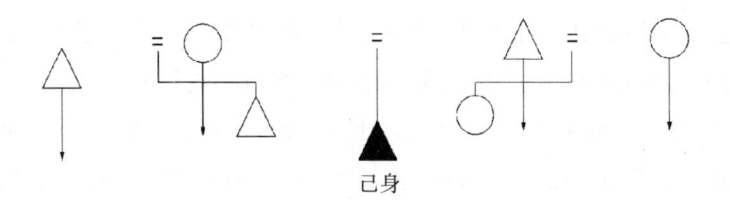

己身

图 II.2.8　同族或为分化血统

础性的作用。所以，在这些社会中，亲属关系的范围被限于由出身和婚姻确立的家系社会共同体（在没有政治权威的情况下，这形成了一个健全的社会系统）。亲属关系集团也会根据祖先的性别及其亲属纽带的性质而有所区分。其中一种情况是男子的所有后代和女子的所有后代都被视为属于同一个社会共同体的成员，那么血统关系就体现为未分化的状态，另外一种情况是根据祖先的性别来决定亲属关系纽带的性质，可能是父系的、母系的或者双系的。

单系血统经常出现在两种形态中：母系的和父系的。在母系血统的情况中，亲属关系纽带通过妇女为中介发挥作用，并决定继嗣和身份（这一制度存在于印度南部的纳雅人、印度尼西亚人的米南

第二部分　考查多样性：传统社会的法律人类学

卡保人、美拉尼西亚的特罗布里安德岛民、加纳的阿散蒂人、中非的班图人和许多东南亚的社会中）。一个孩子不会隶属于其父亲的世系，也不会从他那里继承任何财产；"父亲的"权威由舅舅，即母亲的同母异父兄弟来行使。在母系血统和女家长制（matriachy）之间需要做出一个重要的区别：大多数母系制系统是其实男性家长制的，因为财产和身份地位的继承是通过舅舅（母亲的同父异母兄弟）传给母亲的孩子的，而并非从母亲传到她的女儿那里。换句话说，尽管这种血统的形式是以妇女为参照点，但是它实际上以有利于男子的方式运行。母亲这一边的舅舅是家庭的家长，权威继续由男人和他们的兄弟把持。丈夫的低姿态解释了在母系社会的离婚为什么这么频繁和容易，在美洲的肖肖尼族印第安人中，一个妻子如果想要和丈夫分手的话，只需要将他的东西扔出茅屋就行了。

父系血统在传统社会和现代社会中都会出现。根据克劳德·列维-斯特劳斯的观点，[11]它往往在政治权威已经和亲属关系权威分离，以及男性政治权威并不愿意和母系亲属关系体制共存的社会中占主导地位。从实质上说，父系血统和母系血统都遵守同样的法则，只是性别倒置而已。但是也还是有所区别。这两种体系之间缺乏平衡是缘于男子企图在所有方面主张他们的统治支配这么一个事实。在父系制下这要相对容易一些，因为他们都被分成若干群落，而母系体系将同宗的男子和女子拢聚在一起。在父系制中，男子对他们的妻子行使支配的角色，因为他们认为是自己繁殖了这个世系。在母系中男人们会千方百计地留住他们的姐妹，因为她们能为这个世系生育孩子。在父系体制中，聘礼（由未婚夫的父母支付给未婚妻的父母）的数额通常比在母系体制高，因为在母系体制中妻子能够更容易地实现离婚，而如果未婚妻的价格太高的话这是不利于丈夫的。最后，最关键和最重要的是，婚后的居住选择根据血统的种类具有

第二章 传统社会中的法律

不同的表现行使。有好多种可能的选择：

从父居：夫妻同丈夫的父系亲属一同居住；

从夫居：夫妻居住于丈夫婚前的居住地；

从母居：夫妻同妻子的母系亲属一同居住；

从妻居：夫妻居住于妻子婚前的居住地；

从舅居：夫妻和妻子的兄弟居住在一起；

两分居：丈夫只是一个性伴侣，他不和妻子居住（就像匈牙利的纳扎尔人的做法）；妻子和她的兄弟、姐妹以及他们的孩子居住在他们出生的村子里；

两可居：夫妻可以自由选择定居，要么和丈夫的父母或和妻子的父母，其选择经常取决于经济考虑；

交替居：居住方式是从夫兼从妻的，或者是从父兼从母的。

原则上，母系制度会选择从母居和从妻居的形式，父系制度会选择从父居和从夫居的形式。然而，这两种安排并不是完全对称的。在父系制度中，丈夫在他们的家庭中保持着权威地位，而母系制度中的情况则是相对的，在那里权威属于妻子的兄弟，而且在丈夫和妻子的兄弟之间会出现对抗关系。这种对抗关系会被居住形式凸显出来。但是在父系的从父居和从夫居的居住模式中不可能出现在类似对抗，也不会出现在母系制度和从父居或从夫居相结合的第三种模式中。在这一居住形式中丈夫不再和他妻子的兄弟居住在一起，即使他们处于丈夫的社会上级。

这阐明了两个因素。第一，母系血统和从母居很少能够出现在一起。第二，母系血统即使它在最初时具有从母居形式，也往往会转变为从父居形式[12]。即使丈夫在妻子的眼中还是一个陌生人，妻子还是会离开她的家族去和丈夫居住在一起。在母系和父系两种体制中，妻子至多不过是男性家系的体现，在大多数人类社会中妻子

第二部分 考查多样性:传统社会的法律人类学

都处于弱势地位。列维-斯特劳斯曾经清楚明了地总结过这些观察:"母系血统就像是父亲的手,或者妻子的兄弟的手,它会远远地伸到姐(妹)夫的村子里去。……在血统模式的摇摆变动背后,从父居的范围证实了性别之间的基础的不对称性,这也突出了人类社会的特征。"[13]

最后,我们应当注意到世系会被调节改变的事实。血统家系的具体类型会对两种性别人口比例的波动造成影响。多偶制和收养制能够改善这一情况,特别是当重要的家族面临消亡的威胁时(某个父系世系中男性后代的缺乏)。然而,另外一种相对的途径也会管用,世系群规模会变得非常的大,于是就会发生裂变。裂变会以两种方式运行:要么世系分为社会量度上对等的两半,或者其中一部分分离出来并被视为是弱小低贱的群体。在父系社会裂变能够相对容易地发生,一个儿子或者一位兄弟只需要找到一个妻子就可以建立家庭。在母系制度中,和自己的兄弟生活在一起的女子也应当找到丈夫。氏族之间能够基于亲属关系或者出于共同的原因(战争、仪式等)发展更紧密的关系。合并在一起的几个氏族被称为胞族。

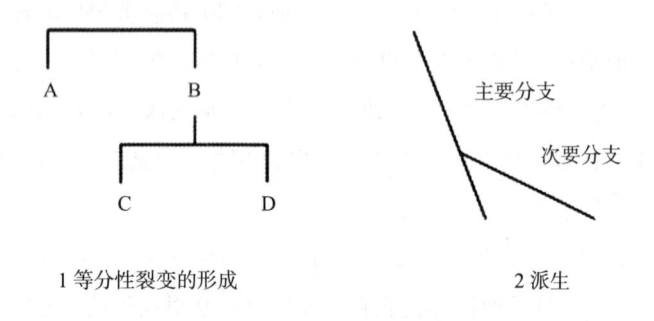

1 等分性裂变的形成　　　　　2 派生

图 II.2.9　裂变的过程[14]

双系血统是在1924年被拉德克利夫-布朗发现的:每一个世系

有一个或者更多的特定属性。尼日利亚的雅库人是这种机制一个很好的例子。不动产是通过父系来流转的，而动产是通过母系流转的（也就是说，通过母亲的兄弟）。

未分化的或同宗的血统形式是和前者形成对比的解决方式，即亲属关系集团的成员身份不是由性别来决定的。亲属关系集团包含可能源自任何尊亲属的某个人的所有后代。自我不再是一个或者两个世系的一个成员了，而是任何可能会被认可的亲属关系圈的成员。前面研究的家族集团作为我们自身社会的一个特征，在这里再次出现。[15]

我们已经描述了确认个人身份地位的方式，以及由个人构成的群体维系自身存在的方式，并在以死亡和出生为标注的时间历程中演变的方式。那么关于财产的情况又如何呢？

112. 财产的继承

多马（Domat）说过："继承的观念是建立在社会机体必须延续和传承到后继的世代这一基础上的。"[16] 所以组织调控财产继承的方式反映了社会的结构。现代社会中的继承是纯粹个人主义的，而在传统社会中集体比个人重要，将这二者进行对比是比较简单化的做法。然而，即使在我们自己的社会，个人的意志也总是受到规章制度的制约，财产不能被自由地处分，因为继承行为具有一定的社会效应，并牵涉到家庭。我们还将表明传统社会并不忽视个人，而是将个人置于公社体制中。[17] 这一区别更多是程度上的而非基本性质的。

第一个原则：继承模式反映了个人被整合融入社会。这一整合并不会导致个人权利和群体权利的对立，更不会取消这些权利，而是根据这些权利和个人在群体中的位置的关系来定位这些权利。

首先，不能在整个社会群体范围内来分割财产。只有和一位共

第二部分 考查多样性：传统社会的法律人类学

同的祖先建立了系谱关系的人才能占有和传承财产。和这一原则相一致的是，被继承人在亲属关系群体中的位置是首先要考虑的因素。其在亲属关系等级中的位置越高，就越容易被确定继承人。那些相关的群体成员和被继承人之间的关系就被建立了起来。亲近程度是个决定性因素并由血统来确定：儿子继承父亲（父系体系中），或者外甥继承舅舅（母系体系中），如果合法继承人先死了，财产就归属于那些占据了平行对应位置的人（于是父亲的弟弟的儿子将会被选中，或者是母亲的妹妹的儿子）。另外一个解决办法是跳过中间这一代将财产移转到父亲的孙子那里，或者转到侄女（外甥女）的儿子那里。这些系谱的命令性要求是强加于个人身上的，个人的遗嘱自由受非常大的限制。最后，被继承人的遗产不会全部被继承人瓜分一空：他的继承人应当保留遗产的一部分用来支付可能会支出的丧事膳食和葬礼祭品。

其次，不仅物品会被传承，身份角色也会被继承，妻子和孩子会与物质财产一样被以同样的方式传承。如果继承是因为死亡引发的，那么非常重要的一件事就是确立谁将取代被继承人在他和其他人的重要关系中的位置。

最后，尽管在我们自己的法律制度中继承不一定就发生在死亡之后（可以通过预支、捐赠和分家等方式进行分配处理），但在传统社会这种情况的发生更多一些。继承的时间选择遵循着不同的规则。在财产移转的情况中，继承发生在继承人成年的时候，而非被继承人死亡之时（维迪埃所言"缘于生存的继承"是正确的）。换句话说，由于对血统规则的应有考虑，孩子会接受婚姻补偿和必要物资以使他们能够在成年之后自力更生，脱离他们的父亲或舅舅（母亲的同父异母兄弟）。[18] 邦特（P. Bonte）曾经描述过发生在尼日尔的格雷斯族图瓦雷克人中的此类方式：由于婚姻，或者第一个儿子的诞生，某人将会得到他父亲的一些家畜。另一方面，公共职务的继承只会因为在职者的死亡才发生（巫医、术士、地域首领、世系头人）：最老的人被视为最适合于领导大家的人，也是最接近祖先的人。因此我们观察到传统社会和现代社会关于继承的时间选择的区别：在传统社会中，角色的继承因为死亡而发生，而财产的继承会发生于死亡之前；在现代社会中，开始担任公共职务或非家庭的私人职务的时间是在前任在职者的有生之年里面，而财产主要是因为死亡而流转。

第二个原则：继承模式还考虑到了财产的"社会亲属关系"功能。现代的法律实践往往把遗产的继承看成是被继承人的所有权转化为继承人的财产。而与此相反，在传统法律下财产的让渡和流转是为了保持群体的凝聚力，和促进世代而非个人的演替。

首先，财产的价值既并不完全是建立在它们的经济价值上的，但更多的是以财产和对该财产拥有所有权的群体的关系为基础的（因此西非的塞瑞瑞人在经济价值相等的条件下，对从舅舅那里继承的一头奶牛和从父亲那里继承的一头奶牛的价值予以区别对待）。因此并不存在一个统一的继承观念，因为经济价值并非决定因素，所以不能被用作不同种类财产之间的比较量度。在财产、职务和人这三个领域中也不存在什么统一的继承方式。财产和亲属关系紧密相关，每一个人都在关系链中和他的尊亲属形成联系，并最终和始祖建立起联系。财产也是和最先创造、接受、获得财产的人联系在一起的，而这些人不一定是财产现在的管理人。因此旁系继承（兄弟之间的继承）会先于直系继承进行。当继承发生在垂直家系中时，它遵循父系、母系，或双系体制的原则。财产性质的差异会比财产系谱来源的差异更加令血统的继承变得复杂化，如某些财产（通常是土地）只会传给男子（父系制和母系制都是如此）；其他一些财产

（珠宝首饰）只会从母亲传到女儿。(我们社会中的优先转让惯例[一个农场，或一项商业的转让]也体现了根据标的的性质实行不同方式转让的观念。)

其次，有些财产被认为是对于群体的运转至关重要的，因此整个群体和这些财产的变动具有利害关系，而个人不能以遗嘱的效力来对抗控制这些财产转让的规则。其他那些附属性更强的财产构成了个人的财产，实际占有它们的人对其变动有更大的发言权。

尽管这些描述比较简略，但我们还是能够确立这样一个事实：传统法律并不倾向于在财产之间和人之间做过多的区分。这是"一种幼稚的混乱"吗？事实上这是因为传统社会有着和我们不一样的思维方式。在现代社会，国家往往降低群体的重要性以有利于个人。在传统社会中财产的一个主要属性是它们和亲属关系是结合在一起。国家力图逆转这一趋势是相当合乎逻辑的，因此国家将财产和人分离开，并在此过程中保护个人财产。法兰西共和国因其对个人自由的信仰，一直以将个人从群体的压制中解放出来而自豪。今天我们有充分的理由相信个人挣脱群体的奋斗只不过是给自己换了一个新的主子，个人的自由实际上相当于国家的权力。

但是，支配亲属关系的结构具有的多样性不可避免地引出来了另外一个问题：我们怎么解释变化？

113. 亲属关系制度之间分化的可能原因

我们已经证实了家族结构是和国家已经建立了对于亲属关系集团的统治的社会紧密联系在一起的，[19] 也证实了根据列维-斯特劳斯的观点，[20] 政治权力的分化导致了父系体制的产生。然而，除了这些强调政治维度的评论以外，我们只能提出假说。

交叉文化比较至今都在强调经济因素。阿贝勒（D. F. Aberle）曾经阐述认为这些经济因素有利于或者强化了父系体制组织而破坏了母系体制[21]。它们会表现为生产力的提高和群体规模变大；男性主导的工作和男性占有财产的范围扩大；男性对生产技术控制的增强；消除了亲属关系影响力的政治体制的发展。相比之下，母系制度更多地是存在于热带或亚热带地区，在那里妇女采集到的野生植物比男人打猎捕获的野味更为丰富充足。另外，奥德力库（A. Haudricourt）和克雷斯维尔（R. Cresswell）所作的观察提供了证据表明：一个社会栽培的作物、驯养的动物和这些社会特有的亲属关系纽带之间存在某种联系。[22] 谷类作物的耕作要求使用有性植物，它会生产出多种不同的种子。气候和土壤会适合其中的某些品种，所以农民应当仔细地筛选种子。而块茎作物的栽培遵循不一样的原则，每一年都重复种植同样的品种，因此收获了连续重复种植形成的许多无性系作物或大量的块茎。

种谷物的农民经常大量驯养动物。在社会生活上他们有仇外和族内婚的倾向。在政治上，就像西方的经验一样，他们往往将个人置于国家的统治之下并重视法律的作用。与此相对比，在东南亚国家薯蓣的种植文化很普遍，它只需要最小限度的劳作（不像谷类种植需要打谷和选种），动物的驯养也不那么成规模，国家和法律对日常生活中的影响程度较低（对于中国的儒家思想来说尤其是这样的）。

如果继续探讨经济因素对于亲属关系结构影响的话题，我们会注意到德莱弗（Driver）和梅西（Massey）（1966）取得的成果，他们的研究阐述了整个北美洲的印第安人社会的经济和亲属关系之间的相互关系。依靠妇女的劳动维持生计的社会体现出从母居、母系家系和克劳类型亲属关系术语的特点；而男人和妇女平等分担经济活动的社会以两可居、双边家系和夏威夷类型亲属关系术语为特点；依靠男人的劳动维持生计的社会以从父居、父系家系和奥马哈式亲属关系术语为特点。然而，尽管这些相互关联体现了经济因素的影响（很难争辩说这不是事实）但这还不是决定性的因素。事实上非常重要的一点是要注意到这些相互联系的一大特点是低强度的表征。我们会得出和戈德利埃一致的结论，其他原因（政治的、社会的、宗教的，等等）也有其影响。

在结论中，我们应当注意到很重要的两点。

首先，物质条件对于亲属关系结构的体制确实起着一定的作用，但是对于亲属关系结构的具体形态并不是十分重要的决定因素。政治分化的程度也会发挥了重要的作用。其次，男性活动占据的主导地位显然更适合父系体制，如所有游牧畜牧社会都是父系的（除了图瓦雷克人）。男子扮演了重要的社会角色，因为他们肩负驯养动物的任务。但是这仅仅是一部分现象而已，因为在具有不同经济部门（狩猎、捕鱼、采集、农业、手工艺）的社会中，我们会发现单系的、双系的和未分化的亲属关系纽带的存在，而这是和生产力所处的时期及生产方式无关的。就如戈德利埃曾经写到的，我们只能很遗憾地得出这么一个结论"在目前，社会科学还不能够发现生产方式和再生产的社会方式之间的相互联系"。[23] 这一陈述并不意味着决定亲属关系结构的机制是无规律的和无原则的，因为我们要看清亲属关系结构的模样就不得不穿越层层迷雾，这些迷雾取决于我们试图阐明它时所用的基础方式。幸好我们能够通过婚姻制度发现一些内在规律。

（三）婚姻制度

在我们现代社会中，群体往往隐藏在个人背后。传统社会的组织体制表现出一种相反的趋向[24]：婚姻本质上是将群体黏合成为一个联盟的方法。

乱伦禁忌的原因可以在群体所具有的重要性中得到一种解释。202
同时，如果这一禁忌是普遍存在的，那么它是通过好几个交换体系
来运行的，我们将尝试对其分类。

乱伦禁忌：乱伦关系在所有社会都是被禁止的，对这一事实的
诠释形成了好几种理论。

114. 乱伦的冲动

在最近十年时间内，许多根深蒂固的禁忌已经在现代社会被
摒除了。但似乎我们依然还遵守关于乱伦的禁忌，[25]并引入"自然
的"和生物学的法则：近亲属之间的性关系据说是违背自然的，这
种婚姻繁育的后代将出现越来越多的遗传缺陷。但是有迹象表明乱
伦联姻是一种自然的冲动。一句阿赞德人的谚语认为"对于女人的
欲望始于姐妹"。一个阿拉佩什人社会（南海岛民）的成员向玛格丽
特·米德（Margaret Mead）说过的一段话经常被引用，"你会考虑和
你的姐妹结婚吗？为什么你会这么想的？你不想得到姐（妹）夫、连
襟？你不知道吗，如果你和另外一个男人的姐妹结婚，而另外一个
男人和你的姐妹结婚，你将会有至少两个兄弟了。然而如果你和自
己的姐妹结婚的话，你一个都不会有的？谁会和你一起去打猎呢？
谁会和你去地里干活呢？你会去谁家做客呢？"其中的寓意是明白
的，即不和自己的姐妹结婚有着充分的社会和经济原因。在描述古
罗马社会时，普鲁塔克已经了解到了这一点（尽管是比较犹豫的态
度），并提出其他原因："为什么他们不和同自己较近的同族妇女结
婚呢？他们希望通过婚姻扩展他们的关系，并通过将妻子授予其他
人，同时从其他人那里得到妻子来获得更多的亲属吗？"[26]

显然心理分析学家想通过俄狄浦斯情结证实其实乱伦的冲动是
自然的，而禁止乱伦才是违背自然的。并指出把乱伦说成是不自然
的并不能证明它是有害的。一个孩子要面对这个世界和社会，就得

寻求从父母那里获得解放，正如圣经经文所宣称的："你将离弃自己的父亲和母亲。"这是适用于社会群体的解释吗？列维-斯特劳斯认为事实的确如此。

115. 诠释乱伦禁忌

大多数主要的理论在两极之间摆动：要么它们将乱伦禁忌和现实因素联系起来；要么追随列维-斯特劳斯，认为禁忌的原因是和进行交换的必要性相关联的社会必然。更近以来，戈德利埃曾经提出乱伦禁止的原因其实同时存在于这两种解释。

福克斯（R. Fox）[27]认为应当把乱伦禁止放到自然选择的背景中来诠释，因为近亲繁殖是有害的。为了避免乱伦，和人类较近的动物物种借助于混杂交配或世代间的竞争将相对年轻的个体驱逐出去。然而，当第一个人类社会形成相对稳定的家族集团时，这些做法构成了一种威胁，因为集体需要凝聚在一起。因此就不得不创造出乱伦禁止的规则，以防止近亲结合和控制个体之间的竞争。没有采用这一解决办法的人类社会都被自然选择机制淘汰了。

近来颇受赞同的列维-斯特劳斯的理论突出了不同的因素。列维-斯特劳斯不相信近亲繁殖在生物学上是有害的，至少在长期来看不是。[28]他让我们注意到这个事实，在旧石器时代之后的很多时候，人类在作物栽培和动物驯养中成功地使用了同系繁殖方法。[29]那么为什么在纯粹的生物学范畴内，人类在和自身的繁殖相关的问题上得出了不同的结论呢？另外，列维-斯特劳斯指出关于乱伦禁止的生物学争论只是在16世纪以来才普遍兴起的；这一解释因此很难说明为什么较早的社会也曾禁止乱伦行为。尽管近亲繁殖确实在短期内会增大隐性缺陷出现的危险，但这只是暂时的现象。在几代之内，这些缺陷就被消除了。另外，在人口较少的社会，近亲属（第一堂表亲包括在内）之间的通婚禁忌，只

第二章 传统社会中的法律

会减少10%或15%的罕见特征的携带者。列维-斯特劳斯也抨击了建立在性动机基础上的乱伦禁止解释。根据这些解释,生活在较亲近的亲属关系中使性冲动的更容易产生。这也许是真实的,但还是有点混淆了性伴侣(丈夫和妻子)之间的亲密和亲属之间可能产生的亲密。性伴侣的亲密关系是不大可能存在于亲属之间的,因为后一种性关系恰恰是被禁止的。某些社会,比如西伯利亚的特乔科特奇人人社会,根据他们实行的婚姻方式是两个小孩子在非常年幼的时候就结婚了,然后被一起养育成人,其间并不阻止他们像成人那样有性结合和生育。最后,列维-斯特劳斯评论道如果"对乱伦的恐惧"是基于人性中深深埋藏的生理学和心理学原因的话,这很难解释为什么所有已知的人类社会都在不同程度上认为有必要禁止乱伦,因为我们通常只禁止那些我们觉得很可能发生的事从而保护自己。列维-斯特劳斯更多地是通过社会因素来解释乱伦禁止。我们放弃了和近亲属结婚的想法并接受了将他们以婚姻形式让给其他家族集团的做法,[30]然后从对方那里我们将获得配偶作为回报。在这种婚姻交换中的形式中个人要付出一定代价,每个人都得承受"损失"一个可能是潜在性伴侣的亲属成员。但是对于集体有一个好处:如果没有这些交换,社会群体就会是内向性的(inward-looking),而这对社会中的生活是有很大不利影响的。另外如果拒绝妇女的交换,这只会起到增加群体之间敌意的作用。当一个群体缺少妇女时,战争就会成为从一个邻近群体获得妇女的唯一手段。这一因素的反面证据就是婚姻交换被经常作为结束冲突的方法使用,或者是对敌对状态已经结束的认可。美拉尼西亚人说:"我们只从那些我们与之开战的群体中寻找妻子。"我们欧洲的帝王也曾常常遵循这一规矩。所以列维-斯特劳斯相信乱伦禁止是文化改造自然属性的最明白表现:

第二部分　考查多样性：传统社会的法律人类学

乱伦禁止在起源上既不是纯粹文化的也不是纯粹自然的，更不是源于自然性和文化元素的合成混合物。它是基础性的一步，因为这一步或通过这一步，但重要的是在这一步中，完成了从自然到文化的转变。从某种意义上说它属于自然，因为它是文化的一个一般条件。所以，我们并不应该对作为其外在特征的普遍性感到意外，它是源自于自然属性的。然而，从另外一个意义来说，它已经具有了文化属性，并将它的规则执行和施加于最初并不由它规范的现象上。[31]

戈德利埃的立场处于以上提到的学者的中间立场，他并不轻视列维-斯特劳斯的分析，但是也承认生物性因素的作用。[32] 他认为家庭或社会形态并非为人类所专有，因为一些动物物种也形成了这些制度（黑猩猩就生活在由许多家庭构成的群体里面）。另一方面，人类创造了亲属关系纽带，这是一个更为复杂的亲属间关系的形式，因为人类亲属关系既是生物性的也是社会性的（我们能够和与我们没有生物性纽带的人形成亲属关系纽带），并在时间和空间上延伸很远。这些纽带很有可能是开始于父系出现的时候，而父系比母系家系更难以建立（一些人类社会并不将性交和生育联系起来，它们相信妇女是因为神灵而受孕的）。乱伦禁止肯定起到了推动作用。然而，对于戈德利埃来说其背后的原因是生物性的。首先，人类中的女性具有的性吸引力几乎是长久性的（不像其他物种的雌性）。另外，人类实现生理成熟的过程要慢得多。在同一个家庭的世代中总会出现某些在性方面很积极的个体。这两个因素结合起来构成了对于社会的潜在威胁，并激化了社会成员之间的竞争，于是就创造出乱伦禁止来保护社会。

此后，家系和婚姻规则出现了并得以强化。禁止选择有亲缘关

第二章 传统社会中的法律

系的人作为配偶不可避免地导致了婚姻和家系规则的形成，相似性被禁止而差异性得到许可。对乱伦的禁止可以被看作是对生物性变化的一种反应，是将交换作为社会家庭控制机制建立起来的一种反应。最后，戈德利埃的理论非常正确地让我们注意到一个事实：即使在大多数人类社会中男性占有对女性的支配地位，这其实也并非人类亲属关系的固有特征，亲属关系的作用体现为系统地表现交换所发生于其中的结构。在其他方面也存在男性统治的原则，如经济的、政治的和认知的范畴，这些范畴是亲属关系纽带形成的背景并体现出它们的印记。

我们现在将考查各种婚姻交换的形式，乱伦禁止通过这些形式被体现了出来。

婚姻交换的体系：存在三种这样的体系。它们是：基础型体系，某些亲属被排除在外，该体系指定了优先选择的婚姻伴侣；准复杂型体系，它通过婚姻禁止排除了全部类别的亲属，而不是仅以系谱确定的个人；复杂型体系，它禁止在一个封闭的亲属圈子内缔结婚姻，但是没有明示地指定伴侣的选择范围。我们自身的社会体现了复杂型体系的特点，关于婚姻的法律只是禁止缔结乱伦性质的婚姻，而没有强制安排一个积极的选项，并将其他的方面的权利都留给个人完全自主地作出抉择。我们应当注意到不要掉入进化论诠释的陷阱。我们的社会将基础型体系的禁止和指令转移到社会经济领域，看起来似乎给予了个人选择的自由，但事实上用社会性的必然和强制替代了系谱的强制。[33] 反过来，其实传统社会也使用复杂体系，因为它们总是指定一个氏族外的婚姻而没有确定一个具体的伴侣。但是，传统社会中出现更多的是基础型体系，我们将集中关注这些体系。[34] 现实中有两种交换发挥作用：限定范围的交换和广义范围的交换。

116. 以限定范围交换为特征的基础体系

在限定范围的交换中,两个社会群体形成互惠的妻子交换机制,这事实上是姐妹的交换:一个男性群体将他们的姐妹让给另外一个男性群体,作为交换后者也将让出他们自己的姐妹。这一交换形式也称作"卡列拉"(Kariera,一个西澳大利亚原住民部落的名字,其配偶交换制度是第一个被清楚描述的类似现象),它通常被所谓的二元社会所实行,这种社会将其成员对半分为两个单系的族外婚的集团。在这种制度下,在因交换配偶的姐婚姻繁衍的后代中,交叉堂表亲之间的婚姻是被允许和推崇,因为交叉堂表亲的父亲都曾经将自己的姐妹交换出去。但这一制度排斥了平行堂表亲之间的婚姻,因为产生平行堂表亲的婚姻中配偶并没有让出一个异性的亲属去交换。[35]

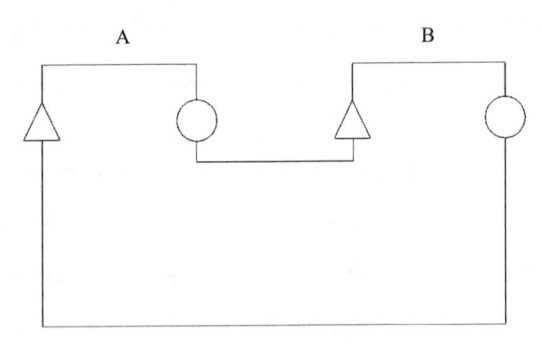

图 II.2.10 限定的交换

117. 以广义范围交换为特征的基础型体系

和直接限定范围的交换不同,广义范围的交换并不要求在配偶流转中实现即时的互惠性,而且在理论上涵括无限数量的婚姻伴侣,就如下列图解所示。[36]

在这一体系中,交换出妻子的家族并不会马上得到一名妻子的

第二章 传统社会中的法律

回报；每一个人既是给予者也是接受者。供给群体从来不会直接从接受群体那里获得回报，而是从交换链条最远端的群体那里接受回报（图Ⅱ.2.11）。

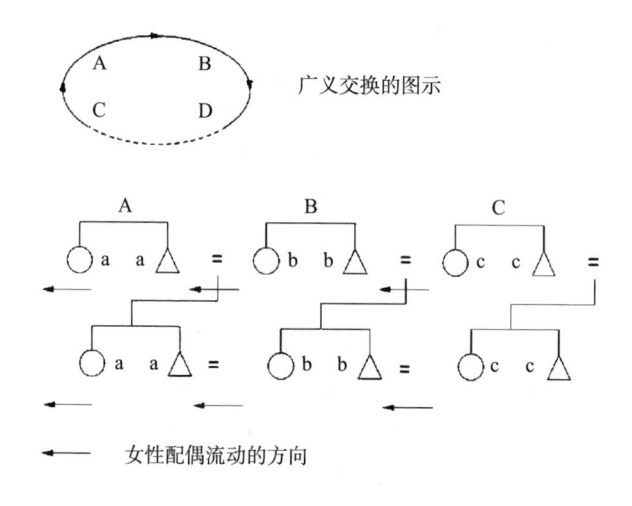

广义交换的图示

← 女性配偶流动的方向

图Ⅱ.2.11 广义范围的交换

这一体系不像限定范围的交换那样可预测，它更加开放并可能产生社会的、政治的和经济的分化。就如缅甸的客钦族的例子所展示的那样（图Ⅱ.2.12）。[37]

在这种社会中，三个主要社会群体中的每一个世系都倾向于在自身内部通婚。但是，一个群体内部的某些世系会和来自另外一个较低层次群体的世系结成联姻。双方的利益是清晰明了的：急切希望能够攀上上层集团的较低层次世系在交换中如愿以偿地得到一名妻子，而占有优势地位的世系获得一笔基于新娘身份地位的聘礼。因此这些妇女以下行的社会方向流动，而财产以相反的方向流向统治者，统治者又反过来以宴会或食物的形式将财产分配给自己的随从。

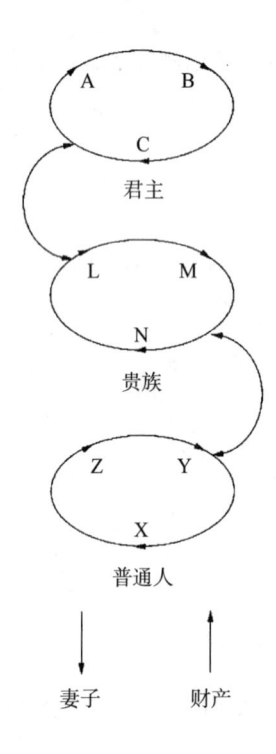

第二部分 考查多样性：传统社会的法律人类学

```
        A   B
          C
         君主

        L   M
          N
         贵族

        Z   Y
          X
         普通人

    ↓         ↑
   妻子      财产
```

图 Ⅱ.2.12　缅甸克钦族中的广义交换

广义范围的交换因此能够导致和强化社会中的分化趋势，而这些社会是沿着社会经济的和政治的脉络被分割的。这一情形在复杂型社会中更容易发生，并且和法国法律中情况一样：一些伴侣被排除在外，但都不是在制度上被禁止的。

以上对婚姻制度的简要概述证实了传统社会的复杂本性：事实上，如果我们将其和我们自己的亲属关系结构相比较的话，我们只会被自身制度概念的贫乏而震惊。[38]

尽管如此，我们不必根据这些描述而得出结论认为这些规范在实践中是被人们自动遵守的。在澳大利亚社会，亲属关系体系在实践中是非常复杂的，许多婚姻的缔结公开地违背了这些规则；在印度的普龙人中，只有62%的婚姻符合这些规则；在阿拉伯社会，被推崇的父系平行堂表亲之间的婚姻只占到总量的30%。这些相对较高的数字证实了亲属关系并不见得就比物质因素更具有社会原动力的作用。亲属关系会受到其他力量（经济的、政治的、宗教的，等等）的影响，不可能指望这些力量总是服从亲属关系。而且，我们应当注意到虽然家族集团具有强大的功能，但夫妻同样在其中扮演了重要的角色。

夫妻的角色在所有社会都具有不同程度的共同性。在专门探讨夫妻生育孩子中的角色和描述他们的身份地位之前，我们将在下面的这个部分中考查婚姻配偶。

118. 婚姻配偶的普遍性

婚姻配偶是普遍的，但是它在不同社会中的角色是有变化的。在印度的纳雅人中，男子首要任务是投身于战斗，而婚姻并不会形成永久的契约。权威和对于土地的权利属于和母亲是同母异父兄弟的舅舅。在纳粹德国，根据性别实行的超级劳动分工（男子的政治和军事角色，女子的家庭角色），如果还会持续几个世纪的话，将会可能产生一种类似于纳雅人的模式。

另外，我们应当注意到多偶制并不排斥婚姻配偶。在一名男子和好几个女子成婚组成的一夫多妻家庭中，经常包含了几个一起生活的一夫一妻制家庭。比如在非洲，一个男子经常有好几个妻子，但是每一个妻子都和她的孩子在单独的房子内居住。一夫多妻制不能超过一定的限制，这一方面是因为两性之间的人口数量差额只有10%，虽然这会因为比较常见的对特定性别新生婴儿的杀婴行为而扩大。一个妇女和多个男子的婚姻即一妻多夫制，要相对罕见一些（印度的托达人，尼泊尔部分地区）。

而且，婚姻配偶能够由同性别的伴侣构成。在努尔人（苏丹）中，

第二部分　考查多样性：传统社会的法律人类学

一个不能生育的妇女会支付一笔聘礼给另外一位妇女的父母，并和她结婚，允许她和别人交往并受孕。此后这位不能生育的妇女就被当作一个男人对待，她有权继承家畜，并会在她自己世系的一个女孩结婚时收到聘礼。在我们自己的社会，也存在同性别的个人结合的例子，有时候这些结合在法律上和或因为宗教仪式而被承认并变得不可侵犯。

除了以上所述内容外，还有死者和生者之间缔结婚姻的情况。在努尔人社会中一个寡妇可以通过嫁给一位男人而缔结一桩鬼婚，因为这个男人是以这寡妇没有后嗣的亡夫名义出现的。肯尼亚的基库尤人对这一原则的运用更进一步：一个寡妇如果年纪太大不能和她的情人生育一个小孩的话（小孩可以继承她已故的丈夫），可以用已故丈夫的财产购买一位妻子并让让她以这个寡妇的名义生育；这位妇女因此就被视为寡妇亡夫的妻子，她的孩子能够直接继承去世者，因为孩子的母亲是用死者的财产购买来的。这些行为看起来都显得"怪诞"，但是我们自己的社会运用其他不同的方法，比如冷冻精子或"借用"子宫，其实也在开始追随同样的路子了。

不管它是采用什么形式，婚姻配偶是在任何地方都是被承认的。其中一部分原因是因为所有社会都区分婚姻和简单的同居。在我们自己的社会中，婚姻配偶的法律地位比同居者的更为安全可靠，即使是后者的行为变得越来越普及了，它还是被视为婚姻的前奏或者是因死亡或离婚而解除婚姻的后续。婚姻配偶一直以来都起到一个生儿育女的功能。在许多传统社会，婚姻因第一个孩子出生才会生效。在我们自己的社会中，配偶双方各自的姻亲只有在配偶的第一个孩子诞生时才会被视为彼此产生了联系。相比之下，未婚成年人的地位所具有的价值要低一些。作为一种明确劳动分工的结果，在传统社会很少有单身的成年人，因为婚姻在传统社会中是一个生存的先决条件。即使有单身成年人的情形存在,他们赖以生存的社会地位和尊重都是非常低的(通常称呼未婚成年人的词是和"虚弱"同义的)。在我们自己的社会中,从一个特定的年龄开始,独身就会被视为"不正常的"(公众舆论都是偏向婚姻配偶的)。

婚姻配偶可能采用的形式体现出多样性的特点,这体现了社会赋予这一制度安排的重要角色。这一角色的作用使得我们必须重视婚姻安排和伴侣义务这两个方面。[39]

119. 婚姻的安排和伴侣之间的关系

婚姻经常伴随着聘礼的支付。这是一份嫁资,这个概念和我们自己法律用语中的意思并不一样,因为它是由未来的丈夫或者他的家庭向他的未婚妻的父母支付的一笔款项构成。嫁资不是新娘的"购买价格",它其实是对于新娘的家族集团所遭受损失的一个补偿。它不仅具有经济意义,而且还是两个家族之间和谐关系的保障,因为款项的支付经常会延续好几年。在许多社会,嫁妆的支付其实是父权制的产物,因为丈夫是他妻子的所有孩子的父亲,不管他是不是亲生的父亲;一位妻子即使和她的丈夫分手了也不能再婚,她的孩子将会被视为其前夫的孩子,除非嫁资被偿还给前夫。

如果嫁资体现出来的重要性证明了婚姻对群体的束缚和对个人的束缚差不多(即使后者在这一问题上会有一些异议),但男人还是在其中占有更有利的地位。父母很少会强迫儿子缔结一桩他不情愿的婚姻。人们通常会为联姻准备很长的时间:未来的伴侣被放在一起养育成人,并且很少分开彼此的伙伴;他们随后缔结的婚姻看上去就是一个"自然而然的"结果。即使在被推崇的婚姻方式的情况中,也会将若干位在系谱关系适合婚配的女孩提供给一位青年男子作为其选择的范围,这种情况也是常见的。也有一些极端的情况,一名男子会违背自己父母的意愿,通过模拟诱拐的方式带回一位新

第二部分　考查多样性：传统社会的法律人类学

娘，并强迫父母接受自己的妻子，而家族集团会以婚姻的方式认可这种恋爱的行径。另一方面，施加于妇女的强制要更强一些，她们的观点态度是无足轻重的。

212　　婚姻本身总会伴随某些仪式的。通常这些仪式象征和表现了分离。妻子以一种成长礼的方式告别自己的家庭，然后就是将两位伴侣结合在一起的庆典。我们自己的社会采用的是另外一种相反的方式。新娘夫妇在家庭庆典之后悄然离开去度蜜月，而这象征了通过婚姻从家庭群体获得自由。然而在传统社会，婚姻的目的在于群体之间的联合，能够证实这一点的一个事实是在一些社会中新婚伴侣并不在婚礼之后马上居住在一起（在加纳的阿散蒂人中，新婚夫妇要分开居住几年；在苏丹的恩雅鲁人中，夫妻只有当妻子怀孕以后才居住在一起；北美的特瓦纳人要等到第一个孩子的出生，而多贡人要一直等到已经出生了好几个孩子才会居住在一起）。

夫妇之间的义务根据不同社会和不同家系类型而有很大区别。通奸可能会被认为是一个小过错（赞比亚的通加人），或者是非常严重的（非洲南部的斯威士人，坦桑尼亚和马拉维的尼亚库萨人）。妻子经常比丈夫受到更严厉的制裁。与此相似的是一个男子可能会因为多种原因（热情、建立亲属关系纽带、在出借者和借入人之间形成某种保护关系）把他的妻子"借"给第三人，但是妻子"出借"丈夫的相反事例则不会出现。这些观察反映出了妇女在和男子的关系中的地位问题。

在一些社会中，妇女和男人的地位是平等的（俾格米人、安达曼人、印度阿萨姆邦的加罗族和卡西族，以及图瓦雷克人）。但是一般而言，大多数社会中妇女的地位是要低下一些的。虽然如此，妇女地位的低下还是有程度上的不同，这常常取决于经济因素。妇女的地位在畜牧社会中最为低下，她们被排除在所有体面的活动之外（她们只会偶尔照看一下家畜)。在狩猎社会中,妇女的地位有所提高。相比于畜牧社会,在依靠农作物栽培支撑的社会中妇女的生育能力和土地的生产力有着更为直接的联系,而且妇女在日常耕作劳动中扮演着一个重要的角色,她们的地位介于畜牧社会和狩猎社会中妇女地位之间。某些社会采用的农业经济形式并不需要依赖农作物,因而这些社会的妇女地位要相对低一些。这些都是一般化的现象,我们也不难发现一些例外情况。

120. 婚姻的解除

规定了具体存续时间的婚姻是不存在的,但是婚姻是需要依赖一定条件的,生育问题作为解除婚姻的原因比离婚更为经常发生。死亡并不一定终止婚姻,就如我们在鬼婚的例子中所了解到的那样。[40] 尽管会出现一方伴侣死亡的情况,婚姻也会转房制的方式以继续维持下去:寡妇继续保持和已故丈夫的婚姻关系,但是和亡夫的弟弟同居在一起,这一结合生育的孩子依然会被视为她亡夫的后代(古西人[肯尼亚]、努尔人、斯威士人、茨瓦纳人、祖鲁人等皆是如此)。[41] 一名寡妇也可能找一个将具有丈夫法律地位的伴侣,他可能是她丈夫的一个兄弟或一个儿子(父系社会),或是她姐妹的一个儿子(母系社会)。最后,填房婚是和转房制相应的对称形式:在妻子去世以后,她的父母会将她的一位姐妹嫁给鳏夫。所有这些安排表明了家族群体力图长久地保持被可能被死亡阻断的联姻关系的愿望。

然而,婚姻也会因为离婚而终止。总的来说,这在联姻的初期和在母系社会中更为常见,因为在这些背景下妇女和她自己的家族保持着更紧密的纽带。离婚和死亡一样,不会自动地象征群体之间联姻的终结。首先,一方伴侣会在已故配偶的家族集团中寻求再婚。而且,嫁资的偿还会有很多其他的含义。如果支付的款项是婚姻的

第二部分 考查多样性：传统社会的法律人类学

一个条件并且离婚以偿还嫁资为前提，那么联姻就因偿还嫁资而结束；反之则联姻继续。

我们可能会感到疑惑：为什么在许多地方家族集团总是极力保持联姻联盟关系呢？毫无疑问，其中一个原因是这些群体希望确保延续后代。

121. 孩子的地位

班巴拉人说："除了生儿育女，我们无法对抗死亡。"在谈到一个离开了孩子撒手人寰的大人时，班巴拉人说会他已经"消失了"，而一个过世的单身者则是"结束了"。在西非的颇尔人中，不能怀孕的妇女会"收养"用玉米做的仿制娃娃，丈夫有时候还会给娃娃取名字，玉米粒象征丰裕和多产。因为生育问题而产生的困扰并非那些遥远社会的独有的现象。在欧洲的日耳曼语地区，人们经常在一个孩子诞生时种下树木，寓意在一种图腾性亲属关系中的共同成长。今天，关于新型受孕方式的讨论反映了潜伏于我们社会中的生育危机。毫无疑问，这些焦虑来自于我们无法赋予死亡任何意义。[42] 班巴拉人证明了这是一个所有社会都面对的问题。然而，传统社会看来有更好的办法去对付这一问题，因此它们相信存在一个无形世界，它和有形世界不可分离地联系在一起。

这些社会在医疗上条件上肯定不如我们的社会，但是需要解决生育问题的时候（或者甚至当一方伴侣消失时），这些社会通过求助于非生物学的亲属关系的办法弥补这一缺陷，而且收养在这些社会也更加盛行。这里需要再次指出，这些解决办法并不一定就具有某种程度的原始性。试想一位妇女接受一名匿名捐赠者的精子在她的子宫内着床而受孕，或者从她的体内提取出来一个卵泡，然后放入试管中培育，这些方法难道就不像努尔人的鬼婚那么"野蛮"了吗？我们没有任何权利提出这种观点。

第二章 传统社会中的法律

正如我们自己社会的情况一样,孩子在传统社会也同样是注意力的焦点。孩子的地位在不同社会变化较大,同时孩子与其父母的关系很大程度上取决于孩子的家族集团所实行的家系类型。就如通常的原则一样,父权既是一个生物性纽带也是一个社会性纽带,一个孩子的合法地位更多的是取决于他(她)和这个家族集团结合的程度,而不仅仅是对其祖先的确定。

关于社会性因素和生物性因素之间的联系,我们应当注意到,在不同的婚姻形式中,父亲要么同时是孩子母亲的丈夫和孩子的亲身父亲,要么只是亲身父亲,要么只是孩子母亲的丈夫。

父亲身份不明的孩子的地位和未婚母亲的地位也在不同的社会各不相同。在非洲的许多族群和波利尼西亚社会,未婚受孕的女子会被堕胎或者孩子在出生后就被杀掉。在非洲的鲍勒人中,妇女会指认孩子的父亲而他将有义务和这女子结婚直到孩子能够走路为止;他只有远走高飞才能逃脱这一责任。在其他社会中孩子被母亲的家族集团收养,母亲的兄弟担当了父亲的角色;这不仅发生在母系社会中(阿散蒂人),也会发生在父系社会中(在西非的罗维力人中,一位父亲会让第三人使其女儿受孕以维护他的遗产)。

最后,我们赞同克劳德·列维-斯特劳斯的观点,[43]存在两种可能的社会和家庭模式。第一种是垂直的并以核心家庭为基础,核心家庭的单位总和构成了社会;家系是其中的重要因素,它凸显了父母和子女关系的角色以及作用;家庭首先是在若干世代演替的时间历程中建立起来的。第二种模式是水平的并表现为一种流动的社会体,其中的家庭坚守关于乱伦的禁止,不断融合又分散,并一直在选择新的伴侣;联姻是支配性的因素;有限家庭的存在只是短暂的,而时间的流逝重构而非巩固了家庭分群。我们也同意列维-斯特劳斯提出的垂直观念应当由水平诠释来矫正这一点。只有当一个男人

第二部分　考查多样性：传统社会的法律人类学

和一个女人形成婚姻时，生育繁衍和随之产生的家系关系的纵轴的插入才会可能发生。近亲属可能结为夫妇，但是关于乱伦的禁止会将这种结合排除在外，否则社会就将无法使自身得以长久地存续。因此两个家族必须在水平方向上交换亲属，随之产生的联姻会使世系实现自我的繁衍生息。

> 如果每一个小规模的生物类群因受到恐惧、以及对毗邻群体的仇恨和嫉妒的困扰，而希望摆脱不稳定的生存处境，它就应当放弃所有内向性的想法；它就得牺牲自己的特性和内在连续性，接受联姻方式的相互作用。在反对近亲联姻的分离趋势中，禁止乱伦的规则成功地创造了一个姻亲的网状构造，它形成了一个社会系统，如果没有这个系统所有社会都会衰退。[44]

在我们的社会中，家庭的垂直模式依然占主导地位（尽管对配偶的强调和鳏夫及寡妇权利的扩大对后代的权利产生了不利的影响）。我们如何解释这一明显的矛盾？在我们看来，垂直的模式因为和我们同时代的家庭观念和谐一致而得以存在。事实上，血统所突出的自然性因素多于社会性因素，因为它是建立在生育基础上的；它也保障了通过一个有效纽带将尊亲属和卑亲属联结在一条向未来无限延展的亲属关系链条中。婚姻联盟及其所引起的社会变化一样变得模糊不清了。这是我们青睐的模式；我们更青睐以血缘为根据的亲属关系纽带而甚于社会性亲属关系纽带（当医学技术失败后收养常常是最后手段）。最后，在我们的核心家庭里旁系亲属是一个暗淡的角色（他们在20世纪不断地被往后推而远离了继嗣的中心舞台）。这些旁系分裂后以另外一种不同方式再联合起来，形成了联盟。我们宁可选择世代的更迭也不要这种婚姻联盟所引起的社会变化，因为它吸收了我们对于死亡的焦虑。

二、财产

在我们的法律体系中，土地在性质上是一种有形的和不可移动的财产，并可能是公共所用的或者私人所有的。传统社会对于土地有着不一样的观念。

（一）现代法律思想和传统法律思想之间的对比

122. 非洲人对于土地的态度

多贡人相信天地间唯一的神灵阿玛依照妇女的身体形态塑造了土地，它以蚁冢为性器官，白蚁巢为阴蒂。阿玛希望和他自己创造出来的大地结合在一起，但是在切除土地中不得不摧毁了蚁冢这个男性的障碍物。这一事件引发了可怕的后果。它并没有创造出双胞胎作为一种吉利的象征，而是从土地中产生了一个单一性的生命体——一只豺，它象征着上帝最初铸成的大错。随后这只豺犯下了对它母亲的乱伦。土地因此成为了生命的起源，并和上天创造的天地万物及其缺陷有着直接而密切的联系。土地的这一神圣地位意味着它不能像动产那样来被人们占用。为了使用土地，必须和土地的隐形守护者建立起联合关系。祖先来源于大地，最终会返回到大地，他们在世间的存在通过耕作劳动被体现出来。人们通过耕作将作为一定物理空间的荒野转变成了人性化的和社会化的环境。每一个村寨社会的创世祖先都被认为已经和守护大地的力量形成了联合关系。他通过遗传将这一守护职责往下传承给了"土地头领"，赋予了和他们对于土地的权威一致的权力。人们相信首领的死亡会伴随着土地干旱和妇女不育，这种信仰也常常表现了土地、秩序和生产力

第二部分 考查多样性：传统社会的法律人类学

之间的关系。

土地不仅变得神圣了而且还变得人性化和社会化了。它的肥沃常常被和妇女联系在一起。多贡人说，"一个男人放弃一块田地就和一个男人放弃一个女人是一样的"，这突出了从父亲这里或得一块田地和从母亲这边的娘舅那里获得一位妻子之间的相似性。同样的，占据一块新的土地意味着形成一个新的人和土地的联合。如果一个新的移民群体来到被别人盘踞的土地，由于后者的祖先和土地形成了最初的联合关系，新来的群体往往就得到一名女子作为礼物：首领将他的女儿通过婚姻给予新来的人，这样形成的婚姻联合是对和土地联合的回应。从更为一般的意义上说，财产只是在现代社会才形成一个专门的（*sui generis*）法律类别。在其他地方财产是和生产、交换或消费财产的群体的法律地位联系在一起的，因此遵循不一样的规则。

无形世界和有形世界之间存在着联系，以及在有形世界中人类和社会群体之间存在着联系，对于法律中物权（*droit réel*，即个人和财产之间的直接关系）这个概念的形成有着重要影响。我们对物权这个概念很熟悉，它是因为区别了对物权（*ius in re*）和对人权（*ius ad personam*）而形成的，这意味着我们不能直接对事物主张权利，就像不能把土地仅仅理解为某种事物（所以谈论财产关系要比财产权利更容易一些）。这种思想也为我们解释了在这些法律制度中为什么几乎不存在所有权观念。只有通过一定长度的时间和平地占有土地才能够获得对于土地的权利。对土地的占用和对土地成果的享用权利，与社会群体的等级以及这些群体的地位有机地联系在一起。个人只能根据他们自身的地位和权限，并且在先前的占有者的权利已经届满的条件下申请土地权利。

尽管在我们自己的农民社会中土地也常常被看作是和其他财产

分离的，甚至会被视为神圣，但西方法学家却没有足够的智慧去领悟非洲人思想的精髓。这也是为什么这些创造出了一个现成的前殖民地体系非洲传统社会的土地所有制度，始终被视为是对西方模式的双重否定。

123. 前殖民地财产体系

就如西方法学家所描述的，对前殖民地体系可以依照勒鲁瓦的以下范式来概括归纳：尽管在市民法中物主的权利是个人化的、不能被剥夺或废除并且是完全的、排他的和终身的，但在习惯法的物权法律中，土地是不动产并且承载着物主的共有权利，因而它具有不可让与的性质。物主的权利是暂时的权利，是有限而且相对的。勒鲁瓦和维迪埃的研究清楚地证明了这些主张是多么的谬误。

共同所有权：这个概念一般来说是和进化论的观点联系在一起的，进化论力图解释人类怎样不断地从野蛮前进到文明，并伴随着私有财产范围的扩大。民法传统中那些声名显赫的法学家们，例如马齐奥德（Mazeaud）毫不犹豫地认同了这一过时了的思想：

> 显然在所有的社会中，所有权在最初是有共同性质的：所有物品归属于氏族或者部落。个人财产的所有权形式应当首先出现于涉及动产的范围中：衣物、工具和设备。用于居住的建筑物在相对早一些的时候被占用，而且最初是被家庭所占用。但是土地在很长的时期内依然是氏族的财产。在一开始人们对土地进行共同的耕作。随后，耕作和收获的作物在家庭之间被暂时地分配，每一个家庭都分配得到一块土地用于维持生计的耕作。由于所有权还是公共的，土地分配常年会有变动，直到分配逐渐推广并形成习惯，很长一段时间都不再有变动……最后财产变成了永久固定的。因此土地的所有权归属家庭，后来归属个人。

第二部分 考查多样性:传统社会的法律人类学

> 家庭所有权有时候无论如何都是个人所有权,因为家族的头领对于该群体的财产具有独享的权利。因而形成了共同的宗族所有权、家庭所有权、个人所有权等不同阶段的产物。[45]

这种"历史性的"重构不仅是完全武断的,而且它以历时性的方式诠释了实际上具有共时性法律特征的事物,因为群体的权利并没有被个人权利所取代;反之,从我们曾经思考过的很早时期以来,这些权利就已经实现了共存。[46]

就此范围而言,在传统法律中并没有什么像"共同的"所有权之类的事物。在非洲,土地是被群体(世系、村庄等)拥有和控制的,这些群体以长者或者委员会为代表。然而,个人也可以根据他们在群体内的地位,或者在某些情况下根据他们对政治权威效忠的性质,并通过各种不同的程序获得土地并利用土地(令人想起中世纪的占有权)。"公共的"这个概念比"共同"更为可取,因为前者并不排除个人权利的存在,而个人权利确实存在,但是受到个人在自己那个群体内的地位的限定。

不可转让的所有权:土地的神圣性质,以及土地完好地从死者传递给生者,以及传到未来世代所体现的重要性,都常常被用来佐证土地是不可转让的观念。这一观念还肯定了土地的"公共性的"特点。对于不可转让性这一概念也同样附加有重要的保留。这些已经被维迪埃清楚明确地阐述过了。我们应当确定土地的转让或抵押是发生在群体的内部还是外部。发生在外部时("外部转让"),会禁止在世系外转让土地的做法。土地可以被借用或者租赁给该世系的外人,但是不能永久的让与,除非该世系的权威做出了内容相反的明确规定。但是,后一种可能性中,转让通常还附加了归还的条款。发生在内部时("内部转让"),土地能够自由地流转。

第二章　传统社会中的法律

物权的限定性：由于土地所有权具有的共同性质，因此就有必要对土地权利进行限定性的定义。在此定义中土地权利具有暂时、有限和相对的特性。这些特征是的确存在的，但是它们反映的是不一样的事实，因为土地的共同所有权本身并不存在。对于土地的权利要依赖于土地的利用关系才能得到确认，只要利用的关系继续土地权利就一直是可适用的。所以，如果利用土地的权利在一个规定的时间期限内都没有实施的话，那么它就失效了。另外，这些权利还是相对的，因为土地所属的社会共同体的多元结构使得土地必然承载了由不同的人拥有的各种类别的权利。

作为不动产的土地：将土地划入不动产的类别看起来似乎是合乎逻辑的。然而，物质标准（动产／不动产）不是这一类型划分中唯一适当的标准。在我们自己的法律制度史上，动产和不动产的对生是和所有制中私有权利的形成携手同行的。同一块土地上的多项权利的重要性逐步降低，而所有权开始体现出了市民特征，并带着排他的性质。在封建主义制度下，土地承载多重权利的覆盖，这些权利的特性取决于权利人的社会政治地位（就这方面而言有一些和传统社会的土地法律相近的地方）。在1789年的《人权宣言》中，所有权成为了人性的标志，它是独立于身份地位的。财产所有权尤其得到很好的保护，如因伤害的废止；占有并不能形成所有权，除非通过很长的一段时间才能确立其权利。所以在我们自身的传统中，将土地当作不动产来描述是和个人相对于群体的优先地位有密切联系的。我们很清楚地看到在氏族公社的社会模式中并不是这么回事儿。这也是为什么在传统社会中将土地描述为不动产是没有什么意义的：土地既不是动产也不是不动产，它扮演了一个完全不同的角色。[47]

作为财产的土地[48]：土地受到的特别保护来自于（法国）民法典

第二部分　考查多样性：传统社会的法律人类学

第518条，它描述土地为"在性质上属于不动产"。土地被赋予了超乎它的物质存在的重要意义，它是一项财物并且具有金钱价值，能够被买卖。这种可购买财产的外部特点和市民法律传统中所有权的个人性和排他性相符。这些理念和传统的土地法律之间的区别是明显的。传统制度也会考虑到土地的经济价值，但是这一价值所扮演的角色并不如它在市民法律制度中那样具有决定性作用。因为市民法律制度已经和商业资本主义的生产方式结合在了一起，而土地的价值在商业资本主义中已经被货币化了，成为了由个人主义交换体制统治的广义市场中的一个要素。传统制度则正好相反，由于它明确禁止了在世系范围外的土地转让，而强调了土地的非商业性质，因此对于土地的权利只能在同一群体内部的成员之间循环流转。如果传统制度总是隐藏土地的经济价值，那么市民制度却要公开宣告这一价值，前者考虑的是权利的适用对象的社会政治地位和身份，然而后者却否定了这些。（更中肯地说，我们会注意到当牵涉到群体内部的体制安排时，传统社会中财产法律制度往往并不看重经济价值而是强调所有权主体的社会政治地位和身份，而当牵涉到社会共同体之间的体制安排时则运用相反的准则。）在我们自己的社会中，法律试图通过使用如法律实体和财产的私人所有者这些统一范畴来对不同社会行为者做区分。但是，就如卡波尼埃已经正确指出的：

> 一种法利赛主义的思想*将当代的思潮推离，疏远了现实，由此我们只是局限于询问"什么是所有权？"而不去进一步追问"那么谁是所有者？"。由于被第544条（法国民法典）所蒙蔽，我们仅仅满足于财产的属性，它就足以牵引我们的关注了，而

---

* 法利赛主义（Pharisaism），意指拘泥形式的、伪善的。——译者

> 我们已经忽视了占有财产的方式,这部分内容被淹没在民法典的另外一部分(第711条及其后)的专业技术话语中,我们没有意识到它们所描述的可怕社会现实……但是对于希望全面理解制度的人来说,财产的分配和它的构成一样重要。[49]

换句话说,我们如果不研究那些拥有所有权的人就无法研究所有权本身。

124. 传统社会和现代社会中的财产和社会地位

正如勒鲁瓦曾经阐述的,对于西方法学家经典理论所界定的物权法律,我们并不怎么关心。我们更多关心的是土地,它是一个背景联系,也是一个舞台,展现了社会关系的互动。这就是为什么土地所有看起来是一个更为合适的概念。列维-斯特劳斯评论说所有权不能自动地被描述为一个存在于主体和客体之间的坚固而紧密的关系,因为客体在本质上会根据存在于个人之间的关系的变化而获得或失去它的价值,这一价值便被纳入法律的程序,通过这些程序价值被受到不同的限定、使用或转让。换句话说,所有权在很大程度上受到社会互动和社会结构的影响。[50] 这种机制适用于所有的社会。

传统的非洲法律是建立在个人在社会中的地位和对环境的使用这对伴生原则之上的。生产性劳动被诸如群体的连续性、权利和义务的互惠性、社会类群的互补性等社会价值观所支配。这些理念并非只存在于异文化社会,在我们欧洲历史上的农民社会也出现过这些理念,后来这些农民社会在18世纪的时候大踏步地走向了现代化。由于传统非洲法律的这种特点,人们的地位身份变得更加一致了,这促进和便利了人们的行动,而在当今时代已经被赋予了货币价值并和市场紧密相关的劳动当时从非货币功能中被分离了出来。

第二部分　考查多样性：传统社会的法律人类学

行为者在环境中的地位和环境本身的束缚关系得以松解。所有权现在和土地的使用基本上已经没有了关系，在1804年的民法典（法国）中，对于土地使用仅存的限制是地役权和基于公共利益的征收。今天，就如我们将要看见的，涵化在许多第三世界国家引发了相似的效应。传统体系和现代体系之间确实存在着过渡阶段。在法律上的（*de jure*）和事实上的（*de facto*）占有之间存在的区别为我们研究这一阶段提供了条件。

125. 法律上的占有和事实上的占有

戈德利埃认为生产性关系在法律范围内可以通过所有权和占有权的形式表现出来，这两种形式决定了个人和群体在生产中的互惠性的权利义务，以及生产过程中的分群和资源的分配。然而，事实上的占有现象显然和这一法律立场不大一致，并会使社会相互作用和社会平衡发生变动。在这些情形中传统法律常常成为虚拟物来隐蔽某些生产力量的真实性质。关于这种过程的例子在大范围的社会中都会存在。在非洲，氏族首领以实行对世系的传统控制为借口，占用土地用于个人的目的。因此在20世纪初的时候，加纳一些阿散蒂族人首领充分利用了可可的出口需要形势。他们占用正在处于休耕期的公共土地并种植可可，同时利用了其侍从或那些对其应尽一定义务的人的劳动为其牟利。爱尔兰的传统凯尔特人社会也曾受到类似过程的影响。[51]

上述特点是帮助我们区分传统社会和现代社会对于财产的不同态度的主要特征，由于历史的变迁前者和后者已经混合在一起了。然而，迄今为止我们还是只停留在一般化理论的层面。我们现在将对一些撒哈拉以南非洲地区社会的土地所有制度运行的方式做更为具体的研究。

（二）撒哈拉以南非洲现行的土地所有制度：

勒鲁瓦和 LAJP 团队的研究

126. 社会复杂性和土地所有制度的多重性

勒鲁瓦和 LAJP 的成员在 1969 年开始开展的研究所取得的成果就是对土地所有制度三个叠加层次的识别，这三个层次根据相关社会的复杂性程度而分布：复杂性越大，作为土地所有制结构基础的层次就越多。具体情况如表 II.2.1 所示。[52]

表 II.2.1 土地所有的类型

结构类型	关系类型	被识别的制度	社会类型	法律渊源
基础的	内部的	生产	氏族公社型	神话
准基础的	内部的、内部的-外部的	生产和分发	氏族公社型	神话和习惯
准复杂的	内部的、内部的-外部的、外部的	生产、分发、分配、	氏族公社型	神话、习惯、法律裁判
复杂的	私人的/公共的	有土地的/土地所有权的/商业的	个人主义的	国家法

这一分类突出了社会结构的复杂性和专门化的政治权威的渐进性影响之间的相互关系。个人主义意识形态主导的国家的出现，凸显了复杂型社会的特征。层次累积的原则在这里再一次得到体现，层次的数目在不同的社会有所不同（这并不包含单线分段进化论变体形式的时间先后顺序）。法律的渊源也根据它们展现出来的多元化程度而变化。同样的原则也适用于土地。所有社会都有一套土地使用制度体系，但是它们不一定都有分配或分发的制度。我们将更

为细致地界定这三种土地所有的类型。

127. 土地使用制度

土地使用制度就是管理人和环境的关系以及管理拥有土地的群体内部使用土地的规则总和。根据这一定义我们可以得出几个推论。

对土地的使用受到在土地上进行劳作的方法的影响，而这一方法又是由使用者的个人地位身份决定的。如果使用者的地位非常低下，他（她）就会被分派进行劳动。如果土地使用行为是由从属地位的亲属或者是与其他具有同等地位的人合作进行的，它就是合作性劳动。个人也可以代表以前的土地使用人来劳作，或者可以由于群体领导者直接将土地移交给他而分配到土地。

对于生产的控制决定了对于土地的使用方式。我们可以辨别出几种不同的类型：

基于贡献的生产，以强制性的工作和严厉的制裁（由政治权威实施）为条件；

基于连带责任的生产，这种类型的工作是强制的，但制裁较轻（家庭生产模式或者居住区域的形式）；

基于合意的生产，这种类型的工作是自由参与的，但是如果怠于实现任务则会有严厉的制裁（通常和预先设定义务的契约参照标准相联系，制裁发生在违反合同的情形中）；

基于合作的生产，这种工作是自由参与的，没有严厉的制裁（常常以地方居住群体为基础，例如在村寨内部的合作）。

关于生产力的协议涉及人-上帝的关系，它保护着生产活动。这种协定可能是长期存在的，因为人们相信，创世祖先和当地强大的神灵订立了一个协定。通过定期的祭祀不断地重复这一协定。在这一制度中，土地的相关权利可以自由的交换，因为它们没有离开这个人群。

有一些群体，例如狩猎-采集型社会，仅在群体内部编织他们所有的关系，并且只有一种土地使用方式。然而，还有许多其他社会群体具有更为复杂的关系，包括了生产成果的分发以及土地的分配。

128. 生产品分发制度和土地分配制度

生产品分发的制度决定了在这些分发过程中发生在群体和个人之间的联系。它牵涉到从土地获取产品的方法，而这些产品随后被当作群体财富的一部分，在群体内部或在群体外部被分发掉。实施分发所采取的标准取决于各个群体的各自的社会等级地位、个人和群体的结合程度、个人在经济活动中和在财富的创造中所扮演的角色。

土地分配的制度关系到群体的外部关系，特别是在具有专门化的政治和法律机器（首领制或者王国的形式）的定居社会中尤其可以体现出这个特点。从实质上说，这一制度是由群体间各种形式的土地分配构成的，并且因此形成了一个等级体系，或者具体的土地责任的分派。和土地使用的制度相对比，在这一制度中土地是不可转让的。土地一旦被分配，以后就永远从属于拥有土地的群体。当然，土地可能会在群体内部流通，或者是因为死亡而发生转移，或者是根据个人的需要和地位身份在生者之间转让。

许多不同的权威会参与到土地的分配和产品的分发之中来。在这些权威中，土地首领和世系首领扮演了重要的角色。

（三）土地和权威

129. 土地首领

维迪埃曾经描述过土地首领的角色。[53] 一位土地的首领就是最古老世系的代表，他（她）继承了铭记于先祖和大地在协定中订立的权利和职责。他的角色在本质上不是政治性的，一位土地首领是因为其具有对于土地的权威而拥有了对于众人的权威，而一名政治首领因为他具有对人的权威而具有了对于土地的权威；土地的首领直接从土地那里获得他的权力，政治的首领从人那里获得他的权力而且权力是通过世袭或选举授予他的。和一名政治性首领相比，一名土地首领的权力通常和神圣世界有着更为紧密的联系（非洲的朗达人有句谚语说："政治首领是被风吹走了的灰烬；土地的首领是遗留下来的木炭。"这一角色的区别有时候附着着身份上的区别。要么同一个人既是土地的首领也是政治的首领；或者有两个首领，一人代表一个角色；抑或只有一个土地的首领。存在两个首领的情况通常是移民造成的结果，或者是两个群体融合的结果。大多数情况下，新到来的群体通常不愿意去篡夺原始居住者的权力，因为这会遭致大地之神的愤怒，而是宁愿尽量和他们建立成联盟。因此会在移民者中产生一个政治首领，他会成为土地首领的一个代理人，他对新的社会共同体起到保护作用。和一个政治性角色相比，土地首领的角色首先是仪式性的，他被授予了对于土地的权威。当具备这一角色的个人实施仪式的功能时，他被称为"土地的祭司"，他在开展耕作的季节里掌控了庆典的日程安排，并且有职责对于任何威胁社会共同体生活的行为进行威慑或者提供补救。所有的土地首领都具有某种仪式性的功能，在这一个意义上土地的首领永远是土地的祭司，然而，土地的祭司不一定总是土地的首领，因为他对于土地所有权范畴的影响是有限的。

130. 世系首领

每一个世系都对我们称为"世系土地"的这种社会法律性实体具有一定权利。世系土地的范围并不具有和领地区域共同的边界，因为世系土地的范围并不总是被清晰界定的。它通常是一个多相性的实体，甚至不是静态的，以至于如果世系的一个部分或世系的某个成员去寻找一块新土地而迁居，世系的边界就会变化。世系的首领会尝试对土地进行划分以确保所有世系成员的生存。他尤其还肩负保障世系的连续性的责任。所以世系的首领应当保持世系的祖传遗产（禁止世系之外的直系外土地转让，并且将女人排除在土地继承之外——虽然被阻止继承土地，但她们会在母系体系中将由她们的兄弟持有的权利传给她们自己的后代）。世系首领也有义务保证在世系的裂变进程中，土地作为一个整体被维持下来。有两种方式：第一，如果土地的范围保持静止不变同时世系的人口增长了，世系的首领便重新组合土地的权利并重新分配；第二，如果世系成员开辟了另外的新土地，世系首领就在某些条件下运用规则，将这些新土地归并到世系的祖产中（主要是由于那些开辟新土地的人在他们生前还没有处分这一土地，或者将它转让给了世系的另外一个成员）。

因此我们看到，撒哈拉以南非洲社会非常珍视的权力多元性质，并将其作为一个准据，决定它们对于土地的控制。政治首领、土地的祭司、土地的首领（以及在世系内根据各自身份地位分为若干等级的个人），所有这些人都在土地的管理中扮演着互相补充和配合的角色。和这些各种权威相联系的合法化过程保证了他们的具体权力，土地的首领和土地有着一种神圣关系；世袭的首领通过家系和土地形成纽带；政治首领扮演了一个保护的角色。

三、契约性义务

对于传统社会中契约性义务的研究长期以来被19世纪晚期的进化论思想所妨害。在它们的观点看来，个人的义务完全就是取决于他的身份地位,而不是他的意志。近来的理论发展已经证实了契约在这些社会的存在,而勒鲁瓦的研究也已经证明了契约性义务是如何形成和被认可的,以及如何用担保手段保证它们的履行。

(一)身份和契约:理论上的发展

梅因的身份甚于契约的理论一直到20世纪中期都获得了广泛的一致同意。随后的批评引发了对于契约性义务在传统社会中所扮演的角色的重新思考。

131. 梅因和身份的首要地位

根据亨利·萨姆纳·梅因的观点,契约性义务是现代社会的特征。在传统社会中,决定义务、特权和责任的因素是个人在社会中以及构成社会的群体中的身份地位——而不是个人的意志。在那个时代,这一进化论性质的思想是一个创新的进路,它反对了洛克、卢梭和霍布斯的思想,在后者看来社会是基于社会成员之间的合意形成的(见所有"社会契约"的理论)。涂尔干进一步提炼了这一理论。他提出了三个区分:身份和契约、机械性整合(身份)和有机性整合(契约)、压制性法律制度(身份社会和机械性整合)和报应性法律制度(契约性社会和有机性整合)。然而,他的进路的有趣之处在于通过将这些形成对比的概念作为趋向表现出来而使其相对化了。所有社会都既包含身份也包含契约,而传统社会对于身份给予了更多重视,现代社会更重视后者。马塞尔·莫斯和胡维林(P. Huvelin)发展了涂尔干的思想。在20世纪,梅因的理论受到了来自民族志数据的质疑,而这也带来了更为深层的挑战。

132. 对梅因理论的批评

对于梅因理论的批评开始于19世纪50年代,当时人类学家罗伯特·雷德菲尔德对其理论提出质疑。雷德菲尔德指责梅因过于依

第二章　传统社会中的法律

赖希腊、罗马和印度的资料，以及他遵循了进化论的思想，并认为可以将这些资料数据直接推演适用于传统社会，而事实上当时依然能够观察到这些传统社会。在1964年霍贝尔追随了这一分析进路。和涂尔干一样，他相信身份和契约不是相互排斥的，而是以不同程度地存在着。

在1981年波斯比西做出进一步的探讨，他的主要论点是应当将古典进化论模式倒置过来，即契约是能够先于身份存在的。波斯比西以卡普库人（新几内亚）作为一个例子来进行论证。在前殖民地时代卡普库人社会具有高度主动性并赋予其成员高度的个人自由。殖民化见证了这一社会向身份模式社会的转型，一个中心权力被树立了起来，个人自由受到了限制。

最后，我们从梅因的思想和随后对它的批评中得出什么结论呢？在我们看来，可以总结出三点结论。一方面，历史学观察的和民族志观察证明了我们找不出有哪个社会是什么完全符合身份模式或者契约模式的。涂尔干和霍贝尔正确地指出了这两种模式在所有社会都是共存的。然而也应该看到，通常每一个社会都体现出其中一种模式相对另外一种模式占主导支配地位的特点。和进化论的思想相反，这一优势地位不是按时间先后顺序确定的。就如波斯比西已经阐述的，身份模式能够跟随在契约模式之后。在我们这个世纪就出现了许多这种发展的例子。在许多时候极权主义或独裁主义的政体取代了民主的体制，便以阶级地位为首要标准决定个人的权利和义务。契约和身份中哪一个具有首要地位是由社会体制决定的，而不是由历史必然性决定的。政治上保守的现代社会（*sociétés libérales*）更为强调和重视契约，此类社会中社会赋予个人的重要地位往往要超过群体。身份在两种类型的社会占有主导地位：一种是公社型社会——这种社会模式适用于传统社会，特别是撒哈拉以南非洲社会；第二种是集体主义社会——许多现代独裁者政权。

即使在传统社会，契约性义务也依然一直以某种形式存在着。我们现在将考查一下这些义务。

（二）传统社会的契约性义务

我们在这一方面受惠于勒鲁瓦的研究，[54] 他的这些研究主要集中于撒哈拉以南非洲沙漠地区的社会。在做了一些概括性的阐述后，我们将依次探讨订立契约的程序、契约性义务的特点、契约的应用。

首先是概括性的阐述。

133. 契约性义务的出现

根据勒鲁瓦的理论，契约性义务在社会结构的复杂性达到了一定程度的时候才出现（表II.2.2）。

表II.2.2　社会结构和契约性义务

结构	相互作用	社会	合意
基础的	内部的	公共的	礼物
准基础的	内部的、内部的-外部的	公共的	礼物，支付
准复杂的	内部的、内部的-外部的、外部的	公共的	礼物，支付，契约
复杂的	私人的-公共的	个人主义的	契约的支配地位

在基础型社会，由于群体内部并不存在社会法律性的控制机制，个人如果希望和其他的个人建立起某种纽带的话，他只能通过提供礼物或者服务来实现这个目的，除此则别无选择。而且他无法担保

第二章 传统社会中的法律

自己的主动行为会产生一定回报。如果没有礼尚往来，纽带就会断裂而冲突甚至就会随之发生，除非以调解和仲裁为形式的外在压力发挥作用。

在准基础型社会，除了因群体内部的礼物给予而产生的契约，还存在着其他的关系。这些关系是以群体之间的交流为基础的，并得到了以支付为基础的联姻担保。支付对于相关的当事人来说比礼物更有约束力。支付是清楚具体的的而它们的互惠性是被明白确定了的（例如，当某项财产的转让伴随着一桩婚姻时，关于支付的总额、地点和偿付期满的时间都将被规定清楚）。然而，支付并不总是法律强制的对象，没有适格的权威能够强制执行支付。如果一方当事人觉得受到了侵害，调解将会被用来解决这类冲突。

在半复杂型社会，政治权威被清楚地区分开来，而群体之间的互动不仅通过联姻和支付而且因为受制于法律规则而得到调控，这些法律规则来自群体外部，在调解失败之后群体之间发生冲突时，有权强加一个解决方案的司法机器会强制这些法律规则的实施。对于勒鲁瓦来说，契约性义务能够通行的最低条件在这种情况下已经具备了，就像在礼物和支付的条件下，有主体（当事人）和一个客体（服务或者财产）的存在，但也有一个法律强制存在，它是契约与众不同的特征。

在复杂型社会（尤其是在我们的社会），虽然礼物和慷慨行为还一直在社会生活中发挥一定的作用，个人之间法律上的合意主要受契约支配。

我们可以发现在勒鲁瓦的理论和梅因的理论有一些很明显的相似之处，那就是它仅仅将契约性义务和社会政治结构中一定水平的复杂性联系起来。但是勒鲁瓦的理论并不是一种进化论的理论，因为复杂性增长的程度不是和历史的发展相关联的。

第二部分　考查多样性：传统社会的法律人类学

在很多学者如阿洛特(A. N. Allott)、爱普斯坦(A. Epstein)、格拉克曼、萨林斯看来，契约性义务仅存在于没有受到其他任何纽带影响的个人之间。然而，勒鲁瓦注意到个人会被许多纽带联系起来（血缘、联姻等），而且他们依然会借助契约来强制某些特定行为。在我们自己的法律制度中也有这种情况，如婚姻契约（在法国）既设定了相互的权利也有丈夫和妻子的义务，还有关于财产的安排。我们还会注意到配偶之间的契约曾经一直受到一定程度的质疑，反对丈夫和妻子之间进行买卖交易的判决直到1985年都不时出现。对传统社会所作的民族志观察给我们提供了相似的证据。因此根据马奥尼(N. Mahoney)的研究，在博茨瓦纳的比鲁瓦人中，[55] 近亲属或者邻居同时受到涉及许多动产的"积极整合"纽带的约束，他们为特定的交易保留了服务和契约性义务。马奥尼认为是否存在契约性义务和当事人之间的社会距离没有关系，不管他们是陌生人还是近亲属。然而，陌生人和近亲属是通过不一样的方式被组织起来的。在第一种情形中（陌生人之间的契约性义务），契约的目标是在一项具体交易中将当事人双方在一段具体时间内约束起来。在第二种情形中（近亲属之间的契约性义务），当事人通过契约性义务创造了一个契约，从而将一个对他们的行为来说特别敏感和有冲突倾向的区域隔离开。通过运用契约，当事人采取了有效的预防行动，为他们的双边义务提供更好的长期保证。

换句话说，通过契约性义务，当事人可以将合同运用到他们认为对于保持社会和谐和经济的再生产同样非常重要那些社会生活领域内。[56] 在我们的观点看来，契约尽管可能是普遍的，但在个人之间更为常见，因为个人之间（包括陌生人）有着最低限度的接触，还有当交易的对象有着一种特别地位而且此地位根据当事人赋予它的重要性而变化时，契约也很常见。然而，在我们看来还有另外一个非常重要的变量：契约的履行取决于相关主体的关系。在现实中，契约既不是用同一种方式被体验的也不是以同一种方式被认知的，这取决于当事人之间存在的社会距离或情感距离。当这些关系相对较远时，当事人义务的纯粹契约性方面占主导地位。例如向一个大型经销商购买汽车就体现了这样的情况。相比之下，在一个共同的社会生活共同体中当事人之间越近，义务的契约性方面就会被更多地被掩盖起来，虽然它仍然是客观存在的。只有当义务承受了一定压力或者发生违背义务的行为的时候它才会出现。婚姻契约就是这么一种情形。一对配偶只有当婚姻受到威胁或者濒临瓦解的时候才会运用法律的观念来处理他们的婚姻生活。这样看起来公共义务和契约性义务似乎在性质上是不同的，尽管它们可能共存并互相渗透。契约性义务在个人主义社会非常重要，但也可能在公共型社会的背景中发现它们的存在，就如撒哈拉以南非洲地区的许多例子所证实的那样。

134. 契约性义务和公共型模式

就如我们已经看到的，[57]公社型的社会模式力图平衡群体的需要和个人的需要，而个人主义的模式对于个人的需要给予更多的重视。由此可见在传统社会，义务、个人自由和契约的概念比在我们现代社会受到更多的限制。

义务的概念[58]被包含在我们已经描述过的传统法律的两个主要成分中：[59]身份的功能性归属和权利与义务的相互性。换句话说，义务与其说是建立在个人责任的基础上的，不如说是基于个人作为某个群体的代表或者基于个人所属的群体而建立起来的。与此相似的是，可能威胁到群体连续性的义务是被排除在外的，就像对于直系外土地转让的禁止防止了任何陌生人获得世系的土地。[60]我们也会注意到将当事人和事物结合起来的契约比单独通过当事人的意志

第二部分 考查多样性：传统社会的法律人类学

（自愿契约）将他们结合起来的契约更为常见。这是因为前一种契约由于其现实性或者物质性的特点，比后者更适合群体对于个人的控制。

我们会采纳勒鲁瓦对撒哈拉以南非洲研究中的契约的定义："通过某个客体的交付而形成的一个约定，并附带有着言辞的交流"。因此我们前面描述过的三个基本关系在这里再次出现[61]：人-人（群体的代表根据他们的言辞而接受委托）；人-事物（一件事物被交付）；人-上帝（使前两种关系生效的原因可能是一个誓约、一个占用仪式、或者一个献祭，献祭的目的主要是通过赋予法律一个无形世界中的位置来维护法律而非发号施令）。

然而，如果契约牵涉到具体事物，那么契约当事人各自所属的群体赋予事物的不同价值会导致契约对这些事物的不同处理。某些事物不可能成为契约协定的对象，因为这会导致这些事物被永久地放弃，这一类事物有专属于亲属关系财产，它们和家族群体具有非常紧密的联系（土地、祭坛、仪式用品）。其他事物只有在特定条件下以及取得相关群体的同意后才会成为契约的客体。这一类是公共财产（畜牧者的牧场、农夫的家畜）。一些事物只能由它们主人的意志来处分，但是由于它们具有个人化特性所以不能自由的流转，这其中包括了个人的私人物品（珠宝、衣物、工具）。最后，一些物品是契约性义务的当然客体，因为它们完全由缔约当事人意志支配并且能快捷地流转，比如通货（金钱、或者金钱的等价物，例如规定数量的盐或者蜂蜜、棉布卷）。

因此某项事物成为契约的客体的过程取决于这些财产的社会角色。与此相似的是，并非每个人都拥有必需的身份从而能够承担一定的契约性义务，因为代表的原则[62]意味着只有群体的代表能够履行这一功能。每一个社会都会确定某个代表在社会系统结构中的行为活动层面：小家庭、大家庭、世系等。作为基准的群体越大，其代表越少；群体越发达，这些负责人会越老。无论是采用什么选择标准，法律是属于个人的，个人并非是由群体委任的而且他能够保护自身的个人利益。然而，他的自由不是无限的，因为他也是自身群体的代表。从原则上说，他应当同时满足个人的利益以及自己群体的利益。这些利益具有互补的性质，而且不是相互对立地存在的。

公社型体制因此意味着个人利益和群体利益之间的互惠性，个人利益应当受到限制的，而群体利益应当得到保障。这些必然要求看起来并不影响契约体现出来的变化性，就如契约分类所证实的那样。

135. 契约的分类

可以根据契约的客体（埃里亚斯[T. D. Elias]）或者功能（勒鲁瓦）为标准对契约进行分类。

根据契约的客体做出的分类中，主要的类型有：婚姻契约（有时候要缔结一桩婚姻需要好几份契约，这些契约将未婚夫和未婚妻、将他们的家族集团以及整个社会共同体结合在一起）；关于合作劳动的契约（此类契约在亲属间或非亲属之间确立了一个短暂的或长久的协定，集中劳动资源和设备以用于某类耕作、建设或者维修活动）；家畜养殖契约（在一些农耕社会中，家畜的主人会将他的一部分家禽或牲畜托付给一位邻居养殖并可获得一定的商业收益）；各种雇用服务的契约（雇用一名接生婆帮助分娩）；买卖契约，对于集市和市场的运转是必不可少的。

根据功能进行的分类具有更加精确的优点。我们可以区分出家庭契约（婚姻、奶妈、分娩）；社会契约（教育、仪式）；和生产相关的契约（借贷、交换）；农业耕作契约（合作劳动）或者畜牧契约（家畜养殖）；财物或资产交易的契约，发生在居住环境中（相互交换）或市场中（买卖、抵押）；商业远征的契约（商队）；宗教契约（术士或巫师的雇用）；政治契约（关系到首领的声望品行的规定）。还可以构想出另外一些形式的分类。如果考虑到体现契约特点的财富的性质，我们可以区分出现实的契约（关系到人身的或者物质上的占有）；现实的和形式主义的契约；现实的、口头的和形式主义的契约。可以被通过契约产生的义务来进行分类，这些义务可能是象征性的或繁重的。最后提到的这两种分类法理论的中心内容是完成一项契约性合意的过程，我们现在将转向探讨这一过程。

我们转向研究第二项内容：订立契约性协定所采用的程序。在契约性协定中要区分两个阶段：形成和认可。

136. 契约性合意的形成：事物和言辞

契约性合意的形成集中体现在事物（*la chose*，"事物"或者"物"，并不局限于动产）、言辞、或者事物和言辞的结合上。这个过程可能会包括某项事物的让与（如关于财产交换、保护、婚姻、农业耕作和仪式的契约）；也会发生转让行为的完成，从而授予对事物的占有权，或者取得某项事物权利（如通过移交一块草地的方式使获得被分配土地的权利具体化，有时这块草地会混有一头献祭动物的血）；这一过程也会包含某项任务的开始（合作、商业远征和训练契约）。因为撒哈拉以南非洲社会中的契约具有现实主义的性质，言辞交流的重要性次于和事物本身密切相关的行为。言辞的交流通常和证人以及正式程序有着密切联系。所使用的语言可能是法律化的或者方言白话式的，宗教性的或者世俗化的，可能借助于精确的程式也可能不采用。

137. 契约性合意的认可：正式和非正式契约

在口头法律体系中，一份契约的确认/认可能够发生在三个基本关系中的任何一个层面：人-事物（事物的让与），人-人（在证人面前的言辞交换），人-上帝（各种献祭以祈求无形的力量作为证人）。然而这其中的每一对关系在契约的认可中都起着各自不同的作用。人-事物的关系可以被用来确认一份非正式的和基于对事物的占有的契约。人-人和人-上帝的关系不能被独立的用于确认契约，除非它们和人-事物关系以及对事物的占有结合起来，契约因此是正式的，因为它由好几种结合在一起的关系构成。这些结合的分类，就如我们将要了解到的，取决于受契约调整的事物的分类。如果由于事物的性质，使得契约当事人所属的群体的参与更多，那么对于确认契约会起到重要作用的关系就越多，契约也会越正式，反之亦然。以上就是撒哈拉以南非洲社会的基本划分（summa divisio）[63]的组织原则。

关于公共财产的契约是现实的、口头的和正式的契约，它们包含了三种关系：人-事物、人-人和人-上帝。由于群体赋予这些财产重要性，契约必需清楚地规定这些财产的目的和使用。如果这些财产将转给另外一个群体所有，那么就得干净利索地切断它们和原来那个群体之间的关系纽带，因此就会借助于形式主义。形式主义的方法存在于仪式性程式中的吟咏里（早期古罗马法的一个特征），或者移交相关事物的礼仪性程序中。

关于个人财产的契约是现实的、口头的和非正式的，它们包含两种关系，人-事物和人-人。在这里并不需要对契约的目的进行控制。如果确实存在某些正式程序，它们对于契约的确认是次要的和无关紧要的。另外，使用个人财产的方式总是受到控制的，在事物的让与或者对于事物的工作开始之时会发生言辞的交流。

第二部分　考查多样性：传统社会的法律人类学

牵涉到货币的契约是现实的、非正式的，但不一定是口头形式的，人-事物的关系对于确认契约就已经足够充分了。就像前面的那些类别一样，此类契约的非正式特点可以通过是否需要对契约目的进行控制得到解释。虽然这种契约不重视口头形式，但这并不意味着契约过程中没有出现过言辞（尽管"无声商业"的实践并不将其排除在外），也并不要求宣告事物的数量、质量以及它的交付方式等。形成这一灵活性的原因在于货币只是一种从属的财产，而且很难受到控制。对契约的确认关键在于事物的占有。最后，我们会观察到尽管事物的分类和契约的分类相互关联，所有契约（在撒哈拉以南非洲）的共同特征是它们的现实性量度。然而，契约义务也会包含服务的提供。

我们将首先考查在契约性义务之下所提供服务的性质，然后再探讨它们的法律特点。

138. 社会决定的服务，象征性的和法律义务性的

和公社式思想一致的是，服务的社会效果比经济价值得到了更多的重视。这会产生两个后果。服务的性质取决于相关当事人的社会距离。社会和经济的变化通过否定公社模式，改变契约性服务的性质，而社会需求的弹性也会产生一定影响。我们将就这三个变量展开阐述。

社会距离意味着亲近的程度或距离，它在一定的社会情境范围之内（家庭、宗教、政治，等等）将个人或群体结合起来或者将其分开。就一般的法则而言，社会距离越大，契约就越倾向于确立法律义务性的和匿名的服务；亲近度越高，服务就会变得越个人化和象征性。换句话说，公社型体制的程度越接近，社会量度就越接近（经济量度相反）；反之亦然。

社会经济的变化能够拉大社会距离,并帮助法律义务性的服务取得超过象征性服务的重要地位。在由欧洲殖民化运动开启的涵化过程中,这是一个特别敏感的问题。因此聘娶婚姻已经越来越被转变成通过购买新娘而缔结的婚姻,其中支付的金钱数额显得比配偶的各自家族集团之间的联姻结合更加重要。

社会需要的弹性是第三个变量,我们可以将它和前两个变量结合起来予以考查,因为它能够影响社会距离并且会随着具体的历史条件而变化。就一般的法则而言,一个社会需要变得越有弹性,社会距离就会变得越近并且契约性义务会越具有象征性。特别是当不同领域的社会需要能够得到满足而又未出现明显的社会不平等时,因为充足的社会保障资源能够满足这些需要。在某些地方人们的一些实际做法(例如多偶制)并没有威胁到性别的相对平衡,这些地方的婚姻联盟也适用于前述的规律。或者也适用于在土地很充足而且多产的地方的土地交易(相比之下,在因为人口快速增长而导致土地越来越稀缺的地方,这些交易的经济价值具有第一位的重要性)。一般而言,越是强调经济价值并因此损害了社会价值,法律义务性的规定和服务就越会超越象征性规定和服务处于支配地位。

139. 契约性义务的法律特质

一般的特质已经被反复阐述清楚了,它是由合同客体的性质、缔约当事人的身份和地位、契约形成的程序构成。具体的法律特质因契约提供服务性质的不同而有所变化(它体现为履行一定的行为或者避免履行一定的行为,以及劳动义务或者实物支付);支付的价格和担保的价值,这二者在法律义务性的契约中特别典型;执行契约的时间安排;执行契约的强制:如果契约中订立有可强制的条款,当需要借助于这些条款时它们便会具体明确化,或者会明确处罚的方式,如果没有可强制的条款而我们又得面对制裁在传统社会中的

第二部分　考查多样性：传统社会的法律人类学

那种角色的话。可强制条款的问题引起了一个具有更普遍性质的问题。

在不遵守契约义务的情况下，人们会运用各种不同制裁，也可以通过担保的方式来保证履行契约。然而在探讨这些制裁之前，我们应当首先明确传统法律中法律责任这个概念的意义。

140. 传统法律中的法律责任

在我们现代国家的法律制度中，法律责任被分为两个类别：民事责任和刑事责任。民事责任事关对他人遭受的损害进行赔偿和修复，其依据是对损害程度的客观评价。刑事责任则事关因伤害行为而引起的制裁，这里的伤害行为不仅是直接针对某个人的，而且是针对社会整体的。实施伤害行为的行凶者的主观目的会被纳入考虑。这两种责任形式在某些情况下会混合在一起。民事责任能够进一步分为契约性责任、违法责任或准违法责任。契约性责任是因为不履行合同中规定的义务而引发的；违法责任或准违法责任则是由某一个体的故意行为（违法）或者非故意的行为（准违法）引起的（侵权性质的民事过错行为[*délit*]和违法侵害行为[*infraction*]的意思并不相同）。关于我们能否将这些分类范畴适用于传统法律中的话题已经有了很多讨论。勒鲁瓦指出令人误入歧途的进化论前提已经被运用到这个问题上。我们可以清楚地看到传统法律并不像现代法律那样区分自然的、民法的、刑事的、契约性的、违法的或准违法的责任。然而，如果由此推论认为出现这种情况是因为传统法律思维没有这个能力那就是错误的了。如果这些社会没有对责任进行细分，那是它们具有公社型社会模式的特点，而不是因为它们没有能力做出精细的法律区分。在我们的法律制度中，做出这些划分在很大程度上是因为我们必须区分个人行为的领域和社会行为的领域，而社会是由国家代表的。在公共社会模式中并没有这些区分,在那里实际上只有一种义务:公共的义务。根据这一情况,群体会被直接牵涉到而个人被间接地牵涉到,或者反之亦然。然而,不管是在哪种情况中,群体的利益和代表群体的个人的利益是被紧密地联系在一起的,群体的利益在不同程度上总是利害攸关的,这使得我们很难在传统法律中找出现代法律所作出的民事责任和刑事责任的区分。任何不履行义务的行为在不同程度上都构成了社会的伤害,并会被处以法律制裁。这一制裁会体现为多种形式。

240

141. 法律制裁的分类

传统社会和现代的个人主义社会不一样,它对怠于履行合同行为的制裁所具有的社会特性多于经济特性。当群体认为它自身也和伤害行为有关时,制裁的社会特性会更加突出。这主要体现于身体惩罚或者道德惩罚中。另外,当个人的利益被牵涉进来时,惩罚往往会由物质性的赔偿构成。

肉体的惩罚在性质上是多样化的(公开殴打、肢体残毁、奴役或处死),并会被用于两种范围。在具有政治特性的契约中对它的使用最多,因为怠于履行义务的行为威胁到了首领的尊严,而且通过他会威胁到社会秩序。对于经常性旷工或者对物质损害予以赔偿时明显缺乏善意的情况,肉体的惩罚也会被经常使用。

道德惩罚会采用公开责骂的方式,经常发生在不履行契约义务的行为关系到商品或服务的情况中——这适用于合作工作的契约,此外还尤其适用于婚姻契约。责骂会发展到将个人置于隔离状态,在小型社会中这是一个在心理上难以承受的制裁,因为个人之间的互动是至关重要的。

物质赔偿可以适用于很多种条件。首先它可能体现为在服务性契约的初始履行中的强迫劳动,在这里时间是实质性因素。其次,

第二部分　考查多样性：传统社会的法律人类学

契约会被宣告无效（如果一个土地租赁契约中的交付或服务要求没有兑现，耕作土地的权利便会消失并返回到原先的所有人；巫医如果没有实现他的病人期望的疗效，就应当偿还他们的费用）。最后，对于所遭受伤害的赔偿和对于损害的补偿特别会被用于一些情形：关系到家畜养殖的契约、具有对商品欺诈描述情节的经纪契约、商队契约中商队头领不遵守委托人指令的情形。

在缔约当事人自愿或者强制履行契约义务之间，还存在一条中间道路：担保的使用。

142. 担保

所谓担保就是一位债务人给予债权人的保证，它可能包含了一个第三人，即主债务人的第二债务人，他将保证债的支付（人的担保），或者是指定一项或多项财产，以后可能用于偿还债务（物的担保）。

我们已经证实了来自不同群体的个人会因某种纽带被结合起来，而契约性义务通常就和这一纽带具有关系。[64] 就如维迪埃的分类所证实的一样，担保也是这种情况。维迪埃对同一个社会共同体成员之间的相互援助（基于亲属关系或居住关系），同合作或者整合的法律化形式做了清楚的区分。相互援助是建立在亲属和邻里的基础上的。法律化的合作形式是因为履行某项契约性义务所需要的担保而形成的。另外，尽管担保会特别涉及来自不同群体的成员之间的关系，[65] 但是不会当然地将这些群体也牵涉进来，因为债的性质并不一定需要群体参与到契约关系中来。在契约的形成过程中群体的代表会做出一个决定，以确定是否以群体的名义为契约提供担保。如果群体不担保这个契约，那么债权人就不得不从债务人那里要求得到一个担保。

我们可以通过所提供的担保方式的性质来辨别担保是物质性

的还是人身性的。这种被古典法学家所钟爱的理论（完全是建立对罗马法的研究基础上的）再一次以进化论的观点来思考这一区分：原始社会经常借助于人的担保，而忽视了物的担保所能提供的保障……物的担保仅仅是在人的担保之后才出现的。事实上，物的担保体现了一套发达的法律制度，它能够区分事物和关于事物的法律（对物权[*droit réel*]，和对人权[*droit personnel*]相对），以及区分这一法律的不同表现。[66] 但也就是在这一点上，民族学观察的证据却往往和这一阐述矛盾。如果说传统法律提供了人的担保，那它也并没有排除使用物的担保。

人的担保在很多环境中都是可以辨别出来的，它通常和借贷联系在一起，因为出借人希望确保债权以对抗借用人无力偿还的可能。因此坦桑尼亚的查加人就借助于三种人的担保。第一，某个第三人同意运用其对于债务人的影响力来确保债务人履行自己的义务。债务人会将一个棍子折断成两截，一截将会被交给债权人，另外一截交给第三人。第二，某个第三人作为保证人参与到债的关系中，如果债务人以后逃跑了或者没有继承人就死亡了，他将偿还这笔债务。第三，更通常的做法是，在债务人发现自己不可能偿还债务的所有的情形下，第三方都有义务代其偿付债务。第三人向自己的手掌中吐唾沫，然后向债权人伸出手，后者将其握入手中。

尽管识别物的担保要更困难一些，但它们的客观存在显然是难以被否认的。由未婚夫的家族给予未婚妻的家族的嫁资礼物可以被诠释为保障婚姻的一种担保。另外，在许多地方，物的担保常常和因生存而背负的债务有关（如由于身陷饥荒和贫穷，债务人借用最基本的必需物品以维持生计）。或者为了向土地和祖先进行仪式性的献祭而担负的债务，或者为了支付嫁资债务人不得不提供保证一直到债务被清结了，要么是被债务人自己或者他的被抚养人依照

242

某种具有一种现实的或物质基础的程序清结了该债务。在阿散蒂人中，债务人可以将其抚养的一名女孩质押给债权人，如果一段时间之后债务人发现自己无法偿还债务，这个女孩通常会嫁给债权人。对于债权人在正常条件下必须提供的债和嫁妆上可能会出现一些混淆。婚姻同样地也会起到掩盖担保抵押存在的作用，但不管在什么情况下，被质押的那个债务人抚养的人和债权人之间的发生的性关系都会结清这笔债务。

143. 一般结论：传统法律和现代法律之间的趋同和分歧

我们对于亲属关系、土地所有和契约性义务的简略概述使得我们能够对法律人类学这个学科做出具有一定重要性的评论。尽管存在进化论的偏见，但现代社会和传统社会的法律在本质上并没有根本的区别。在前文我们描述过的三种领域中，我们已经注意到在现代社会和原始社会中存在着相似的元素。婚姻配偶存在于所有社会中；对于乱伦的禁止几乎是普遍的；婚姻交换的复杂体系既存在于现代社会，也存在于传统社会。在财产方面，我们已经了解到土地并非总是不可转让的，而且土地在许多惯例中有着重要地位。对于契约性义务的研究证明了它们既不是现代社会的特权也不是其专利。传统法律同样也不是"原始的"，就如列维-斯特劳斯曾经评论的："我的目的是想（见《野性的思维》）表明实际上在所谓的原始社会思想和我们自身的思想之间并不存在将二者分开的深渊……这些思想形式永远存在于我们之中。我们经常放任它们自由驰骋。它们和自称为科学的思想形式共存，而且它们也是属于同一时期的。"[67]

但是如果说现代法律和传统法律是一模一样的，那就是公然和现实证据相悖的。尽管在所有体系中都会发现某些相同的元素，但这些元素根据其被赋予的不同重要性结合起来形成了不同的体系和制度。真正的标准不是历时性的，它其实存在于每一个社会自身的运动发展中。根据社会所选择的具体模式——公社式的、个人主义式的、或集体主义式的（历史的变化对这一选择过程会发挥一定的作用）——相应的整体法律制度将会体现出传统法律，或者现代法律的特点。我们现在应当考查传统社会中的如何解决冲突来确定这一理论能否验证与此相似的结论。

注释

1.《创世记》(34:9—10)。然而，这一交换不是"自然的"。在米斯特拉尔(Mistral)所在的普罗旺斯有一句老话："在你的村子里成婚，如果可能的话在你的街道成婚，如果可能就在你的家族里成婚。"如果社会没有对乱伦强加禁止，这些情况就会发生（试比较后文第114—115节）。

2.《路加福音》20:34—36。

3. 孟加拉湾。

4. 依据佐纳本德(F. Zonabend)《关于家庭的：对亲属关系和家庭的民族学观察》('De la famille. Regard ethnologique sur la parenté et la famille', *Historie de la famille*,ed. A. Burguière *et al*., Vol. I, Paris: A. Collin, 1986, p.22.)。

5. 见默多克(G. P. Murdock)的《社会结构》(*Social Structure*, New York: Macmillan, 1949)。

6. 源自居维利埃(A. Cuvillier)的《社会学手册》(*Manuel de Sociologie*, Vol. II, Paris: Payot, 1972, 357 pp.)。

7. 见列维-斯特劳斯《亲属关系的基本结构》(*The Elementary Structure of Kinship*, trans. J. H. Bell, J. R. von Sturmer and R. Needham, London: Eyre & Spottiswoode, 1969)；他清楚地解释了这一机制。

8. 来自佐纳本德《关于家庭》(F. Zonabend, 'De la famille', 同前引书，p. 26)。

9. 出处同上，p. 56.

第二部分 考查多样性：传统社会的法律人类学

10. 出处同上，pp. 53-4，以及居维利埃的《社会学手册》(A. Cuvillier, *Manuel de Sociologie*, 同前引，pp. 560-1)。

11. 见列维-斯特劳斯《亲属关系的基本结构》(*The Elementary Structures of Kinship*, 同前引)。

12. 在《社会结构》(*Social Structure*)所研究的250个社会中，默多克认为其中105个是父系的，52个是母系的，18个是双系，75个是同族的；有38个具有从母居规则，8个是从舅居，146个是从父居，19个继承居，17个是新居制(neolocal)，19个是两可居(居住的选择是由家系以外的因素决定的)。因此从父居占有主导地位。

13. 列维-斯特劳斯《亲属关系的基本结构》(Lévi-Strauss, *The Elementary Structures of Kinship*, 同前引)。

14. 摘录自佐纳本德《关于家庭》(F. Zonnabend, 'De la famille', 同前引，p. 53)。

15. 见前文第110节。

16. 多马(Domat)的《法律条约》(*Traité des Lois*, chapter 7, 1)。

17. 关于氏族公社模式的定义，见前文第103—104节。

18. 我们的社会中也存在不那么明显的类似做法，它表现为父母给予年轻已婚配偶一定帮扶。

19. 见前文第110节。

20. 见前文第111节。

21. 见阿贝勒《跨文化视角下的母系血统》(D. F. Aberle, 'Matrilineal descent in cross-cultural perspective', *Matrilineal Kinship*, ed. D. M. Schneider and K. Gouth, Berkley and Los Angeles, CA: University of California Press, 1961, pp. 655-727)。也可见德来弗(H. E. Driver)的《跨文化研究》('Cross-cultural studies', *Handbook of Social and Cultural Anthropology*, 同前引，前文第8节, pp. 349-56)。

22. 见克雷斯维尔(R. Cresswell)的《父母亲属性》('La parenté', *Eléments d'Ethnologie*, ed. R. Cresswell, Vol. II, Paris: A. Colin, 1975, pp. 170-2)。

23. 戈德利埃，《乱伦：原始禁令，普雷西斯-帕斯捷尔纳克的采访》(M. Godelier, 'Inceste: interdit originel, propos recueillis par G. Plessis-Pasternak', *Le Monde*, 26 August 1987: 12)。

24. 即使是这样，我们还是要对现代社会中的亚群体中进行区分：在农民阶层长久以来奉行的婚姻方式中，家族集团的同意是必不可少的；而在19世纪，工商界的主要大家族不仅是建立在财经和产业交换的基础上的，还是建立在婚姻伴侣交换的基础上的；这些显赫家族的系谱图说明了这一点。

25. 见邦让（C. Bonjean）的《法国的性》（'La sexualité des Français', *Le Point*, 26 January 1987: 81-2）。

26. 普鲁塔克的《罗马问题》（Plutarch, *Quaestiones Romanae*, 108, Mor. 289 d.e.）。

27. 福克斯的《亲属与婚姻：人类学的视角》（R. Fox, *Kinship and Marriage: an Anthropological Perspective*, Harmondsworth: Penguin, 1967）。

28. 见列维-斯特劳斯《亲属关系的基本结构》（*The Elementary Structures of Kinship*, 同前引, pp. 62-87）；法文版的是 *Les Structures élémentaires de la parenté*, Paris: Mouton, 1967, pp. 5-29。

29. 见前文第 113 节。

30. 直到最近，在我们的社会中，一位年轻男子在婚礼中请求从他未来的岳父手中牵过未婚妻的手，其未来的岳父便将女儿交给他。这里体现的术语具有重要的象征意义。

31. 列维-斯特劳斯的《亲属关系的基本结构》（*The Elementary Structures of Kinship*, 同前引, p. 24）。

32. 见前文第 23 节。

33. 这一自由是受到高度限制的，因为从统计学和社会学角度看我们只会从特定的社会范围内选择婚姻伴侣。

34. 我们将在考查非洲亲属关系的时候将对半复杂型体系作更加具体细致的研讨。

35. 见前文第 109 节。

36. 摘录自佐纳本德《关于家庭》（F. Zonnabend, 'De la famille', 同前引, pp. 39-40）。

37. 出处同上, p. 40。

38. 我们西方社会可能在以前更善于发明创造。因为奥古斯丁在一篇关于古代罗马人婚姻习惯的文章中暗示当时奉行过交叉堂表亲之间的婚姻,见《上帝之城》(*The City of God*, pp. 478, 66-75)。关于这一文本的民族学评论见莫罗(P. Moreau)《普鲁塔克、奥古斯丁、列维-斯特劳斯:罗马早期的乱伦禁忌和优惠婚姻》('Plutarque, Augustin, Lévi-Strauss: prohibition de l'inceste et marriage préférentiel dans la Rome primitive', *Revue belge de philology et d'histoire*, 56, 1 [1978]: 41-54)。

39. 见后文第 119—21 节。

40. 见前文第 118 节。

41. 非洲的这种转房制形式不同于希伯来的类型,在希伯来人社会中当妻子的姐妹成为了寡妇并且没有孩子,这个妻子的丈夫就会和妻子的姐妹结婚。

42. 见关于法国人和他们的宗教的民意调查结果,《世界报》(*Le Monde*),1986 年 10 月 1 日第 12—13 版。

43. 见列维-斯特劳斯《家庭历史》的序言(Introduction, *Histoire de la famille*, 同前引, Vol. 1, pp. 9-13)。

44. 出处同上, p. 11。

45. 马齐奥德,《民法课程》(H., L. and J. Mazeaud, *Leçons de droit civil*, Vol. 2, Paris: Monchrestien, 1966, p. 1060)。特别参阅兰普(E. J. Lampe)的非常好的概述,《民族学视角下的财产基本权利》('Das Grundrecht des Eigentums in ethnologischer Sicht', *Persönlichkeit, Familie, Eigentum*, ed. E. J. Lampe, Opladen, 1987, pp. 291-305)。

46. 关于古代希腊,我们知道动产的私人所有权的形成时间也就是结构化的社会共同体出现社会生活的时候。见梅纳热《希腊土地征用的最古老证据》(L.-R. Ménager, 'Les plus anciens témoignages d'appropriation foncière en Grèce', *DC*, 14 [1987]: 105-28)。

47. 见后文第 127-8 节。

48. 见罗兰(N. Rouland),《对于土地使用制度的人类学和跨文化解读》('Pour une lecture anthropologique et interculturelle des systèmes fonciers', *Droits*, 1 [1985]: 73-90)。

49. 卡波尼埃,《灵活的法律》(J. Carbonnier, *Flexible Droit*, Paris: LGDJ, 1971, p. 177)。

50. "占有的欲望不是一种本能,也从来不是(或很少是)建立在主体和客体之间的客观关系上的。客体的价值来自'和其他人的关系'。只有食物对于饥饿的人才具有本原的价值。但是很少有客体能够在任何时间和任何环境下都提供某种恒定的利益。'我之所以强烈渴望得到某样东西只是因为其他一些人拥有了它。'一些并不重要的客体会显得具有巨大的价值……因为另外一个人开始对它产生了兴趣。占有的欲望'本质上是一个社会性的反应'。"见列维-斯特劳斯,《亲属关系的基本结构》(*The Elementary Structures of Kinship*, 同前引, p. 86)。

51. 见戈德利尔,《经济》(M. Godelier, 'Economie', *Eléments d'ethnologie*, Vol. 2, 同前引, pp. 98-9)。

52. 参考勒鲁瓦《撒哈拉以南非洲人地关系的系统方法和矩阵分析》(E. Le Roy, 'Démarche systémique et analyse matricielle des rapport de l'homme à la terre en Afrique noire', lecture épistémologique d'une pratique de l'anthropologie du droit, *BLAFP*, 3 [1981]: 84)。

53. 见维迪埃《土地的头领和世系的土地》(R. Verdier, 'Chef de Terre' and 'Terre du lignage', *Études de droit africain et de droit malgache*, ed. J. Poirier, Paris, Cujas, 1965, pp. 333-59)。

54. 见勒鲁瓦,《合同的历史人类学和法律人类学课程》(E. Le Roy, 'Cours d'Anthropologie historique et juridique des constrats', unpublished, Paris-Brazzaville, 1972-3, p. 90 *et seq*)。

55. 见马奥尼《博茨瓦纳比鲁瓦人之间的契约和邻里交换》(N. Mahoney, 'Contract and neighbourly exchange among the Birwa of Botswana', *Journal of African Law*, 21, 1 [1977]: 40-65)。沙佩拉(Shapera)曾经在茨瓦纳中做过观察,得出了相似的结论;波斯比西描述了新几内亚的卡普库人中亲属之间的契约(在父亲、儿子、同父异母或同母异父兄弟之间)和共同居住者之间的契约。

56. 更确切地,就比鲁瓦的情况而言,两个小型家庭的代表通过契约赋予公共性劳动一个法律特性,以防止财产和礼物或者支付混淆在一起,或者防止将财产被纳入基于联姻形成的大型家庭或社会共同体的宽泛系统内来对待。

57. 见前文第103—104节。

58. 我们应当注意到一项义务就是一个法律纽带,通过它一方当事人受到约束并给予另外一方当事人某项事物，或提供一定的服务。如果这一义务是由于契约当事人之间的共同合意而形成的话（事实并非总是如此，比如刑事义务），义务变成契约性的了。

59. 见前文第104节。

60. 见前文第123节。

61. 见前文第96节。

62. 见前文第104节。

63. 对于罗马法中的 *summa divisio* 的引用并不是因为形式上的需要。每一个社会都在不同程度上给予动产一定的重视，这种重视和动产在支配它们转让的法律程序中所具有的价值是成比例的。在罗马法中要式物（*res macipi*）和略式物（*nec mancipi*）的转让方式是不一样的。

64. 见前文第133节。

65. 然而，我们并不排除其发生在来自同一群体的成员之间的可能性，如果遵循马奥尼的理论（见前文第133节），我们承认契约性义务能够以它存在于两个较小群体之间的同样方式存在于一个大型群体的内部。

66. 马齐奥德，《民法课程》（H., L. and J. Mazeaud, *Leçons de droit civil*, Vol. 3, Paris: Montchrestien, 1986, p. 9)。

67. 列维-斯特劳斯，《亦近，亦远》（*De près et de loin*, Paris: O. Jacob, 1988, p. 154)；英文版见 *Conversations with C. Lévi-Strauss*, trans. Paula Wissing, Chicago and London: Chicago University Press, 1991。

延伸阅读

144. 关于家庭制度的文献目录

除了神话的研究以外，亲属关系纽带算是社会人类学里面最复杂的领域了，或者至少是理论和抽象化最发达的领域。因此造成的一个结果就是很少有人对于这一主题做出全面概述。此外，读者应当循序渐进地阅读这些著作，否则会因为理解能力有限而陷入茫然。

第二章 传统社会中的法律

关于这一主题的最清楚介绍可见于奥格（M. Augé）主编的《亲属关系领域》（*Les Domaines de la parenté*, Paris: Maspéro, 1975, 133pp.）。这一著作包含了基础的定义和一个不错的文献目录，但是已在1972年停刊。以下的著作应该不会造成太大的困难：列维-斯特劳斯《遥远的目光》（*The View from Afar*, trans. J. Neugroschel and P. Moss, Oxford: Blackwell, 1985）；佐纳本德《来自家庭：从民族学角度看亲属关系和家庭》（F. Zonnabend, 'De la famille, Regard ethnologique sur la parenté et la famille', *Histoire de la famille*, ed. A. Burgière *et al.*, Vol. 1, Paris, A. Colin, 1986, pp. 15-75）两卷本，包含了许多杰出的贡献，附有全面的文献目录，特别推荐这一著作；维迪埃，《习惯家庭法》（R. Verdier, 'Customary family law', *International Encyclopedia of Comparative Law*, Vol. 4, The Hague, Marinus Nijhoff, 1983, pp. 98-128）。接下来的著作就要相对艰深一些了：勒鲁瓦，《制度史课程》（E. Le Roy, 'Cours d'histoire des institutions', unpublished, Paris: LAJP, 1971-2, pp. 130-65）；《亲属关系、婚姻和土地的法律民族学》（'Ethnologie juridique de la parenté, du marriage et de la terre', unpublished, Paris: LAJP, Syntheèses, June 1971, 20 pp.）；克雷斯维尔，《亲属关系》（R. Cresswell, 'La Parenté', *Eléments d'ethnologie*, ed. R. Cresswell, Vol. II, Paris: A. Colin, 1975, pp. 132-74）；福克斯，《亲属关系与婚姻：人类学的视角》（R. Fox, *Kinship and Marriage: An Anthropological Perspective*, Harmondsworth: Penguin, 1967）。最后还有克劳德·列维-斯特劳斯的伟大作品，《亲属关系的基本结构》（*Les Structures élémentaires de la patrenté*, Paris: Mouton, 1967, 英文版是 *The Elementary Strutures of Kinship*, trans. J. H. Bell and I. R. Sturmer, London: Eyre & Spottiswoode, 1969），虽是技术性的内容但却非常引人入胜。还有赫里迪尔（F. Héritier）非常复杂的综述，《亲子关系实

第二部分 考查多样性：传统社会的法律人类学

践》(*L'Exercice de la paarenté*, Paris: Gallimard and Le Seuil, 1986)。关于运用于亲属关系中的信息科学理论，见赫里迪尔《计算机和奥马哈系统婚姻功能的研究》('L'ordinateur et l'étude du fonctionnement matrimonial d'un système Omaha', in *Les Domaines de la parenté*, 同前引, pp. 95-117)。

关于西方家庭的历史可参阅：弗朗西奥西(G. Franciosi)的《贵族氏族和一夫一妻制的结构：对罗马家族历史的贡献》(*Clan gentilizio e strutture monogamiche: Contributio alla storia della famiglia romana*, Vol. 1, Naples, 1975)；高德迈(J. Gaudemet)的《家庭社区》(*Les Communautés familiales*, Paris: M. Rivière, 1963)和《西方的婚姻》(*Le Mariage en Occident*, Paris: Cerf, 1987)；杜比(G. Duby)的《骑士、女士和牧师》(*The Knight, The Lady and the Priest*, London: ALLEN Lane, 1984)；《私生活史》(*A History of Private Life*, 5 vols, ed. G. Duby and P. Aries, Cambridge, MA: Harvard University Press, 1988)，包含了好几章相关的内容；古迪(J. Goody)的《欧洲家庭与婚姻的发展》(*The Development of the Family and Marriage in Europe*, Cambridge: Cambridge University Press, 1983)；《地中海欧洲农村社会中的妇女和遗产》(*Femmes et patrimoine dans les sociétés rurales de l'Europe mémditerranéenne*, ed. G. Ravis-Giordani, Paris: CNRS, 1987)。杜比也撰写了《侠义社会》(*La société chevaleresque*, Paris: Flammarion, 1988, pp. 151-65, 翻译为英文版的 *The Chivalrons Society*, trans. Cynthia Postan, London: Edward Arnold, 1977)，还著有《中世纪男性》(*Mâle Moyen Age*, Paris: Flammarion, 1988, pp. 129-46)。杜比描述了10世纪和11世纪法国北方的亲属关系结构，展示了它们的发展，这一研究引起了人类学家的浓厚兴趣。在10世纪以前，王室权威依然存在。世系的历史并不久远，人与人之间的亲

第二章　传统社会中的法律

密的关系比祖先更有价值,家族主要由旁系亲属构成。王室权威随后被贵族阶层篡夺。骑士社会的不同阶层重新构建和表达他们对于家庭纽带的观念:个人把自己看作源自男性祖先的一个父系男方亲属世系的成员,这个世系以对一位祖先的记忆为基础。勒让德(P. Legendre)的作品更为理论化和复杂,他把法律的历史和心理分析结合起来,因而具有相当的重要性;见勒让德《不可估测的传播对象:西方家谱原则研究》(*L'inestimable objet de la transmission. Étude sur le principe généalogique en Occident*, Paris: Fayard, 1985, 408 pp.)和《西方亲属制度档案》(*Le Dossier occidental de la parenté*, Paris: Fayard, 1988, 230 pp.)。

250

关于史前家庭参阅:马塞特(C. Masset),《家族史前史》('Préhistoire de la famille', *Hitoire de la famille*, 同前引, Vol. 1, pp. 78-97),非常有趣和客观。关于乱伦,有一个文集包括了:莫罗(P. Moreau)的《普鲁塔克、奥古斯丁、列维-斯特劳斯:罗马早期的乱伦禁忌和优惠婚姻》('Plutarque, Augustin, Lévi-Strauss: prohibition de l'inceste et marriage preferential dans la Rome primitive', *Revue belge de philology et d'histoire*, 56, 1 [1978]: 41-54),它对迄今为止没有确认的问题进行了思考;福克斯的《亲属关系与婚姻》(*Kinship and Marriage*);最近的戈德利尔所著的《乱伦:原始禁令:普雷西斯-帕斯捷尔纳克的采访》('Inceste: l'interdit originel, propos recueillis par G. Plessis-Pasternak', *Le Monde*, 26 August 1987: 11-12)。关于妇女的地位参阅让·博丹学会(société Jean Bodin)做的一项比较研究,见《让·博丹学会文集》(*Recueils de la société J. Bodin*, Vol. II, *La femme*, Brussels: Editions de la Librairie encycolopédique, 1959, 347 pp.)。还可参阅埃文思-普里查德(E. Evans-Pritchard)的《原始社会的妇女》(*La Femme dans les société primitives*, Paris: PUF, 1971)。关

第二部分　考查多样性：传统社会的法律人类学

于继承，参阅阿里奥《非洲法语国家的继承法》(M. Alliot, 'Le droit des successions dans les États africains francophones', *Revue juridique et politique, Indépendance et Coopération*, 4 [1972]: 846-85)，这是必需的读物；还有一些很有用的读物：维迪埃《关于撒哈拉以南非洲传统农民社会土地的法律社会经济学论文》(R. Verdier, 'Essai de socio-économie juridique de la terre dans les société paysannes négro-africaines traditionelles', *Cahiers de l'Institut de Science économique appliqué,* 1 [1959]: 139-54)；比奈(J. Binet)的《埃维人的继承法》('Le droit successorial chez les Ewe', *Études du droit africain et malgache*, ed. J. Poirier, Paris: Cujas, 1965, pp. 307-15)和更近一些的一个关于伊斯兰国家的继承的概述：《伊斯兰国家的继承》(*Hériter en pays musulman*, ed. M. Gast, Paris: CNRS, 1987, 302 pp.)。最后是让·博丹学会组织的一个会议《死亡原因法案》(*L'Acte à Cause de Mort*, 布达佩斯，1990 年)。

145. 土地所有制的文献目录

和了解亲属关系制度一样，读者应当循序渐进地学习这些著作。首先参阅：戈德利尔的《经济》('Economie', *Eléments d'ethnologie*, ed. R. Cresswell, Vol. 2, Paris: A. Colin, 1975)，直接对土地所有制进行了探讨；巴切莱特(M. Bachelet)的《习惯法土地权利所有人》('Les titulaires des droits fonciers coutumiers', *Encyclopédie juridique de l'Afrique*, Vol. 5, Dakar, 1982, pp. 59-70)；考西甘(G. A. Kouassigan)《习惯法土地权的法律性质》('La nature juridique des droits fonciers coutumiers', 同上, p. 49 及后续几页)；《农民文明和法律传统》('Civilizations paysannes et traditions juridiques', *Systèmes fonciers à la ville et au village*, ed. R. Verdier and A. Rochegude, Paris: Harmattan, 1986, pp. 5-27)。还有许多更具可读性的，同时也很有价值的作品：

第二章 传统社会中的法律

维迪埃《关于撒哈拉以南非洲传统农民社会中土地的法律社会经济学论文》(R. Verdier, 'Essai de socio-économie juridique de la terre dans les sociétés paysannes négro-africaines traditionelles', *Cahiers de l'Institue de Science économique appliqué*, 1 [1955]: 139-54);《原始民族的私有和集体财产问题》('Les problèmes de la propriété privée et collective chezles peuples primitifs', *Études de droit contemporain*, Paris: Cujas, 1963, pp. 105-10);勒鲁瓦《习惯法土地权的特征》(E. de Roy, 'Caractères des droits fonciers coutumiers', *Encyclpédie juridique de l'Afrique*, Vol. 5, Dakar, 1982, pp. 39-47);《传统土地权利的获取方法和证据》('Les modes d'acquisition et les preuves des droits fonciers coutumiers', 同上书, pp. 71-81);《非洲土地法》(*Le droit de la terre en Afrique*, Paris: Maisonneuve & Larose, 1971, 175 pp.)是集体作品,由阿扎尔(J. N. Hazard)作序。考西甘《人类与地球》(G. A. Kouassigan, *L'Homme et la Terre,* Paris: Berger-Levrault, 1978);别布耶克(D. Biebuyck),《非洲农业系统介绍》(*Introduction — African Agrarian Systems,* Oxford/London: IAI and Oxford University Press, 1963, pp. 1-64);兰普《从民族学的角度看财产的基本权利》(E. J. Lampe, 'Das Grundreche des Eigentums in Ethnologischer Sicht', *Persönlichkeit, Familie, Eigentum,* ed. E. J. Lampe, Opladen, 1987, pp. 291-305)。关于土地的首领,基础性的著作有维迪埃《土地首领与世系土地——对非洲黑人土地法系统研究的贡献》("Chef de terre" et "Terre du lignage". Contribution à l'étude des système de droit foncier négro-africain', *Études de droit africain et de droit malgache*, ed. J. Poirier, Paris: Cujas, 1965, pp. 333-59)。勒鲁瓦的许多著作尽管要艰深一些但却是必不可少的读物,也是对LAJP事业的主要贡献。这一研究开始于1969年,采用了严格的方法论,主要是关于运用理论

第二部分　考查多样性：传统社会的法律人类学

模型去深度研究非洲土地所有制度。首先有一个概述：《撒哈拉以南非洲人地关系的系统方法和矩阵分析——法律人类学实践的认识论解读》（E. Le Roy, 'Démarche systémique et analyse matricielle des rapports de l'homme à la terre en Afrique noire. Lecture épistémologique d'une pratique de l'anthropologie du droit', *BLAJP*, 3[1981]: 77-94）。更为具体的有：《撒哈拉以南非洲土地制度矩阵分析的理论、应用和开发》（'Théorie, applications et exploitations d'une analyse matricielle des systèmes fonciers négro-africains', unpublished, Paris: LAJP, 1970, 115 pp.）；《土地分配制度——黑非洲人地关系矩阵分析的特殊模型》（'Le Système de repartition des terres-Modèle particulier d'une analyse matricielle des rapports de l'homme à la terre en Afrique noire', unpublished, Paris: LAJP, 1973, 144 pp.）；《撒哈拉以南非洲制度史》（'Histoire des institutions d'Afrique noire', unpublished, Brazzaville, 1973, pp. 167-85）。《撒哈拉以南非洲土地法研究》（'Les Études sur le droit de la terre en Afrique noire', 2 vols., unpublished, Paris: LAJP, 1974 and 1975），包含了许多来自于勒鲁瓦和其他LAJP团队的成员的贡献，并且对土地所有制做了专门阐述，特别要参阅《土地与神圣——人与土地关系之传统规范体系的宗教维度调查》（'La Terre et le Sacré, Enquête sur la dimension religieuse "traditionelle" du système normative des rapports de l'homme à la terre en Afrique noire'）。还有勒鲁瓦的《矩阵和空间——对撒哈拉以南非洲人与土地关系理论的贡献》（'Matrices et espaces—contributions à une théorie des rapports entre l'hommee et la terre en Afrique noire', *Bulletin Production pastorale et Société*, 13 [1983]: 89-97）；勒鲁瓦和勒布里斯（E. Le Bris）《撒哈拉以南非洲的土地问题——撒哈拉以南非洲土地问题新问题纲要》（'La question foncière en Afrique noire. Esquisse d'une nouvelle problématique de la question foncière en Afrique noire', *JLP*, 20 [1982]: 155-77)。

还可阅读以下这些专著：施耐德《巴塞-卡萨芒斯的迪奥拉土地法的演变》(F. Snyder, *L'evolution du droit foncier Diola de Basse-Casamance*, thesis, University of Paris I, 1973)，它遵循了勒鲁瓦的分析；阿洛特《西非的家庭财产：法律基础、控制和享用》(A. N. Allot, 'Family property in West Africa: its juristic basis, control and enjoyment', *Family Law in Asia and Africa*, ed. J. N. D. Anderson, London, 1968, pp. 121-42)；法格拉（D. Ahouangun Fagla)《对达荷美的芳族人土地法研究进路的贡献》('Contribution à une approche du droit de la terre chez les Fon au Dahomey', *Études sur le droit de la terre*, 同前引, 1975)，也使用了理论模型；波科尼（D. Pokorny）的《哈亚土地制度》('Le système foncier Haya', 同上)；布罗（J. Bureau）《关于埃塞俄比亚的土地法》('Note sur les droits fonciers éthiopiens', *Ethnographie*, 1 [1982]: 7-17)；雷尚（J.-P. Raison)《从土地利用的突出地位到土地问题的出现》('De la prééminence de l'usage du sol à l'emergence d'une question foncière', *Systèmes fonciers à la ville et au village*, ed. R. Verdier and A. Rochegude, Paris: Harmattan, 1986, pp. 27-51)；诺伯特·罗兰《用于土地使用制度的人类学和跨文化阅读》(N. Rouland, 'Pour une lecture anthropologique et interculturelle des systèmes fonciers', *Droits*, 1 [1985]: 73-90)，其中有对因纽特人和非洲人对于土地的态度所做的比较。

146. 关于契约性义务的文献目录

契约性义务在法律人类学是一个尚不为大多数人所知的领域。我们只能期待这一领域有进一步的发展，法学家会对此产生特别的兴趣。在目前，勒鲁瓦是主要的权威，不幸的是他的

第二部分 考查多样性：传统社会的法律人类学

作品没有出版发表，尽管可以在 LAJP 查阅到：勒鲁瓦《撒哈拉以南非洲、希腊和罗马的合同历史和法律人类学》（E. Le Roy, 'Anthropologie historique et juridique des contrats en Afrique noire, en Grèce et à Rome', *Document pédagogique* no. 4, unpublished, LAJP, Paris-Brazzaville, 1972-3, 90 pp.）。以及：马奥尼《博茨瓦纳的比鲁瓦人的合同及邻里交换》（N. Mahoney, 'Contract and neighbourly exchange among the Birwa of Botswana', *Journal of African Law*, 21, 1 [1977]: 40-65）。一些早期的著作也和契约相关，但大多有些过时了：莫斯（M. Mauss）的《礼物：古式社会中交换的形式与理由》（*The Gift, Forms and Functions of Exchange in Archaic Societies*, trans. I. Connison, London: Routleddge & Kegan Paul, 1970）、《民族志手册》（*Manuel d'ethnographie,* Paris: Payot, 1947）；欧拉瓦勒·艾利亚斯《非洲习惯法的性质》（T. Olawale Elias, *La Nature du droit coutumier africain,* Paris: Présence africaine, 1961），英文版 *The Nature of African Customary Law*, Manchester: Manchester University Press, 1956。自从梅因的古代法以来许多著作体现了关于契约思想的发展：雷德菲尔德的《从原始社会看梅因的〈古代法〉》（R. Redfielol, 'Maine's *Ancient Law* in the light of primitive societies', *The Western Political Quarterly*, 3 [1950]: 576 *et. seq*）；霍贝尔《原始法中的地位与契约》（E. A. Hoebel, 'Status and contract in primitive law', *Cross-culture Understanding: Epistemology in Anthropology*, ed. F. S. C. Northorn and H. H. Livingston, New York: Harper & Row, 1964）；波斯比西《巴布亚卡普库人及其法律》（L. Pospisil, *Kapauku Papuans and their Law*, New Haven, CT: Yale University Press, Yale Publications in Anthropology, 1958, 1963）。关于这些发展有一个很好的概述可见于莫塔《身份与契约：法律人类学文献中的梅因分类》（R. Motta, 'Statut et contrat: les catégories de Maine dans la litérature d'anthropologie juridique', unpublished, 1987, 25 pp., *Droits et Cultures*)。

还有一些专著：理查德森（J. Richardson）的《基奥瓦印第安人中的法律与身份》（'Law and status among the Kiowa Indians', *Monographs of the American Ethnological Society*, Vol.1, Augustin, New York, 1940）；刘易斯（I. M. Lewis）《北索马里的宗族和契约》（'Clanship and contract in northern Somaliland', *Africa*, 29 [159]: 274-93）；博安南和道尔顿（G. Dalton）为《非洲的市场》（*Markets in Africa*, Northwestern University Press, 1962）撰写的导论；盖伊（Y. P. Ghai）的《肯尼亚的习惯法合同和交易》（'Customary contracts and transactions in Kenya', *Ideas and Procedures in African Customary Law*, Oxford: Oxford University Press, 1969）；沙佩拉（I. Shapera）的《茨瓦纳法律中的合同》（I. Shapera, 'Contract in Tswana law', 同上书）；勒鲁瓦的《传统沃洛夫法的契约制度》（E. Le Roy, 'Le système contractuel du droit traditionnel Wolof', *Law in Rural Africa*, 22 [1973]: 45-56）；勒鲁瓦在《法律人类学和契约史》（*Anthropologie juridique et historique des contrats*, 同前引）中也考查了传统茨瓦纳人和豪萨人法律中的契约性义务。

有关担保的著述非常稀少。主要的文本有两个：多兴岗-斯梅茨（A. Dorsingang-Smets）的《古代社会的个人担保》（'Les sûretés personells dans les sociétés dites archaïques', *Recueils de la société J. Bodin pour l'histoire comparative des institutions*, 28, *Les sûretés personelles*, 1st part, Brussels: Éditions de la Librairie encyclopédique, 1974, pp. 129-46）；维迪埃《非洲传统法里的个人担保》（R. Verdier, 'Les sûretés personelles dans les droits africains traditionnels', 同上书, pp. 147-53）。最后，关于非洲社会中法律责任的常规性问题文献

有：阿格波伊波（Y. Agboyibor）《民事责任法概述》（'Généralités sur le droit de la responsabilité civile', *Encyclopédie juridique de l'Afrique*, Vol. 9, Dakar, 1982, pp. 279-82）。

第三章　纠纷的解决

> 血仇常新。
>
> ——高加索阿布哈兹族谚语

因为法律人类学对于过程性分析的重视,以及这个学科的著述中有众多的英语作品[1],所以纠纷的解决[2]是该领域最受关注和被研究最多的领域。纠纷可能表现为很多种形式。我们可以首先把它分为两类:发生在不同社会之间的纠纷,即战争;发生在同一个社会中的成员之间的纠纷,即内部冲突。同时我们还会认识到一种纠纷能够激起另外一种纠纷,我们在这里关注的是内部冲突。尽管这种形式的冲突存在于所有的社会,但它在其中一些社会起着更为重要的作用,我们完全可能绘制出一个和社会经济以及政治体制相互关联的纠纷解决的分类图。和顽固的进化论偏见相反,这些相互关联性并不支持传统社会(复仇制度处于主导地位)和现代社会(具有多种惩罚形式的特点)之间的典型对立。

我们分三个板块对这些问题进行探讨:解决冲突中的暴力倾向、纠纷解决所涉及的程序、复仇制度和刑罚制度的共同使用。

一、冲突中对暴力的倾向

在解决一个社会内部的冲突中暴力的使用是如此常见,以至于我们有理由思考它是不是社会生活与生俱来的。因而会提出两个问题：暴力是不是固有的？我们如何解释它在不同社会中的变化？

（一）暴力是固有的吗？

即使我们承认暴力是人类本性的一部分，仍然会有人提出论辩，认为文化的一个主要目的就是要消除暴力。在1946年到1950年之间，一些美国学者如塔夫特（Taft）、艾林斯基（Alinski）、高尔东（Galtung）在理论上提出了一些没有暴力的社会模式。总的来看，学者们所建议的解决方案的主要包括了文化价值观的均质化和有效改善社会、经济以及政治不平等状况，如果不能完全消除的话。萨波（D. Szabo）的理论更具描述性，[3]他认为暴力和生理因素以及社会因素联系密切（它被铭刻在基因和人类大脑的进化过程中）。社会性因素牵涉到特定社会的各个亚群体中表现出来的凝聚力，即凝聚力越强，暴力的水平就越低。这一评论并非是没有依据的，因为我们确实可以发现狩猎和采集社会，通常比定居社会再倾向于公社型社会形态，并奉行以和平方式解决纠纷。然而，我们应当将这一分析再推进一步：一个社会中的所体现的凝聚力程度取决于几个我们需要识别的因素的结合作用。

另外，所有社会，甚至高度一体化的社会，看起来都会带有多多少少的暴力。和伯兰（F. Boulan）一样[4]，我们相信，一个没有暴力存在的社会是很难设想的，但是另一方面限制暴力的现象却是完全可能的。更恰当地说，我们相信尽管侵犯性是固有的，但暴力本身是能够被束缚的。侵犯性是不可避免的，因为就如我们已经知道的，人类还不可能证明自身是完全由理性支配的。当暴力被升华以后，它能够在社会中起到有益的和创造性的作用。侵犯性因此是具有双面性的，我们既不能无视它的好处，也不能避免它的所有弊端。

然而不是所有的社会都具有同等程度的侵犯性的或暴力性。在这一方面，人类学并不认同把社会的多元性当作暴力水平的决定性因素的理论。首先，对暴力性有深刻影响的是统治集团对侵犯性的态度，而不是社会的多元性程度。如果侵犯性被认为是有益的，它就不会引发暴力，反之亦然。其次，民族志的观察也考虑到了其他因素的作用，我们将在下文对其进行探讨。

（二）暴力倾向：一种跨文化的研究进路

257

民族志提供的证据资料证实了尽管所有的社会都运用暴力和非暴力两种手段来解决纠纷，但这两者之间的关系在不同社会是有很大差别的。另外，当选择复仇作为解决方式时，它被实施的强度在不同社会也变化不一。我们现在将探讨暴力的使用和复仇群体的规模这两个相关问题。

147. 对暴力的使用

一些社会赋予和平以积极的价值。在北美的祖尼族印第安人社会或者刚果的姆布蒂人狩猎采集形态的社会中，真正的男人就是能够避免纠纷的人。与此相反的是，在其他一些社会，如赞比亚的恩丹布人中，冲突在政治和社会生活中发挥着重要的作用，暴力的现象是非常普通的。我们现在还不能在这些对待暴力的不同态度和生物学因素之间建立起重要的相互联系。[5]（尽管某些社会确实比另外一些更好战，但它们的生理特点并不比它们的历史和价值体系同暴力间具有更重要的因果联系。）我们因此需要考查文化的因素。

制度性机制的存在显然更有利于推行纠纷解决的和平方式，相反的，如果缺乏制度性机制就会导致更显著的暴力使用现象。被引入纠纷解决的第三方就是在这个方向上发挥作用的，他能够引导当事人走向和平解决（调解人、仲裁人），或者强加一个解决方案给当

第二部分　考查多样性：传统社会的法律人类学

事人（法官、政治权威）。

有人认为第三方当事人的介入，能够有效遏制暴力，更不用说国家机关的介入。在这种观点里我们能够发现古典进化论的立场，它经常被法律历史学家采纳。这当然是一种片面的观点，而且甚至可能是不正确的。

一方面，民族志的调查材料显示了许多重视和平的社会不知道通过第三方当事人的中介作用解决冲突的方式，或者对其所知甚少。

另一方面，奥特拜因夫妇（K. F. and C. S. Otterbein）曾经在一篇重要的文章中[6]向我们显示了权利的集权化和复仇的弱化之间并没有什么关系，就如表II.3.1所示。[7]

表II.3.1　社会对和平或暴力的评价

政治集权的程度	重视和平的社会的数目	重视暴力的社会的数目
高	7	11
低	13	20
总数	51 个社会	

某种更进一步的假设目前得到了赞同，它提出既然战争被认为会强化一个社会内部的凝聚力，那么在最好战的社会中，各个社会群体的内部复仇水平就应当表现得比较低。根据同样的社会标本所做的一项研究仅仅揭示在这些特征之间存在一个并不明显的相互联系，只有当一个尚武的社会的内部政治体制体现出较高的集权化程度时才会表现出上面那种相互关系。而政治权威的作用比较弱的社会显示了明显的复仇和战争倾向。

也有一些颇具说服力的看法将生态因素和暴力联系起来。拉帕波特（Rappapot）就认为如果人口增长了，同时可使用的领地范围保持不变，就常常会引发冲突，并以一方群体对另一方的驱逐抢夺而结束。首先，我们需要解释为什么在解决这类纠纷中暴力是优先考虑的手段；其次，在许多无首领的社会中，牵涉到土地使用的纠纷事实上是以和平方式解决的。

这些各种各样的理论很难令人完全信服。还存在其他一些可能做出更广泛解释的理论。

我们同意罗伯茨的观点[8]，暴力的水平取决于社会的文化因素。当这些价值观突出个人主义、竞争和进取性时，就会催生显著的人身暴力（就如美国社会体现出的那样）。此外，如果在群体内部存在较高水平的人身暴力性，那么这种结果同样会发生在社会亚群体之间的关系中（就如许多新几内亚的社会所体现的那样）。然而，这些都只是观察而已。关于暴力问题，这些因素对于一个社会的文化选择是起正向还是反向作用呢？目前我们能够提出两个这样的因素。

第一个因素是家庭结构。奥特拜因夫妇已经发现复仇发生的频率和实行男性本位居住方式的社会之间所具有的联系，不论是从父居、从舅居或者是从夫居。如果我们把一夫多妻制也考虑进来，这种相互联系会更突出。反过来，复仇的可能性在一夫一妻制的社会中或者实行从妻居、从母居或者新居制的社会中会变小。

表 II.3.2 社会和复仇制度

	有复仇制度	无复仇制度
从父居和一夫多妻制社会	11	4
一夫多妻制或者从父居社会	6	10
既非一夫多妻制也非从父居的社会	5	14
总计	50 个社会[9]	

大多数人类社会都是按照男性统治的原则组织起来的，军事行

第二部分 考查多样性：传统社会的法律人类学

为通常是一个属于男性领域。当同一世代的男性通过居住被集结到一起时，被兄弟般的相互关系联结起来的社会共同体具有更明显的凝聚力，并且当他们中的某一位成员遭到威胁时能够通过集体复仇迅速地做出反应。即使弟兄伙伴结婚后，他们依然保持亲近的关系并生活在共同的社区中。如果这些男人是一夫多妻婚姻的后代，这种以居住关系为基础的联合甚至会更加坚固。实际上，在一夫多妻制的社会，儿子们的婚姻通常要晚于一夫一妻制的社会，同父异母的兄弟们由于在一起受教育的时间更长，他们之间的凝聚力便更被加强了。[10]我们应当附带说明跨文化比较证明了如果从父居方式是和内部冲突联系在一起的话，那么从母居方式就是和外部冲突联系在一起的。

第二个因素是由社会经济体制决定的。一般而言，流动或半流动的狩猎采集社会奉行和平的纠纷解决方式，这和定居的农耕社会形成对比。

游动狩猎采集社会其实也会表现出鼓励和平解决纠纷的特性。第一，纠纷产生的原因只限于家庭问题或者易耗损资源的获取使用问题，而在定居的农耕社会中个人或者群体和领地之间具有更紧密的联系，并表现出向土地的个人所有制发展趋势，这为更多冲突的发生提供了条件并有利于侵略性趋势的发展。此外流动的生存方式使纠纷的当事方有条件通过拉开距离而非正面冲突来解决纠纷。民族志观察显示了在环境不算太恶劣的情况下分散居住是人们首选的纠纷解决办法。贝都因人有一句谚语说："我们的心要贴得更近，我们帐篷就得离得更远。"坦桑尼亚的哈兹达人也实行回避纠纷的方法，而喀拉哈里沙漠的昆族布须曼人最关切的是防止群体的分裂并推崇快速地解决纠纷以防止人口衰减到一个关键的临界点。不管是采用上面哪一种方式，和平解决纠纷都是其原则：如果环境允许

第三章 纠纷的解决

就出现散居；如果不允许，纠纷就会被和平地解决以防止群体的分裂。纠纷往往由当事人自己解决，并无一个第三方的参与。相反的，具有不同程度强制性的第三方介入纠纷更多地发生在定居农耕社会中。而驱逐和散居的方式则很少会出现，因为比起狩猎采集社会，这些处理方式在农耕社会具有更为严重的后果。

狩猎采集社会形态在更大程度上要依赖公社型体制，因为寻找猎物、决定迁徙和旅程的时间安排都来自集体的决策。而农业劳作虽然也会具有一定的集体性成分，但对集体因素的依赖更少。这一内在必然性解释了为什么狩猎采集社会主要实行集体狩猎和食物分享，这有效地抑制了冲突，因为分享资源比占有资源更有重要意义。群体内部一体化的绝对重要性也解释了为什么建立在羞辱和嘲弄基础上的社会心理制裁花样繁多而且非常管用——责备、申斥、嘲弄、短暂的驱逐。（有时候也会用某个被偷盗的物品来称呼盗贼，因纽特人就是这样做的；或者人们会不再用相关的亲属关系概念来称呼某人，类似我们的"断绝关系"一说。）姆布蒂人使用的方法是滑稽戏，对犯罪者的行为进行夸张展现以达到讽刺嘲弄的效果和地步。因纽特人还用斗歌方式来解决一些纠纷：胜者不一定就是占理的那一方，而是让对手丢尽颜面的那一位主角。这些斗歌主要发生于北极圈地带，那里的自然环境更加严酷而群体规模更小，[11]这突出了生态因素在选择解决纠纷方式上的重要性。与此形成对比的是，定居的农业社会更可能运用制裁来对个人身体或者财产施加直接强制。

在此我们还是应当谨慎定论，提防把流动社会和定居社会之间的对比过分简单化。因为流动社会中也会有暴力（贝都因人社会和因纽特人社会中经常发生谋杀），而农耕社会也不是在任何情况下都通过强制力来解决所有冲突。然而，后一种社会类型确实比前一种具有更强的暴力倾向。

暴力的使用也因为另外一个因素而有所变化，即复仇群体的规模。

148. 复仇群体的规模

在某些地方——当然这是非常少见的——复仇并不存在。这主要是和群体的性质而非个人有关系。有时候群体无法实行复仇制度，因而"寻仇群体"并不存在（虽然存在一个家族集团但是它不能为其成员报仇）。因此埃塞俄比亚的加莫人社会是一个"没有复仇的社会"；在可能引起复仇的情况下，整个社会共同体会运用制裁来解决纠纷。

然而，复仇群体在大多数地方都是存在的，它们的组成范围和复仇制度的实施范围是同一的。有一个规则是适用于所有存在复仇制度的社会的：不管它们的暴力倾向如何，只能在群体之间实施复仇，而不能在同一个群体内部进行。[12] 因为这造成群体分裂的风险实在太大了。所以喀麦隆和乍得的马萨人只准许使用棍棒打斗的方式，并禁止造成重度的伤害，而这不大可能引发氏族内部的复仇。当复仇因为流血事件发生时，氏族之间会使用标枪。还有其他更进一步的具体限制，其中一些关系到纠纷当事人的行为。如果群体断定它的某个成员过于好斗便会驱逐他，不管他是侵害人还是被侵害人。在因纽特人中，惯常的为非作歹者或犯下严重罪行（例如巫术）的人会被视为害群之马，他的家族和整个社会共同体会决定除掉他。要么他会被驱逐（qivituk，一个指代遗弃的词语，和自杀同义），或者他所属的社会指派某人去处决他，这人通常是该罪犯的近亲属——这是防范随后可能发生复仇的一个英明正确的举动。[13] 卷入复仇的群体规模在不同社会有所区别。在一些社会中，复仇牵涉到的群体总是一样的，不管是整个氏族、一个亚氏族、一个世系或者是一个世系的部分。在另外一些社会，复仇涉及的范围会根据侵害人和被侵害人之间社会距离而变化：在贝都因人社会中，当杀人者属于一个敌对或者外来部落时，被害人的整个家族群体都会被牵涉进去；如果是属于部落分支或者结盟群体，则只有当事人的血亲会牵涉进去。

二、解决纠纷

任何纠纷如果要得到解决，都得经过两个阶段[14]：首先，当事人选择一种解决的程序并提出证据以支持他们的主张；然后做出一个裁判，或者动用一项制裁。我们随后将列举各种形式的程序和证据，并探讨解决纠纷的途径。

（一）纠纷解决程序的分类

我们可以进行多种分类，其中一些可能是互相交叉的。最简单的分类就是对以下三种情况进行区分：有规则控制暴力的程序（复仇制度）、非暴力的程序，以及暴力被仪式化的程序。因纽特人（格陵兰岛东海岸）的斗歌和提夫人（尼日利亚东北部）的方式属于第三种类别，就像拳击竞赛或者交替痛打（新几内亚的 *tagba boz* 方式）和特罗布里安岛民的交换方式（*buritila'ulo*）。在后一种的情形中，两个群体被卷入纠纷，并就是否启用复仇制度达成一致意见。在一个首领的指导下，一个群体向另外一个群体供奉一些食物。这一行为是互换性的，后者也会回赠礼物。如果两份礼物互相对等，冲突就得以解决了。如果其中一个群体并不接受这种和平解决方式，它只需要回赠更多的礼物就行了，因为这被视为是一种侮辱，复仇将随之发生。

我们也会区分不可审判的和可审判的程序。口头言辞在两者中都具有第一重要的地位，但是它们各自具有不同的结构。我们将逐一探讨这些模式。

149. 不可审判的程序

不可审判的程序包括了双方或者更多方当事人之间的争辩，纠纷在没有裁判者参与的条件下得到解决。它们可以被再细分为两种类别。

第一种类别体现的是当事人自行解决其冲突的情形，即双边谈判协商。这经常发生于一体化程度较高的社会中，在这里个人之间的互动关系非常的发达。所有的社会中都存在不同程度的谈判协商制度，它要么存在于作为整体的社会中，要么存在于一个或更多个亚群体的层面上。

第二种类别反映的情形中，为了使纠纷得以解决，不得不让第三方当事人参与到争辩中来。在较大规模的社会和当事人之间相互接触很少的地方，或者当事人的冲突已经处于非常激化的阶段以至于双边谈判协商不能产生任何结果的时候，这种第三方介入的现象是很平常的。根据其是否扮演一个指导性的角色，第三方的介入会表现为好几种形式。最基本的形式是调解，调解人并不强加一个解决方案，而是帮助当事人寻找到一个解决方案。相比之下，在仲裁的情况中，仲裁者会制定一个解决方案，并向当事方提议，力图说服他们确信该方案的公正合理性，因为他不能强制当事方遵循这些建议。

150. 可审判的程序

在可审判的程序中，第三方当事人在诉讼中以一名法官的身份介入纠纷的解决。他的决定，即判决，会约束当事人。在传统社会中其约束力会更强，因为上诉很少会得到允许。规范的存在是一个基本性的问题。但是将规范的存在和可审判程序联系起来就是错误的了，同样也不能将缺乏规范的事实和不可审判程序联系起来，因为法律并不能被局限于判决和裁定，而谈判协商、调解和仲裁也都是法律存在的形态。真正的区别主要体现在纠纷的当事方运用这些规范的方式上：在可审判的程序中规范被强加于当事人可能性更大；而在不可审判的程序中，这些规范会被运用，但也会被忽视或者修改。

可审判的程序在现代社会尤其盛行，但是它们也会出现于形成了分化政治权力的传统社会中。

因此通过可审判的程序可以体现出分化的政治权威对司法制度的影响。

在探究社会政治结构和纠纷解决的程序中，我们会再一次发现累积原则的运行，事实上我们已经在其他领域中对它有所了解和熟悉。[15] 一个社会的社会和政治结构决定了它会选择怎样的解决纠纷模式，或者决定了某些模式相对于其他模式的优先地位。在这一原则的基础上，勒鲁瓦提出过一种分类，如表 II.3.3 所示。[16]

表 II.3.3　勒鲁瓦的分类

社会结构	法律的渊源	解决冲突的模式
基础型社会	神话	复仇、双边谈判协商、调解
准基础型社会	神话、习惯	复仇、双边谈判协商、调解、仲裁
准复杂型社会	神话、习惯、法律	复仇、双边谈判协商、调解、仲裁、审判

151. 基础型社会

在基础型社会中，权威完全集中于亲属关系组织中。苏丹的努尔人就是这么一个典型的例子，他们并没有立法权威或者司法权威。

第二部分 考查多样性：传统社会的法律人类学

当来自不同社会群体的两个人陷入纠纷时，纠纷解决程序将很大程度上取决于他们各自在亲属关系组织和年龄组中的地位，以及各自群体之间的社会距离。有许多可供选择的解决渠道：受侵害的当事方接受对方关于这一类的伤害行为的一个明确赔偿数额，该数额完全依靠双边谈判协商而定，因为没有一个外在的权威能够强加一个此类赔付；或者受侵害一方当事人在其亲属的支持下扣押另外一方当事人的家畜。后者可能会对此逆来顺受，但是如果他做出反抗，复仇就随之而起。

当纠纷关系到既是近亲属又是居住在同一个村子的两个人时，通常更多地使用调解来解决纠纷。[17]

152. 准基础型社会

在准基础型社会中仍然没有中心权威，但是法律渊源的二元性（神话和习惯）得到了一个较高层级的冲突解决模式的补充，即在双边谈判协商和调解的基础上又增加了仲裁的方式。坦桑尼亚的卡里旺多人为我们提供了这样一个例子。当双边谈判协商失败后，人们就将仲裁用于解决氏族之间、亚氏族之间和亚氏族的成员之间的冲突。在仲裁成功地解决纠纷后，就进行实物形式的赔偿给付。在造成伤害的情况下，被侵害的当事方的氏族和对伤害行为负责者所属的氏族进行谈判协商。如果没能达成一致意见并且在没有中心权威存在的情况下，各方氏族中那些与冲突没有直接利害关系的长者会作为仲裁人介入到纠纷中，并努力找出一个所有当事方都能接受的解决方案。但这一解决方案不能强加于当事方。

同一个大家庭的成员之间的纠纷则适用调解方式来解决，因为大家庭是比氏族或亚氏族有着更多约束的生活共同体，通过赔偿解决纠纷会在其中造成深刻的裂隙。家庭的头领会实施各种各样的祭祀和仪式来清理作恶者。习惯性的为非作歹者会被驱逐出去。

153. 准复杂型社会

在准复杂型社会中，政治权力已经和亲属关系区别开来，而且前者相对于后者处于首要地位。法律的三重渊源（神话、习惯和法律）上又多了个新的纠纷解决方式的层级：审判和双边谈判协商、调解以及仲裁出现在了一起。

双边谈判协商和调解被用于解决发生在大家庭内部的纠纷。仲裁被用于解决来自不同的大家庭但却生活在同一个村子里的个人之间的纠纷（多贡人），以及涉及来自不同村子的居民的纠纷（恩科诺米人）。

审判和政治权威紧密联系在一起。当某一行为确信威胁到了作为整体的社会时，掌握政治权力的人就会对此做出处理决定而且他们能够将此决定强加于当事人。双方当事人所提出的证据在审判中的作用尤为重要。

（二）证据的类型学

就如列维-布留尔所评论的，如果证据是"一种机制，通过它我们能够证实一项指控的真相或一起事件的真相，或者一项权利的效力"，[18] 那么法律证据其实和这一定义并不一定完全一致。各方当事人在提出证据的时候更关心的是如何影响第三方当事人解决纠纷，而不仅仅是为了还原一个纯粹的真相，这同样符合传统社会和现代社会的实际情况。然而，这一特性在基础型社会和准基础型社会尤为明显，由于没有中央权威的存在，公众的观点会成为决定性的因素，于是每一方当事人都会尽力去谋求公众的支持。此外，传统社会赋予超常性质的证据以非同一般的重要性，而此种证据在现代社会是不存在的。我们将在略做修正的前提下采纳让·普瓦里耶的分类法。[19] 普瓦里耶对超常证据和物质证据进行区分。前者求助于

第二部分 考查多样性：传统社会的法律人类学

无形世界的力量，后者体现了现实的证明。我们将根据具体条件提出一种折中的或者综合的证据形式，它既包含超常证据也包含物质证据。

154. 超常证据

超常证据主要由对无形世界力量的诉求、神明裁判、占卜和誓约构成。神明裁判和占卜的程序都是建立在相似的准则之上的，也就是对于无形力量的依靠，并且都通过特定的有形象征或行为的形式表达出来。在神明裁判中主体在一定程度上保留主动权。某些神明裁判是双边的并且会发生争斗行为。这些现象在中世纪时期时常发生，它们都诉于上帝的裁判。在撒哈拉以南的非洲地区这些现象发生得比较少。其他的神明裁判形式具有一种测试的性质，它们并不引发争斗，但是主持神明裁判的某位专职人员（男巫师、祭司、有时候是一名头领、或者甚至是被控告者）要求当事人接受一项测试（将一块炙热的金属贴到鼻孔处）或者让其服用毒药，随之产生的反应会证明他是无辜的还是有罪的（一般给予的毒药剂量是不会致命的，如果毒药被当即呕吐出来，所有的指控都被解除了）。这些方法是建立在某种心理学认识上的：在正常情况下，无罪的当事人会自愿接受一项神明裁判，因为他确信自己是正直的；如果他在神明裁判中失败了，他常常会认为自己其实是有罪的。

占卜则体现嫌疑人或被告人的彻底被动性，因为这种程序并不直接接触他们。一种常用的办法是对尸体进行讯问。在前往埋葬尸体的途中抬棺人的行为会受到密切观察。死亡的原因——自然的或者是非自然的——会根据所选择的抬棺送葬路线被推断出来，所以总会有一名男性亲戚或陌生人参与这一过程。有时候会使用一些动物来占卜。将几根绳子拴在一个蜘蛛网跟前，每一根代表死者的一位兄弟。蜘蛛移动的那根绳子所代表的人就是罪人，于是他就得找到一个男人或者女人来替代死者的位置。巫师经常会参与到这些案件中,要么是帮助解决纠纷要么是因为他们对案件承担一定的责任。他们甚至会更加直接地介入案件。人们相信巫师能够将自己变为各种动物(雄性黑豹、雄性美洲豹、以及和我们欧洲的狼人差不多的动物),甚至会攻击和杀死他们献祭的动物。[20]

誓约作为一种口头陈述,也会在非法律场景下起重要作用:友爱或者忠诚的誓约、政治的誓约、用爱来发的誓、将神灵与其子民联系起来的誓约,等等。

当誓约在法律程序中发挥其作用时,它总是具有一种神圣的性质,因为陈述的事实和宣誓人的诺言都源于无形的力量,这种力量将会确保真相终将大白而作伪证的证人和他的担保人会受到惩罚。神圣内涵是传统社会中法律誓约的首要特征,但是它并非只存在于在这些社会中。在我们自己的社会中,直到不久以前,刑事案件中的证人都会在上帝面前或者在代表上帝的一个象征物(十字架)面前发誓。在古代罗马法律中,对物的赌誓(*sacramentum in rem*)[21],是"十二铜表法"中最重要的行为,也体现了同样的理念:程序并不直接关注诉讼所围绕的问题,而是以解决两个相互对抗的誓约(各方当事人分别做出的)为中心。是否将一件物品归还给它的正当所有者仅仅取决于审查的结果,在这种审查中一方当事人一旦发了假誓,就会给其所属的社会招致上帝的愤怒,只有对有罪的当事人做出判决才能避免上天的愤怒。无形世界再一次体现出它的基础性作用。物质性的证据遵循了一种不一样的逻辑,和我们自己的逻辑更为近似。

155. 物质证据

物质证据包括了现行犯的(*in flagrante delicto*)证据以及通过调查获得的证据。现行犯的证据常常为被害人自行处理其纠纷提供了

第二部分 考查多样性：传统社会的法律人类学

条件。然而，如果是通过有第三方当事人参与以及证人作证的程序解决冲突的话，这就要求证人在过错行为发生时已经向有罪的当事人表明了自己的身份，否则其证言不会被接受。

如果现行犯的证据并不能适用而且证言和质询也不能确定真相，那就得进行调查以搜寻物质证据。

156. 证据的结合/联合形式

证据的结合形式以物质证据为基础，同时也涵括了象征性的或神圣性的组成要素，并且包括了证言、供认、工具性证据和书面证据。证言证据的可信度是和证人的社会位置具有直接关系的：证人的地位越高，证言被认为具有越强的证明力。还有其他一些相关的标准。如年龄，小孩也能作证但是他们的可信度是有限的。小孩会经过一定生理变化或者通过成人仪式达到成年，这两种原因可能会同时发生，但也可能不同时发生。还有性别因素，一般而言女人的证言被认为弱于男人的证言。社会身份和法律权利能力（格里奥、工匠、俘虏或者获得解放的奴隶的证言所具有的效力弱于自由民）也有一定影响。证言关系到事实和事件，但是它并不是严格意义的语言形式物质证据，因为它常常得到誓约的强化。

供认是对罪行的一个陈述，其内容是关于可归罪于过错人的某种事实或行为，或者是关于追查某个罪犯的原因。人们常常祈求无形世界来获得供认，所以供认通常是神明裁判或者占卜程序的结果。实际上供认在传统社会甚至不如像在我们自己的社会里那样具有"证据之王"的地位，因为一个无罪的当事人如果相信无形的力量将选择他的话，或者如果他认为他可能确实触犯了他被指控的罪行的话，也会在没有认识到真相的情况下认罪的（在被催眠或者中邪的时候）。

工具性证据由一项物品的赔付构成，但是这承载的至多是物质证明的外表。首先，这一物品与其说是一个具体的存在物不如说是给予人的延伸。其次，物品本身并不及给予人和它所象征的受让人之间的关系重要。传统社会的嫁资反映了这一思想。嫁资确认了婚姻的效力，它不仅起到补偿新娘家族的作用，还象征了两个伴侣的各自家族集团之间的联盟。

最后，书面证据有时候扮演了一个神圣的角色。大多数传统社会只使用口头证据。然而，书写形式随着穆斯林和欧洲殖民者的影响逐渐出现于非洲。非洲人常常在遇见有魔力性质的现象时将其归因于书写。许多护身符是可兰经的铭文，保存在挂在脖子上的一个皮囊里面。（将这一行为评价为幼稚的或者"原始的"是轻率而鲁莽的。我们只要反省一下书面话语在我们自身和官僚政治的关系中的重要性就明白了。）

不管用证据或证明来干什么，它们被用于确立我们心目中的事实。这将通过一个判决被确认，是为完成一个纠纷的方法之一。

（三）纠纷的终结

我们使用纠纷的终结这个说法意味着所有行为和决定都可能在一个长久或者暂时的基础上实现这一目标。广而言之，纠纷可以通过两种方式终结，而这取决于牵涉其中的当事人的行动自由。

当事人可以自行解决纠纷，这可以通过许多方式实现。比如在双方和解之前互相回避，或者通过双边谈判协商来避免对抗。另外，当事方也可以选择或接受复仇。

第三方当事人可能介入纠纷的解决过程并控制这一过程，因此诉讼进程会产生一种制裁，这种制裁的形式和性质在不同条件下的变化是很大的。

我们已经探讨了双边谈判协商[22]，而将在下面研究复仇制度。[23]

我们现在将涉及诉讼所带来的制裁和冲突的避免。

157. 制裁和冲突

有三种类别的制裁：涤罪、赔偿和惩罚。

和献祭相结合的涤罪通常被用于解决牵涉到来自同一个群体的个人之间的纠纷。它也会和其他制裁结合起来被使用。

赔偿和补偿会采用许多种形式，[24]应当在突出过错行为严重性的强制命令的威慑下对受益人做出。

惩罚或宣判是通过过错的严重性来分级的。它们可能是心理上的、身体上的（残毁肢体）、对于行动自由的限定、以及在某些极端情况下的永久流放或极刑。传统社会非常重视对心理上的制裁和排斥的使用，我们现在应当对其作简要的讨论。

心理的制裁往往是通过谴责或嘲弄令犯罪人为其行为感到羞愧。犯罪人可能不得不忍受长篇大论或间接的压力。在阿拉斯加的努纳缪特族因纽特人中，社会公众会聚集在一个公共房屋内，并决定在一个规定的时期内所有人都不和某个给大家制造麻烦的人说话。在格陵兰岛东海岸阿玛撒里克人中，那些拒绝和别人分享狩猎所获猎物的人会被视为"一个贪婪的人"，这很快就会成为一种别人无法忍受的性情；而较轻一些的过错行为则会受到讽刺歌曲形式的惩罚。在一些因纽特人的社会，如加里布人、伊格卢力克人、西格陵兰岛因纽特人，它们经常采用公开认罪的方式，即由巫师进行鼓动，社区的人聚集在犯罪人面前，犯罪人逐步地坦白了他的过错，并承认他所违反的禁忌。[25]

排斥是更为严厉的制裁，但是需要进行一定的审查评价才会做出，并会采取许多种方式。所有的社会群体会分散而居，或者某些个人有时候只是暂时地被排除在群体外；纠纷的当事人会继续生活在同一个社会内，但是不会一起参与到任何合作性的活动中；他们也可能被排斥在一些集体活动之外，但可以继续参加其他的活动。最后，永久的驱逐则相当于身体上的以及社会意义上的死亡，而在一些环境中被自己群体抛弃的个人是无法生存的（如因纽特人）。

158. 回避与和解

复仇、谈判协商或第三方当事人介入纠纷这几种程序都带有了一定程度的当事人之间对抗。

当然也可以使用其他方法来解决纠纷，比如回避与和解。与其形成冲突之后陷入纠纷之中，当事人宁可选择断绝他们的关系来避免冲突。如果他们的共同利益因为关系断绝而遭受太大损失，并且没有其他途径可以选择的话，他们会通过仪式化的和解来恢复他们的关系。对于一些特点各异的人群——新几内亚依靠种植业谋生的加勒人、南太平洋斐济信奉基督教的农夫、来自沙特阿拉伯的吉达穆斯林妇女——所做的一项调查显示了在这三个地区人们都运用回避与和解的方式，这两种方式因此是在广大范围的环境条件下都存在的。[26]

在这三个地方的社会环境中，当事人之间的人际关系对于他们自身的权利以及作为整体的社会是如此重要，以至于他们不能断绝关系。群体因此会对当事人施加压力以促使他们实现和解。和解仪式表现为多种不同的方式。然而，在每一种情形下，仪式都象征了恢复关系的重要性。在沙特阿拉伯的吉达，阿拉伯妇女之间的社会交往主要表现为相互拜访和礼物的交换，所以她们在会面中交换礼物然后实现和解；在加勒人中，当纠纷是发生于父系的男方亲属之间时，他们会像亲戚之间通常的做法那样相互交换猪以及食物；斐济是一个非常不平等的社会，斐济人和解的方式是组织一个叫易索罗（*i soro*）的仪式，在此过程中过错人会向他曾经冒犯的人表现出极端的谦卑。他脑袋低垂，一言不发，坐在被害人家房屋的一个角落里,同时某位中间人会以过错人的名义交出一颗鲸鱼牙齿来请求宽恕。接受了这一礼物就象征着和解。然而,不是所有冲突都是以这种和平方式终结的。

三、复仇制度和刑罚制度

从历史上看,大多数学者都曾经谴责过复仇制度。在17世纪时,格劳秀斯对自然和自然法进行了区分。他认为建立在自然法基础上的法理学接受理性的指引,而将动物性、人类非理性的一面和复仇制度("人类和动物共有的自然原则,是愤怒产生的来源")归因于自然的支配。国家对复仇制度的终结,实际上体现了理性对于动物本能的胜利。在同一个时期,斯宾诺莎提出复仇制度是一个非常笨拙的解决纠纷的手段,而如果把问题提交给国家来处理,纠纷能够以小得多的代价得以解决,所以这是最合情合理的方法。其实这两种思想都代表了一种进化论主义的思维,它们谴责复仇制度并提高国家的地位。法学家也同意了这种观点。[27] 哲学家吉拉尔(R. Girard)在最近也接受了同样的立场。吉拉尔提出在原始社会中血腥的复仇制度意味着暴力的释放,这会世世代代地传承下去并逐渐渗透入人们的生活方式。[28] 只有在真正的法律机关出现后,它依靠国家力量作为诉讼当事人的第三方介入纠纷,转变并最终消灭复仇制度,暴力才会最终得到控制。事实上我们会和维迪埃一样会提出质疑,这一永久暴力的状态与其说是最初的人类社会或者"原始社会"(这二者被认为是同义的)的突出特点,不如说是在国家诞生之后被创造出来的一个虚拟事实,其目的是为了垄断司法和使运用所谓必要的武力得以合法化。索内(Sonne)对于格陵兰岛因纽特人的研究[29] 显然证实了这一观点。索内对殖民化和基督教传布之前当地实行的复仇制度,同丹麦政府派遣的使者和代理人对复仇制度所作的描绘进行了对比。在传统形式的复仇制度中,复仇只会发生于来自不同群体的个人之间,而且通常因复仇中出现第一桩死亡而终结。民族志的证据显示了复仇并不是经常被采用,而且这些社会都严格地限制暴力的使用。然而复仇制度和丹麦政府的使者及代理人的意识形态冲突太大,他们自然要对它提出谴责。这些当权者在因纽特人中反复灌输一种完全不符合历史现实的关于复仇制度的思想,也是和吉拉尔的理论类似的思想。他们告诉当地人:在殖民化之前,因纽特人被迫生活在对于世世代代传承下来的复仇行为的永久恐惧中,其中甚至包括了同一家庭的成员之间的复仇。因此自然而然地,当因纽特人听到这些关于他们自身历史的不实叙述时,会因为认为自己不再是野蛮人而感到高兴。

这个例子体现了一种比较普遍化的不实叙事现象。法律人类学最近的成果,特别是被维迪埃的思想启发的理念,揭露了进化理论的错误臆断。首先,复仇不是一种野蛮的本能,相反它的运行是受制于非常复杂的机制的,即复仇制度。其次,惩罚不是以复仇为起点的连续体的最终结果,惩罚和复仇共存于所有的社会,不管是传统的还是现代的。

我们现在将深入探讨这两个论点。

(一)复仇制度

根据民族志对许多社会中依然存在的复仇制度的观察所收集的证据,我们可以发现复仇制度的许多一般性特征。但实行复仇的强度在不同社会却是变化不一的,因为复仇制度是建立在交换基础上的。复仇通常以敌对群体和解的方式得以终结。

274

第二部分 考查多样性：传统社会的法律人类学

159. 维迪埃的交换理论

交换理论是很多人类学分析的核心理论。

维迪埃将同样的分析模式运用到复仇制度中[30]。他认为不能将复仇理解为无政府主义式的攻击性，因为复仇构成了

> 一种双边的交换关系，它是因为罪过的逆转和过错人与被害人的角色置换而形成的。由于过错行为激发了反过错行为，最初的情形被倒转，被害人成为了加害人而加害人成为了被害人……就像乱伦禁忌是以支配婚姻交换的族外婚法则为基础的情况一样，复仇也是基于交换制度的，复仇制度受到交换制度的支配；为此复仇不再是一个被法律打击或者控制的本能了，而是变成了一个被社会认可的法则。[31]

就如我们已经了解的，[32]复仇并不会在同一群体内部发生，过错人和被害人只有在他们属于不同的社会单位时才能求助于复仇制度。维迪埃相信复仇即使既是一种伦理规范也是一种行为准则。

复仇的伦理：报复制度的运行需要参与复仇制度的众多群体的共同价值观支撑。这些价值观可以被归纳为两个观念：罪行使报复群体之间产生相互的血债关系；某项罪行的血债是以人命来衡量的。

某个人所遭受的罪行会延伸到他所属群体的其他人身上，因此该罪行就被放到受害人及其群体和过错者及其群体之间的交换关系中来处理，双方之间形成了一个债的关系，这个债的一个后果就是被害人及其群体所承担的报复义务。

交换因此是通过债建立起来的。复仇的词汇证实了这一点。在非洲的贝蒂人中，被侵害的人应当"归还伤害"（*vudan*），加害人应当对其"赔偿"（*kun*）。阿尔及利亚的卡比尔人使用 *ertal* 这个词汇

指代谋杀,意思是"借了一副躯体",即因杀人产生了一笔血债,复仇者通过归还一具尸体来偿还。从这些关于复仇的对等概念中可以自然地推导出两点。一方面,伤害是被客观对待的,伤害行为人的责任、动机、预谋、减轻处罚的条件,所有这些都不如因过错行为而进行赔偿的强制必然性更为重要。但是另一方面,主体的社会地位会被纳入考虑,这种考虑是基于多重标准的,其中包括了加害人和被害人之间的社会距离,以及年龄、性别和被害人的等级地位。此外,复仇的目的主要是确保生命得到尊重,而非去毁灭生命,因为复仇被认为是必须而为的,它是对被害人的群体对其自身存在所受到威胁的行为的一种反应。复仇就像婚姻交换一样对于群体的再生产至关重要。它所支撑的信念证明了这一点:血和荣誉常常是结合在一起的(在意大利的卡拉布里亚和阿尔及利亚的康斯坦丁这两个地方,人们认为荣誉是存在于血液中的)。血液体现了世代间的连续性,荣誉可以将某个群体和其他群体区别开来并赋予特定的身份特征。生命和复仇之间的联系甚至会一直延伸到无形世界。在许多社会中,如果生者不为死者报仇,死者的亡灵注定将成为孤魂野鬼,于是他不能获得祖先的身份,这也使得他难以成为一个能取悦生者的角色(在贝都因人社会中,这样的亡灵会变成一只猫头鹰,它会一直找机会去吸过错者的血)。

复仇的准则和仪式:维迪埃认为复仇处于认同和敌意之间。当社会距离太小时复仇并不合适,[33]但是当社会距离太大时,便会引发战争。复仇创造的纽带是产生于敌对的条件。倘若复仇的目的是维护群体的存在而非去摧毁它们的话,即使因复仇使和平局面短暂消失,复仇也不能引发全面的战争,因为它必须遵照一些通过命令和仪式来表现的行为准则。首先,不是所有的过错罪行都会遭致复仇;另外,复仇的时间安排和报复的程度会受到限制,它允许罪犯逃

第二部分 考查多样性：传统社会的法律人类学

匿并因此终结复仇进程（在乍得的蒙当人中被谋杀的被害人的宗族只有两天时间来杀死凶手或者他的一个兄弟。一旦这个时间届满，他们就只有求助于占卜以确定谁应当为这一罪行做出赔偿。两天以后，和解和赔偿程序就会被用来结束复仇）。然而复仇制度总会受到一些外部因素的影响，它的具体形态因不同的社会环境而有所变异。

160. 复仇的倾向性：一组实例

一些社会并不运用复仇制度。然而，民族志的证据显示复仇并非罕见的现象，而且它常常受到某些控制方式的制约。而有时候复仇会被过度地使用。我们将探讨三种情况——没有复仇、控制下的复仇、过度的复仇——并且用一些例子来阐明它们。

没有复仇：加莫人（埃塞俄比亚）认为复仇对于社会是非常大的一个威胁，所以不能冒听任其支配的危险。如果两个人卷入了一桩纠纷中，他们会被依次传唤到仲裁人和地方集会那里去解决纠纷，过错者最终可能被放逐。在牵涉两个世系的谋杀案件中，两个世系的成员应当在杀人者逃匿之前相互回避，因为这时谁撞见杀人者都可以处死他（这使人想起了古代罗马法的牺牲人 [*homo sacer*]）。如果被害人的亲属同意的话，杀人者会在未来的某一天回来，而加莫人的地方集会会力图实现这种和解。人们会将一头动物作为和解的祭品并进行分割。杀人者和被害人的近亲属穿过在动物的毛皮上挖的一个洞，象征了他们的生活得到了重新安排。

控制下的复仇：这是最常见的形式。就像在约旦的贝都因人中，复仇只适用于强奸罪行和严重地故意侵害身体的案件中。即使在这一类案件中，当事人也总是可以要求一位仲裁人（*Qâdi*）的介入。然而，在没有提出这一要求或最终未能请来一位仲裁人的情况下，就会考虑用赔偿方式解决，要么是短期的或者是长期的。通常的情况是首先要支付一笔血仇赔偿金，此外，过错者的家族还会赠送一名

第三章 纠纷的解决

和杀人者亲属关系很近的年轻女子给被害人的家族。她会嫁给死者的儿子、兄弟或者父亲,并为其生育一名男孩以此赔偿其损失。她只有在孩子成长到能够佩带武器的时候才能认为自己是自由的。在不能通过仲裁或者赔偿来避免冲突的情况下,复仇便随之发生,但是会遵循明确的规则。第一,在被报仇的人和被报复的人之间的关系要对等:一个自由人的血仇不能通过杀死一个行刺他的奴隶来实现报仇,而是只能杀死奴隶的主人;第二,敌对双方的亲属关系越近,集体责任所起的作用越小,反之亦然。因为血亲代表不能杀和自己关系较近的男系亲属,尽管后者应当对另外一个被杀害的男系亲属承担罪责(一首前伊斯兰时期的诗歌写道:"我自己的亲属将杀死我的兄弟奥马雅纳;如果我把箭射出去,它射中的将是我自己");第三,复仇的强度将根据杀人者的亲属的亲疏程度而被缓和。[34]

过度的复仇:对于阿布哈兹人(高加索)来说,"血仇常新"。复仇义务被世世代代传承下来。这是一个极端暴力的社会,以至于复仇变成了宿怨世仇,报复制度变成了没完没了的暴力冲突。甚至并不严重的过错也会导致谋杀和一连串的复仇杀戮。赔偿方式很少见,而且被认为是丧失尊严的结束冲突的方式;阿布哈兹人说:"我们不会以自己兄弟的鲜血来讨价还价。"

其他一些社会对暴力给予了同等的突出地位。喀麦隆的穆赛人在建造坟墓时,根据死者生前杀死的人和动物的数目用相应数量的树干围绕在坟墓周围。一个男人如果没有实现这些功绩就死了的话,他只能被埋葬在和一个女人或一个小孩的坟墓一样的地方。在高加索的奥塞梯人中,杀人可能会是婚姻的一个先决条件。一位岳父会问他未来的女婿一个仪式性的问题:"你杀过谁,有什么资格能够娶我的女儿?"

最后一类例子表明了复仇总会有一些附带的风险,如果太过于看重复仇制度,因此造成的过度使用会威胁到整个社会。但是,常规情况下,它产生的是一种和平的纠纷解决。

161. 复仇的后果

作为复仇制度基础的交换理念可能会崩溃。在某些条件下复仇会产生反常的效果,从而引发难以控制的暴力并威胁到相关群体的生存,而不是实现维护这些群体的初衷。这是由许多不同的因素引起的。当事人之间可能无法就复仇交换的具体行为达成一致意见,遭受报复的人可能认为这些报复行为显得太过分了,这会激发他们做出甚至更为强烈的反应。最初的过错者可能不愿意接受其遭受暴力行径是自己当初的行为所带来的后果。在其他一些地方,竞争思想比交换的理念更为强烈,并导致了荣誉意识越来越强。这种现象在地中海的社会如科西嘉地区就特别常见,在那里复仇变成了世仇,世世代代从传承下去,甚至直到卷入其中的人都忘记了纠纷的最初缘由。这已经很难和战争状态区分开了。其他因素也会导致这一制度失去平衡。第一个因素关系到对称性,从理论上说这是存在于报复群体之间的。交换的前提基础是有一个利益上的社会共同体存在。当一个群体比另外一个大得多时,复仇很快就导致了对一个群体的镇压,对等性就不复存在了,社会分化为支配者和被支配者。第二个因素关系到涵化。当一个社会结构被弱化时,要么是通过变化的步伐,要么是通过由国家权力施加的地域变动,暴力会随之泛滥,从而加速社会的分解(就如同在巴西的凯恩冈族印第安人,以及特恩布尔最近所研究的中非的易克人体现的那样)。

然而,这些各种各样的例子都是反映报复制度病态性的案例,而且就其功能运行来看也是非典型的。从原则上说,复仇不应该引发过度的暴力,更不会造成复仇的无限延续。有好几种方法可以用来结束暴力。

第三章 纠纷的解决

对非法伤害的救济表现为过错者的家族就侵害行为后果向被害人的家族进行赔偿。过错者自己也会承担赔偿。在高加索的奥塞梯人中，杀人者会被死者的家庭接纳而成为其一个孩子。他也会拜祭死者的坟墓并要求把自己献祭给他的被害人，这样他便被死者的儿子宽恕了，并被后者象征性地恢复了生命。在西伯利亚的特乔科特奇人中，杀人者的家族会将凶手移交给被害人的家族，他将被作为奴隶对待，并成为寡妇的丈夫和她孩子的父亲。

复仇也会因为调解人的介入而结束。调解人通常是妇女（在新几内亚的马恩古人中，如果杀人事件引发了争斗，那么一位广受尊重的妇女会介入纠纷，她在熊熊燃烧的火把上倒上些水，同时吟咏一些关于和解的神圣口诀，然后争斗行为就必须终止。在君主制国家中国王也会介入以结束复仇（在坦桑尼亚的恩雅姆韦齐人中，复仇群体会请求国王结束冲突；我们自身的中世纪的 *asseurement* 也是相似的概念）。

赔偿也是结束复仇的常用手段。根据维迪埃的定义，它是一个 "符合复仇交换的程序，在这种程序中用一项和罪行等价的礼物取代了反向罪行"。被进化论成见所影响的法学著作经常把赔偿描述为介于私人复仇和国家惩罚之间的一个"阶段"，以及和私有财产、金钱或者金钱的等价物相关联的一种发展。事实上，就如我们将要了解到的，[35] 复仇并不先于惩罚存在，二者是共存的。此外，将赔偿和买卖人命放在一起比较只会玷污赔偿这一做法的名声。人命不是被拿来买卖的，将象征生命的物品给予对方，意味着交换了另外一条生命。就如维迪埃已经正确指出的，这是和嫁资婚相似的机制，嫁资并不代表妻子的价码。血债的价钱和妻子的嫁资之间的相似性被清晰地展现出来。同一个概念可以同时用于赔偿和嫁资。在这两种不同场合也会体现出同样的利益（在马恩格人中，*kuru* 这个概念

279

第二部分　考查多样性：传统社会的法律人类学

既用来指称一颗"人头"，即应当为其报仇的人命，也意味着将在婚前交给未婚妻的家庭一批珍贵的物品）。赔偿可能表现为将一名妇女作为礼物送出去。最后，赔偿不仅仅使敌对状态得以终结，而且意味着联盟开始形成。和联盟相伴的仪式以祭祀为中心内容。献祭的祭品具有象征意义的价值。[36]用一件有生命的礼物来使赔偿具体化，并通过结束复仇，表达了对于生命的渴望胜过了死亡。动物的祭品由承担赔偿责任的群体提供，它象征性地表现了生命从死亡中孕育生长出来的信念。因此在蒙当人中，杀人者的家庭在赔偿之前要将一头象征伤害后果的牛带到河边，将牛宰杀作为献祭，而世系首领们将他们的手插入牛血中作为和解的表示。除了在那些报复制度失控的地方外，复仇和动乱的爆发没有多少相似之处，而后者常被认为是复仇的特点。就如我们将会了解到的，复仇也不是惩罚的一个"古老"前身。

（二）惩罚和复仇：共时性的研究进路

复仇制度和惩罚制度在好些方面有所不同，但是它们并不是在历时性序列中先后出现的。

162. 复仇和惩罚的显著特征

自从18世纪以来，惩罚的报应性质就被人们提出了质疑。对犯罪人的惩罚应当和被害人所遭受的伤害相称的观点开始越来越被认为是荒谬的（对死刑的废除是这一思想演变的一个结果）。此后惩罚制度不得不既要考虑被害人所遭受的伤害，还要考虑罪犯和罪行之间的关系、罪犯的责任范围以及社会随之而来的反应。于是被害人就得屈从于社会，而社会实际上是由国家代理机构代表的，不论是君主制政体（专制主义禁止决斗）还是民主制政体。在法国的刑事司法制度中，原告人和国家站在同一个战线对抗罪犯，但是国家占据支配性的地位。代表原告人的治安官被看作是 du parquet（来自地面），因为从理论上说他们应当是和原告人以及原告人的律师处于同一个层次的。但是，在现实中，procureu（公诉人）支配着他们并和法官坐在台上（被告人当然也处于比原告及其律师较高的位置，但是这只是为了让他们被公众看得更清楚一些）。关于惩罚的观念发展证明了我们关心赔偿多于报应。在确立了罪犯的责任范围之后，国家的代理人将罪犯从社会中除掉，其方式要么是消灭罪犯（适用死刑），要么是将罪犯监禁起来，时间或长或短，也会以剥夺自由为威慑（缓刑）。在所有这些情形中，惩罚的理念都不同于复仇，因为后者是以交换和交互性为基础的。这种惩罚思想反映了群体和它的个体成员之间低水平的整合，它并非只是现代社会才有的。民族志的证据显示传统社会也会认为某个人违反了一个重要的规范，并以一种危险的方式危害社会（特别是就惯犯而言）。首选的解决办法不是运用人身暴力（复仇），而是用隔离或者消除（刑罚制度），不管这种制裁是来自人类还是神灵。

因此惩罚和复仇在实质上是能够区分开的。惩罚将个人和社会分隔开，而复仇展现了复仇群体的整合性。然而不管它们有些什么区别，这些制度都是可以共存在同一个社会中的。

163. 复仇和惩罚的共存

我们很难否认现代社会的历史体现了国家主导的惩罚制度的逐步发展从而排斥了复仇制度的进程。然而，历史学和民族志的证据清楚地表明了在复仇、赔偿和惩罚之间没有必然的时间先后关联。在民主制时期的雅典城市，杀人案件根据其发生的环境和条件，可能会引起复仇的发生、赔偿的支付、或者公权指控。在罗马，直到公元前2世纪末期，公犯（crimen）只是指那些对城市主权造成威胁的行为，通奸、强奸、乱伦和谋杀不过是私法罪行，可能对其适用的制

第二部分 考查多样性：传统社会的法律人类学

裁包含了惩罚和复仇的结合，被侵害的当事人可以诉诸法庭。对于大多数严重罪行的案件，法庭会宣告一项 *addictio*（将被告人裁决给原告人），据此有罪的当事人会被交付给原告人。在整个共和国范围内，诉诸法庭和复仇方式两种机制是并行运转的，当事人是他们各自群体的受委托人，他们试图通过法律程序来相互复仇。只有在帝国体制下，随着国家的巩固和集权化，刑事司法制度才取得了统治地位。塞涅卡同19、20世纪的进化论主义者一样，将复仇贬低到准野蛮的程度。他认为复仇介于文明的人性和动物本性之间，它只适合于野蛮人、妇女和青少年。[37] 在那些和我们差异显著的地方，我们会观察到不同制度共存的相似现象。因此在北美洲的普莱力族印第安人中，一些杀人案件会引起复仇，另外一些则引起赔偿。部落首领会认为一些犯罪关系牵涉到整个社会（主要是反叛）。

我们因此可以得出两个结论：首先，在传统社会也会存在刑事制度，惩罚制度和国家是否存在没有必然联系；其次，在刑事制度成为通行的司法形态的现代社会复仇也存在。

由于个人或者某个群体可能触犯的一些罪行不仅被认为会导致对其他个人或者群体的侵害，而且由于其罪行的严重性或反复的发生势必威胁到整个社会，因此惩罚制度的存在就是必不可少的了。神话经常提到这一类的罪行：一个英雄力图逆转造物主的秩序而被贬低到近似人类的层次去了。在有形世界中，秩序的重建依靠涤罪的祭祀、对罪犯的再整合、或者对罪犯的驱逐。现代刑事制度也运用类似的程序。刑事程序会使用一种令人联想起献祭和涤罪的司法戏剧方法。惩罚的目的是惩戒犯罪人，将他们从社会中驱除出去，并最终重新接纳他们。同样地，不管是采取首领制、王国还是帝国的形式，复仇的消失不一定就是政治权力的集权化和专门化的结果。对于蒙当人来说，神圣君主政权并没有废除氏族司法。在罗马共和国的早期，城邦（civitas）和城邦自身司法制度的形成并没有引起宗族（gentes）的内部司法以及和它相联系的复仇制度的消亡。

但是我们如何理解和解释现代社会体现出来的权力集中现象呢？尽管看上去现代国家似乎并没有完全取消复仇，但权力巩固的过程确实导致了复仇制度的弱化，而且国家的衰退也会以相似的方式令复仇复兴（加洛林王室的权力衰落是封建时期私人战争盛行的一个原因）。复仇不再像在古典报复制度中那样使群体之间互相争斗，而是使个人相互争斗。换句话说，复仇似乎不再是社会体系中不可缺少的一种程序。它同时能够实现法律内和法律外的表达。在法律外：自卫，除了在一些特定条件下会被认为是合法行为以外，原则上是被禁止的。人们会发现在实践中陪审团在这个问题上其实非常宽大。在法律内：就如德尔马斯-马尔蒂（M. Delmas-Marty）曾经评论的，[38]在处理法兰西刑法典中规定的攻击和殴打罪行时，复仇的影响很明显。对这一类罪行的惩罚事实上变化不一（从一个月的监禁到十年的强制劳役不等），与其从所犯的罪行（犯罪人的预谋程度和主观追求的行为结果）来对这些变化性进行解释，不如从结果（所造成伤害的性质和严重性）的角度做的解释更清楚，这样我们就可以给伤害一个客观的评价，而它是复仇的特征之一。[39]

也许我们发现在探讨纠纷的解决过程中，重复了一些关系到其他重要法律范畴的阐述。传统社会和现代社会之间的区别并不存在于这制度性的组成要素上，因为复仇和惩罚是能够共存的。复仇不是传统社会专有的现象，现代社会也没有垄断惩罚。然而，发展更充分的社会形态总是强调一种模式多于另外的模式。传统的社会充分意识到并明确了自己的社会多元性，它们通过复仇准确地解读群体之间的关系并解决了纠纷。与此形成对比的是，现代社会则否定了群体并孤立了个人，直接使个人面对国家。现代社会通过惩罚解

第二部分　考查多样性：传统社会的法律人类学

决纠纷，既是一种束缚的尺度也是束缚的减少，将个人约束在更为广阔的社会之中，而国家是这个社会的唯一裁决者。

注释

1. 见前文第 25-7 节、49-50 节、56-7 节。

2. 关于纠纷的概念的定义，见词条"冲突"('Conflit', *Dictionnaire encyclpédique de théorie et de sociologie du droit*, ed. A. J. Arnaud, Paris: LGDJ, 1988, P. 57)。

3. 见萨波，《侵略、暴力和社会文化系统：类型学论文》(D. Szabo, 'Agression, violence et systèmes socio-culturels: essai de typologie', *Revue de sciences criminelles* [1976]: 383 *et seq.*)。

4. 见伯兰的《暴力与社会》(F. Boulan, 'Violence et société', *RRJ*, 3 [1981]: 342-52)。

5. 见罗伯茨《秩序与纠纷——法律人类学导论》(S. Roberts, *Order and Dispute. An Introduction to Legal Anthropology*, Harmondsworth: Penguin, 1979, p. 54)。

6. 见奥特拜因夫妇《以眼还眼，以牙还牙：世仇的跨文化研究》(Otterbein and Otterbein, 'An eye for an eye, a tooth for a tooth: a cross-cultural study of feuding', *American Anthropologist*, 67 [1965]: 1470-82)。也可见奥特拜因夫妇《内战：跨文化研究》('Internal war: a cross-cultural study', *American Anthropologist*, 70-2 [1968]: 277-89)。

7. 见奥特拜因夫妇《以眼还眼，以牙还牙：世仇的跨文化研究》(见上注)。

8. 见罗伯茨《秩序与纠纷》(S. Roberts, *Order and Dispute. An Introduction to Legal Anthropology*, 同前引)。

9. 参考奥特拜因夫妇《以眼还眼，以牙还牙：世仇的跨文化研究》('An eye for an eye, a tooth for a tooth: a cross-cultural study of feuding', 同前引)。

10. 就如罗伯茨曾经注意到的(《秩序与纠纷》，前引书，第159页)，这一理论留下了没有解答的问题。这些具有男性本位居住方式的社会内也存在较高程度的来自同一群体的个人之间的暴力。正如我们可以用各个群体高度的内部团结来解释群体之间的复仇倾向一样，我们也可以预料个别的群体会和平地解决他们的内部冲突……我们还可以补充一点，交叉文化的比较研究显示了如果从父居是和内部冲突有关的话，那么从母居则是和外部冲突相联系的。此外，霍贝尔的并不认同奥特拜因处理数据资料的方式，并对其结论表示怀疑。参见霍贝尔的《复仇》(E. A. Hoebel, 'Vengeance', *DC*, 15-16 [1988]: 160-70)。

11. 见诺伯特·罗兰《因纽特人冲突法解决方案的法律模式》(N. Rouland, 'Les modes juridiques de solutions des conflits chez les Inuit', *Études Inuit*, 3 [1979]: 96-101)。

12. 见维迪埃，《报复制度：理论框架》('Le système vindicatoire: esquisse théorique', *La Vengeance*, ed. R. Verdier, 4 Vols, Paris: Cujas, 1980-4, Vol. 1, pp. 20-2)。在我们自己的社会，内战通常被认为比抵抗外敌的战争危害更大，而对于内战的恐惧不是来自于同样的观念吗？

13. 见罗兰《法律模式》('Les modes juridiques', 同前引书, pp. 70-5)。

14. 纠纷的解决并不等于纠纷的终结，尽管主观想法是这样的。即使人们做出了意在终结纠纷的决策后，纠纷仍会继续下去或者变换了形式。

15. 见上文第 99、126、133 节。

16. 见勒鲁瓦《非洲政治制度介绍》(E. Le Roy, 'Introduction aux institutions politiques africaines', unpublished, Paris: LAJP, 1975-6, pp. 148-67)。

17. 关于这一调解过程的描述，见埃文思-普里查德(E. E. Evans-Pritchard)的《南苏丹的努尔人》('The Nuer of southern Sudan', *African Political Systems*, London, 1940)。

18. 列维-布留尔的《"原始人"中的法律证据》('La preuve judiciaire chez les "primitifs"', *Recueils de la socété J. Bodin pour l'histoire comparative des institutions*, 18, 'La Preuve', Part 3, Brussels: Éditions de la Librairie encyclopédique, 1963, p. 5)。

19. 见普瓦里耶《撒哈拉以南非洲习惯法中的证据》(J. Poirier, 'La prevue judiciaire dans les droits coutumiers de l'Afrique noire', 同前引, pp. 37-57)。

20. 见劳(E. Rau)《法官与巫师》('Le juge et le sorcier', *Études afric-*

第二部分 考查多样性：传统社会的法律人类学

aines, [1957]: 304-19; [1958]: 181-206；其中引用了许多关于巫术的判决）。

21. 见高德迈（J. Gaudemet）所描述的发展，《古代制度》（*Institutions de l'Antiquité*, Paris: Sirey, 1967, pp. 407-12）。

22. 见前文第 149 节。

23. 见前文第 159-161 节。

24. 见前文第 141 节。

25. 关于因纽特人中的心理制裁，试比较罗兰《法律模式》（'Les modes juridiques', 同前引, pp. 34-47）。

26. 见考奇（K. F. Koch）、艾尔托基（S. Altorki,）、阿诺（A. Arno）、西克森（L. Hickson），《仪式和解与冤情的消除：法律民族志的比较研究》（'Ritual reconciliation and the obviation of grievances: a comparative study in the ethnography of law', *Ethnology*, 16, 3 [1977]: pp. 269-83）。

27. 下面的两段描述在内容上相似，如果不是处于先后不同的历史年代的话，可以作很有价值的比较。第一段是由艾斯曼，一位很有名的法律历史学家写于 1892 年；第二段是在 1979 年由威尔和特瑞两位民法专家写的。

刑事法律（在罗马帝国晚期）……在许多方面存在缺陷。首先，尽管处于一个非常先进的文明里，它在许多的特征中保留了关于控制人类行为的原始观念。一个众所周知的事实是，在人类社会中对于犯罪的压制最初是交给私人复仇执行的，但是另一方面在大多数情况下报仇都会依靠财物赔偿的手段被避免。随后，经过习惯或者法律的调整，赔偿变成了义务性的了。犯罪行为的被害人只有一种手段，即要求赔偿，也就是获得了诉于法院的权利。（艾斯曼《法国法律史基础课程》[A. Esmein, *Cours élémentaire d'Histoire du droit françsais*, 2nd ed., Paris: Sirey, 1912, p. 36]）

国家的主要目标之一就是维护社会的秩序，所以国家应当介入个人之间的纠纷，于是就形成了公众的司法。这一国家功能不是立即就被认可的。在原始文明中，被侵害的当事人会在宗族的鼓动下运用复仇的权利。私人司法因复仇而产生，当事人同意将纠纷交给一个仲裁人……国家的法庭对私人仲裁人的取代会带来国家权力的强化。（威尔和特瑞《民法总论》[A. Weill and F. Terré, *Droit civil: Introduction générale*, Paris: Dalloz, 1979, pp. 205-6]）

28. 见吉拉尔《隐藏在世界基础之外的事物》（B. Girard, *Des choses*

cachées depuis la foundation du monde, Paris: Grasset, 1978, p. 20）。

29. 见索内（B. Sonne）《格陵兰东西部血仇的思想与实践》（'The ideology and practice of blood feuds in East and West Greenland', *Études Inuit*, 6, 2 [1982]: 21-50）。

30. 维迪埃和他的研究团队的作品是不可缺少的读物。特别参阅：《复仇》（*La Vengeance*, ed. Verdier, 同前引；'Le système vindicatoire', 同上书, Vol. 1, pp. 13-42）、《欲望、责任和禁忌：复仇的面具和面孔》（'Le désir, le devoir et l'interdit: masques et visages de la vengeance', *Déviance et Socété*, 8, 2 [1984]: 181-93）、《秩序、权威、制裁》（'Ordres, autorités, sanctions', *DC, 11* [1986]: 181-90）。

31. 维迪埃《报复制度》（R. Verdier, 'Le système vindicatoire', 同前引, pp. 14-16）。

32. 见前文第 148 节。

33. 同上。

34. 见切霍德（J. Chelhod）在《约旦贝都因人之间血仇的平衡和平等》（'Equilibre et parité dans la vengeance du sang chez les Bédouins de Jordanaie', *La Vengeance*, 同前引, pp. 130-1）中的描述。埃尔布鲁兹和卡兹贝格山区的格鲁吉亚人也小心地控制着复仇：第一起杀人总是被看作是意外；杀人者的宗族通过举行很多仪式来尽力安抚被害人的宗族；一年之后就会自动迎来一段时期的和解局面。见查拉西泽（G. Charachidze）《高加索仇杀类型》（'Types de vendetta au Caucase', 同上, pp. 83-105）。

35. 见后文第 163 节。许多教科书不幸地带有陈旧的进化论观念。除了许多别的以外，见普拉德尔（J. Pradel）《刑法总论》（*Droit Pénal general*, Paris: Cujas, 1980, pp. 74-5）。

36. 我们可以尝试将这种象征性赔偿和杜比研究的早期中世纪社会的战争和婚姻中的流转和反流转进行比较。在这里，经济价值同样也不是贵重物品交换的唯一的标准。这些方式也象征了联盟，和平对于冲突的胜利（试比较杜比《战士与农民》（G. Duby, *Guerriers et paysans*, Paris: Gallimard, 1973, pp. 60-4）。

37. 塞涅卡《论慈爱》（Seneca, *De Clementia*, 1.5.5; 1.25.1; *De Ira*, 1.11.1 *et seq.*; 1.2.15; 2. 21）。

第二部分 考查多样性：传统社会的法律人类学

38. 见德尔马斯-马尔蒂《镇压之路》(M. Delmas-Marty, *Les Chemins de la repression*, Paris: PUF, 1980, p. 74)。

39. 见前文第 159 节。

延伸阅读

164. 关于纠纷解决的文献目录

过去几十年关于纠纷解决这个主题上的英文著述被赋予了重要的价值，许多作品都是以纠纷解决为中心而撰写的，数量如此之多以至于无法在此一一列举。

近期最好的综合著作显然是罗伯茨的《秩序与纠纷：法律人类学导论》(S. Roberts, *Order and Dispute: An Intruduction to Legal Anthropology*, Harmondsworth: Penguin, 1979, reviewed in *DC*, 1 [1981]: 118-19)。关于复仇的更为具体问题见维迪埃主编的一部重要的著作：《复仇》(*La Vengeance*, 由维迪埃[R. Verdier]、库尔图瓦[G. Courtois]、波利[J. P. Poly]重组并展示文本, 4 Vols, Paris: Cujas, 1980-4)。其中维迪埃的概述尤其具有很高价值：《复仇制度》('Le système vindicatoire', 同上, Vol. 1 pp. 13-42)；《欲望、责任和禁忌：复仇的面具和面孔》('Le désir, le devoir et l'interdit: masques et visages de la vengeance', *Déviance et Société*, 8, 2 [1984]: pp.181-93)；《秩序、权威、制裁》('Ordres, autorités, sanctions', *DC*, 11 [1986]: pp. 181-90)。另外一些作品具有更为普遍化的旨趣：勒鲁瓦《非洲政治制度介绍》(E. Le Roy, 'Introduction aux institutions politiques africanines', unpublished, Paris: LAJP, 1975-6, pp. 143-67)；阿里奥《〈惩罚权〉座谈会初稿的初步思考》(M. Alliot, 'Hâtives réflexions sur l'avant-projet de symposium 'le droit de punir', published, Paris: LAJP,

1980)。一些著作也对此主题进行了全面阐述，但使用的是非常有特点的民族志证据：拉德克利夫-布朗《原始法律》('Primitive law', *Encyclopedia of Social Science*, Vol. 9, New York, 1933, pp. 202-6)和爱普斯坦的《惩罚》(A. L. Epstein, 'Sanctions', *International Encydopedia of Social Sciences*, Vols. 13-14, New York, 1972, pp. 1-5)也探讨了制裁的问题。其他的作者对于法律程序展现了更为宽广的视野，格拉克曼《司法过程：比较方面》(M. Gluckman, 'Judicial process: comparative aspects', *International Encyclopedia of Social Sciences*, Vols. 7-8, New York, 1972, pp. 291-7)，引用了直到1972年为止关于传统社会司法的主要著作，并采纳了在传统社会和现代社会的法律制度之间可以进行比较的观点，他相信在二者之间具有紧密的联系。格里菲斯《诉讼的一般理论：第一步》(J. Griffiths, 'The general theory of litigation: a first step', *Zeitschrift für Rechtssoziologie*, 4, 1 [1983]: pp. 145-201)，引用了从1963到1983年之间关于冲突的解决的主要作品(pp. 198-201)。关于撒哈拉以南非洲，还可见布里隆(Y. Brillon)《撒哈拉以南非洲的民族犯罪学》(*Ethnocriminologie de l'Arique noire*, Paris: Vrin, 1980)。

在许多关于在各种社会（现代的和传统的）中纠纷解决的一般性著作中，可参阅：《法律与战争：冲突人类学研究》(*Law and Warfare: Studies in the Anthropology of Conflict*, ed. P. Bohannan, Austin, TX and London: University of Texas Press, 1967, 441 pp.);格拉克曼《部落社会的政治、法律与仪式》(M. Gluckman, *Politics, Law and Ritual in Tribal Society*, Oxford: Blackwell, 1971, 339 pp.);《纠纷过程：十个社会中的法律》(*The Disputing Process: Law in Ten Societies*, ed. L. Nadder and H. F. Todd Jr, New York: Columbia University Press, 1978, 372 pp.)。

第二部分　考查多样性：传统社会的法律人类学

我们现在转向和本章关系更为紧密的问题。关于战争：戴维（M. R. Davie）的一部作品现在比较落伍了：《战争的演变：它在原始社会中角色的研究》（*The Evolution of War: a study of its Role in Primitive Societies*, New Haven, CT, 1929），将战争和稀缺资源联系了起来。在另一方面克拉斯特（P. Clastres）却特别关注了政治因素的作用，见《政治人类学研究》（*Recherches d'Anthropologie politique*, Paris: Le Seuil, 1980, pp. 171-207, 209-48）；阿德勒（A. Adler）《战争与原始国家》（'La Guerre et l'état primitif'），载于阿本苏尔（M. Abensour）主编的《狂野法则之魂》（*L'Esprit des lois sauvages*, Paris: Le Seuil, 1987, pp. 95-114）。还有一篇已经过时的概述：多辛方-斯梅特（A. Dorsinfang-Smet）《在"古代世界"维护和平》（'La sauvegarde de la paix dans le monde dit archaïque', *Recueils de la société J. Bodin pour l'histoire comparative des institutions*, Vol. 14, *La Paix*, Brussels, 1962, pp. 99-121）。关于非洲的战争，有《非洲的世系战争与国家战争》（*Guerres de lignage et guerres d'états en Afrique*, ed. V. Bazin and E. Terray, Paris: Éditions des Archives contemporaines, 1982）。

通过交叉文化的比较确定影响了暴力运用的因素的重要问题，在以下著作中得到了阐述：范维尔曾（T. Van Velzen）和范维特林（W. Van Wetering）的《居住地、权力团体和社会内部的侵略：对导致非分层社会和平的条件的调查》（'Residence, power groups and intra-societal aggression: an enquiry into the conditions leading to peacefulness in non-stratified societies', *Int. Arch. Ethnog.*, 49 [1960]: pp. 169-220）；奥特拜因夫妇《以眼还眼，以牙还牙：世仇的跨文化研究》（Otterbein and Otterbein, 'An eye for an eye, a tooth for a tooth: a cross-cultural study of feuding', *AA*, 67 [1965]: pp. 1470-82）；K. F. 奥特拜因（K. F. Otterbein），《内战：跨文化研究》（'Internal war: a cross-cultural study', *AA*, 70 [1968]: pp. 277-89);迪瓦莱(W. T. Divale)、钱贝里斯(F. Chamberis)和甘罗福(D. Gangloff)《前工业社会的战争、和平与婚姻居住》('War, peace and marital residence in pre-industrial societies', *Journal of Conflict Resolution*, 33, 4 [1977]: pp. 388-99)。概述方面有：萨波《侵略、暴力和社会：类型学论文》(D. Szabo, 'Agression, violence et société: essai de typologie', *Revue de Sciences criminelles* [1976]: p. 383);伯兰(F. Boulan)《暴力与社会》('Violence et société', *RRJ*, 3 [1981]: pp. 342-52)。有一份期刊《农村研究》(*Études rurales*)也推出过一期特刊95-6(1984)关注暴力，考查了西方和非西方的社会。

在《复仇》(*La Vengeance*, 见前注)这个文集中可以发现一些关于复仇的有趣例子，《高加索地区的仇杀类型》(*Types de vendetta au Caucase*, Vol. 2, Paris: Cujas, 1980)，第83页—105页提供了在同一个地理范围内社会的三个例子，但是它们赋予复仇的重要性非常不一样；还可参阅：切霍德《约旦贝都因人血仇的平衡与平等》(J. Chelhod, *Equilibre et parité dans la vengeance du sang chez les Bédouins de Jordanie*, Vol. I, Paris: Cujas, 1980, pp. 124-43);布罗(J. Bureau)《无复仇的社会：埃塞俄比亚加莫人的案例》(*Une société sans vengeance: le cas des Gamo d'Ethiopie*, Vol. 1, Paris: Cujas, 1980, pp. 213-14);诺伯特·罗兰《因纽特人解决冲突的法律方法》('Les modes juridique de solutions des conflits chez les Inuit', *Études Inuit*, 3 [1979]: 1-171);莫罗(P. F. Moreau)《自然法和自然之法中的复仇》('La vengeance dans le droit naturel et dans le droit de la nature', *La Vengeance*, op. cit., Vol. 4, pp. 153-7)，展示了复仇在我们的时代是如何一直被消极地展现的，见索内的文章《格陵兰东西部血仇的思想与实践》(B. Sonne, 'The ideology and practice of blood feuds in East

第二部分 考查多样性：传统社会的法律人类学

and West Greenland', *Études Inuiit*, 6, 2 [1982]: 21-50）。塞涅卡也不重视复仇制度：试比较托马斯（Y. Thomas）《论坛上的复仇：罗马的家庭团结和刑事审判》（'Se venger au Forum. Solidarité familiale et process criminel à Rome', *La Vengeance*, op. cit., Vol. 3, pp. 65-100）。但是复仇也会退化：库尔图瓦（G. Courtois）的《复仇：从欲望到制度》（'La Vengeance, du désir aux institutions', *La Vengeance*, op. cit., Vol. 4, pp. 74-5），试图说明这一点。库尔图瓦也引用了许多暴力和惩罚共存的例子。德尔马斯-马蒂（M. Delmas-Marty）的《镇压之路》（*Les chemins de la repression*, Paris: PUF, 1980, pp. 74-5），还有库森（M. Cusson）的《为何惩罚》（*Pourquoi punir*, Paris: Dalloz, 1987, pp. 40-1, 66），讨论了以什么标准才能对惩罚和暴力进行比较。关于纠纷的和平解决与和解，有：加里弗（P. H. Gulliver）《作为争端解决模式的谈判：走向一般模式》（'Negotiations as a mode of dispute settlement: towards a genral model', *Law and Society Review*, 7 [1973]: 667-91）；考奇、艾尔托基、阿诺、西克森的《仪式和解与冤情的消除：法律民族志的比较研究》（K. F. Koch, S. Altorki, A. Arno and L. Hickson, 'Ritual reconciliation and the obviation of grievances: a comparative study in the ethnography of law', *Ethnology*, 16, 3 [1977]: 269-83）。让·博丹学会的 1987 年大会专门以"惩罚"为主题。

关于传统社会中的证据见：列维-布留尔《"原始人"的证明》（'La prevue chez les "primitifs"', *Recueils de la société J. Bodin pour l'histoire comparative des institutions*, Vol. 18, *La prevue*, Brussels, 1963, pp. 5-13），已经相当过时。更为合适的是普瓦里耶《撒哈拉以南非洲习惯法中的法律证据》（J. Poirier, 'La preuve judiciaire dans les droits coutumiers de l'Afrique noire', 同上书, pp. 37-57）。也可见：多辛方-斯梅特《对所谓原始社会法律行为举证方式的思考》（A.

Dorsinfang-Smet, 'Réflexions sur les modes de preuve dans l'action judiciaire des société dites primitives', 同上书，pp. 15-35）；阿洛特《非洲习惯法中的证据》(A. Allot, 'Evidence in African customary law', 同上书，pp. 59-80）。

"发誓"目前是维迪埃指导下的集体研究主题（1989年在巴黎第十大学召开了关于这一主题的一个大会）。可参阅：维迪埃的介绍性笔记《誓言：言行一致，言辞制裁》('Note introductive. Le Serment: une parole-action, une parole-sanction', *DC*, 14 [1987]: 5-7），以及之后的专著：马斯佩罗（H. Maspero）《中国古代法庭诉讼中的誓言》('Le serment dans la procédure judiciaire de la Chine antique', *Mélanges chinois et bouddhiques*, 3 [1934-5]: 256-317）；托尼－姆布阿（Tonye-Mbua）《喀麦隆巴萨人的誓言》('Le serment judiciaire chez les Bassa du Cameroun', unpublished, thèse 3e cycle Droit, Université de Paris I, 1973）；杜普雷（M.-C. Dupré）《双重政治结构中的宣誓地点》('Place du serment dans une structure politique duale', *DC*, 14 [1987]: 17-28）；鲁埃特（A. Rouhette）《马达加斯加传统社会中的誓言与权力》('Le serment et le pouvoir dans la société traditionnelle de Madagascar', *DC*, 14 [1987]: 57-79）；贝孔博（M. Bekombo）《德瓦拉人的誓言习俗》('La pratique du serment chez les Dwala', *DC*, 14 [1987]: 9-15）；肖特《伏尔泰族群中的宣誓和誓言》(R. Schott, 'Serment et voeux chez des ethnies voltaïques', *DC, 14* [1987]: 29-55）；邦南（J.-C. Bonnan）《古印度誓言和承诺研究的要素》('Eléments pour l'étude du serment et de l'engagement dans l'Inde ancienne', *DC, 14* [1987]: 81-103）。

最后威尔金森（P. J. Wilkinson）的文献目录和以上的许多主题有关：《争议及争议处理的社会组织及其社会、法律和互动属性的调

第二部分　考查多样性：传统社会的法律人类学

查方法：三部分参考书目》(*The Social Organisation of Disputes and Dispute Processing and Methods for the Investigation of Their Social, Legal and Interactive Properties: A Bibliography in Three Parts*，牛津社会法律研究中心的工作文件，Wolfson College，Oxford，日期不详）。

第四章　法律涵化

所谓实质的法以其具体存在形态而形成，也就是说借助思维使它能够被意识所明确。这种具有正当性和效力性的法就被这样认可并成为法律。最近以来，人们创造法律的才能被一些人所否定。这不仅是一种公开侮辱，而且还隐含了一种荒谬的观念，即认为任何个人都没有被赋予一种能力来将众多的现行法律系统化，并揭示法律中所包含普遍性。而这一任务恰恰是眼下是最迫切的需要。

——黑格尔《法哲学原理》(*Philosophy of Right*, trans. S. W. Dycle, London, 1896, 211)

某些伟大人物头脑中会突然冒出一些关于一致性的观念……但是也必然会给庸人的心灵留下印象。在一致的观念中，他们发现了一种至善尽美，因为他们不可能没有发现这种至善尽美；即在施政方面有统一的政策，在贸易上有统一的尺度，在国家中有统一的法律，在各地有同样的宗教。但是这种状况总是永远合适的，而毫无例外的吗？变化造成的害处总是要比不得不忍受痛苦小吗？知道在什么情况下应该一致，在什么情况下应该有区别，这不更体现天才的伟大吗？假如公民都遵纪守法，是否遵守统一的法律又有什么关系呢？

——孟德斯鸠《论法的精神》(*The Spirit of the Laws*, trans. D. W. Carrithers, Univesity of California Press, 1977, xxix, 18)

第二部分　考查多样性：传统社会的法律人类学

法律制度的演变某种程度上是由包含了混杂、添附、征服、移转等作用在内的那些因素塑造的。这些影响力并不只限于我们自己的时代中，我们可以将它们的存在回溯到遥远的过去：汉谟拉比法典的适用范围超出了巴比伦的地域；后来，古希腊和古罗马的法律遇到了许多本土的法律，它们对这些法律进行了一定程度的删节。然而，在现代社会中西方的法律制度得到了更快速和广泛的使用，甚至在后殖民时期也是如此，这引发了法律制度的传播和流动现象越来越多。因此我们完全可以理解有些人所认为的，由此产生的法律涵化会导致一种具有一致性的法律体系形成这一观点，而且这种法律体系是和殖民国家及后殖民国家的愿望一致的。至少在撒哈拉以南非洲，传统的法律体系经常抵制现代的影响。我们将在两个部分中专门探讨这些问题，依次阐述法律移转的一般理论、法律殖民主义的运行以及法律涵化所遭受抵制的形式。

一、法律移转的一般理论

法律的移转就是通过强制或者没有在强制的情况下，法律从一个社会被传播到另外一个社会。一种本土的制度接纳外来法律制度从而形成这两种制度的共存，通常本土的社会继续遵循他们自身的法律，被接收的法律只是被那个社会的国家机构所适用。然而，也会产生一种更为彻底的法律涵化过程。它既可能是单方面的（两者中只有一方的法律制度被改变或者甚至被消灭）也可能是交互性的（两方面的法律制度都在接触过程中被改变）。

很久以来，法学家们都很关注这个促使法律制度形成的过程。

第四章 法律涵化

以往对于传统社会中法律移转效果方面的研究是比较粗疏的。尽管法律的移转总是应当依赖某些特定条件,我们和阿里奥一样,还是应当追问:[1] 传统文化的特殊性是否会使得这种移转停留于虚幻?这种特殊性在两个层面上发挥作用:法律在社会调控中的作用,以及法律价值观。

165. 法律在传统社会中的有限作用

阿里奥曾说过:

> 事实上法治也只有在西方世界被认为是一个重要的目标。许多的社会对于法律的态度是漠不关心的,特别是许多被我们定义为原始的社会,它们认为法律的产生和发展是一场灾祸。在这些坚决反对法律的社会中,法律非常艰难地形成了,进化得非常缓慢,如果某人企图将在其他地方产生和培育的法律移转过来,结果常是徒劳无功。[2]

我们会对这一阐述加以限定,因为就如我们所了解到的,不是所有的传统社会具有同样的结构,而法律一般随着社会结构的复杂性程度而强化。然而,有一点是真实的,法律在这些社会中所具有的地位和作用不像在我们自己的社会那样重要。我们通过强调法律的保护性质而合理合法地扩张了法律的管辖范围。但是,我们相信在某些条件下(朋友之间或家庭内部的关系、非正式婚姻、乱伦、安乐死、对抗艾滋病的保护、代孕母亲,等等),法律的作用是很微弱的,或者甚至是不存在的,而非法律社会的控制方法则可以用于这些方面。卡波尼埃也曾经说过对于某些时间和某些空间而言法律并没有什么意义。需要再一次指出的是,虽然所有的社会都存在法律

第二部分 考查多样性:传统社会的法律人类学

和非法律两个方面,然而,传统社会以非法律的范畴来定义法律范畴("法律"和"司法的"这两个概念在这些社会所使用的多种语言中并不突出),而现代社会的情况则恰恰相反。阿里奥认为传统社会对法律采取了不一样的控制形式,以防止它侵入社会活动的所有领域,而根据克拉斯特和萨林斯的说法,它们这样做是为了保护法律以免受到强制性政治权力的主宰。法律主要是在一个非连续的范围内运行,组成社会的众多群体是法律机制在此范围内的中介(首领权威的运用不能直接以个人为对象,而只能作用于家族、世系和世系的分支,这些群体都由其自身的领导者代表)。此外,法律被置于秘密状态,人们并不在乎——而且他们肯定将继续漠视——他们邻人的习惯,传统社会法律的口头特征更强化了这种现象。相反,我们自己社会的历史显示了公开披露法律往往是某种社会剧变的证据(如在古罗马的城市里公开发布"十二铜表法"和贵族与平民的斗争的关系)。此外,每一个群体往往构成一个法律单位,关于复仇和财产的研究清楚地证明了这一点。最后,法律常常是不确定和非强制的(不一定会以同样的方式来处理两个同样的问题,而且如果当事方愿意的话可以不用遵循习惯);法律和神话以及宗教的信念缠绕在一起,要理解它是有困难的。

这些特性自然引起了西方的评论家们的注意。但是他们的评论是一种民族中心主义的诠释,在他们看来这些特性不过是一大堆"原始"法律的"缺陷"。实际上,我们看到的这些特点并不是衰退的表现。传统法律努力重视和突出社会结构的多元性,并使其制度化和长久保持。法律应当表现社会多元性,因此应当小心谨慎,警惕一致性的出现。然而多元性并不排斥统一性,在传统社会思维中,统一是建立在群体的互补性上的,这些群体的角色和规模则是各不相同的。

第四章 法律涵化

记住了这一点,我们会更容易地理解我们所称为法律移转的过程在这些社会里并没有多少意义。为什么会移转法律?如何移转法律?法律应当尽可能地被保持为一个秘密,它通过其具体特性体现产生法律的群体本质。所以对前面的问题的并没有一个满意的答案,而这是不符合法律移转的原理和准则的。此外,要实现法律文化价值观迥异的传统社会和现代社会之间的法律移转,只会是非常艰难的。

166. 传统社会和现代社会法律价值观的区别

传统的和现代的法律价值观体现于四个基础要素:时间的作用、个人的身份、人对于法律的控制、法律绝对物。

时间的作用:尽管习惯也常常表现出应对变化的能力,然而传统社会具有植根于久远过去的价值观,所以传统社会总是避免对法律做出变动,以免这些变动会被某个群体所利用而危害整个社会(所有的独裁主义政权都倾向于垄断法律。专制主义的理论家让·博丹[Jean Bodin]曾说过王室的权威在立法中得到了最清楚的展现)。仅仅在时间中是不能产生法律的(取得时效并不能通行),群体的长久性比个人的短暂存在具有更重要的价值。这种对过去的忠诚态度实际上并不让我们感到陌生,比如生日和某个周年纪念日往往是家庭的礼拜仪式,我们非常依恋这种仪式并通过仪式的重复来表达这种忠诚。然而我们赋予了变化以更多的价值,使革新看起来比模仿更为可取。就如阿里奥写到的:"人在传统社会中是过去的仆人,在西方社会中是铸造未来的熔炉。"时间的作用曾经被否定过,但现在被接受了。在传统的体制中具有社会多样性特点的社会以现世的统一为根基,现代社会则展现出这种体制安排的对立面:群体的存在被否定了,法律使社会变得越来越一致化,时间用不同的色调描绘过去、现在和将来。个人在这一变迁的制度化过程中发挥着一定的

第二部分 考查多样性:传统社会的法律人类学

作用。

个人的身份:传统社会并不否定个人的存在,但是把个人放到与其所属群体的关系中来对待。现代社会的情况则相反。群体不再是个人存在的依据,反而是个人以其成员身份使群体得以形成。因此在自然法的理论中只有个人在自然中具有角色地位,而社会只是一项人造的结构物。正如我们已经了解到的,那些使个人受益的传统群体的衰落其实有利于国家。[3] 但是这并不意味着所有现代社会都是个人主义的。国家也会经常和群体中的个人打交道,有时候甚至会将承认群体的存在并主张个人属于这些群体(如合作社、工会)。这些现代社会的群体和传统社会的群体有显著区别:大体上它们的基础原则是平等主义的(某一个人的声音相当于任何其他人声音的分量)和民主的(决策是在多数基础上形成的,不管是绝对多数还是相对多数)。相比之下传统的群体是有等级制度的并且以全体一致为基础。

人对法律的控制:传统社会倾向于控制法律,而现代社会相信它们能够运用法律来控制时间。为了这个目标现代社会使用了许多手段,比如成文法和规划。然而,制定法律依然是法律规划中最简单的手段。

法律绝对物:在传统社会中,世界的秩序安排是通过神话和仪式性重复来表达的。现代社会选定了其他的绝对物,法律也得听从于它们。第一个绝对物是法律本身,埃及人和美索不达米亚人相信世间一切都服从表现为占星术法则和王室法则的永恒原则。从古希腊以来,绝对物是和自然本性结合在一起的,法律不能自证其正当性,而应当和事物的自然秩序相一致。西方的经验因循了两条路径去试图发现这一世界的秩序安排。第一,理性。从中世纪开始,学者们都参与到罗马法的复兴中,赞颂它与理性以及自然

的和谐关系(法学家费利埃尔[Ferrière]在17世纪晚期写道"罗马法是通过自然理性制定的而且以平等的原则为基础……这是上帝传达给人类的神圣之光的光辉")。第二,传统。英格兰的王室法官从13世纪以来就开始援引先例处理案件,从而使普通法得以形成。然而,在现代(19世纪以来)要使法律制度的多样性和自然秩序和谐一致起来变得越来越困难了。因此法律的绝对物经历了进一步的转变。立法不再是为了实现自然的或理性的秩序,立法变成了实现被某个社会确立为目标的某种秩序的一种特定方式。于是立法的意识形态、纲领和方案都变得直白了。就如阿里奥曾经指出的,这些各种法律的绝对物本身也是虚妄的。然而,它们体现的价值观和传统社会的价值观有着深刻的差异。但是,如果我们从法律绝对物的角度来考查法律涵化的各种过程的话,就可以清楚地发现,某些地方的传统社会已经能够从它们特有的神话体系转变到法律的神话。

167. 法律涵化的形式

阿里奥的理论将三种程度的法律涵化和三种法律绝对物联系了起来,每一种绝对物都根据一项原则而被界定并和政治结构中的变化有关联。我们将根据这三种程度来讨论六种可能的情形。

法律涵化的程度:如果法律自身变成了绝对物,发生涵化的社会实现了从神话时代到法律时代的转变。例如,当一个外来法律被接纳时,它的性质神圣且不容置疑(伊斯兰法律的扩张),涵化是以服从的方式实现的。如果法律绝对物存在于自然,那么在发生涵化的社会中法律会被改动以使得看上去更为自然而合理(罗马法从12世纪以来在西方的传布;法兰西民法典被传入许多欧洲国家立法机构),这一类涵化是通过同化实现的。当法律的绝对存在于一种意识形态中时,在涵化发生的社会背景中,社会改变自己的法律制

第二部分　考查多样性：传统社会的法律人类学

度以符合某个外部的模式（这类情形包括独立的第三世界的国家接受了保守的或者社会主义的制度），在这里涵化是通过重新诠释实现的。

政治结构的程度：法律涵化的程度和政治结构中的变化呈平行态势发展。当一个社会从传统神话时代转变到法律神话时代时，它实际上也在向政治上更加集权的模式转变（被强大的宗教帝国扫荡的传统社会便是这种例子）。当一个社会接受了一套被认为符合自然秩序和理性的法律制度时，它通常也在向基于国家模式的权力结构转变（比如处于殖民时期的传统社会中，国家法律的理性特征和习惯的古代性特征形成反差对比）。当一个社会通过它的法律制度提出一种意识形态时，国家往往在不同的程度上成功地支配了这一过程（就像第三世界的领导人在获得独立时，都指望依靠国家来创造他们的未来）。

法律涵化的情形：我们可以把六种情形和前面讨论三种程度的法律涵化联系起来。首先，传统社会分别接受三种程度的法律涵化，这便会出现三种情形。其次是某个社会从第一种程度转变到第二种程度（希腊的法律在埃及的运用），或者从第一种程度到第三种程度（伊斯兰国家接受现代的法律制度），于是就有了两种情形。最后，是某个社会从第二种程度转变到第三种程度（第二次世界大战之后东欧国家法律制度向社会主义转型）。

因此涵化包括的情形范围是很广的，而且涵化的内涵超出了我们主要关心的传统社会和现代社会之间法律移转的范围。就如我已经了解到的，法律移转是能够发生的。那么这不会显得很矛盾吗？如果传统社会和现代社会的法律价值观的差异是如此之大，那么移转是如何发生的呢？显然只有以一定的代价为前提才能实现。这就是下面我们将要了解到的。

第四章 法律涵化

168. 传统社会中法律移转的代价

一般而言，要实现令人满意的法律的移转——也就是说法律移转并不会扰乱那些需要得到新法律的社会——那么唯一的条件就是某个社会注定要发生深层次的变革，从而需要采纳现代的法律制度，而输出法律制度的那个社会的主要特点和引入法律制度那个社会很相似（希腊的城邦国家之间的法律借用就是这样的情况），或者该法律制度是与它所来源的那个社会是相对独立的，并能够被其他任何一个社会接受（例如，伊斯兰法律在许多伊斯兰国家的适用，或者欧洲的法律制度在第三世界国家的情况）。殖民化确实曾经导致了传统社会的深刻剧变，但是后面的两个条件却从来没有具备过。实际上阿里奥坚信要么法律的移转是虚幻的，要么就得为它付出一个极大的代价，即东道国的结构被弱化或者被移转的法律受到扭曲。我们将探讨这两种情况。

在某些条件下法律的移转显然是不可能的，或者只能部分地实现。这也是撒哈拉以南非洲的最常见的情景，而且被19世纪时法国在非洲扩展其法律制度的努力所例证。本土民众做出的抵抗迫使国家继续维持人民的传统人身地位，而且最终得到了法律的正式认可。这导致了一种二元性：传统的法律继续盛行于家庭和财产领域，尤其是在农村地区。现代的法律控制了国家制度、行政管理和经济发展。在独立运动的过程中，对传统法律的侵犯依然在急速地推进着，法律制度经常以发展的名义废除习惯。然而就如我们会了解到的，[4]在实践中地方社会继续抵抗国家的法律。有时候这些社会并不具备抵抗的能力，在这种情况下本土法律逐渐在舶来的法律面前消失。这就不再是涵化了，而是去涵化。在我们的观点看来这也曾经是因纽特人社会从第二次世界大战结束以来遭受的不幸命运。

移转的表象也会是欺骗性的。有时候移转的实现是以被移转的法律遭受扭曲为代价的。就如在公元前2世纪时罗马接受万民法的例子那样,这与其说是对其他城市的法律制度的借用,不如说是执法官对许多共同原则(公平、诚信)的运用。他们相信这些法律制度中蕴含有这些原则,而其实这些是斯多噶哲学的原则。与此相似的是中世纪的法学家尽管一边在宣扬罗马法的优越性,一边却在用许多方式对其进行修正以适应当时那个历史时期的需要。虽然我们还没有足够的后见之明来理解撒哈拉以南非洲当前的发展,事实上可能对于欧洲法律和国家法的抵制不仅是通过直截了当的拒绝表达出来的,还是通过扭曲体现出来的,如一些国家运用欧洲的法律手段来保护实质上的公社型制度,例如嫁资,以及也是公社性质的土地所有制度。

因此法律从现代社会移转到传统社会不可能没有发生任何反应就完全实现了。法律移转也会由于殖民主义的强行推进和新独立国家的主动采纳而不容分辩地发生,并因此付出一定的涵化代价,而国家可能是最终的输家。我们将在下面两个部分中更为细致具体地探讨这些问题。

二、撒哈拉以南非洲的殖民地法律

我们可以把"法律殖民主义"界定为一个由欧洲殖民扩张引起的法律涵化现象。我们的关注焦点是它对撒哈拉以南非洲法语地区社会的冲击。[5]这一进程随着殖民化而开始,但是现在已经超越了这一阶段而向前推进。在争取并获得独立的过程中,大多数非洲国家赞成并实际上巩固了国家统治模式。尽管欧洲的殖民主义具有很重要的影响,但是非洲也曾经受到过来自其他地区的殖民化影响,伊斯兰教就曾经以控制的策略在非洲传播，如今的非洲依然带有伊斯兰教留下的烙印。此外，殖民地模式只是法律涵化可能体现出的许多种形式中的一种。涵化具有非常特别的法律表现，我们可以将涵化描述为"因来自不同文化的个人组成的群体之间进行接触而产生的大量现象，以及在其中一方或者双方群体的文化特性中形成的大量变化"。[6]

我们将要思考的案例只是代表法律涵化的有限和局部的例子。然而，考虑到学者们对于这些社会的法律特点已经做了大量的研究，300 这些案例的重要价值是被验证了的。

在殖民运动时期，欧洲法律的传入造成了现代法律制度和传统法律制度的共存。但是我们也正是通过这一时期洞察到涵化的主要属性。涵化随着独立运动而急速发展，新生国家的领导人通常以发展的名义轻视传统的法律制度。下面三个部分将会致力于研究这些问题。

（一）不同法律制度在殖民时期的共存

通常在殖民时期以前，撒哈拉以南非洲的法律制度就具有了多样性的特点。首先，每一个社会都有自己的神话和习惯；其次，伊斯兰法律迅速调整改变，适应了许多国家的地方习惯。欧洲的法律只是到了19世纪才进入到这一法律体系中来的。然而，就如我们将要了解的那样，伊斯兰教造成的法律涵化和欧洲殖民化之后发生的法律涵化并没有多少相似之处。

169. 法律涵化和伊斯兰教

伊斯兰教在撒哈拉以南非洲的影响开始于公元7世纪，今天许多国家的大多数人都是穆斯林（毛里塔尼亚、尼日尔、塞内加尔、几内亚、马里，等等）。其他一些国家中有少数人口是穆斯林（加

第二部分　考查多样性：传统社会的法律人类学

蓬、扎伊尔、刚果，等等）。还有一些国家中穆斯林和其他信仰的民众数量持平（喀麦隆、乍得）。穆斯林法律因此在一些国家和地区占据主导并保持少数派地位，或者和传统法律结合在一起而存在。然而，我们应当注意到，在大多数情况中，伊斯兰法律不得不做出自我调整以适应地方法律才能实现法律移转，伊斯兰化的习惯法就是其结果之一。[67]关于此问题有许多原因。首先，马勒凯特（Malekite）学派——它在西部非洲最有影响力——是所有的伊斯兰教传统势力中最接近传统的前伊斯兰教法律的一支，就像在阿拉伯核心地区的贝都因所施行的伊斯兰法一样，这些贝都因人和非洲社会一样拥有一个公社型的社会体系和口头形态的传统。此外，穆斯林法律思想比罗马-日耳曼思想更为重视事实和行为。最后，伊斯兰教规范和本地非洲法律具有相同的特征。这也解释了为什么受到伊斯兰教影响的习惯法表述有的时候能够维系这两种规范体系之间的平衡。[8]

伊斯兰教在非洲就像在世界的其他地区一样，正在处于一个新的生机勃勃的时期。这恰恰凸现了两种法律进路之间的对立，这也是独立运动之后的一个敏感范畴。那些追随西方模式的人希望看见穆斯林法律传统和本土法律传统都被基于国家的西方式法律所取代。而伊斯兰教中的激进支持者认为必须结束伊斯兰教为了适应传统法律而遭受扭曲的状况了，并且应当恢复伊斯兰法律的纯粹性和完整性，以取代被伊斯兰教影响的传统法律和西方法律。如果后一种趋势实现了统治，伊斯兰法律将会变成国家的法律，如果前者取得支配，伊斯兰法律就变成了"民间法"——准正式的法律。其中任何一种可能性的实现都将标志一个经受了许多世纪考验的法律涵化成功时期的终结。但遗憾的是我们无法将同样的结论用于欧洲殖民运动的经验。

第四章　法律涵化

170. 法律涵化和欧洲殖民主义：一个普遍的问题

一位加拿大学者布拉德福得·W. 莫思（Bradford W. Morse）最近提出了一个普遍的模式来表现包含了传统法律和殖民宗主国法律制度的各种不同的排列组合。[9]法律的分离状态可能是准整体性的，因为只有通过移民或者法律冲突的渠道才会发生法律接触（18世纪时的几个英国殖民地和一些印度安人族群订立的协定就体现了这种态度）。合作也会存在，可以根据许多标准（地域标准、属人管辖或者属物管辖）确定各个不同法域的权限。因此在被殖民化的范围内，法庭和殖民法律能够成为殖民者和本土民众的合适权威，并处理所有的问题。而传统法律仅仅适用于那些只有本土民众居住的地区，并处理他们的所有问题。法律的混同体现了传统法律更大程度的屈从，只要传统法律和宗主国法律没有明显的冲突和矛盾，它们便都被合并到宗主国的法律制度中（正常情况下家庭法律避免了被合并的命运）。其实这种一体化过程只会导致传统法律的衰败，因为在某些地方（不列颠在亚洲和非洲的殖民地），适用传统法律的司法制度是由殖民地当权者决定的。一种更为野蛮的做法就是对传统法律的拒绝，殖民地当权者或者那些接替殖民当权者的人断定传统法律非常之"原始"。就像澳大利亚法院拒绝适用土著人的法律，以及许多独立运动后的非洲国家拒绝将传统法律作为一个法律存在物来认可。

合作与混同很显然是最微妙的方式了。它们有时候和许多其他的巧妙做法结合起来发挥作用，这些精巧手段的作用在于掩盖以传统法律的损失为代价而实施法律去涵化的真相。传统法律会通过协定、立法或先例的形式得到认可，然后成为国家制度的一部分（如适用于北极圈魁北克的因纽特人和克里族印第安人的《詹姆斯湾协定》）。对法域的控制和管辖将会留给本土民众或者准社会等级来处

第二部分 考查多样性:传统社会的法律人类学

理(就像北美印第安人和准社会等级的地方法官一样)。独立司法制度的创造更为微妙,并更为彻底地转移了这一问题。国家或地区政府批准设立"土著法院"(如美国的一些部落法院),它们其实和普通法院的运行方式一样。在一些地方这种做法更进一步,它们授予部落权威完全的自由以决定如何处理诉讼(如美国的一些印第安人保留地)。我们如果认为这些自治就会使传统法律得到系统的适用那就错了。在任何地方,这些少数族群都被整个社会的生活方式所影响(必须承认,特别是在北极圈,没有人会强迫谁接受西方思想,但效仿殖民者的行为却是屡见不鲜)。北美洲许多部落法庭就效仿西方的法律模式。

无论这些各种政策装扮成什么样的外表出现,其最终的结果通常都是不利于传统法律模式的。然而,即使殖民宗主国或者后殖民时期国家的统治曾经在某些国家被成功抵抗,这也并不是因为以上这些制度安排所具有的灵活性,而且我们应当重申这些安排都有利于实现国家法律的统治,真正的原因是本土社会具有保存它们法律和生活方式的意愿。就如我们将要发现的,这类抵抗主要是在非洲取得了最大的成功。

171. 法律涵化和欧洲殖民化:撒哈拉以南非洲的例子

在撒哈拉以南非洲,几乎所有的殖民宗主国都曾经遵守被殖民人群的习惯和做法,虽然它们也同时在许多领域强制推行欧洲的法律。但这一态度是以合作模式为基础的。[10] 然而,就如我们已经强调的,这一合作在实践中还是不利于传统的法律。实践中运用的各种程序的目的都是为了改变传统法律和现代法律之间的边界,以利于后者的统辖。地方的法律制度被认为是与文明价值观相对立的,或者是对殖民统治的妨碍。立法者和法官在这些原则的鼓舞下协同行动重新分割了法律的版图。[11]

第四章 法律涵化

立法者给现代法律分配了管辖权的范围。传统法律的一些优点因此就丧失了。实行土地登记的制度看起来似乎更好地保障了土地权利，其实在实践中这相当于部分或整体地否定了传统的财产法律。划分管辖权所运用的一个有名的标准就是属人原则（*ratione personae*）和属物原则（*ratione materiae*）。当适用属人原则时，现代法律被全面的运用于特定的人，或者只是当特定范围内的法律对他们有利时才会适用。我们不能把这些程序和法律更显著的特点混淆在一起，因为不光是欧洲人，非洲人也发现他们自己被现代法律所束缚。而且很显然这些差别是有利于现代法律的，因为相关的当事人可以为了一个特定的法律目的而选择现代法律，以永久地改变他们的个人状况，而在程序方面相反地选择传统法律却是被禁止的。在属物原则的情况下，现代法律在一些特定的范围内取代传统法律。一些道德原则也许会被牵涉进来，并依据殖民地公共秩序需要的方式被制度化，因此身体残毁和肉体惩罚作为对犯罪行为的制裁手段遭到了禁止。实际上，殖民地的公共秩序更多关心的是从传统法律中筛选出符合殖民地发展的需要的内容，而不是关心道德准则的实现。一般而言，家庭法律几乎没有受到现代法律的影响。但是家庭法律其实体现的很多特点（转房婚、填房婚、多偶制、鬼婚、无限制离婚，等等）在那个时候都会被认为是和公共道德相悖的。这些做法依然被允许存续下来。有的人可能会认为这是出于对当地民众的尊重。实际上，对这些法律管辖权的放弃大多是因为害怕破坏了这些习惯会激起没有明确目的的民间反抗。现代法律也会运用在传统法律无法适用或不适合的范围内（行政法、劳动法、商法、证券和股票，等等）运用属物原则。在任何地方，欧洲殖民立法都将现代法律当作通用的法律，尤其传统法律没有涉及的范围内总是无一例外地援引现代法律。我们也应当注意到在所有情形下，现代法律在殖民

第二部分 考查多样性：传统社会的法律人类学

地所表现出来的形式，不一定就是它们在本国被运用的形式。但是尽管如此它们依然是舶来的法律。

法官的判决也同样受到官方影响。非洲大陆的大部分地区一种实行的是一种双轨制的法律制度，即所谓的"传统"司法和国家司法。这似乎是一种保障了对传统法律的尊重的二元性。但其实这种二元性的形成却成为了法律涵化的一个主要途径。传统法的法庭仅仅运用传统法律，而国家的法庭却同时以现代法律和传统法律作为判决的基础（当一方当事人具有现代身份而另外一方是传统身份时，或者当双方当事人都具有传统身份但是选择到一个国家的法庭来提出诉请以行使他们的权利时）。国家的法官经常受到他们接受的西方式法律训练和被扭曲了的传统法律的影响，他们使传统法律服从于现代法律的影响，并吸纳了那些现代法律的特点，诸如对书面形式的尊重、对个人和命令的重视、取消共同所有权利等。现代法律还有一个优势：法官，不管是传统法的法官还是国家法的法官，他们都能够保证现代法律对传统法律的统治，如果后者违背了殖民地的公共秩序，或者没有提供一个合情合理或者充分有效的结果。这些现象可以见诸所有殖民地，但是程度各不相同。受到普通法传统影响的英国殖民地限制了国家法庭的势力，并允许传统的司法发挥作用。相反在非洲的法语地区，只有当传统的法律管辖权能够被仲裁程序吸收时，传统法律的判决才会被认可。传统法律的案件往往通过国家法庭来解决。此外，我们应当注意到这些传统的法律管辖权都是经历过了法律涵化过程的结果。它们实际上不再是殖民统治之前的纠纷解决模式了，而是由国家组织安排的法律管辖权，它覆盖了那些遵循传统法律的人群。因此，受到欧洲法律经验明显影响的国家法，在殖民期间及之后经过一系列的发展蓬勃繁荣起来，现在我们将探讨这些发展。

（二）欧洲法律的植入

就如我们刚才了解到的，欧洲的法律在异国的天空下发生了局部的变化，在殖民地建立起的一种公共秩序体系却并没有实现宗主国法律制度的全面移转。传统法律对于殖民法律的影响微乎其微。相反的，重新诠释习惯的方式展现了遭受到外来法律原则危害的传统法律渐渐衰败的过程。

172.习惯的重新诠释

习惯的重新诠释并不像立法改革那么壮观，但是却具有更深层次的效应。由于重新诠释的行动最初关心的是给以前的传统赋予新的法律意义，所以习惯似乎未经改动而幸存下来。然而，由于解释的原则后来发生了含义上的转变，因此很快习惯的内容也被改变了，并反映了来自其他文化的新价值观。无论如何重新诠释其实就是对现代法律和传统法律之间完全不同观念结构的一个微妙调整。相异的思维模式能够共存于同一个精神领域以及法律领域。它们可能相互对抗，于是冲突随之发生。或者就如通常的情况那样，它们也会就此共存，而这种共存可以通过重新诠释得以实现，但最终还是导致了传统价值观的消失。共存也会表现为划分权限范围的方式：将不同的规范适用于私人生活和公共生活领域（我们知道在日本，物质生活领域很大程度上被西化了，而家庭关系依然保持着传统）。

以上这些现象中的共同之处就是传统法律对于新法律的适应是以一种相对自发的方式发生的。在其他情况下，法律涵化是在更为正式和深层次的过程中发生的：抄录、分类和习惯的法典化。

173.习惯的分类

习惯的抄录和分类是具有悠久传统的做法，它们常常和一个新的权力结构的出现联系在一起。当权力日益集中化时，权力带来的

第二部分　考查多样性：传统社会的法律人类学

法律制度也往往会将一致性强加于社会，权力也变得公共化和逐渐的抽象化了。这些特点是通过向书面形式的转变获得的（就像发生在西罗马帝国的崩溃之后罗马和蛮族法的分类一样，施行这种分类的蛮族王国由于受到希腊和罗马价值观的影响已经经历了涵化过程）。在中世纪末期的时候法国也经历过相似的过程。国王指令对习惯进行分类，其借口是由于诉讼中当事人对习惯的解释经常相互冲突，因此要确定这些习惯的内容变得越来越困难。这一借口为王室的法官吸纳教会法所提出来的理性观念提供了一个机会，法官的任务是区分习惯并将其作为详尽阐释规则和随后合理运用规则的基础。[12]范德林登并不相信当分类导致了习惯法被王室法吸收的时候正是习惯法走向衰落的时间。[13]当地的人们都谙熟他们自己的习惯，而法官们则受到罗马法教育而且又来自其他地区，因此后者对习惯法越来越不熟悉了。事实上习惯变成了人们的一件武器，用来对付中央权力在其他地方的滥用强加给他们的法官。自从君主政权将习惯纳入自己的控制之下，这种反抗就是不可避免了。这就是官方分类的目的，这通常造成了习惯法的衰败，因为它遭到了改变以促进它实现书面形式的"现代化"。随后，博学的学者们对书面形式的习惯进行了比较，并试图在系统阐述习惯形式的普通法中找到它们的相似性。

引人注目的是，这些发展和从20世纪初以来法国殖民地开始的发展状况是并行推进的。在被当作官方政策之基础的罗姆（Roume）的学说中这种情况得到了证实。1905年罗姆作为一名总督要求法官们将有关信息进行汇编以形成一个习惯的集录。法官们在对他们碰到的那些不同惯例进行总结时，应当利用这个机会"使这些习惯变得清晰起来，因为它们在这方面实在是缺陷太大了"。罗姆还阐述道：

第四章 法律涵化

我们尊重习惯的意愿坚定不移,但我们依然有责任通过调整和改进习惯来使它们符合进步的要求。通过向土著人法庭寻求协助,我们完全可能获得一个对习惯和惯例的合理分类和详尽说明,而且是符合人们的社会条件的。这些习惯和惯例不必非得符合我们宗主国自身的法律学说,因为它们可能和这些学说有较大冲突,但是应当符合自然法的基础原则,因为它们是所有立法的源泉。

另一位总督德拉维涅特(R. Delavignette),1931年他在对科特迪瓦的习惯分类所作的评论中抨击了罗姆的学说:

当惩罚都已经被欧洲化以后,非洲的习惯还残留有什么意义?……习惯已经丧失了它的精神性质。废除了举证中的神明裁判、取消了对物神或古兰经的誓约、剥夺了首领们的法律权力、并将那些不再是被选举作为古老非洲代表的人召集到法庭来当顾问,难道我们还没有掏空习惯的所有内容吗?……当我们说我们在根据习惯来审判时,我们的意思是我们正在运用拿破仑法典作为标尺审判习惯本身……如果你让习惯接受该法典的影响,如果你根据各种范畴对它进行分类,你就是在土著人的社会性消亡中扮演一个积极的角色。你将实现一个很好的抽象,在这一抽象过程中你的司法构成将会被去人格化。你将促进无所归依的趋势。[14]

真是令人钦佩的清醒!遗憾的是,这些论辩并没有告诉我们为什么罗姆的学说从一开始就没有得到人们的青睐,既然需要优先发展经济并且对土地进行"有利可图"的开发利用,而土地开发本身就是"现代化"措施的一个结果。在1931年正当德拉维涅特正在抨击罗姆的思想的时候，布雷维耶（Brévié）的学说正在巩固罗姆的理论，他提出对习惯进行官方的正式分类是必要的，而且应当采取被核准的法属西非（Afrique Occidentale Française，AOF）习惯集录的形式。事实上布雷维耶的学说在1937年以关于习惯的作品出版而终结，该作品的影响和人们的期望相去甚远。它所使用的调查问卷体现出的浓厚民族中心主义性质，以及那些指导实施这一调查的人贫乏的民族学基础都是这一失败的原因。后来在1940年到1960年期间更具科学严密性的进一步努力发生在法国托管下的法属西非地区（Afrique Equatoriale Française，AEF）以及比属刚果。但是，这些都是非官方的，并且当时已经是独立运动的时期了，新的非洲领导人强调国家民族的统一和经济发展，并相信以欧洲模式为基础的法律法典能够比传统的法律制度更好地服务于这些目标，即使习惯是被分类了的。[15] 任何政策上的变化都只是表面现象，其要旨都是一回事。习惯的分类和法典化形式的法律都只会弱化传统法律的作用。然而，在这一政策实施将近一个世纪以后却依然没有取得什么成功，除了这块大陆上好像发生雪崩一样出现了大量的法律法典以外。[16]

（三）后殖民时代的变化无常和逆转：从法典到寻根

编纂成文法的潮流从独立运动以来就急速涌动。在好几个因素的刺激下产生了这一热情。但是并非所有新兴国家全都在规划未来时全面地采纳成文法化的道路，一些国家采取的政策以对传统法律的尊重为基础，更有利于产生合适的法律制度。因此形成的结果便是，今天非洲大陆林林总总的法律制度中反映出这一地区法律历史的丰富性和多样性。在下面两个部分我们将会专门探讨这些问题，

第四章　法律涵化

并依次阐述成文法化和一种新的法律渊源层级结构。

在非洲很多地方都出现了成文法化的现象，它是和这些地区社会和政治发展中的特定阶段相呼应的。历史发展的过程为我们提供了关于这一时期的好几个例子。在非洲，许多方面的相互联系的动因催生了成文法化的产生，而成文法化的过程也体现了这些动因不同程度的作用。

174. 成文法的精神

社会学家皮埃尔·布尔迪厄认为对于形式的重视是成文法律的一个特征（罗马法的"形式力量"[vis formae]）。[17]法典化是和强大的国家官僚政治结合在一起的符号化命令方式。由于对于法典的信奉，一部法典的威信超乎其内容和命令之上。成文法中体现了人们的这些理念：成文法是清晰的、便于传达的、有条理的和理性的。但这些看法并不总是客观真实的，即使在今天我们欧洲人或者非洲人要去查阅了解成文法的规定也并不见得是件轻而易举的事情。事实上成文法律的所有这些特征都是表面现象，一部法典的权威最终属于创造这一法典的国家政治权力。这一至高权力地位通过它的形式特点而得到强化。[18]如果将成文法典和一神论宗教的规定进行比较研究，无疑会发现这两种话语形式所具有的共同元素。

法典化是不是国家至高权力的表达呢？法律历史学家高德迈（J. Gaudemet）的著作无疑使我们倾向于接受这一观点[19]：对于迄今为止全世界大范围的成文法编纂行动的研究揭示了这些行动背后的原因不外乎是和这些国家和地区中出现的社会新秩序（通常以国家法为基础的法制统一工程），以及国家权力的增长联系在一起的。国家极力地扩张它的立法权威，将各种人群或者各个社会阶层当作自己掌控之下的一个单一存在体。因此法典化在实质上就是一个政治现

第二部分　考查多样性：传统社会的法律人类学

象，而并非体现了人类状态的某种进步，这是和成文法倡导者的想法恰恰相反的。成文法是否就真的比它所取代的那些惯例更为"理性"，这还有待证实。事实上成文法化与其说是纯理性的进步，不如说是反映了某种新的法律思维方式和新的法律特点。历史上的几个实例就足以证明成文法化并不就意味着文明进步。

在中国古代相当长的一段时期里面都没有出现成文法。[20] 后来出现的法家推崇基于国家的独裁主义法律，当那些构成中华帝国的封建诸侯纷纷开始向集权化发展时（公元前 3 世纪）法家才取得成功，从而实现了法度的统一。于是法取代了礼，法律和成文法占据了统治地位。所谓的"礼"其实就是众多的规范和惯例，其含义取决于具体的运用背景：家庭、宗族或者公共生活。直到 1912 年和中华民国成立时礼制都支配着法律。然而，中华民国作为受到较多西方影响的新政权，开始着手对人们规避的民事法律进行成文法化编纂。

在其他地方，一些伊斯兰教国家也曾经尝试法典化，但是这些成文法大多和伊斯兰教的主要教义菲格亥（*fiqh*，教法原理）的规则保持一致。尽管这些成文法只是对伊斯兰教义做了一些轻微的修改，但它们现在还是被伊斯兰原教旨主义者所抨击。

只有西方世界对成文法化和法典编纂表现了最执着的信念，从查士丁尼组织法律汇编[21]一直到 1804 法国民法典诞生。法国民法典的起草者之一波塔利（Portalis）以一种强调的口吻写道："拥有一部标准民法典体现了一种趋势，它证明和保障了国家长治久安的内部秩序……当我们的敌人看到曾经因为那么多的偏见和各种各样的习惯而四分五裂的三千万法国公民，现在却承受着一样的牺牲并遵守同样的法律时，他们会害怕得颤抖。"[22] 当代的一些学者如皮埃尔·德谢（P. Decheix）[23]则洞察到了一种对于法典化的信任危机：

第四章 法律涵化

一些问题逐渐被提交给法律的传统部门解决(城市规划对行政的、民事的、刑事的和财政的法律的使用;经济变化和行业法的出现已经弱化了商法典的影响)。撒哈拉以南非洲地区对于成文法化最初的热情也转变为更为审慎的态度。

175. 非洲的法典化和独立(运动)

在争取独立的过程中,新成立的非洲国家往往竭尽全力解决两个问题上:经济发展和国家统一。它们经常借助于成文法化来实现这两个目标。

"发展的法律"的倡导者认为传统法律很难适应西方模式的经济发展。他们抨击传统法律充满了魔法和宗教,没有市场经济的基本观念,缺乏诸如契约义务这样一些重要的概念。在家庭关系中,大型家庭、嫁资和多偶制这些制度都被认为妨碍了规模经济和社会机动性。土地所有制更是成为批判的靶子[24],它被认为应当对土地的低效利用负责。非洲的立法者因此在农业和土地所有方面发动改革,[25]意图从私人所有制中解放出尽可能多的土地出来,并且用国家控制来取代私人所有。这些改革不断地遭到农民的反抗,因为他们仍然十分依赖传统土地所有制度。外国的专家经常批判这种不识时务的反抗态度。比如大卫(R. David)就是这么一个例子,作为一名比较法学家他接受了进行一项关于给埃塞俄比亚帝国制定民法典的可行性研究的任务。大卫坚信应当摒弃传统法律并以现代法律代替之,以建立"一种新制度……它以经济需要而非社会学的观察为基础,这一法典应当成为开辟发展之路的一个政治工具,而非经常挡在发展道路中央的一个民间习惯文本集……这些习惯(传统法律)并不值得遵守;它应当为目前非洲社会的滞后状态负责;它应当为所有的落后现象负责。"[26]事实上,就如勒鲁瓦曾经一针见血地指出的,[27]成文法化恰恰应当为法律上的欠发达负责,因为它会恶化不

第二部分　考查多样性：传统社会的法律人类学

平等的状况，在某些地方它将所有没有接受过教育的人或者不说法语的人排斥在外，从而妨害了实现社会发展和国家整合的目标。这一政策的后果是如此的明显，以至于在1970年到1980年之间出现了一种新的进路，社会实证主义，它强调应当考查民众的观点，特别是当这些观点关系到他们对传统法律的依赖时。在独立运动中传统法律不仅遭受人们诋毁而且也被误读，对于分类的尝试就是在错误的条件下实施的行动。[28] 民族学家没有法律经验而法学家没有民族学经验。因此那些新领导者们和他们的欧洲顾问有时候会错误地根据前殖民者陈旧的民族中心主义偏见来判断传统法律就不足为奇了。在这些谬误当中有一个基础性的误解：将传统法律的内容和它的观念系统混淆在一起。声称传统法律在某些领域不适合社会发展需要，这其中也有一点实情。然而，这并不意味着传统法律不能产生新的法律规范，习惯法的一个本质特征就是它能顺应变化的灵活性和便捷性。如果所有这些土地所有制的改革和法典化都没有产生令人满意的结果的话，那就是因为它们颁布的那些指令被人们视为从外部强加的法律。即使不得不采取修正传统法律的方式，这也是更有利于独裁主义的变化或者镇压。因此只要我们牢记法典化不仅仅是法律改革，它们还服务于特定的社会经济利益，就不会对现实进程发展的路线感到意外。我们已经了解到成文法化运动通常和不断强化的国家控制和社会变化密切相关。[29] 在这些新近独立的国家中，以国家为基础的法律的发展和运用都被新的上流阶层所控制并被利益集团强烈地影响，而这些利益集团在第三世界国家的"现代化"部门扮演着积极的角色。[30] 但大多数的民众主要生活在农村地区，他们并不熟悉国家法律的思想及其内容，因为国家法律受到了欧洲模式的影响。他们自然就会尽量避免接触国家法律而继续沿用传统法律，并会一直改造传统法律的规范和在传统法律的限度内行事。

通过这些观察我们能够明白为什么成文法典并没有在整体上促成国家民族统一的目标,因为它们并未曾实现法律的一体化。戴格尼-赛维(R. Degni-Ségui)是一位来自科特迪瓦的法学家,他指出大多数新兴国家的宪法和法律机关都曾努力追求国家法律的成文法化和法制统一。[31] 成文法化可能会依赖外国法律,这突出传统法律和现代法律之间的事实上的断裂;或者成文法运动通过使用殖民立法来处理相互冲突的内部法律,从而正式认可这一断裂性。然而在很多情况下,传统法律都成为了被无端蔑视的对象。

176. 蔑视和传统法律

新兴的非洲国家很快就忙于维持即将离去的殖民国家留下的法律制度。[32] 他们这么做要么是因为害怕出现一个法律的真空,要么是由于对传统法律的知识很贫乏,要么是因为发现传统法律不适合他们的需要。然而,这种办法仅仅是权宜之计,这些新兴国家或早或晚将不得不应对传统法律的问题,要么是将它和现代法律结合在一起,要么是将它排斥在正式的法律制度之外。它们因此会采取不同的法律政策。

一些国家可能因为更倾向于传统法律,或者是害怕废除了传统法律会造成混乱,便没有制定成文法并认可了这些在殖民统治中幸存下来的传统制度。这种形态的法律在法律层级结构里面处于一个低劣的位置,而且当它和国家法发生冲突时必须服从法官的判决。其他一些地方依靠传统的法律实施所谓"真正的"政策,即不一定被严格地遵守习惯,但是始终努力保持传统法律中的革新精神。[33] 然而,在大多数的地方,传统法律被废除了,不管是被以前的西方国家(因为他们认为传统法律不适合市场经济),还是被社会主义国家(他们认为传统法律属于生产力原始阶段,而且维护不平等的社

第二部分 考查多样性：传统社会的法律人类学

会结构)。

法典化经常被用来对付传统法律。成文法律中包含的一些特点体现了这一点，比如对于婚姻配偶的重视、强调土地的获利性使用以及现代法律和传统法律之间随之发生的冲突。[34] 然而，在许多地方，法典化的成果和它预期目标相去甚远。首先，没有几个国家像阿尔及利亚或者埃塞俄比亚那样实现了民法和商法的整体成文法典化。在大多数地区，就像法国君主专制政权的成文法规那样，非洲人的成文法行动仅限于在特定法律范畴制定许多规定，而没有尽量去覆盖整体的法律部门，在没有成文法可用的法律问题上依然保留了传统法律的作用。其次，传统法律的反抗力度超乎立法者意料之外，要么是事实上(*de facto*)的反抗(大多数民众规避现代法律而继续遵循他们的习惯，特别在家庭法和纠纷解决方面更是如此)；要么是法律上(*de jure*)的反抗(立法者考虑可能遭受普遍的反对，最终重新将传统法律引入立法和法典中，形成了和最初意图相冲突的法律二元性)。

非洲法律中的不同层级就是这一段曲折多变法律历史的明证。

非洲的法律：我们的目的并不是要构建一个法律渊源的等级体系，而是展示不同的利益集团将目前存在于非洲的各种不同法律制度当作自己手中的工具来不同程度地运用，这里面既包括正式法也包括非正式法。这些集团可以分为两类：统治集团群体和被统治集团。

177. 法律和被统治者：从传统法到民众法

大多数民众利用法律来反抗统治以及剥削。因此形成四种类别的法律，其中两种历经了岁月的考验(传统法和习惯)，另外两种则是新近形成的(地方法和民众法)。

第四章 法律涵化

在殖民化以前，本土民众适用传统法律（其中也包括伊斯兰法律）。由于殖民统治，传统法的作用不断遭受削弱。在一开始的那个中立阶段，殖民势力的所作所为不过是收税、组织征募劳工和课征实物，而没有直接介入当地事务。传统法律继续存在，但是人口的流动、税收、强迫劳动、宗教信仰的转变和人身地位的改变等因素共同作用改变了传统法的运行。

习惯法是在殖民统治下才出现的。习惯的分类，就如我们已经了解到的，[35] 只不过是造成了对传统法律的破坏。就习惯法形成时期的经济水平而言，这一时间和被描述为同化的阶段重合。商品市场在没有马上直接妨碍当地社会互动的情况下发展了起来，尽管迄今为止它对于土著民众还是无关紧要的。货币和个人主义出现了，并且和被地方行政长官控制的基层司法组织联系在一起。地方长官是刑事犯罪问题的唯一适当权威，他根据可以采信的西方式证据来进行审判。于是出现新的诉讼类型，要么是以前的社会控制模式所无法预见的，要么是由于人口流动使得来自具有不同习惯背景的人群卷入同一个纠纷。由于这些新变化，越来越有必要改造传统法律，而这是通过分类来实现的。

本土法和民众法都出现在经济发展的第三个阶段，即所谓的分解时期，它始于独立运动之前并持续到目前。经济已经变得完全依赖世界市场，货币化和个人主义更深入发展。社会进入了一个"解构"的过程，这一过程将社会系统导入和新经济体制形式一致的轨道。传统的统治集团要么继续保持自己的地位要么给新的实力派让位。

本土法是体现这一转变的一种法律形态。就像习惯法一样，它是传统法律的一个化身，但是发生在涵化过程中一个更为紧张的阶段。勒鲁瓦曾经将它描述为"随着国家及其行政机构的日益突出的

第二部分　考查多样性：传统社会的法律人类学

重要地位而出现的一种法律制度，它的发展和权威实际上是由国家决定的，尽管它的日常的运行是通过分权的政策体制交由本土的权威来掌控的"。本土法的独特之处在于这么一个事实，它是国家作为一个社会控制的手段而创造和运用的，但是它又不像其他一些方法那样通过毁坏传统法来实现同样的结果，它是基于根据本土法律思想的精神诠释外来法律手段而形成的。本土法在性质上会是模棱两可的：它既是作为被统治者的法律出现的，因为被统治者在使本地法适应他们的需要方面发挥直接的影响；它也是作为统治者的法律出现的，因为后者的控制通过本土法得以维护或者强化。贝宁和塞内加尔都体验过本地法律的这些方面特点。一般而言，权威被授予一个公共法律实体，该实体部门被嵌入国家制度的等级系统并被赋予专门的权限范围。因此 1972 年在塞内加尔，农村地区成为了这样的一个实体部门，它们财政上是独立的并由一个可以创设权利和习惯法的委员会领导，这个委员会又被一个监护人式的权威来控制。牵涉到土地的诉讼通常是以一种非常灵活的方式处理，常常会使用和解、谴责和证人等手段，以及和传统司法的理念非常相似的裁判。但是一个新的乡村资产阶级也从这些乡村委员会中形成，并很好地整合进入资本主义的经济体制中。[36]

民众法由大量的不成体系的法律构成，由于其非正式的性质，它的内容很少能被了解。尽管对其进行观察更为困难，这种法律的运用其实比国家法律更加广泛（这种法律也存在于西方社会）。[37] 大众法因此在城市和乡村地区独立于国家的法律制度而存在。它实质上是一种创新的法律形态，既不同于国家法律，也和传统法律形成对比。

178. 法律和统治：基于国家的法律

实现统治的法律采用了国家法的形式，它可以分为两类：市民法和新国家法。

市民法，或者说被平民传统影响的法律，它的启示来自于民法典。它要么是通过吸纳前殖民势力的法律而形成，要么是对这些法律进行许多方面的修正后形成的。

勒鲁瓦认为新国家法律其实就是对欧洲法律理论的基础原则的字面诠释：单一主义（unitarism）通过消灭多样性以实现了强加于制度、观念和人等方面的统一性。因此国家的首领也是行政部门的首领，政党是单一的政党，几乎不会把联邦制作为一种选择来考虑，而法律是成文法形式的并且内容统一。这种法律的新国家概念既被那些具有社会主义信仰的国家（布基纳法索）所接受，也被建立在资本主义经济模式上的国家（科特迪瓦和加蓬）所采纳，它所造成的一个主要后果便是国家占据了工会、政党、教育、土地使用等方面的统治地位。

市民法和新国家法大体上是和统治联系在一起的，但是也会被用来对抗统治势力，因为它们会被本土法和民众法所利用。一般而言，不管是在我们自己的社会还是在第三世界国家，每一个法律层级都会被社会行为主体以不同的方式运用，最终的选择取决于哪个层级的法律能以最小的代价提供最大的益处，以及行为人自身对它的认识。一个乡下的农民，不管是来自科特迪瓦还是法国的皮卡第，他都会利用国家法赋予他的权利，同时力图在其他方面规避这一法律。这种行为只是抵抗法律涵化所采取的许多种形式之一。

179. 结论：法律人类学对于未来法律的贡献

法律人类学也许很眷恋它所描述那些社会的传统，然而它不是迂腐怀旧的，也并非对于变化的想法全然缺乏兴趣。我们在这一章里讨论过很多传统法律进行抗争的例子，我们不能对它们全都采用一种积极和正面的解读。这些实例肯定地体现出了一种对于过去

第二部分 考查多样性：传统社会的法律人类学

的一往情深，这种态度根据不同的观点立场可以被视为一种美德，抑或是一种过错。这些抗争其实也是对于国家希望实现的现代性的整体拒绝。要么返回到已经不复存在的过去，要么在别的地方实现以欧洲式蓝图为基础的未来，如果提出的这两种选择不再仅仅是一种玩笑的话，那将是令人欣喜的。在三十年前，这些可能性看起来似乎是我们仅有的选择。[38] 但是我们现在知道实际情况并非如此。不仅因为人们依然在使用他们的传统法律，而且大众的实践还产生了新的非正式法律。在我们的观点看来，基于国家的法律并不是一个天然的和长久的敌人，即使它在前殖民时期和后殖民时期的破坏行径看起来理应遭受我们对它提出的批评。它也可以被用于构建未来的法律，而法律人类学能够提供有用的忠告。是什么样的忠告呢？

首先，它证实了我们完全有条件采用另外一种不一样法律来实现发展，这种类型的法律会顾及非洲人的态度，而且它在结果上会比那些迄今为止仍然以西方模式为基础的发展规划更为有效。它意味着朝向"真正的"法律政策的更为全面的思维转型，但这种法律政策并不会导致我们返回到前殖民时期，而是调整旧的解决办法来适应新的形势。诸如此类的创造性行动已经有了很多例子。[39] 比如扎伊尔新的家庭法就是这样一个例证[40]。根据其家庭法规定：姓氏不一定非得源自父姓，也可以取自扎伊尔的文化遗产；父亲是家庭的家长而他的配偶在任何法律行为方面都需要他的帮助；对于嫁资的支付设有一个规定的上限，但是嫁资依然是婚姻的一个特征；在违背了夫妻义务的情况下，有过错的一方会必须履行传统仪式来赔罪；家庭的团结通过许多方式得以加强，一个家族由夫妻、夫妻监护的孩子和所有那些靠夫妻提供食物抚养的人组成，假如他们都生活在这对夫妻家中的话；其他的亲属和那些通过婚姻联系的人都被民事

第四章 法律涵化

义务所约束(而旧的民法典仅仅规定了道德的或天然的义务)。一些地方的财产制度改革(坦桑尼亚和马达加斯加)还试图涉及那些处于新生产方式中的传统社会。

法律人类学还使我们明白了传统社会在本质上是多元的,这会帮助未来的立法者控制国家的垄断性趋势。国家应当给新型社会和传统型社会留下一定限度的自治权,并接受多种不同行政管理体系的共存(有时候由于国家行政部门的糟糕组织反而出人意料地为地方社会的发展创造了条件,这是一种令人高兴的结果)。在司法系统中同样也应当鼓励对于多样性的信赖。[41]

最后,我们已经了解到传统法律的一个主要特点是灵活地、非强制性地运用规范。传统法律更像是一种"作为模式的法律"而非"作为强制的法律"。法律的角色发生的这么一种逆转往往会震惊某些谈论"虚假法律"[42]的法学家。我们更愿意使用"渐进的法律"这个概念。这种新的立法政策(在埃塞俄比亚和科特迪瓦被采用)是建立在这么一个观念上的:新的法律尽管受到立法者和法律的实施对象们的公开赞颂,但却不可能立即实现完全的适用。新的法律展现的是社会应当如何发展的某种模式,而非一个强制性的指令;法律在实际实施过程中必然会发生更改。尽管表面现象会恰恰相反,但这并非一个虚构的法律梦想世界。我们可以找到一些方法来推行这类法律[43],比如在新法律中增加一些过渡性的方法措施;用前瞻性的法律推进渐进性的和有控制的立法发展的,同时辅以学校的教育计划(也拓展到行政部门、工会等类似的组织机构);允许人们为自己选择一个特定的法律身份地位并可以在众多法律管辖权中挑选一个;立法者会赋予法官和行政机关更大的权力来对法律进行诠释并调整法律以适应人们的需求和愿望。但这一政策并非没有弊端,它可能导致某种程度的滥用并使法律丧失其所有权威。但是,案例法

第二部分 考查多样性：传统社会的法律人类学

可以帮助我们探索和实现国家法和社会法之间的平衡。西方的法学家会因这种观点感到困惑吗？他们应当回忆法国民法典的主要权威波塔利也许是"作为模式的法律"的思想最重要的理论家，因为他曾写道：

> 当法律已经作出表达而法官却未能表达时，通往正义的道路就被阻碍了。大多数问题都不是依据精确的法律条文来判定的，而只有通过普遍性原则，通过学说，通过法律的科学，大多数的诉讼才得以解决……法规的目的是大范围地吸收法律的一般准则，从而阐发一套具有丰富效应的原理，并避免陷入每一个问题都会产生的细节中去。[44]

最后，我们还要批判那些应当对殖民地国家和后殖民国家的状况负责的人。法律人类学并没有要求废除国家形态而沉湎于过去的社会形态。然而，它的确要求将国家和国家的法律归还给社会，因为就像传统社会教导我们的那样：权力应当服务于社会而非社会服务于权力。

注释

1. 特别参阅：阿里奥《法律涵化》(M. Alliot, 'L'acculturation juridique', *Ethnologie générale*, ed. J. Poirier, Paris: Gallimard, 1986, pp. 1180-236)；《法律移转的类型》('Uber die Arten des "Rechts-Transfers" ', *Enstehung und Wandel rechtlicher Traditionen*, Freiburg/Munch: K. Alber, 1980, pp. 161-231)。还可参阅高德迈《法律的移转》(J. Gaudemet, 'Les transferts de droit', *L'Année sociologique*, 27 [1976]: 29-59)。

2. 不仅是非国家社会才这样做的。在古代中国，法律被认为并非治国

第四章 法律涵化

首选方式。孔子曾经说过:"道之以政,齐之以刑,民免而无耻;道之以德,齐之以礼,有耻且格。"(见《论语·为政》。——译者)

3. 见前文第 29 节。

4. 见前文第 177 节。

5. 有一段描述说明了为实现当地的殖民统治,法国的公法和私法渗透到撒哈拉以南非洲的具体方式,以及这些法律被非洲的立法者在独立运动中采用的过程。可见于希莱尔(J. Hilaire)《我们的祖先高卢人》('Nos ancêtres les Gaulois', *Annales africaines* [1964]: pp. 7-77)。这种现象还表现为罗马法的传播、王室法的发展和欧洲法律在北极地区和撒哈拉以南非洲被接受的例子,相关研究参阅罗兰的《法律殖民化》('Les colonisations juridiques', *Journal of Legal Pluralism*, 1988, 即将出版)。

6. 涵化的这一定义是由雷德菲尔德、林顿(Linton)和赫尔科维茨(Herkovits)在 1936 年提出的;见巴斯泰德(R. Bastide)《应用人类学》(*Anthropologie appliquée*, Paris: Payot, 1971, pp. 44-5)。

7. 关于"习惯法"的准确用法,见前文第 177 节。

8. 见弗洛里希(J.-C. Froelich)的《穆斯林法律和习惯法》('Droit Musulman et droits coutumiers', *Études de droit africain et de droit malgache*, Paris: Cujas, 1965, pp. 387-9)。

9. 见莫思《土著法律和州法律制度:冲突和兼容性》(Bradford W. Morse, 'Indigenous law and state legal systems: conflict and compatibility', *Indigenous Law and the State*, ed. Bradford W. Morse and Gordon R. Woodman, Dordrecht: Foris Publications, 1988, pp. 101-20)。

10. 见前文第 170 节。

11. 关于这些问题有一个非常清楚的阐释,见于阿里奥《非洲和马达加斯加私有机构》(M. Alliot, 'Institutions privées africaines et malgaches', Part I, unpublished, Paris: LAJP, 1970-1, pp.72-9);布兰克-朱万(X. Blanc-Jouvan)《非洲法律对现代化的抵制》('La resistance du droit africain à la modernization', *Revue sénégalaise de droit*, 21 [1977]: 21-44)。

12. 见欧利亚(P. Ourliac)《风俗与记忆:13 世纪的法国风俗》('Coutume et mémoire: les coutumes françaises au XIIIe siècle', *Jeux de mémoire*, Montréal, 1985, pp. 111-22)。

第二部分 考查多样性:传统社会的法律人类学

13. 见范德林登(J. Venderlinden)《16、17 和 18 世纪法国法律中的习惯》('La coutume dans le droit français des pays de coutume au XVI, XVII et XVIII siècles', *Recueils de la société J. Bodin pour l'histoire comparative des institutions, La coutume*, 1988, 即将出版)。

14. 德拉维涅特《帝国的真正领袖》(R. Delavignette, *Les vrais chefs de l'Empire*, Paris: Gallimard, 1931, p. 151 及以下)。

15. 关于对撒哈拉以南非洲的习惯进行成文法编纂的努力的一个更为具体的描述,见勒鲁瓦和维恩《"非国家"法的形成》(E. Le Roy and M. Wane, 'La formation des droits "non étatiques"', *Ecyclopédie juridique de l'Afrique*, Vol. 1, *L'État et le Droit*, Dakar: Nouvelles Editions africaines, 1982, pp. 366-70)。

16. 然而一些法学家兼人类学家(jurist-anthropologist)也曾经在这个问题上犯过错误。在 1958 年让·普瓦里耶提出论辩维护对习惯进行分类,他将这一政策的失败归结于完全可以避免的技术因素,见普瓦里耶《在撒哈拉以南非洲起草习惯法的问题》(J. Poirier, 'Le problème de la redaction des droits coutumiers d'Afrique noire', *Études de droit contemporain*, Paris: Cujas, 1963, pp. 111-23)。普瓦里耶还指出"分类的真正目的只有置于法典化的更远大任务的背景中才会显露,分类只不过是为这一任务奠定基础"。这符合普瓦里耶认为传统法律不能适应现代化和发展需要的理念:"(传统社会的)法律手段属于一个特别的背景,它现在已经落伍了而且不能满足新的需求。"但是,当今天面对成文法典化和发展的法律失败的现实,许多非洲国家已经转而从仍然被大多数人施行的传统法律中寻求启示。

17. 见布尔迪厄《惯习、规则、编码》(P. Bourdieu, 'Habitus, code et codification', *Actes de la recherché en sciences sociales*, 64 [1986]: 40-4)。

18. "强调形式就是给某项行动或话语赋予一种外表,这种外表被视为是惯常的、合法的和被认同的,也就是说,它能够被公然地展现出来。它是一种政策或者惯例,否则如果表现为其他事物就不会得到接受了。"

19. 见高德迈《编纂、其形式及其目的》(J. Gaudemet, 'La codification, ses formes et ses fins', *Indépendance et Coopération*, 3-4 [1986]: 238-60)。

20. 有例为证:公元前 536 年晋国大夫叔向写信给郑国宰相子产,强烈反对他"铸刑书"的举动,他在信中写道:老百姓一旦了解了法律的内容,

第四章 法律涵化

就不再具有对君王和国家的敬畏之心。他们会援引法律中对自己有利的条文来互相争斗，用刑法作为根据，而且希望侥幸得以成功，这样就难以治理民众了。百姓知道了争夺的依据，将会摒弃礼仪而引用刑书。刑书的一字一句，都要争个明白。触犯法律的案件更加繁多，贿赂到处泛滥。在您活着的时候，郑国恐怕要衰败吧！我听说，'国家将要灭亡，必然多制订法律'，恐怕说的就是这个吧！"（出自《左传·昭公六年》，"民知有辟，则不忌于上，并有争心，以征于书，而徼幸以成之，弗可为矣……民知争端矣，将弃礼而征于书。锥刀之末，将尽争之。乱狱滋丰，贿赂并行，终子之世，郑其败乎！肸闻之，国将亡，必多制，其此之谓乎！——译者）

21. 查士丁尼（公元前527年—65年）作为拜占庭的君主，曾经决定在所有方面重整帝国的威望。在一个法律委员会的帮助下，他完成了对古代罗马法律的若干汇编并赋予它们新的权威力。《法学汇编》（*Digest*）序言中一些段落的文体令人想起了法典惯用的语言："虽然古代法律在过去大约一千四百年的时间内完全处于含混不清的状态，但是现在我们重新使其变得清晰明了，它们将被全面彻底地整理和修订而不会遗漏任何内容……通过这一方法，在我们如前所述的法典中将不再会有任何自相矛盾的地方……而只会是体现出完全的协调性和一致性，不会再有人在这个问题上发生任何争论。"（《编纂令》，[*Constitutio Deo Auctone*, §1, 5, 8]）"任何在现在或者今后精通法律的人都不得擅自对这些法律作任何评注……我们不允许任何人对于这些法律规则所做的进一步解释或者甚至是曲解得以流传……如果任何人胆敢擅自实施这些行为，他们将被指控犯有伪造罪行，而他们的所有著述都会被蔑视。但是，如果就如前面所说的，法律出现了任何存疑之处，这将由法官提交给皇帝陛下，并以唯一拥有立法和解释法律权力的奥古斯都的权威名义来宣告真相。"（《编纂令》，[*Constitutio Tanta*, §21, *The Digest of Justinian*, trans C. H. Munro]）

22. 波塔利，《关于民法典的演讲、报告和未发表的著作》（Portalis, *Discours, rapports et travaux inédits sur le Code civil*, Paris, 1844, p. 302）。

23. 见德谢的《路易斯安那州国会》（P. Decheix, 'Le Congrè de Louisiane', *Indépendance et Coopération*, 3-4 [1986]: 211）。

24. 这些评论最近重新出现，并附有更为有用的注释，见巴切莱特《农地改革与发展》（M. Bachelet, 'Réformes agro-froncières et développement',

第二部分 考查多样性：传统社会的法律人类学

Systèmes fonciers à la ville et au village, ed. R. Verdier and A. Rochegude, Paris: Harmattan, 1986, pp. 125-55）。

25. 我们不应当将土地改革（*réformes agraires*）和农业土地所有制改革（*réformes agro-froncières*）混淆在一起，土地改革通过将大庄园的土地进行再分配而实现的社会正义（就如同时期的南美洲一样），而农业土地所有制改革的目的是通过改造法律制度来改变土地的占有和使用从而实现发展（在撒哈拉以南非洲地区土地很少会被征收）。

26. 大卫《非洲国家民事法律的变革》（R. David, 'La refonte du Code, civil dans les États africains', *Annales africaines*, 1 [1962]: 161）。

27. 见勒鲁瓦《当代撒哈拉以南非洲的本土法律经验与西方法律知识的转移》（E. Le Roy, 'L'expérience juridique autochtone de l'Afrique noire contemporaine et le transfert des connaissances juridiques occidentales', *Domination ou Partage?*, Paris: Unesco, Ed. Actuel, 1980, p. 114）。

28. 见前文第 173 节。

29. 见前文第 174 节。

30. 见福契斯（M. Fuchs）《法律与发展中国家》（'Recht und Entwicklungsländer', *Zeitschrift für vergleichende Rechtswissenschaft*, 4 [1981]: 370）。

31. 见戴格尼-赛维《法的法典化和标准化》（R. Degni-Ségui, 'Codification et uniformisation du droit', *Encyclopédie juridique de l'Afrique*, Vol. 1, Dakar: Nouvelles Editions africaines, 1982, p. 458）。

32. 关于后殖民时期的法典化和立法者对于传统法律的相反态度，见出处同上的文献；康纳克（G. Conac）《非洲的法律生活》（'Lvie du droit en Afrique', *Dynamiques et finalités des droits africains*, Paris: Economica, 1980, V-XXXX）。

33. 见后文第 179 节。

34. 见维迪耶的《西非法语区家长制和土地制度的涵化》（R. Verdier, 'L'acculturation dans le domaine parental et foncier en Afrique de l'Ouest francophone', *L'Année sociologique*, 27 (1986): 403-21）。

35. 见前文第 173 节。

36. 关于本土法律有一个更为具体且附有充分实例的阐述，见勒鲁瓦和维恩，同前引，第 384 页—386 页；勒鲁瓦《塞内加尔地方土地法律的形成》

(E. Le Roy, 'L'émergence d'un droit foncier local au Sénégal', *Dynamiques et finalités des droits africains*, ed ses pratique', *special issue of Politique Africaine*, 40 [1990])。

37. 见前文第31—42节关于法律多元的理论的重要性。勒鲁瓦在《利维坦的驯化或法律的逆转》(E. Le Roy, 'La domestication du Léviathan ou l'envers du droit', 见独立后的非洲法语使用者 [Les Afriques francophones depuis l'indépendance] 的法-英会议论文，1988年4月29—30日，牛津) 中提出当民众的一部分对国家权力所代表的话信以为真时，一种民众法形态的法律会产生作用：如果国家领导人说所有家庭都有权利获得适当的居住条件，却没有采取任何实际的措施，一些社会群体就会抓住这一机会修建未经批准的建筑物。

38. 因此在1956年让普瓦里耶宣告了扩展家庭和多偶制已经消失，提出习惯的非神圣化和成文法典化的首要地位，杜绝任何习惯法的重新出现。见普瓦里耶《撒哈拉以南非洲习惯法的未来》(J. Poirier, 'L'avenir du droit coutumier négro-africain', *L'Avenir du droit coutumier en Afrique*, Leiden, 1956, p. 168)。我们会赞同在此三十年之后科特迪瓦法学家戴格尼-赛维提出的观点：

这种情况是否可能呢？一个所谓"原始的"人，他完全放弃自己的价值观，甚至那些他最珍视的价值观，去接受那些被视为高级国家的价值观？答案显然是不。西方的法律不可能总是占有优势，也不可能将所有的领域的传统法律都彻底剿灭。传统法律必然会影响所谓的现代法律并实现一定程度和范围的流传。新的非洲法律将在现代法律和传统法律共生的这么一种综合体中形成。这将是传统法律的胜利，现代法律中包含有多少习惯法无关紧要。真正紧要的是，不管非洲的立法者如何坚决地往相反的方向努力，这一法律终将获得认可并成功地得到推行。新的立法中带有不可磨灭的抵抗印记，这对于传统法律来说并非意味着局部的胜利，而是十足完全的胜利。

(戴格尼-赛维《法律的法典化与标准化》[R. Degni-Ségui, 'Codification et uniformisation du droit', *Encyclopédie juridique de l'Afrique*, Vol. 1, Dakar: Les Nouvelles Éditions africaines, 1982, p. 474]。)

39. 见阿里奥《非洲法语国家和马达加斯加对现代法律的传统抵制》

第二部分　考查多样性：传统社会的法律人类学

(M. Alliot, 'Les resistances traditionelles au droit moderne dans les États d'Afrique francophones et à Madagascar', *Études de droit africain*, Paris: Cujas, 1965, pp. 235-56)。

40. 见卡隆戈-姆比卡伊（Kalongo-Mbikayi）《在家庭法草案成文法典化的扎伊尔经验》（'L'expérience zaïroise de codification dans le project du code de la famille', *Revue juridique et politique, Indépendance et Coopération*, 3-4 [1986]: 474-90）。

41. 见勒鲁瓦所提出的具体建议《非洲法语区传统法律的演变》（E. Le Roy, 'L'évolution de la juritice traditionelle dans l'Afrique francophone', *Revue canadiemme des études africaines*, 1 [1975]: 75-97）。

42. 见阿里奥《非洲英语地区私法的发展和演变》（M. Alliot, 'Développement et evolution du droit privé en Afrique anglophone', *Dossiers de l'Institut des sciences-juridiques du développement*, Université de Paris V, s. d., p. 26）。

43. 见康纳克《非洲的法律生活》（Conac, 'La vie du droit en Afrique', 同前引，pp. xxix-xxx）。

44. 法学家通常都不把罗伯斯庇尔看作是权威。但是罗伯斯庇尔的观点和法学家们更支持的波塔利并不一样，他更认同这些法学家的思想。他指出："在具有宪法和立法机构的国家，案例法就是法律。"

延伸阅读

180. 关于法律涵化的文献目录

这一主题领域在文献著述中得到了充分的阐释，这要归功于许多因素。第一，西方模式在全世界的传播在过去几十年已经成为了一个重要的现象，以至于几乎没有哪个地方和区域没有受到它的影响。第二，西方的法学家常常作为专家参与到制定宪法、法律和法规的活动中。第三，对古典法学家而言，研究被涵化了的法律制度比研究传统的法律制度要容易一些，因为研究传统法律需要一定的人类学知识（尽管许多西方的"专家"对于人类学领域知识的生疏是

第四章 法律涵化

造成他们参与实施的经济和法律发展计划失败的一个原因)。学习者因此具有大量的、丰富的文献资源供其自由使用,我们提供的文献目录竭力覆盖所有主要领域。

作为第一个步骤,在法律移转的一般理论方面有一些主要的权威著作。特别参阅阿里奥的《关于法律移转的类型》(M. Alliot, 'Uber die Arten des "Rechts-Transfers"', *Entstehung und Wandel rechtlicher Traditionen*, Freiberg and Munich: K. Alber, 1980, pp. 161-231),它强调了大多数法律移转的虚幻性质。具有历时性特点的但也比较有价值的是高德迈的《法律移转》(J. Gaudemet, 'Les transferts de droit', *L'Année sociologique,* 27 [1976]: 29-59)。来自帕帕克里斯托斯(A. C. Papachristos)的《外国私法的植入:一种法律社会学现象》(*La Réception des droits privés étrangers comme phénomène de sociologie juridique,* Paris: LGDJ, 1975, p. 151)体现了更为传统的研究进路,但并非完全没有法律的民族中心主义性质。关于法律涵化的基础著作,阿里奥的一些作品非常有用,如《法律涵化》(M. Alliot, 'L'acculturation juridique', *Ethnologie générale,* ed. J. Poirie, Paris: Gallimard, 1986, pp. 1180-236)。同样也是阿里奥的(其中特别论及了非洲)《非洲法语国家和马达加斯加对现代法律的传统抵制》('Les résistances traditionelles au droit moderne dans les États d'Afrique francophone et à Madagascar', *Études de droit africain,* Paris: Cujas, 1965, pp. 235-56)和《撒哈拉以南非洲的国家和社会、贪污和排斥》('L'État et la société en Afrique noire, greffes et rejets', *Revue française d'Hisroire d'Outre–Mer,* 68 [1981]: 95-9)。希拉里的《我们的祖先高卢人》(J. Hilaire 'Nos ancêtres les Gaulois', *Annales africaines* [1964]: 7-77),也是很有用的文献。作者令人信服地证明了非洲国家在实质上如何沿用了即将离去的殖民国家法律制度,并突出了民众对于这一法律制

第二部分 考查多样性：传统社会的法律人类学

度的抵制。希拉里还重点展现了我们自身的法律历史和撒哈拉以南非洲的法律历史之间的对比。

关于非洲当前的形势有两部主要的著作。首先是康纳克主编的《非洲法律的动态和目的》（G. Conac, *Dynamiques et finalités des droits africains*, Paris: Economica, 1980, p. 509）；特别参阅这一著作中康纳克的《非洲的法律生活》（'La vie du droit en Afrique', pp. 5-40）；勒鲁瓦《塞内加尔地方土地法律的形成》（E. Le Roy, 'L'emregence d'un droit foncier local au Sénégal', pp. 109-40）；贝永纳巴梅亚穆纳金温巴（M. Bayona Ba Meya Muna Kimvimba）的《扎伊尔法律改革中真实性的运用》（'Le recours à l'authenticité dans la réforme du droit au Zaire', pp. 229-58）；维迪埃《家长制和土地法中的习惯和法律》（R. Verdier, 'Coutume et loi dans le droit parental et foncier', pp. 307-13）；阿里奥《非洲正在制定新的法律吗？》（M. Alliot, 'Un nuveau droit est-il en train de naître en Afrique?', pp. 467-95）。另外范德林登的《非洲法律制度》（J. Vanderlinden, *Les systèmes juridiques africains*, Paris: PUF, 'Que sai-je' serie, no. 210, 1983, 128 pp.）更为简明但是对于学习者特别有用。需要推荐给学习者的是伟大的但英年早逝的非洲法学家考西甘非常清晰的作品《我的法律是什么？撒哈拉以南非洲法语区家庭私法的传统与现代主义》（G. A. Kouassigan, *Quelle est ma loi? Tradition et modernisme dans le droit privé de la famille en Afrique noirfrancophone*, Paris: Pedone, 1974）。关于以跨文化比较为基础的法律涵化的概述见诺伯特·罗兰《法律殖民：从非洲到撒哈拉以南非洲》（N. Rouland, 'Les colonisation juridiques: de l'Afrique à l'Afrique noire', *Journal of Legal Pluralism*, 1991）。

在殖民时期的法律涵化这个主题应当首先被作为一般的概述来研究，同时不能忽视传统法律的抵抗中的语言因素。一些学者呈现

第四章 法律涵化

了本土的法律和现代法律之间互动的全面图景：莫思（W. Morse）的《土著法律和州法律制度：冲突和兼容性》('Indigenous law and state legal systems: conflict and compatibility', *Indigenous Law and the State*, ed. Bradford W. Mores and Gordon R. Woodman, Dordrecht: Foris Publications, 1988, pp. 101-20）；本达-贝克曼的《非洲和印尼传统司法制度与国家司法制度关系比较问题的几点评述》（F. von Benda-Backmann, 'Some comments on the problems of comparing the relationship between traditional and state systems of administration of justice in Africa and Indonesia', *JLP*, 19 [1981]: 165-75）。关于非洲的法律涵化研究，除了上面引用的康纳克和范德林登的作品外，可见以下的：勒鲁瓦和维恩的《创制法律的传统技术》（E. Le Roy and M. Wane, 'Les technique traditionelle de creation des droits', *Encyclopédie juridique de l'Afrique, l'État et le Droit*, Dakar: Nouvelles Éditions africaines, 1981, pp. 353-91），其中论及了伊斯兰法律；罗伯特（A. P. Robert）《法国立法者对于撒哈拉以南非洲习惯法的态度》('Attitude du législateur français en face du droit coutumier d'Afrique noire', *L'Avenir du droit coutumier en Afrique*, Leiden, 1956, pp. 170-89）；阿贡佐-奥卡维（P.-L. Agondjo-Okawe）的《传统法的适用范围》('Les domains d'application des droits traditionnesl', *Encyclopédie juridique de l'Afrique*, Vol.1, 同前引, pp. 405-21）；勒鲁瓦《传统酋邦及其融合问题》（E. Le Roy, 'Les chefferies traditionnells et le problème de leur intégration', *Les Institutions administratives des États francophones d'Afrique noire*, ed. G. Conac, Paris: Economica, 1979, pp. 105-32）；阿洛特《非洲法律习俗在现代非洲法律体系中的地位》（M. Allot, 'La Place des coutumes juridiques africaines dans les systèmes juridique africains modernes', *Études de droit africain et malgache*, Paris: Cujas, 1965, pp. 257-66 ）；

第二部分　考查多样性：传统社会的法律人类学

布兰克-朱万《非洲法律对现代化的控制》（X. Blanc-Jouvan, 'La résistance du droit africain à la modernisation', *Revue sénégalaise de droit*, 21 [1977]: 21-44）。

本章涉及的一些主要涵化过程成为了某些学者个人研究的基础。关于重新诠释见：阿里奥的《习俗与神话》（M. Alliot, 'Coutume et mythe', *L'Année sociologique* [1953-4]: 359-83）；施耐德《习惯法与经济》（F. Snyder, 'Customary law and the economy', *Journal of African Law*, 1-2 [1984]: 34-43）。关于习惯的分类见：普瓦里耶《在撒哈拉以南非洲起草习惯法的问题》（J. Poirier, 'Le problème de la rédaction des droits coutumiers d'Afrique noire', *Études de droit contemporain*, Paris: Cuja, 1963, pp. 111-23）；普瓦里耶的另一作品，《法律民族学的紧急计划》（'Pour un programme d'urgence en ethnologie juridique', *Nomos*, 1 [1974]: 269-80）；古隆（A. Gouron）的《成文法与习惯法的结合与法国中世纪的经验》（'Le concours d'un droit écrit et d'un droit coutumier et l'expérience médiévale française', *Annales africaines* [1962]: 197-205）；特别要关注的是让·博丹制度比较史学会代表大会关于"习惯"的讨论（'La Coutume', congress of the Société J. Bodin pour l'histoire comparative des institutions, 1984 年 10 月 1—5 日，布鲁塞尔），以及 1988 年即将出版的《让·博丹学会文集》（*Rcueils de la société J. Bodin*），在其中我们会特别注意到：范德林登，"16、17 和 18 世纪法国法律中的习俗"（J. Vanderlinden, 'La coutume dans le droit française des pays de coutumes aux XVIe, XVIIe et XVIIIe siècles'），对于法国的习惯分类和非洲的习惯分类之间的比较非常有意义；由欧利亚完成的《风俗与记忆：13 世纪的法国风俗》（P. Ourliac, *Coutume et mémoire: les coutumes française au XIIIe siècle*, Montreal, 1985, pp. 111-22）；勒鲁瓦，《撒哈拉以南非洲殖民

第四章 法律涵化

时期罗马法影响下同化习惯的努力》(E. Le Roy, 'Une tentative de domestication de la coutume sous l'influnce des droits romanistes Durant le période coloniale en Afrique noire');诺伯特·罗兰的《习俗和狂野的法律思想：因纽特人社会的贡献》(N. Rouland, 'La coutume et la pensée juridique sauvage: l'apport des sociétés Inuit')。成文法典化是涵化的一个重要成分，已经被广泛地研究。在最近的成果中，最完整的是第十八届 IDEF 大会论文集"('Actes du XVIIIe Congrè de l'IDEF', 1985 年 11 月 3—9 日，路易斯安那州，见 *Revue juridique et politique, Indèpendance et Coopèration*, 3-4 [1986])，特别参阅该刊中的：高德迈《成文法化：形式及其目的》(J. Gaudemet, 'La codification, ses formes et ses fins', pp. 238-60);也可见德谢的一篇总结《路易斯安那州议会》(P. Decheix, 'Le Congrès de Lousiane', pp. 207-12)。戴格尼-赛维的著作是必读文献：《法的成文法化与标准化》(R. Degni-Ségui 'Codification et uniformisation du droit', *Encyclopédie juridique de l'Afrique,* 同前引，Vol. 1, 453-77)。

关于这些措施作用于正式的非洲法律上所产生的效果，有一个总结作品见于：戈尼德克(P. F. Gonidec)的《非洲法律》(*Les Droit africains*, Paris: LGDJ, 1986);维迪耶，《西非法语地区中家长制和土地制中法律涵化》(R. Verdier, 'L'acculturation juridique dans le domaine parental et foncier en Afrique de l'Ouest francophone', *Année sociologique*, 27 [1966]: 403-21);科斯塔-拉斯科(J. Costa-Lascoux)，《从"涵化"到"跨文化"：非洲刑法的例子》('De l'acculturation', à la transculturation: L'exemple des droits pénaux africains', *Année sociologique*, 27 [1966]: 424-48)。有许多著作对反对传统法律的典型主张予以进一步的阐述，有些是最近的，有些是比较法学界的有名权威撰写的，其观点依然带有深厚的民族中心主义：见沙巴斯(J.

第二部分　考查多样性：传统社会的法律人类学

Chabas),《地方法律转型与经济发展》('Tansformation du droit local et evolution économique', *Annales africaines* [1962]: 151-9);斯托弗莱(J. Stoufflet),《发展中国家私法立法的发展》('De l'élaboration d'une legislation de droit privé dans un pays en voie de développement', 同上书: 250-5);大卫,《非洲国家民法典大修》(R. David, 'La refonte du Code civil dans les États africains', 同上书: 160-70);潘邦-奇文达(G. Pambon-Tchivounda),《论后殖民非洲国家》(*Essai sur l'État africain postcolonial*, Paris: LGDJ, 1982, 165 pp.),是以发展的名义关于"寻根"的内容。作为回应许多学者突出阐述了对传统法律的知识匮乏,而这些知识是这些观点的基础的,另外还指出西方式的发展模式在非洲发现自身走进了死胡同：见勒鲁瓦《政治独立十年后撒哈拉以南非洲法语地区的法律与发展》(E. Le Roy, 'Droit et développement en Afrique noire francophone après dix années d'indépendance politique', *Revue sénégalaise de droit*, 9 [1971]: 52-72);也是来自勒鲁瓦的《当代撒哈拉以南非洲的土著法律经验与西方法律知识的转移》('L'expérience juridique autochtone de l'Afrique noire contemporaine et le transfert des connaissances juridiques occidentales', *Domination ou partage*, Paris: Unesco, Ed. Actuel, 1980, pp. 95-126);福契斯的《法律与发展中国家》(M. Fuchs, 'Recht und Entwicklungsländer', *Zeitschrift für vergleichende Rechtswissenschaft*, 4 [1981]: 355-72);阿里奥的《是否存在发展危机？》(M. Alliot, 'Y a-t-il une crise du développement?', *Cahiers du Gemdev*, 1 [1984]: 37-43)。

无论大家在这一争论中的观点如何,传统法律的抵抗是无可争辩的事实。关于这个主题的一个概括性研究见：普瓦里耶《法律种类分析与非洲习惯法研究》(J. Poirier, 'L'analyse des espèces juridiques et l'étude des droits coutumiers africains', *Ideas and Procce-*

dures in Customary Law, London: Oxford University Press, 1969, pp. 97-109）；勒鲁瓦的《非洲传统法律与现代性》（E. Le Roy, 'African traditional law and modernity', *Revue Monchanin*, 12 [1979]: 35-43）；也是勒鲁瓦的作品,《非洲的法律生活》（'La vie du droit en Afrique', *Penant*, 761 [1978]: 315-23）。

结论

法律人类学和形而上学

耶和华见人在地上罪恶很大,他们终日所思想的尽都是恶。耶和华就后悔造人在地上,心中忧伤。

(《创世记》6.5-6)

看哪,神的帐幕在人间……神要擦去他们一切的眼泪。不再有死亡,也不再有悲哀、哭号、疼痛,因为以前的事都过去了。

(《启示录》21.3-4)

一些概念总是不合时宜地成对出现,法律人类学和形而上学看起来就是这样一个例子。当人类在永无止境的求索中,试图洞察自身的状况时,他探索之路的起点可以回溯久远甚至超越我们称为第一文明的那些事物:艺术、宗教,以及对运行于宇宙和自然界中力量的思索。那么法律又怎样呢?和这些力量相比它真显得无足轻重。

结论 法律人类学和形而上学

如果我们考查一下法律法规或者官方公报，我们从中发现的不过是利益的痛苦冲突、担保和强制、强加于行为上的形式要件、以及几乎毫无意义的推测性文体。法学家们也被遮蔽在同样的迷雾之中。我们在日常生活中很少会邂逅这些人物，除非成为嫌疑犯或者不幸降临头上。一个众所周知的事实是没有几个少年希望成为律师。

但是法律关系到我们对于生活和世界的信念，这些信念和艺术与宗教一样值得我们关注。然而，要洞悉这些信念和信仰，我们必须学会理解它们，并获得关于人类法律经验的意识。法律人类学是这一追求中不可缺少的一个台阶。

所有的社会都表现出相同的本体论痛苦，这是源于人类无穷的渴望和实现这些渴望的脆弱手段之间的对立。如果我们的存在确实具有任何意义的话，它并不是体现在我们直接的生活体验中。法律人类学可能不是什么新的信念。然而，它确实体现了对意义的探寻，体现了人类对荒谬的反抗和对于连贯性的渴求，甚至对超越时代的卓越性的渴望。法律人类学如何帮助我们回答人间条件中三个最为永久的问题：历史的流向、邪恶的存在、死亡的存在？

历史的流向：历史是否就像希腊和东方的思想告诉我们的那样是一个永恒的周期循环呢？它是否按照基督教信仰遵循某种秩序安排呢？它是否就像19世纪的思想所提出的并在第一代法律人类学家的思想中得到呼应的那样遵守进化的法则呢？法律人类学不能回答前两个问题。但是对于第三个问题，它会回答，人类从其起源之初就展现了如此强大的创造能力，所以相信现代社会比传统社会更为"进化"简直是错觉使然。一个社会唯一能够作的选择就是它在哪一个方面展现和发挥它的优越性。就像克劳德·列维-斯特劳斯已经注意到的：如果说西方人已经证明了他们对于机器的精通，那么因纽特人和贝都因人则征服了最恶劣的自然环境[1]；美拉尼西亚

结论 法律人类学和形而上学

人的艺术达到了人类审美经验的一个顶点；而澳大利亚的土著人在最基础的技术条件限制下，创造了最精细的亲属关系系统的形式，以至于我们要借助于数学家和信息技术来理解它。在法律方面，我们已经了解到许多传统社会不仅找到了许多和我们自身的解决方法相比是具有独创性的解决办法，而且除此之外还早就知道了我们声称属于自己的那些发明创造，如法律、审判、惩罚、婚姻配偶、契约。他们的体验是如此的丰富，以至于我们不得不重新思考关于历史进程的单线发展观点，尽管这一思想对于我们非常的方便。如果确实有进化这么一回事儿存在的话，它并不是体现为在一个时间顺延连续体中为了一种解决方法而放弃另外一种解决方法，而是表现为对某种形式的社会法律系统的一种可逆转和可撤销的选择。这并不需要以其他系统形式的消亡为条件，这些系统形式可能只是暂时的退隐幕后，或者在正式法律遗漏下来的某些社会生活领域中寻求庇护，并因此得以存留。此外，法律人类学通过谴责进化论已经指出了也许是西方思想的主要弱点之一，而传统社会则已经知道如何避免这一错误，即一致性的弊端。一致性并不是一个被法律禁止的理念，它甚至是必须的，如果我们想要克服由于我们社会中觉醒的文化选择和法律选择上的差异造成的混乱影响，从而追求和实现连贯性的话。但是要信奉统一并非意味着对一致性的强调，尽管西方法律的经验是这样的。非洲式的思维则并不情愿将对立面看作相互排斥的，它教导我们如果接受多元性，就能够得到必要的保护从而维护有序和无序之间的平衡。看起来这像是法律多元主义理论的内容，因为它们对于社会生活的看法所提供的模式比单独来自基于国家的法律的模式更令人满意。

历史中并没有一个事先设定的硬性目标，我们应当知道那么做是没有希望的。每一个社会都包含了必要的智识资源来选择它自身

结论 法律人类学和形而上学

的历史命运。并不存在像造物主一样的立法者能够带领我们走上一条预先注定的道路。我们变得更加自由了,但也更为孤独。

邪恶的存在:贯穿圣经全文始终,《创世记》描述了上帝面对人类的邪恶习性失去了信心,另外《启示录》揭示了罪恶的结束和已经不再属于人间的苦难。我们只能冒着被称为悲观厌世主义的危险证实邪恶主宰了人类的历史。善良也是存在的,而且无疑比我们愿意相信的还要多,因为它常常保持沉默。然而,就我们历史知识目前的状态而言,如果我们不得不作出抉择的话,赌注将会下在邪恶上,因为囚禁善良的奥斯威辛集中营还没有出现。这个问题还没有解决。我们会依然相信在我们之前几十亿年的宇宙演变中,人类可能已经变化得很充分,或者另外某种改良的生物可能出现。然而,我们只能基于目前的经验基础来讨论这个问题。

传统社会和现代社会都将法律和正义、善良联系起来。[2] 但这并非全部的事实。法律事实上更多的是和邪恶而非善良联系在一起的。就如卡波尼埃曾经写到的,法律不是邪恶,但是如果没有邪恶法律就不会存在——就如关于黄金时代的、过去的以及未来的神话所突出表现的那样。[3] 法律就是我们自身缺陷的标签。然而,这并不是西绪弗斯苦役般永无休止的自我惩罚。法律产生于邪恶,它能够避免不幸。就如我们已经了解到的,它是通过自己的规则来组织人类群体之间的交换——婚姻的交换、复仇的交换等,以此来防止群体的随波逐流和人类的分崩离析。最后,如果邪恶是永久的和不可知的灾难,法律就其本身来说是一种体现了善良的必要邪恶。

死亡的存在:唉,还有一件比邪恶更糟糕的事情,那就是死亡。罗斯唐曾经就此说过:"死亡的罪恶不是在于我们被杀死,而是在于它使我们的痛苦成为永恒。"尽管是老生常谈和宽慰人的表达,死亡并没有给予生命任何意义。相反,它去除了生命的意义。如果死亡

结论　法律人类学和形而上学

就是它表现出来的那种样子,如果上帝并不存在,那么就像伟大的宗教历史学家伊利亚得(M. Eliade)所说的:"一切灰飞烟灭。"

克劳德·列维-斯特劳斯则描绘出一种绝望的图景,这无疑是他自身经验的产物,而且受到普遍地认同:

> 难道这一画面(日落)不是人类本身的真实写照吗?不光是对人类,对于一切的生命表现形式,如鸟、蝴蝶、贝类以及其他动物,也包括植物和它们的花朵,不也是如此吗?在进化过程中这些生物的形态得以发展和并变得多样化,但是由于它们最终的消亡,所以在最后一切的事物,自然、生命或者人,或者人类那些精妙入微的创造,例如语言、社会制度和习惯、美学杰作和神话,一旦它们的绚烂展示结束,全都不会存留下来。我的分析通过对神话进行严密的图形解构,使它们具有了对象的地位,由此呈现出那些客观实在,即宇宙、自然和人的神话特性。它们由于自身不证自明的衰败趋势而终将瓦解和消逝,在此之前历经千万年或者数十亿年,当什么都说了,一切都做了,它们只会在一些伟大神话方面表明其结合制度的渊源。
>
> 基本的对立是神话所富含的无数对立面的来源,也是在这四册书里面以图表展现的内容。它也恰恰就是哈姆雷特所阐述过的那种对立,尽管是以过于乐观的形式在两种可能之间作出抉择。人不能自由地选择是生存还是毁灭。人的心智努力和他的历史是结合为一体的,只有当人从世界的舞台上消失了心智努力才会终止。心智的努力会迫使他接受两个不证自明的和相互矛盾的真相。这两个真相的相互冲突启动了人的思维,并且为了抵消它们之间的对抗,还产生无限系列的二元区分。这些区分从来没有解决基本的矛盾,而是在一个较小的规模和程度

结论 法律人类学和形而上学

上重复和保持矛盾对立。一方面是存在的实在,人能够在最深的层次感觉到它,因为存在自身能够把理性和意义赋予他人的日常行为、道德生活和情感生活、政治选择、他对社会生活和自然界的参与、他的现实努力和科学成就。另外一方面是非存在的实在,对于非存在的意识是和对于存在的感知不可分离地伴随在一起的。因为人不得不生活、奋斗、思考、保持信念、以及最重要的是保持自我的勇气。尽管他在任何时候都无法忽视一个对立的确定性,即他在前世并不曾活在世间,他永远都不会在未来世界出现,而且他将必然从这个注定要灭亡的星球上消失,他的努力、悲伤、欢乐、希望以及成果都将变得无影无踪,像从来就不曾存在过一样。因为没有任何意识会幸存下来,哪怕是对这些短暂现象的记忆,只有这些现象的某些特征会作为表明这些现象曾经的存在和不存在的作废证据短暂时存留下来,但也很快就会被从地球毫无表情的表面抹去。[4]

这些问题中不可能存在确定性。如果超乎我们自身痛苦的反应之上存在着一个无形世界,那么它肯定是和我们对于它的世俗认识差别如此之大,以至于我们无法接近它的。然而如果列维-斯特劳斯的描述是正确的,那么它在后果方面可能是严重的。大多数社会都曾经努力回避它。只有少数例外的人们会希望拥有列维-斯特劳斯推崇的那种勇气来面对它。要么将死亡掩盖起来(这是我们的做法),要么相信存在一个无形世界和后世(大多数其他人的态度)。就如我们已经了解到的,传统社会运用法律给亡者提供许多机会以介入生者的世界,并运用世系来对抗死亡的宿命。

法律的实际存在状态超越了我们教科书中所呈现出来的萎缩状态,即许多以理性装扮的或者甚至更为庸俗形式的强硬原则,以及

结论　法律人类学和形而上学

供诉讼当事人恣意操纵的救济手段。法律人类学证明了源于我们自身缺陷特性的法律也能够被社会塑造为超越这些局限的一种工具。

注释

1. 见列维-斯特劳斯的《种族与历史》(*Race et Histoire*, Paris: Denoël-Gonthier, 1961, pp. 41-50)。

2. 见前文第 64 节。

3. 见卡波尼埃《法律随笔》(J. Carbonnier, *Essais sur les lois*, Répertoire du notariat Defrénois, 1979, p. 296)。

4. 列维-斯特劳斯,《裸人》(*The Naked Man*, trans. J. Weightman and D. Weightman, London: Cape, 1981, pp. 694-5)。

索　引

（所标页码为原书页码，参见本书边码）

Abel, R. L. 阿贝尔 72, 83, 85, 97
Abensour M. 阿本苏尔 16, 288
Aberle, D. F. 阿贝勒 200, 245
Abkhaze 阿布哈兹族 277
Aborigines 澳大利亚的土著人 36, 331
absenteeism 旷工 240
absolute monarchy 君主专制 43, 48-9, 76-7
absolutes, legal 法律绝对物 295-6
abstraction 抽象 27-8, 38, 165, 170, 174, 306
acculturation, legal 法律涵化 83, 90, 100-1, 151, 278, 291-319
　~历史体系, 146
Adamson-Hoebel, E. 霍贝尔 12, 34-6, 47, 72, 84, 229
Adat Law School 阿达特学派 47, 48, 86-87
Adler, A. 阿德勒 288
adoption 收养 61, 195-6
adultery 通奸 212, 281
Africa 非洲 28, 96-7, 109
　~抽象 165
　~比利时学派 87

　~法典化 309, 311-4
　~氏族公社模式与个人 174
　~控制与关系 161-2
　~习惯 70, 308
　~统治与被统治群体 314-7
　~进化主义 67-68
　~法国人类学 89-90, 93-5
　~法律多元 43, 74, 77-9, 332
　~史前社会 106
　~财产与所有权 216-7, 219, 222
　~舶来法与本土法 62
　~多样性研究 151
　~法律渊源 157-161
　~传统社会 191, 193, 198, 212-214
　~复仇 278
Afrique Equatoriale Francaise (AEF) 法属赤道非洲 308
Agboyibor, Y. 阿格波伊波 254
age 年龄 61, 143, 166, 211, 268-9
Age, Male Moyen 中世纪男性 249
aggression 侵略, 256, 260
Agondjo-Okawe, P. -L. 阿贡佐–奥卡维 177-8
agriculture 农业 22, 106-7, 212
aid 援助 82, 241

索引

AIDS 艾滋病 293
Alaska 阿拉斯加 270
Alinski 艾林斯基 256
allegations, truth of 指控的真相 266
allegory 寓言 140-1
Alliot, A. & Woodman, G. R. A. 阿里奥与 G. R. 伍德曼 82
Alliot, M. 阿里奥 3, 7, 14, 89-94, 113, 116-17, 127-31, 149, 177, 319
~ 氏族公社模式 172-3, 179
~ 血统体系 188
~ 延伸阅读 287, 325, 326, 327, 329
~ 遗产 250
~ 法律涵化 292-3, 296
~ 法律多元 43, 77-8
~ 法律规制方法 143
Allot, A. N. 阿洛特 82, 83, 231, 325
Amahuaca Indians 阿马哈卡人 25
Amerindians 美洲印第安人 82, 151
Ammassalik 阿玛撒里克人 271
Amselec, P. 阿姆塞莱克 14-5
ancestors 祖先 121, 154, 160-3, 168, 188, 198-9, 216
~ 氏族公社模式 172
Andaman 安达曼人 181, 212
anthropomorphic 拟人化 140-1
anthropology, legal, definition of 法律人类学的定义 104
appeals 上诉, 162
applied legal anthropology 应用法律人类学 32-3
Arab societies 阿拉伯社会 209
Arabia 阿拉伯 300
Arapesh 阿拉佩什人 202

arbitration 仲裁 165-9, 230, 257, 265-6, 276
archives 档案 140
Arctic peoples 北极人, 90
Arianism 阿里乌教派 76
Aristotle 亚里士多德 20, 44, 115-6
Arnaud, A. -J. 阿诺德 7, 12, 14, 74, 84, 98
Ashanti 阿散蒂人 193, 212, 214, 222, 242-3
Assam 阿萨姆邦 212
Assier-Andrieu, L. 阿西尔-安德里尤 178
Assimilation 同化 88, 297
Athens 雅典 105, 281
Atias, C. 阿蒂亚斯 14, 98, 115
Auge, M. 奥格 248
Australia 澳大利亚 36, 96, 107, 206-7, 209, 331
Austria 奥地利 96
Authoritarian law 专制法律 125-6
Auzias, J. -M. 奥齐亚斯 7
Avoidance 回避 271-2
Azande 阿赞德人 202
Aztecs 阿兹泰克 39

Baade H, W. , 巴德 85
Babylon 巴比伦 291
Bachelet, M. 巴切莱特 323
Bachofen, J. J. 巴霍芬 21-3, 25, 33
Baerend, E. 巴伦德 100
Balandier, G. 巴朗蒂埃 15, 48, 178
Bambara 班巴拉人 213, 214
Bantu 班图人 141, 193

Baoule 鲍勒人 214
Barotse 巴罗茨人, the, 145
Barret-Kriegel, B. 巴雷特-克里格尔 42, 43, 76
Basa 巴萨人 155
Bastide, R. 巴斯泰德 320
Bauman, R. A. 鲍曼 75
Bazin, & Terray, E. 巴赞和泰瑞 288
Beattie, J. 比蒂 7
Bedouin 贝都因人 260-1, 275-6, 300, 331
Behaviour 行为 110-11, 117-18, 120-1, 164, 303-4, 329
~行为模式 145
~行为的观察 142-3
~病理性行为 37
~行为研究发展 64
Bekombo, M. 贝孔博 290
Belgian Congo 比属刚果 87
Belgium 比利时 87, 96
beliefs 信仰, 104, 111, 118, 121
~历史的流向 331
~基础社会结构 165
~个体与公社模式 174
~司法化理论 129-30
~方法论 144
~关系和控制 162
~非洲法律的渊源 157
~复仇和惩罚 124, 275
Bell, J. H. 贝尔 244
Bellagio 贝拉吉奥 81
Bellay, J. -G. 贝莱 56, 72, 74, 123
Benin 贝宁 315
Bergson 伯格森 27

Bernhoeft, F. 本霍夫特 28
Beti 贝蒂人 274
Bible 圣经 143, 181
Biebuyck, D. 别布耶克 87, 251
bilateral negotiation 双边谈判 266, 270, 274
bilineality 双系 60-1, 192, 16, 201
Binet, J. 比奈 250
Birwa 比鲁瓦人 231, 253
Blakenburg, E., Klausa, E. & Rottleuthner, H. 布莱肯伯格、克劳斯和罗特鲁特纳 85
blood and honour 血液和荣誉 275-7
Boas, Franz, 博厄斯 24, 31, 70
Bodin, J. 让·博丹 294
Bohannan, P. J. 博安南 71, 86, 117, 122-3, 144-5, 288
~英语传统 84
~冲突的必要性和现实性 37-8
~与道尔顿, 253
Boissevan, J. 波伊赛万 86
Bolke 保尔克 48
Bonfante, P. 彭梵得 29, 89
Bonjean, C. 邦让 245
Bonte, P. 邦特 198
Bossuet 伯苏埃 76
Botswana 博茨瓦纳 86, 96, 231, 253
Bourdieu, P. 布尔迪厄 64, 321
boxing contests 拳击竞赛, 262
Braun, P. 布劳恩 6
Brazil 巴西 96, 278
Brillon, Y. 布里隆 287
brokerage contracts 中介合同 241
Burdeau, G. 布尔多 15

索引

burgess (bourgeois) law 市民法 45
Burgiere, A 布尔吉埃 11, 175, 244, 248
burial goods 陪葬品 106-7
Burkino-Faso 布基纳法索 316
Burma 缅甸 207-8
Burman, S. & Harrell-Bond, B. 伯曼和哈瑞尔-邦德 85
Burnett Tyler, E. 伯奈特·泰勒, 68
Buulan, F. 布兰 256

Calabria 卡拉布里亚 275
Cameroon 喀麦隆 115, 173, 261, 277
Canada 加拿大 61, 82, 83, 96, 97
canon law 教会法 45, 55
capital punishment 极刑 270
caravan contracts 商队契约 241
Carbonnier, J. 卡波尼埃 5, 116, 118, 120-1, 246, 293
  ~罪恶的存在 333
  ~法律多元 589, 75
  ~多重选择 46
Caribou 加里布人 271
Carneiro, R. -L. 卡内罗 24, 34, 67
case-method 案例方法 37, 71-2
caste 种姓 155, 166
Catholicism 天主教 76
Caucasus 高加索 277
celibacy 独身, 211
Celts, the 凯尔特人 222
Central America 中美洲 96
Cerulli 切鲁利 33
Chabas, J. 沙巴斯 328
Chad 乍得 261, 275

Chagga, the, 查加人 54, 242
chaos 混沌 153
Charbonier, G. 查波尼埃 177
Chevalier, J. 切瓦力埃 14, 64
Chiba, M., 千叶正士 11, 60, 74-5
chiefdoms 酋长领地 90, 128-9, 226-7
children, status of 孩子的地位 213-4
China 中国 39, 62, 200, 209, 310
Christianity see also religion 基督教、宗教 45, 76, 127, 174, 272
city-states 城邦 105-8
civic morality and religion 公共道德和公共宗教 128
Civil Code 民法典 42, 45, 112-3, 220-2, 317-9
  ~语言与公正, 64
  ~法律涵化 26-7
  ~法律多元 58
civil responsibility 民事责任 239
civil wrongs 民事过错 239
civilian law 市民法 38, 70-1, 316-7
clans 氏族 47, 189-96, 190, 196, 218, 265
Clark, L. 克拉克 67
classification 分类 28, 159, 315
  ~合同分类 234-7
  ~习惯分类 306-8
  ~纠纷解决分类 264
  ~法律强制法律 240-1
  ~安全分类 241
Clastres, P. 克拉斯特 16, 35, 109, 110, 293
co-operation 合作 235-6, 240, 301-2
codification 成文法化(法典化) 48-

9, 75, 88, 101-2, 111, 309-10
~research developments 研究发展 64
coercion 强迫 110
cognatic filiation 血缘关系 16
Cohn, G. 科恩 28
collective ownership 集体所有 218-9
colonialism 殖民主义 32, 50-1, 75-6, 82-3
　~ 进化主义理论 67-8
　~ 法国法律人类学, 88, 90-1
　~ 国家法的引入, 179-80
　~ 法律涵化 299, 302, 308
　~ 规范性分析 38
　~ 纠纷解决 269, 272
　~ 身份模式 229
　~ 传统法律 314
　~ 统一和神话 44
Colucci 科鲁奇 32-3
Comanche Indians 科曼契族印第安人 39
Comaroff, J. -L. 科马洛夫 41, 72
Commercial Code 商法典 311
commercial contracts 商业合同 50
commercial expedition 商业远征 235-6
commercial law 商法 45
Commission on Folk-Law and Legal Pluralism 民间法和法律多元委员会 87, 96
common law 普通法 38, 44, 82
common law marriages 普通法婚姻 293
communal life 氏族公社生活 69, 169

　~ 模式 154, 171-7, 233-4
　~ 财产 236
communication 交流 139-40, 159, 170
comparative principles, basic 基础比较原则 145-7
compensation 赔偿 162, 241, 265, 270, 276, 279
Comte, Auguste 奥古斯特·孔德 111-12
Conac, G. 康纳克 325-6
conciliation 调解 165, 168-9, 230, 257
concubinage 纳妾 293
Condillac 孔狄亚克 27
conferrals 授予 166
confessions 供认 269
confiscation of goods 没收财物 162
conflict 冲突 48, 71-2, 167-8
confrontation 对抗 270, 271
Confucian thought 儒家思想 39, 200
Congo 刚果 300
conlialism 殖民主义 299-308
Connison, I. 康尼森 69
consent, mutual 双方同意 46
Constantine 君士坦丁 275
Constantinesco, J. L. 康斯坦丁内斯科 144
continuity 连续性 77, 165
contracts 合同 124, 151, 166, 228-44
control 控制 110, 155-6, 161-3, 295
corporal punishment 体罚 168, 240, 270, 303-4
corpse, interrogation of 讯问尸体 267

索引

Corsica 科西嘉 277-8
Cosa Nostra, the 科萨·诺斯特拉 53
Costa, J. 科斯塔 22, 66
Costa-Lascoux, J. 科斯塔-拉斯科 328
costs, legal 法律代价 119-20
Council of Nicaea 尼西亚会议 76
Courtois, G. 库尔图瓦 93
courts 法院/法庭 168, 301-2
creation 创造 153-5, 157
Cree Indians 克里族印第安人 302
Cresswell, R. & Godelier, M. 克雷斯维尔与格德里耶 7, 11, 200, 245, 149
criminal behaviour 犯罪行为 239, 280, 303-4
crimes of passion 激情犯罪 120
criminals, legal system of coterie, 53
Crow, the, 克劳人 187, 201
Cuisenier, J. & Segalen, M. 奎兹尼耶和西格兰 7
currency 货币 237, 315
curses 诅咒 161
customs 习惯 44, 88, 94, 110-11, 159-61
customary law 习惯法 55, 79, 126, 165, 169, 314-15

dominance 统治 314
  French official transcription ~ 法国的正式抄录 76
  Institutionalization ~ 制度化 123
  reasons for obedience ~ 守法的原因 120

reinterpretation ~ 重新诠释 305-6
social structure ~ 社会结构 166-7, 169, 264, 266
Cuzco 库斯科 110
D'Aguanno, G. 德·阿冈诺 29
damages 损害 239, 265
Darwinian theory 达尔文理论 25, 67
dations 支付 230-1
David, R. 大卫 76, 323, 328
Davie, M. R. 大卫 288
Davis, F. J. 戴维斯 122
Davy, G. 达维 69
de facto appropriation 事实上的占有 222-3
de jure appropriation 法律上的占有 222-3
de Zuluete, F. 弗朗西斯·德·祖鲁埃塔 44
de-pluralization 去多元化 52-3
death 死亡 154, 198, 213, 216, 271
  control over 控制 155-6
  existence of 存在 333
death penalty, abolition of 废除死刑 280
Debbasch, R. 德巴什 76, 77, 80
Decheix, P. 德谢 323, 328
decisions 裁判 72-3, 163, 173-4
defiance 蔑视 313-4
Degni-Segui, R. 戴格尼-赛维 313, 323-4, 328
Delavignette, R. 德拉维涅特 307-8, 321
delit 过错行为 239
Delmas-Marty, M. 德尔马斯-马蒂

282

democracy 民主 43, 229, 280
Denmark 丹麦 61, 96
depersonalization 去人格化 170
development law 发展的法律 311
Diamond, A. S. 戴蒙德 12, 28
dictatorship 专制, 43
Diocletian 戴克里先 44
Diop, heik Anta 迪奥普 67
diplomatic immunity 外交豁免权 50
discontinuity 非连续性 77
discourse 话语 104, 129-30
dispersion 分散 260
disputes 纠纷 72-3, 107-8, 111, 151, 160-1, 255-283
　～法律的特点 164-6
　～习惯与制度 123
　～调解 112
　～非争议解决, 113
　～程序与过程, 85
　～口头话语 140
　～身份与契约 124
　～维迪埃的作品 93
distribution of produce 产品分发 225-6
district assemblies 地区议会 76
district attorneys 地区律师 280
Divale, T. 迪瓦莱 288
divination 占卜 267, 269
divine right, theory of 神圣权利理论 76
divinities 神性 154, 172, 188, 216
divinity 神 60-1, 69, 140, 154
上帝、宗教, 同上

divisions, legal 法律的区分 154
divorce 离婚 46, 213, 304
Dogon, the 多贡人 155, 157-8, 162-3
　～对土地的态度 216-7
　～交流 139-40
　～纠纷解决 266
　～社会结构 167
Domat 多马 196, 244
dominating groups 统治集团 314-7
donations 捐赠 166
Dorsingang-Smets, A. 多兴岗-斯梅茨 253-4
double aveu 双重的承认 46
double institutionalization 双重制度化 123
dowries 嫁妆 154-5, 162, 211, 213, 242, 279
Driver & Massey 德莱弗和梅西 200-1
droit de l'état 国家法 42-4
droit des gens 族群之法 62
Droit et Cultures Centre 法律与文化中心 90, 94-5
droit personnel 对人权 242
droit reel 对物权 217, 242
droit vulgaire 普通法 44-5, 82
dual stratification 双重层级 165
Duala, the 杜阿拉族人 173
Duby, G. 杜比 249
　～与 & 阿里斯 249
Duchat, M. 杜查特 7
Duguit (French writer) 狄骥 98
Dumezil, G. 杜梅齐尔 112
Dupre, M. -C. 杜普雷 290
Durkheim 涂尔干 30, 68-70, 228, 229

索引

dynamic anthropology 有活力的人类学 48

East 东方 28, 61, 78-9, 96, 171
另见中国、远东、印度、印度尼西亚、日本、马拉维、马来西亚、美拉尼西亚、中东
Ecclesiastic jurisdiction 教会法管辖 56
economic factors 经济因素 109, 128, 166, 180, 315
～合同义务 232, 237
～文化差异 33-4
～亲属纽带 200-1, 205-6
education 教育 120-1, 156
Egypt 埃及 62, 78, 96, 295, 297
Ehrlich（社会学家）埃尔利希 48, 50, 57, 74, 86
elasticity 弹性 238
Elias, T. D. 埃里亚斯 234
employment 雇佣 113-4
Engels, Friedrich 弗里德里希·恩格斯 25, 66-7
English-speaking countries and Traditions 英语国家和英语传统, 61, 82-8, 97, 100
epics 史诗 140
epistemology 认识论 3, 99
Epstein, A. 爱普斯坦 231, 287
equity 衡平 60-1
Eskimo, the 爱斯基摩人（因纽特人）5, 186-7
ethics of vengeance 复仇的伦理 274
Ethiopia 埃塞俄比亚 96, 276, 318

ethnic minorities 少数民族 56, 82-3
ethnocentrism 民族中心主义, 63, 88, 91, 137, 145
ethnography 民族志 104
ethnology 民族学 88-9, 104
Europe 欧洲 62, 67-8, 70, 97, 107, 111-2
～研究者的数量和来源 96
～史前 107
另见比利时、东欧、德国、希腊、爱尔兰、意大利、荷兰、乌克兰
euthanasia 安乐死 292
Evans-Pritchard, E. 埃文思-普里查德 8, 250
evidence 证据 165, 266, 268-9
evil 邪恶 116, 332-3
evolutionism 进化论 24-36, 67-8, 88, 125, 332
excessive vengeance 过度的复仇 277
exchange 交换 109, 123-5, 235
～复仇 277-8
～妻子 206-9
exclusion, temporary 短暂的驱逐 260
exogamy 异族通婚 61
exotic elements 异文化元素 110, 113-4
extended families 扩大家庭 108, 266

Falk Moore, S. 萨丽·福克·摩尔 51, 54-7, 74-5, 80, 149
Fallers 法勒斯 40
families 家庭 61, 108, 120, 165-6, 169, 235
～集体所有 218

~扩大家庭 108, 206
~西方家庭历史 249-50
~移民家庭 58
~群落之间的关系 53
~史前家庭 250
~季节性群体 69
氏族、亲属关系同上
Fang, the 芳族人 164
Far East 远东 96
farming 农业 235, 241, 259-60, 271
Fauconnet, P. 法尔孔内 69
Feifer, G. 费福尔 71
Ferguson, Adam 亚当·弗格森 27
feudalism 封建主义 27, 45, 108-9, 165, 282
ancient China 古代中国 310
land 土地 220
Fiji 斐济 271, 272
filiation 家系 146, 188-201, 205
films 电影 9-10
finance, obtaining 获得资助 139
Finland 芬兰 96
Firth, R. 弗斯 71
Fitzpatrick, P. 菲兹帕特里克 83, 100
folk law 民间法 62, 88
formal contracts 正式合同 236-7
Fox, J. J. 福克斯 69
Fox, R. R. 福克斯 203, 245
France 法国 4-5, 110, 121, 208, 220-2, 249
~法典化 42, 45, 48-9, 58, 297, 310
~法律人类学 33, 82, 88-93, 96, 98-101
~法律多元 42-5, 48-9, 58

~婚姻契约 231
~刑罚与复仇, 280, 282
~撒哈拉以南非洲 91
~习惯的抄录和分类 70, 76-7, 306
Franciosi, G. 弗朗西奥西 249
fraudulent description 欺诈描述 241
Frazer, Sir James 弗雷泽爵士 33, 36
French Revolution 法国革命 77
friendly societies 互助社团 46
Froelich, J. -C. 弗罗力西 320
Fuchs, M. 福契斯 323
functionalism 功能主义 24, 36-7, 46-7, 147
Furnivall（经济学家）弗尼瓦 47

Gabon 加蓬 115, 167-168, 300, 316
Gaius 盖尤斯 44
Galtung（美国学者）高尔东 256
Gamo, the 加莫人 276
Garo, the 加罗族 212
Gast, M. 加斯特 250
Gatti-Montain, J. 加蒂–蒙坦 98
Gaudemet, J. 高德迈 249, 319, 321, 326
gender 性别 189-96, 209-11, 269
另见女性
"gentes" 氏族 27
Geny（法国学者）泽尼 98
Germany 德国 28, 70, 82, 96, 100
Nazi 纳粹 32, 209
Gernet, L. 热内 69
Ghai, Y. P. 盖伊 253
Ghana 加纳 96, 193, 212, 222
ghost marriages 鬼婚 213, 304

索引

gifts 礼物 230-1, 242
Gilissen, J. 吉里森 56, 74
Girard, R. 吉拉尔 272
Glissen, J. 格里森 10
Gluckman, M. 格拉克曼 12, 38-40, 47, 83-6, 113, 149, 231, 287
　~ 法律标准的普适性 144-5
goals 目标 163
God 上帝 127, 169, 172, 174
　~ 人-上帝关系 162-5
　~ 权力的神圣性 120
　~ 宣誓 268
Godelier, M. 戈德利尔 7-9, 83, 149, 205, 245-7, 250, 301
gods 神 154, 172, 188, 216
Gonidec, P. F. 戈尼德尼 328
Goodenough, W. H. 古登纳夫 75
goods 商品 162, 231-2, 279
goodwill, lack of 缺乏善意 240
Goody, J. 古迪 170, 249
Gouron, A. 古隆 328
Graebner, Fritz 格雷布纳 31
Granet, M. 格拉内 69
grave goods 墓葬物品 107
Great Britain 大不列颠 83, 96, 100
Greece 希腊 69-70, 105-6, 117, 172, 281
legal acculturation 法律涵化 291-2, 295, 297, 306
Greenland 格陵兰岛 61, 262, 271, 272
Griaule, M. 马塞尔·格里奥勒 9, 88-9
Griffiths, J. 格里菲斯 51, 53, 55-9, 72, 74, 80, 100
　~ 阿达特法学派, 86-7
Guatemala 危地马拉 48
Guiart, J. 吉亚特 90, 148-9
guilt 罪行 168
Guinea 几内亚 300
Gulliver, P. M. 加里弗 745, 84
Gurvitch, G. 古尔维奇 48-50, 69, 745, 86
Gusii, the 古西人 213

half-castes 半种姓 302
Hammurabi 汉谟拉比 291-2
Hamnet, I. 哈姆内 83-4
hard labour 苦力 282
Haudricourt, A. 奥德里古 200
Hauriou（法国学者）欧里乌 98
Hawaii 夏威夷 196-7, 201
Hazda, the 哈兹达人 260
Hebrew law 希伯来法律 158
Hebrew god 希伯来神, 127
Hicks, S. C. 希克斯 75
hierarchies 等级制度 51, 143, 172, 184
Hilaire, J. 希拉里 320, 326
Hilse Dwyer, D. 德怀尔 72
Hindu law 印度法 61, 62
history 历史 64, 66, 93, 104-8
　~ 比较框架 146
　~ 流向 331-2
　~ 历史变迁的作用 101
　~ 进化的单线分段理论 33-4, 63
Hobbes, Thomas 托马斯·霍布斯 172, 228

Hogbin 霍格宾 71
Holleman, J. F. 霍尔曼 72
Hong Kong 香港 96
Honigmann, J. J. 霍尼格曼 7, 11, 67
honour 荣誉 275-7
horticulture 园艺 34, 271
Hulotaert (传教士) 胡洛塔特 110
Hungary 匈牙利 96
hunter-gatherers 狩猎者-采集者 106-7, 225, 256, 259-60
hunting 狩猎 54, 212
Huvelin, P. 胡维林 69, 228

ideal order 理想的秩序 153-5, 161-3
Iglulik, the 伊格卢力克族 271
Ik, the 易克人 278
immigrants 移民 58, 155-6
in flagrante delicto 现行犯 268
inalienable ownership 不可转让使用权 219
Incas, the 印加人 110
incest 乱伦 202-6, 215, 281, 293
incorporation 混同 301-2
India 印度 61, 78, 96, 193, 201, 209-10
indigenous view 本土观 86
individuals 个人 49-50, 124, 169, 174, 315
~ 控制 155-6
~ 所有权 218
Indonesia 印度尼西亚 47, 48, 82, 86, 96, 151, 193
infanticide 杀婴 238
"informal justice" 非正式正义 85
Ingber, L. 英格伯 50

Inheritance 遗产 113-4, 196-9
Injunctions 禁令 168
injury 伤害 239, 241, 265, 273, 275
~ 归还伤害 274
institutionalization 制度化 123
institutions, ianalysis of 制度分析 141-3
instrumental proof 工具性证据 269
insurance 保险 113-14
intentional actions 故意行为 239
internal conflict 内部冲突 255
international jurisdictions 国际法律管辖 169
International Union of Anthropological and Ethnological Sciences (IUAES) 国际人类学和民族学联合会 62
interstate law 国家间法, 169
Inuit Nunamiut, the 努纳缪特族 270
Inuit, the 因纽特人 3, 34-5, 117, 160, 179
~ 法律涵化 298, 302
~ 法律多元 53, 61
~ 政治权威 109
~ 纠纷解决 260-2, 270-2
invisible world 无形世界 154, 233, 236, 267-9
Iran 伊朗 62
Ireland 爱尔兰 222
Iroquois, the 易洛魁人 187
Islam 伊斯兰 62, 78-9, 90, 127
~ 移民 58
~ 法律涵化 300-1, 310, 314
~ 法律渊源 158

索引

~妇女 271
~书面证据 269
Israel 以色列 96
Italy 意大利 32, 82, 95, 96
ius 权利 105
ius gentium 万民法 298-9
Ivory Coast 科特迪瓦 307-8, 316-7

Jackson, B. S. 杰克逊 92
Jacobson, C. 雅各布森 6
Jale, the 加勒人 271, 272
James Bay Convention《詹姆斯湾协定》302
Japan 日本 61-2, 78-9, 96
Jeddah 吉达 271-2
Jordan 乔丹 276
Judgement 判决 48, 111, 168, 266
God's 上帝的 267
Judges 法官 105, 168, 257, 304
Judicable procedures 可审判的程序 263-264
Justice 正义 114-7, 121, 167-9, 315
~自然正义 19-20
Justification 正当化, 140
Justinian 从查士丁尼 310, 322

Kabyle the 卡比尔人 274
Kachin, the, 客钦族 207-8
Kaingang Indian 凯恩冈族印第安人 278
Kalahari desert 喀拉哈里沙漠 86, 260
Kalongo-Mbikayi 卡隆戈-姆比卡伊 325

Kapauka, the 卡普卡人 53, 299
"Kariera" 卡列拉 206-7
Karivondo, the 卡里旺多人 265
Kenya 肯尼亚 85, 167
Khasi, the 卡西族 212
Kinship 亲属 45-6, 140, 146-7, 151
~血亲代表 277-8
~人-上帝关系 162
~纠纷解决 266, 277-8
~社会结构 165-6, 69
~传统社会 181-216, 231-4, 243
氏族、家庭同上
Kiowa Indians 基奥瓦印第安人 253
Kohler, J. 科勒尔 28, 100
Koran 古兰经 158, 269
Kourouma, A. 阿玛杜·库鲁马 9
Kouassigan, G. A. 考西甘 251
Kung bushmen, the 昆族布须曼人 260
Kuper, L. 库珀 74, 81
~与史密斯 74, 81

Laboratoire d'anthropoligie Juridique de Paris(LAJP) 巴黎法律人类学研究所 90-4, 100-1, 122, 127-31, 223-6
Labouret 拉布莱（法国殖民地总督）89
Labrador 拉布拉多族 117
Laburthe-Tolra, P. 拉伯特–托拉 9
Lafond, M. 拉方 11, 90
Lambert, J. -N. 兰伯特 14
Lampe, E. J. 兰普 12-13, 246
Land 土地, 220, 223-7, 223, 235, 243,

260, 311
~ 租赁契约 241
Language 语言 86, 119, 138-40, 159, 165, 236
~ 氏族公社模式 176
~ 合同协议 236
~ 不育 64
~ 复仇的词汇 274
~ 西方词汇 145
英语国家同上
Lapierre, J. W. 拉比埃尔 16, 35, 110
Lautmann, R. 劳特曼 13
Law 法
~ 定义 103-4, 119
~ 领域 113-31
Law of the XII tables 十二铜表法 39
Le Roy, E. 勒鲁瓦 3, 14-15, 72, 83-4, 90-2, 99, 101, 115, 175-9
~ 社会结构分层 246
~ 法律涵化 311, 315-16, 323-4, 328, 329
~ 法律规制 143
~ 传统社会 218, 223-6, 230-1, 233-4, 239
~ 与布里斯 252
~ 与维恩 178, 323
Lebeuf, J. -P. 勒伯夫 148
legal absolutes 法律绝对物 295-6
legal pluralism 法律多元
见多元主义
legal rigour 法律严密性 64
Legendre, P. 勒让德 120, 250
legends 传说 140
legislators 立法者 105

Leiden 莱顿 87
Lenclud, G. 朗克鲁 113
Lenin, Vladimir 列宁 6
*l'état de droi*t（rule of law）法治 42-4
levels of law（波斯比西）法律层级 53-54
Levi-Strauss, C. 列维-斯特劳斯 6, 15, 28, 91-3, 101-2, 140, 146, 176-7, 244, 249
~ 形而上学 331, 333-5
~ 传统社会 193-4, 202-3, 205, 215
levirate 解除 213, 246
Levy-Bruhl, H. 列维-布留尔 8, 27, 50, 69, 88-91, 101, 266
lignees 家族 189-196
Lille, city of 里尔城 119
lineages 血统 146, 189-196, 219, 227, 249-52
Lingat 林盖 90
Little 李特尔 48
livestock 家畜 198, 233-4, 241
Llewellyn 卢埃林 47
local law 本土法 315-16
Locke, John 约翰·洛克 228
Louis, XIV 路易十四 43
Lowie, Robert 罗伯特·路易 24
Lowiili, the, 罗维力人 214
Lucien 卢西恩 27, 69

MacCallum, S. 麦克卡拉姆 71
McLennan, J. F. 迈克伦南 21, 22-3
macro comparisons 宏观比较 144-5
Madagascar 马达加斯加 191, 318
Maengue, the 马恩古人 278

索引

magic 魔法 269
Mahoney, N. 马恩尼 231-2, 253
Mailu, the 麦卢人 70
Maine, Sir Henry James Summer 梅因 21, 25, 334, 124, 228-9, 253
Malaurie, J. 马洛里 9
Malawi 马拉维 96
Malaysia 马来西亚 96
male domination 男性统治 259
Malekite, the 马勒凯特学派 300
Malengreau, G. 马凌洛 87
Mali 马里 79, 167, 300
Malinowski, B. 马林诺夫斯基 24, 36, 40, 47, 70-2, 120, 123
Malta 马耳他 86
marriage 婚姻 36, 45, 61, 128, 145, 147
　～古罗马 50
　～普通法 293
　～法律涵化 293, 304
　～人-事物关系 162
　～纠纷解决 269, 277
　～法律层级 165-6
　～传统社会 198, 201-16, 231, 235, 238, 240, 242-3
另见离婚、嫁妆
Marxism 马克思主义 20, 66-8, 83, 138, 147
Maspero, H. 马斯佩罗 290
Maspetiol, R. 马斯贝迪奥 14
Massa, the 马萨人 261
Masset, C. 马塞特 250
material evidence 物质证据 268
material goods 物质产品 180

material restitution 物品归还 241
material securities 物的担保 242
matrilineal systems 母系制度 22, 158, 192, 195
matrix method 模型方法 92
Maunier 穆里耶 (法学教授) 89
Mauritania 毛里塔尼亚 300
Mauss, M. 莫斯 30, 47, 68-9, 88, 148, 228, 253
Mazeaud, H. L. & J. 马佐德 246, 248
Mazeauds 马齐奥兹 218
Mazzarella 马扎雷拉 33
Mbuti, the 布蒂人 257, 260-1
Mead, Margaret 米德 202
mediation 调解 48, 112, 168, 265
medieval law, and pluralism 封建法和法律多元 57
Meiji period 明治时期 78
Meillassoux 梅亚苏 83
Melanesia 美拉尼西亚 28-33, 36, 90, 193, 204
Menager, L.-R. 梅纳热 59, 66-7, 105
Mercier, P. 梅西耶 7
Mesopotamia 美索不达米亚 295
metaphor 隐喻 159
methodology 方法论 28-33, 63, 92, 136-148
Mexico 墨西哥 48
Miaille, M. 米埃勒 14, 58, 67, 118
Middle East 中东 62, 96, 271
Midi, France 中世纪法国 61
mime 滑稽戏 260-1
Minangkabau, the 米南加保人 103
minors 未成年人 48, 113

missionaries 传教士 272

Mitteis 米泰斯 45

mockery 嘲弄 260

Mommsen（罗马法学家）蒙森 22

monarchy 君主制 43-5, 76, 110, 174, 249-50, 282, 306

～专制 43, 489, 76-7

～法律修正 55

～婚姻 204

～王室法律管辖权 56

～王室家族 141

～神圣权利理论 76

Mondarini Morelli, G. 蒙达里尼·莫雷利 12

Montesquieu, Charles de Secondat 孟德斯鸠 19-20, 66-7

Montils les Tours 图尔-蒙蒂斯法令 76

Moore, W. E. & Sterling, J. 摩尔和斯特林 149

moral punishment 道德惩罚 168, 240-1

morality 道德 27, 70, 127-8, 157, 303-4

Morgan, L. H. 摩根 21, 23, 25, 67, 183

Morin, E. 莫兰 99

Morse, Bradford, W. 布拉德福得·莫思 301, 320

～与伍德曼 74, 327

Motta, R. 莫塔 6, 66, 69, 93, 95, 253

Moundang, the 蒙当人 275, 279, 282

Moussey, the 穆赛人 277

murder 凶手 54, 261, 274, 276-8, 281

Murdock, G. P. 默多克 184, 244

Muslim 穆斯林, 同伊斯兰

mutilation 残毁 270, 303-4

mutual aid 相互援助 241

mutual consent (double aveu) 一致同意 46

mutual exchange 相互交换 235

myth 神话 94, 120, 140, 155-161, 165-7, 169

～对土地的态度 216-17

～氏族公社模式, 172

～亲属纽带 181

～法律涵化 295-296

～纠纷解决 264, 266, 28

Nadder, L. & Todd Jr, H. F. 纳德尔与托德 72

Nader, L. 内德尔 74, 84, 85, 97

～与扬维森 10-11, 74, 85

Napoleon Bonaparte 拿破仑·波拿巴 42, 45, 67, 88, 113, 307

Naroll（非进化论者）纳罗尔 34

native courts 土著法院 302

natural justice 自然正义 19-20

Nayar, the 纳雅人 193, 209

Nazis 纳粹 32

Ndembu, the 恩丹布人 257

Near East 近东 96

Negri, A. 内格里 28, 66, 70, 95

neighbours 邻居 241

neo-evolutionism 新进化论 34-6, 67

neo-state law 新国家法 316-17

neolithic period 新石器时代 107, 108

Nepal 尼泊尔 210

索引

Netherlands 荷兰 74, 82, 86-8, 96-7, 100
Neugroschel, J. & Moss, P. 新格罗舍尔与莫斯 248
New Guinea 新几内亚 53, 229, 258, 262, 270-1, 278
New Zealand 新西兰 96
Niger 尼日尔 96, 198, 300
Nigeria 尼日利亚 196, 262
Nijmegen 奈梅亨 87
Nkomi, the 恩科米人 115, 167-8, 266
nomadic societies 游牧社会 259-261
non-formal contracts 非正式契约 236-7
non-judicable procedures 不可审判的程序 263
non-moveable property 不可移动财产, 220
non-nation states 非民族国家 48
normative analysis 规范性分析 37-40, 71-2
North America 北美 31, 100, 107, 151, 257, 281
另见加拿大、美国
Northorn, F. S. C. & Livingston, H. H. 诺森与利文斯顿 253
Nuer, the 努尔人 210, 213, 214
Nunamiut, the 努纳缪特族 53
Nyakyusa 尼亚库萨人 212
Nyamweizi, the 恩雅姆韦齐人 278
Nyaro, the 恩雅鲁人 212
oaths 宣誓 113, 233, 267-8
~ 诅咒 261
obedience to law 遵守法律 119-21

obligations 义务 125, 228-34, 240, 243
contractual 契约性 238-9
Oedipus complex 俄狄浦斯情结（恋母情结）202
official/non-official law 正式/非正式法 60-2
Olawale Elias, T. 艾利亚斯 176-7, 253
Omaha, the 奥马哈人 187
oral systems 口头形式, 94, 140-1, 163, 169-77, 188
~ 契约协议 236-7
~ 话语 130
~ 证据 269
~ 纠纷解决 267
口头语言同上
Ordeals 神明裁判 267, 269
Oriental societies 东方社会
见东方
Ossetians, the 奥塞梯人 277
ostracism 排斥 270
Otterbein, C. S. & K. F. C. S. 和 K. F. 奥特拜因 257, 259
Otto, J. M. 奥图 100
Ourliac, P. & Gazzaniga, J. -L. 欧利亚与加扎尼加 328, 75
Ovid 奥维德 6
ownership 所有权 154, 218-9, 234, 260

pacts 契约 166
Pambon-Tchivounda, G. 潘邦-奇文达 329

408

Panikkar, R. 潘尼卡 147, 149
parental authority 父母权威 145
parenteles 亲属 188-90, 196
parking offences 停车违章 120
pastoralism 畜牧 34, 233-5
pathological behaviour 病态性行为 37
patrician law 贵族法 79-80
patrilineal system 父系制度 193-4, 196
Pauwels, J. 鲍威尔斯 87
penal systems 刑罚制度 70-1, 255, 272-83, 280, 282
~ 责任 239
people, control of 对人的控制 155-6
perceptions 观念 121
personal possessions 个人财产 234, 237
personal security 个人安全 241
personification 拟人化 141
Peru 秘鲁 25
Peul, the 颇尔人 79, 213
Phenomena, legal 法律现象 141-2
Philippines 菲律宾, 96
philosophy, legal 法律哲学 99
phratry 胞族 196
Picardy 皮卡第 317
Pigmy, the 俾格米人 212
pigs, exchange of 交换猪 272
Plato 柏拉图 20, 76
pluralism, legal 法律多元 42, 46-60, 73-9, 86, 113, 125, 173-4
Plutarch 普鲁塔克 202
Poirier, J. 普瓦里耶 7-10, 79, 89-91, 145, 149, 250, 266
~ 法律涵化 321, 324, 326-8
Pokorny, D. 波科尼 252
Poland 波兰 96
political, degrees of structure 政治结构的程度 297
political factors 政治因素 140, 162-3, 168, 172-3, 205-6
~ 权威 166, 231, 257, 266
~ 集权 77
~ 契约 235
~ 区分 154
~ 政治契约 166
~ 政治权力 166, 266, 282, 310
~ 统一 77
political science 政治科学 35
Poly, J.-P. 波利 93
Polyandry 集权 210
Polygamy 一夫多妻 195-6, 209-10, 238, 259, 304
Polynesia 波利尼西亚 213
Popper, Karl 卡尔·波普尔 64
popular law 大众法 315, 316
population density 人口密度 105
Portalis 波塔利 310, 322, 325
Portugal 葡萄牙 82, 96
Pospisil, L. 波斯比西 53-5, 60, 66, 72-5, 84, 113, 253
~ 对梅因理论的批评 229
~ 与格里菲斯 55, 57
~ 普适法律原则 125-7
possessions 财产 220-1, 235-6
Possoz, E. 波索兹 87
Post, H. E. 珀斯特 29, 32-3, 100

索引

Poumarede, J. 普马雷德 14
Pound, Roscoe 罗斯科·庞德 38
power, sanctity of 权力的神圣性 120
practices 实践/习惯 129, 130
Prairie Indians 普莱力族印第安人 281
pre-law 前法律 69
prehistory 史前 106-68, 250
prejudices 偏见 255
prison 监狱 282
prisoners of war 战俘, 154-5
privileges 特权 228
processual analysis 过程性分析 27-8, 36-8, 71-2
produce, distribution of 产品分发 225-6
promiscuity 混交 22
proof, instrumental 工具性证据 269
property 财产 88, 151, 162, 166, 180, 196, 216-27, 243
　～前殖民地体系 218-21
　～权利的限定性 219
Protagoras 普罗泰戈拉 19
protection 保护 235, 293
provenance of law 法律的来源 61
proverbs 谚语 140, 179
proxy mothers 代理母亲 293
psychological sanctions 心理制裁 80
psychological tendencies 心理倾向 120
public disapprobation 公开的非难 168
public prosecutors 公诉人 280
Puerto Rico 波多黎各 96

punishment 惩罚 124, 168, 272, 279-83
　～避免惩罚 121
　～法律制裁的分类 240-1
　～复仇 279
purification 涤罪 270
Purum, the 普龙人 209

quasi-criminal actions 准违法行为 239
Quebec 魁北克 302

Radcliffe-Brown, A. R. 拉德克利夫-布朗 38, 47-8, 122, 196, 287
Raison, J. -P. 雷尚 252
rape 强奸 276, 281
Rappapot 拉帕波特 258
Rasmussen, K. 拉斯姆森 160, 175
ratification, contract 契约的认可 236-7
Ravis-Giordani, G. 拉维斯-乔丹尼 249
realism 现实主义 153-5, 164-5
rebellions 反叛 281
recidivism 累犯 53
reciprocity 互惠 70
recitation 背诵 140
reconciliation 和解 270, 271-2, 276
Redfield, Robert 罗伯特·雷德菲尔德 47, 229, 253, 320
referees 仲裁人 276
reinterpretation 再诠释 297
relationships 关系 161-5, 169, 271-2
　～契约的认可 236

～罪犯和犯罪 280
～朋友和家庭 293
～群落之间 53
～婚姻配偶 211-2
～舶来法和本土法 61-2
～担保 241-2
religion 宗教 44, 70, 127-8, 153-5, 158-9, 172
～教会法管权 56
～宗教契约 235
～规则 157
Remotti, F. 雷莫蒂 12
Remy, R. 雷米 98
reparation 修复 270
research 研究 96, 136, 137-9
residence 居住, 46, 147, 160, 162
responsibilities 责任 228, 239-40
reversals 逆转 308-19
Rhodesia 罗德西亚 145
Richard, G. 理查德 69
Richardson, J. 理查德森 253
ridicule 嘲笑 160
rights 权利 61, 266
rituals 仪式 94, 179, 233, 236-7, 294-5
～契约 235
～结婚仪式 212
～复仇 275
Robert, S. 罗伯特 11, 41, 72, 100, 258, 287
Robespierre, Maximilien 罗伯斯庇尔 325
Rolin, H. 罗林 87
Roman law 罗马法 42, 70, 75, 82, 174, 176, 236-7

～裁判 73
～多样性与单一幻象 44-5
～法律与文化中心 93
～进化论 25, 29, 38
～法国法律人类学 89
～法律涵化 291-2, 296, 306
～规范性分析 39
～担保 242
～纠纷解决 268
Romanian law 罗马尼亚法 95
Rome 罗马 44, 79-80, 108, 147, 202, 293, 298-9
Rostand 罗斯唐 333
Rouch, J. 让·鲁什 9-10
Rouland, N. 诺伯特·罗兰 9, 11, 71-6, 84, 93, 246, 320, 328
Roume doctrine 罗姆主义 307
Rousseau, Jean Jacques 卢梭 228
Roy, C. 鲁瓦 153
royal judges 王室法官 306
rule of law (l'état de droit) 法治 42
rules 规则 127-8, 157

sacrifices 献祭 233, 235, 242, 270, 276
～动物 235-6, 279
～人 106
Sahlins, M. D. 萨林斯 109, 231, 293
St. Thomas 圣托马斯 20
satirical songs 讽刺歌, 271
Saudi Arabia 沙特阿拉伯 271
Savigny, F. K. von 萨维尼 67
Schapera, I. 沙佩拉 71-2, 84
Schmidt 施密特 31
Schnur, Roman 斯努尔 76

索引

Schoepf, G. 舍普夫 6
School of Laws 法家 310
Schott, R. 肖特 13, 95
seasonal influence 季节性变化, 69
secularization of law 法的世俗化 129
securities 担保 241-3
Segalen, V. 谢格兰 9
segmentation 裂变 196
Seidman, R. B. 赛德曼 119-20
seigneurial jurisdiction 领主法管辖 56
semi-autonomous social fields 半自治社会领域 54-5
semi-complex societies 准复杂社会 266
semi-elementary societies 准基础社会 265
Seneca 塞内卡 281
Senegal 塞内加尔 83, 96, 115, 167-8, 174, 300, 315-16
seniority in family law 家庭法中的以长者为尊的原则 61
sentences 宣判 270
Serere, the 塞瑞瑞人 198
services 服务 231-2
～社会决定 237-8
shame 羞辱 260
Shoshone, the 肖肖尼族 193
Shreiner, A. 斯瑞纳 100
Siberia 西伯利亚 204
singing contests 斗歌 261
Sierra Leone 塞拉利昂 48
slaves 奴隶 155-6
Snyder, F. G. 施耐德 72, 83-4, 97, 100
social anthropology 社会人类学 23-4
social contracts 社会契约 235
social sciences 社会科学 82, 85
social structures 社会结构 69, 139-44, 154-6, 161, 165-9
～法律涵化 315
～史前 106
～半自治社会领域 51, 54-6
～纠纷解决 167-8, 256, 264
～社会经济变化 238
～传统社会 108-11, 230, 237-8
socialization 社会化 140-1
socio-psychological sanctions 社会心理制裁 260
sociology, legal 法律心理学 49-50
Sohier, A. 苏耶尔 87
Somalia 索马里 32
Sonrha Empire 桑海帝国 79
sorcerers 巫师 267
South Africa 南非 47-8
South America 南美 96
South Pacific 南太平洋 271
South-East Asian societies 东南亚国家 193
Soviet law 苏联法 171
space, control over 空间的控制 155-6, 162
Spain 西班牙 82
specialization 专业化, 105, 107, 165
Spencer, H. 斯宾塞 34, 68
Spinoza 斯宾罗沙 272
spoken word 口头语 139-40
states 国家 15-16, 80, 105-11, 179, 309

412

~法的存在 80

~法 42-4, 48, 55-6, 64, 169, 179, 316-17

~主权 77

Status 身份 124, 141, 227-9, 295, 303

~孩子 213-14

~等级制度 155-6

~个人身份 295

~单身成年人 210-1

~证言 269

~事物和财产 154, 221-2

~妇女 212

Steward, J. H. 斯都华德 34

stories 故事 140-1, 179

Stoufflet, J. 斯托弗莱 328

stratification of law 法律分层 163, 165-7

St. Luke 圣路加 76

St. Thomas 圣托马斯 76

Strijbosch, A. A. 斯特里杰博什 86

Strijbosch, A. K. A. K. 斯特里杰博什 88

Strijbosch, F. F. 斯特里杰博什, 12, 74, 86-8, 100

Strijbosch, J. M. J. M. 斯特里杰博什, 88

structuralism 结构主义 63, 63-6, 84, 92

sub-Saharan Africa 撒哈拉以南非洲 5, 82, 151, 157, 179, 267

~氏族公社模式 172, 175

~法律涵化 292, 298-308, 311

~传统社会 181, 191, 223-6, 227, 229, 232

submission 服从 296

Sudan 苏丹 187, 210, 212

Sumatra 苏门答腊 73

Sumerian law 苏美尔法 171

summer law 夏天的法律 69

supernatural forces 超自然力量 121

Swazi, the 斯威士人 212-3

Switzerland 瑞士 96

symbols 符号 22

Szabo, D. 萨波 25

taboos 禁忌 6, 271

Taft（美国学者）塔夫特 256

tales 故事 140

talismans 护身符 269

Tanzania 坦桑尼亚 54, 96, 242, 260, 265, 318

Tarde 塔尔德 120

Tchouktche, the 特乔科特奇人 204

teaching 教学, 97

Ter Haar, B. 哈尔 88

terminology, in kinship 亲属术语 182-7

Terray, E. 泰瑞 83

Terré, F. 特瑞 118

territorial organization 地区组织 166

testimony 作证 269

Thailand 泰国 62

theories 理论

~跨文化理论 121-31

~进化论理论 24-32

~功能主义理论 24, 36-7, 46-7, 147

thieves 盗贼 260

things 事物 145, 154, 161-2, 164-5, 236

~契约的形成 235

索引

third party intervention 第三方介入 257

threefold stratification 三重层级 166

thumping sessions 交替痛打 262

Thurnwald, R. 涂恩瓦 12, 32, 95

time 时间, 27, 139, 155-6, 162, 294-5

Tiv, the 提夫人 156, 261

Toda, the 托达人 210

Togo 多哥 86

Tonga, the 通加人 212

totalitarianism 极权主义 52

Touareg Kel Gress, the 格雷斯族图瓦雷克人 198

Touareg, the 图阿雷格人 22, 201, 212

Toucouleur, the 图库勒尔族 173

traditional law 传统法 79, 153-80, 314

traditional societies 传统社会 71, 128-9, 181-254

training contracts 训练契约 236

transcendent evidence 超常证据 267-8

transfer of law 法律的移转 292-9

Treaty of Versailles 凡尔赛公约 32

tribal courts 部落法庭 88, 302

tribunals 法庭 168-9

Trimborn 特林邦 31

Trobriand Island 特罗布里恩群岛 36, 70, 193, 262

Tswana, the 茨瓦纳人 213

Turnbull 特恩布尔 278

Twana, the 特瓦纳人 212

Tylor, E. Burnett 泰勒 34, 68

typologies, general 一般类型学 122

UK 英国 83, 96, 100

uncertainty 不确定性 308-19

undifferentiated filiation 未分化血统 196, 201

uniformity 统一性 77, 332

unilineal theory 单线理论 26-8, 33-6, 193, 201

unintentional actions 非故意的行为 239

unity 统一 76-7, 113

universal concepts 普适概念 125-7, 145

USA 美国 42, 68, 82-3, 85, 96-7, 193

～部落法庭 302

values 价值观 111, 129-30, 144, 157, 162, 274

～法律涵化 294-6, 307

Van den Bergh, G. G. 范登伯格 75, 86

Van den Berghe, P. L. P. L. 范登伯格 51, 81

Van den Steenhoven 斯丁霍芬 62, 86, 122

Van Houtte, J. 范豪特, 87

Van Lier 范里耶 48

Van Rouveroy van Nieuwaal, E. 范纽瓦尔 86, 100

Van Velzen, T. & Van Wetering, W. 范维尔曾和范维特林 288

Van Vollenhoven 范沃伦霍芬 47, 48, 50, 86

Vanderlinden, J. 范德林登 50, 52, 56,

414

74, 79-80
- 阿达特法学派 87-8
- 法律涵化 306, 321, 326
vendetta 仇杀 277-8
Venezuela 委内瑞拉 96
Vengeance 复仇 255, 259, 261-3, 270, 272, 293
- 准则和仪式 275
- 法律与文化中心 93-4
- 身份与契约 124
Verdier, R. 维迪埃 13, 69, 93-5, 123-5, 177-9, 198, 250, 254, 290, 323, 328
- 不可转让的所有权 219
- 土地首领 226
- 担保 241
- 交换的理论 274-7
- 复仇制度 272-3, 279, 387
- 与罗谢古德 252, 323
Vico, Giovanni 维柯 27
Villey, M. 韦利 20, 67
vindicatory systems 复仇制度 255, 272-83
violence 暴力 255-61, 272
Voltaire, Francois 伏尔泰 27, 45
Von Benda-Beckmann, F. F. 本达-贝克曼 12, 73, 74, 83, 86, 87, 88, 100
Vulcanescu, R. 武尔卡内斯库 13
vulgar law 通俗法 75

wars, private 私人战争 27
Weber, Max 马克斯·韦伯 80
Weightman, J. 魏特曼 177
Weill, A. 威尔 118
West 西方 4-5, 90, 101, 145, 295
- 母系继嗣 146
- 统一法律体系 61
West Africa 西非 300
West Indies 西印度群岛 48
West Sumatra 西苏门答腊, 88
widows 寡妇 213
Wilkinson, P. J. 威尔金森 290
winter law 冬天的法律 69
witnesses 证人 236, 268-9
Wolof, the 沃洛夫人 115, 167-8, 174
women 妇女 79, 82, 140, 212-3, 250
- 解放 67
- 穆斯林 271
- 纽约时尚之都 54
writing 书写 169, 269
- 书面证据 269
Yako, the 雅库人 196
Zaire 扎伊尔 300, 318
Zambia 赞比亚 96, 212, 257
Zonabend, F. 佐纳本德 244-5
Zulu, the 祖鲁人 213
Zuni, the 祖尼族 257

译者后记

一、好事多磨的翻译过程

十六年。

完成了此书的翻译和出版。

2007 年夏日，翠湖边的宿舍里，在键盘上敲下"法律人类学"几个字。

2023 年春天，商务印书馆确定译稿版本，十六年过去了。望窗外，灯火阑珊。

翻译此书，始于青年求学之趣，终于中年忙碌岁月。我不知道诺伯特·罗兰先生写作此书的初衷。我知道自己是因为兴趣而译。从琳琅满目的网络书架上，看到独具一格的 Legal Anthropology 书名。翻阅之，竟与通常法律著作趣味迥异。规范法学和注释法学塑造的法律观遭受了一种挑战，获得一种拓展。视野更开阔的法律观，内涵更丰富的法律概念，更多元的法律规范体系，跨文化的法律制度……充满热忱的阅读加翻译，推动了快速的工作进程。随着翻译的深入，多种语言的术语（拉丁语、法语、意大利语、荷兰语……），艰深的表达，跨度几千年的描述，各种典故、神话、谚语……大脑和精神也会迷失。既有奋笔疾书，日译十页的快感，也有为一词阻难，止步不前的艰难。

译者后记

半年完成初稿后，竟是十五年的等待。好事多磨，岁月蹉跎。好在今日得到商务印书馆的赏识，将此书出版。诚挚感谢商务印书馆及李霞老师、赵润细老师对学术的尊重和对译者的关爱。感谢赵旭东教授和王伟臣教授的推荐和牵线搭桥。感谢张晓辉教授和吴大华教授的指导帮助。我要表达对于本书作者诺伯特·罗兰教授的特别致谢。罗兰教授很干脆地同意了来自遥远中国的一位年轻博士生希望翻译其著作的请求。并热情地邀请我在2008年做埃克斯-普罗旺斯大学法学院的访问学者。南欧之行留下许多美好回忆。更让我感动和感谢的是罗兰教授十五年的耐心等待和对出版汉语版著作的期望。

成功出版此书是一个令人欣慰的结果。在这个过程当中，我的大脑反复思考很多问题，源于翻译，源于比较，源于作者的思辨。翻译的过程是一场漫长的对话和讨论，与作者对话，与历史对话，与自己对话。可能有些思想的火花已经转瞬即逝，但有些重大的命题一直铭刻在记忆深处。什么是法律人类学？法律人类学有什么价值？我们需要什么样的法律人类学？等等。

二、为什么需要法律人类学

法律是否一定与国家政权联系在一起？为什么无文字的、小规模的传统社会能够在习惯和习俗维系下井然有序？为什么发达国家的先进法律制度移植到发展中国家后并未带来预期效果，甚至产生负面效应？为什么同一部法律或同一项法律规则在一个国家的不同地区及人群中，有着不一样的理解和适用标准？法律是不是一种地方性知识？文化的差异对司法过程到底有着什么影响？

我国法律和法学发展到今天，常常会遭遇越来越多类似的问题。

译者后记

在概念法学、规范法学等正统法学的领域内，我们难以寻找到令人满意的答案或诠释。因为对这些问题的思考超越了权利义务的范畴，超越了三段论的方法论，超越了法律政治属性的范畴，也超越了我们对法律的静态理解。为了回答这些问题，我们需要放宽视野，拓宽思路，从更高的层次和更开阔的理解角度来思考法律。

法律人类学是帮助我们实现这一目的的有益工具。法律人类学的旨趣就在于从文化土壤的宏观角度理解法律，从纠纷过程和法律动态运行的微观角度观察法律。法律人类学的思想告诉我们：没有普适性的法律文化和法律制度，任何法律都是特定地理环境、特定历史发展和特定文化的产物。法学研究不想落入空洞苍白的窠臼，就不得不对法律进行"文化解释"。法律，究其本质而言，是一种"地方性知识"，而知识没有优劣之分。法律也是多元的，不仅仅局限于成文法的范畴，在特定的族群、地域、行业中，民族法、习惯法、民间法不仅长期存在，而且发挥着不可替代的规范作用。

在21世纪的今天，法律人类学帮助我们从更立体的角度和更多元的层面来对法律世界的多元性和复杂性提供诠释和答案。法学领域不再是概念法学、规范法学等正统流派一统天下的形势，而呈现出百花齐放的局面。

但是我们对于法律人类学还缺乏足够的了解和推广。这其中的重要原因之一就是法律人类学是一门从西方发展起来的学科，代表性的著作都是英文、法文、德文等语言文献。国内法律界缺乏便捷的渠道去接触这些学说，语言的障碍也影响了国外学者成果的引入。因此我们认为有必要翻译一批有代表性、有分量的著作，在国内学界推广，为国内学者比较系统地了解法律人类学提供条件，给从事法律研究的人们打开一扇窗户，丰富其视野，看到法律世界另外一幅图景。

法律人类学是介于法学和人类学之间的交叉学科，它运用文化人类学、社会人类学的认识论和方法论解释、阐述法律现象，论证和构建法律命题，其关注的命题包括了法律起源、法律的历史演进、纠纷解决、异文化的法律文明、法律多元、法律涵化等。法律人类学起源于18世纪时候的欧洲古典自然法思想。它是朴素的自然法观念发展出来的另外一种对法律的理解。自然法和殖民运动是法律人类学早期发展背后的两条主要脉络。

　　在1861年，巴霍芬的《母权》和梅因的《古代法》面世，这两部著作奠定了法律人类学形成和产生的基础，是标志法律人类学成为一门学科的基础性著作。经过后来一百多年的发展，法律人类学在欧洲和美洲等地成为了一门重要的交叉学科，很多人类学家开始接受和采用法律人类学的理论，不少法律学者运用它的成果，而更为重要的是一些兼具法学和人类学背景的学者在这一领域做出了重要的拓展和贡献，产出了具有时代价值的研究成果，即使是相对保守的正统法律界也不得不承认法律人类学丰富了对法律的认识和理解。

三、法律人类学的理论贡献和价值

　　到今天，法律人类学已经成为法学领域中不可缺少的一部分，它独有的认识论和方法论为法学的发展起到了不可替代的作用。

　　首先，在法律概念上，法律人类学秉承宽泛的法律定义和概念理解。法律人类学认为：

>　　国家法并不是唯一的法，在没有国家体制和政权组织的地方，同样有法律存在并且它规范和调整着人们的生活。法律人

译者后记

类学家不仅研究正式制度，也关注非国家法，包括了民间法、习惯法等范畴。这种宽广视野的法律观和传统法学有明显的区别。传统法学研究的着眼点也主要是国家法，有的学者反对将非国家的社会规范称为法。但是这种狭隘的法律观已经被近年来的研究证实其成为了法律研究范式拓展的桎梏，局限了我们去发现更为广阔的法律生活的视野，对越来越分化和丰富多彩的法律世界中的问题缺乏有力的诠释和解答。而法律人类学对法律的宽泛理解则能够克服以上弊端，为法学的深入发展、与时俱进指引方向。

其次，在价值观上，法律人类学者秉承"法律多元"和"文化相对主义"的立场。在国家法的统治下，依然存在非国家法的空间，除国家法之外还有民间法等非国家法，应该重视非国家法的作用。国家法有国家法的作用，非国家法有非国家法存在的价值，二者不能互相替代，更不能只承认正式法律而否定非正式法律。在一些特定的场域，比如行业工会、小规模传统社区、民族村寨等，一些非正式法律，比如行业自治条例、习惯法、村规民约等可能比国家法更为适用，更具有生命力。西方社会和现代国家所标榜的成文法律未必代表了"理性""先进"和"现代"，而非西方法律和传统社会的法律也不一定就是"非理性""落后"和"陈旧"的代名词。文化相对主义认为这些法律之间的差异并不是优劣之分，而是不同社会背景和文化基础的差异体现出来的区别，是法律对社会条件适应性变化的体现。将不同历史条件、不同文化背景的法律放在同一序列进行评价，只会掉入狭隘进化论的陷阱，把西方和现代法律文明捧得高高在上，而将其他非西方法和传统法律一概否定。

在方法论上，法律人类学坚持的田野调查、参与式观察、跨文化研究、过程性研究非常具有开拓价值,是引领现代法学走出学术困境的利器。田野调查是民族学和人类学的基本研究方法,要求调查者对某一个社区及其生活方式进行长期的研究(一般来说以一年为一个单位周期)。在法律人类学的调查中,通过较长时间的参与式观察,可以深入司法机关、社区、当事人人际圈,亲身体验和观察司法过程,以此作为分析论证的亲历经验基础。法律人类学力图通过微观调查探索宏观命题,它的视角具有"以小见大"的特点,是一种从下往上看的视角。现代法律人如果希望对社会现实问题有所贡献的话,就不能满足于在图书馆的寂静中,在毫无生气的故纸堆里做研究。法律人类学要求我们直接深入到社会中达到一定时间长度。而且"田野"能够弥合理论和实践之间的分歧,实践和理论中单独任何一者皆不足以洞察现实的意义。如果法学家更细致地研究他们所在的社会,毫无疑问他们将会更好地理解它,从而意识到法律现象是如此的丰富,而非教科书上简单描述的那种状态。

四、国外的发展态势

在今天,法律人类学在国外特别是欧洲和北美有着非常可观的发展,对法学发展的价值和贡献非常突出。

首先,很多学校将法律人类学作为一门基础课程引入法律教育。法律人类学既被作为一门法理学范畴的重要科目传授给学生,也被当作有志于深入研究法律与社会、法律与文化等重要命题的法律人的学科。

其次,从事法律人类学研究的共同体已经形成。许多有着共同研究旨趣的各国学者加强了联系,发现了更多有意义的研究主题,并共同合作开展了跨地区、跨文化的研究并产出成果。国际人类学和民族学联合会(IUAES)于1978年在新德里决定创立的民间法和法律多元委员会是第一个法律人类学的国际研究组织，它所创办版的《法律多元》是一本非常具有影响的刊物。成立于美国的法律与社会联合会(LASA)以及巴黎法律人类学研究所(LAJP)都是非常有影响力的研究机构。

再次，法律人类学的研究进一步发展，涌现出很多优秀的著作和论文，对社会现实进程有着重要价值。法律人类学吸引了越来越多的人参与进来，他们将政治学、国际关系学、人权理论、经济学、生态学等学科的知识注入这一学科。目前的研究呈现多学科交融，多种方法论结合的态势。理论追求的层次也越来越高，不再仅限于国家法/习惯法、西方法/土著法的思考范式。研究者的兴趣关注也随着时代的发展而变动，因全球化、多元文化交流碰撞、人口迁移等动力带来的法律现象受到了格外的关注。

五、我们需要什么样的著述？

改革开放以来，我国法学取得了蓬勃发展，法律人类学也逐步受到重视。

一些学者接触并运用了法律人类学的认识论和方法论，在对中国问题的研究中取得较好的成果。比如朱苏力所著的《送法下乡》就是对基层司法的法律人类学观察，运用地方性知识观点、法律多元和文化相对主义对中国法律的一种诠释和思考。如田成有的《乡土社会中的民间法》，对非国家法在基层社会法律运作中的生命力和实际功能做出了探讨。

在教学方面，有更多的学校开始重视以法律人类学为代表的交叉学科在法学教育中的作用和地位。而且有些高校和研究机构还设立了和法律人类学相关的研究生专业和课程。比如中央民族大学的民族法学、云南大学的民族法学、中山大学的法律人类学等都越来越具有影响力，培养了一批从事法律人类学教学科研的法律人。这些学校的老师和学生都非常需要有价值的翻译文献作为知识来源。

从法学进路的演变来看，国内法学已经开始反思概念法学和规范法学等正统理论的局限，需要新的方法论和认识论以打开目前法学研究的困境，摆脱法学成长的幼稚状态。就如张文显教授指出的，目前的法学理论处于"上不去，下不来"的卡壳状态。"上不去"是说法理学的理论和方法粗浅单一，升华不上去。"下不来"是说法理学与日益丰富的法律实践和部门法学明显脱节，深入不下去。"上不去"的原因在于我们对当代哲学、经济学、社会学、政治学、文化学等相关学科的最新发展知之甚少，因而不能把其他学科的最新研究成果和方法运用于法学研究。"下不来"的原因在于我们对现实的进展以及法学的最新研究成果缺乏应有的关注和把握，因而思路模糊、内容空泛、观念滞后，对部门法学和法律实践的指导功能严重疲软。重视法律人类学的价值，为法学注入新的营养是摆脱这种被动的"卡壳"状态的有用途径。

国外法律人类学领域的研究成果和文献非常丰富，这是我们研究学习的重要资源。但是就目前现状而言，国内出版界对于法律人类学的介绍还比较缺乏，仅限于一些零散的文章和著作，没有系统地、有选择地翻译出版西方法律人类学的代表性著作，因此我们对于法律人类学的了解常常还仅限于法律多元、习惯法等司空见惯的陈旧题材，实际上今日西方法律人类学已经非常发达，题材非常广泛。目前国内出版的著作主要有梅因的《古代法》、霍贝尔的《原始人的法》、马林诺夫斯基的《西太平洋上的航海者》和《原始社会的犯罪与习俗》。从系统介绍一个学科的角度而言，这些译作的数量

译者后记

偏少，题材结构也不全面。实际上，经过近两百年的发展，法律人类学已经积累了非常丰富的研究成果，很多著作即使在国外的正统法学界也是非常著名的，比如《巴罗茨人的司法过程》《秩序和纠纷》《作为过程的法律》《司法人类学》，等等。

而本书每章节后面所做的文献综述和延伸阅读内容十分丰富，对法律人类学近百年来的文献按研究领域和主题做了细致的梳理和介绍。研习法律人类学的人有了一张完整而详细的地图。我的翻译能够为同行们提供这点价值，也是一件幸事。

六、未尽的探索

翻译也是学习和思索的过程。很多问题得到了解答，同时又产生了新的疑问。视野宽广之后，看到了更丰富的内容和更完整的画面，也会对新的事物产生好奇心。

什么是法？法是否只属于政权国家？罗兰教授在书中否定了用政权和国家来定义法和法律的狭隘做法。他观察并介绍了很多传统社会的法，也就是非国家社会中存在的习惯法、民间法等法规形态，描绘了这些规则体系在特定社会和群体中发挥的重要作用。即使在现代国家，也存在多个层面的法。萨丽·福克·摩尔所界定的半自治社会领域，证明了法律多元是所有社会通常的、准普适的特性。法律多元来自社会的多元，没有哪个社会是完全同质的，即使是裂变形成的小型社会在某种意义上也是分裂的，而现代社会可以被视为极端分裂的。中国的学者近年来也越来越多地观察国家法之外的法律形态，研究了民间法、民族法、习惯法的存在、价值和运作。法律人类学的进路给我们呈现一个愈发丰富的法律微观世界，一个宽广而连续的法律谱系。

译者后记

在国家法越来越强盛并繁茂生长的时代，非国家法是否会逐渐消失？社会管理逐步被公权穿透和全盘接管，半自治领域是否会消失？如果现代生活方式统治了世界，传统社会及其法律是否会成为文物？

法律人类学不是一个封闭自治的理论体系，相反它是一个无边界的开放叙事领域。法律人可以跳出规则，超越逻辑，观察行动中的法，审视国家法以外的规则，洞察法律之外的文化、地理、历史。思考向纵深延展。法从哪里来？法将走向何处？法与文化、族群、经济社会如何互动？站得越高，了解越多，思考越多，探索无尽。

诺伯特·罗兰教授的著作无疑给我们的探索开启了一扇窗户，提供了一幅地图。我们看到了超越法律的其他层级，包括神话、历史、文化、习惯、习俗等。法律与其他社会制度和规则范畴的互动关系，如家庭制度、亲属术语、语言，它们又是什么？探索的过程充满新知、乐趣和价值。前路总有未知的奇妙景致。

最后，再次向所有帮助过我的人表示谢意。并特别将此书作为礼物献给我可爱的女儿彤彤和儿子海宝。此译本面世之日，恰是女儿十八岁之季。

刘云飞
2023 年 4 月 13 日于贵阳

图书在版编目（CIP）数据

法律人类学 /（法）诺伯特·罗兰著；刘云飞译 . —北京：商务印书馆，2023
（人类学视野译丛）
ISBN 978-7-100-22547-2

Ⅰ. ①法… Ⅱ. ①诺…②刘… Ⅲ. ①法学—人类学—研究 Ⅳ. ① D90-059

中国国家版本馆 CIP 数据核字（2023）第 095379 号

权利保留，侵权必究。

人类学视野译丛
法律人类学
〔法〕诺伯特·罗兰　著
刘云飞　译

商务印书馆出版
（北京王府井大街36号　邮政编码100710）
商务印书馆发行
北京通州皇家印刷厂印刷
ISBN 978-7-100-22547-2

2023年10月第1版　开本 880×1230　1/32
2023年10月北京第1次印刷　印张 13⅞
定价：68.00 元